Nürnberg, am
21.03.2018

BoD

Hildegard Dorn,
unserem hoch geschätztem Gebetskreismitglied in
St. Karl in Liebe,
spiritueller Verbundenheit und Dankbarkeit
für ihre Treue im Glauben
gewidmet vom
Autor
Diakon Heribert Steger

Heribert Steger

Jemandem sein Herz ausschütten

366 biblische Redensarten

Books on Demand, BoD

Umschlag, Illustration: Christina Herter, Cover Design in Farbe
Lektorat und Korrektorat der 1. Auflage der 333 biblischen Redensarten, Augsburg 1998: Herr Wolfgang Schuster-Ruf, Lektor des Pattloch-Verlages

Herstellung und Verlag:
BoD - Books on Demand, Norderstedt

ISBN: 978-3-7460-7450-4

FSC
www.fsc.org
MIX
Papier aus verantwortungsvollen Quellen
Paper from responsible sources
FSC® C105338

Heribert Steger

Jemandem sein Herz ausschütten

(Graphik von Zdigniew Mrugala aus Polen, 1997)

366 biblische Redensarten

Graphik von Christina Herter

Heribert Steger:

Jemanden sein Herz ausschütten

366 biblische Redensarten

- eine für jeden Tag eines Schaltjahres -

Book on Demand, BoD

Erweiterte Neu-Auflage,

Nürnberg, 2018

Inhalt

Im Frühjahr 1998 erschien im Pattloch-Verlag in einer Auflage von 9.500 Exemplaren mein Buch **„333 biblische Redensarten"**, das eine so gute Resonanz fand, dass es schon **nach ca. 3 Jahren vergriffen** war. Im Inland und auch im Ausland bei deutschsprachigen Studenten stieß das spezielle **Sprachlexikon** auf großes Interesse, da es noch kein vergleichbares Werk mit derart ausführlichen Erläuterungen, gut gewählten Beispielsätzen und einem theologischen Kommentar zu allen ausführlich zitierten Bibelstellen gab, auf die die jeweilige Redensart zurückgeführt werden kann. Gerade die Anwendungshinweise erwiesen sich für Nicht-Muttersprachler, für deutsche Gymnasialschüler, für Germanisten oder Studenten der deutschen Sprache als äußerst wertvolle Hilfen, die eine Lücke in der semasiologischen Forschung schloss. So meinte der Direktor des Sprachzentrums der Universität Augsburg, Herr **Dr. Stefan Ettinger** das Buch bedeute *einen großen Fortschritt in der Phraseologieforschung*. In ähnlicher Weise begrüßte Frau **Prof. Dr. Gertraud Greciano** von der Universität Straßburg das Werk, indem sie schrieb: „Es ist für die Phraseologieforschung *besonders wertvoll, dass Sie als Theologe an das Thema herangehen und damit auch den kulturellen Hintergrund des Durchschnittssprechers stärken.*"

Auch in Spanien war das Lexikon willkommen, z.B. an der Universität Valencia, von wo mir **Prof. Dr. Herbert J. Holzinger** schrieb: Ihr Buch „hat mir gleich beim ersten Durchsehen *sehr gut gefallen*. Ich habe es an meine Kollegen *weiterempfohlen* und in meine Buchliste für zukünftige Bestellungen *für die Bibliothek aufgenommen*."

Schließlich gab die Weltautorität der Sprichwortforschung, Herr **Prof. Dr. Wolfgang Mieder** von der Universität Vermont in den USA folgendes Urteil über die 1. Auflage meines Buches „333 biblische Redensarten“ ab: „Ihre Erläuterungen zu bekannten sprichwörtlichen Bibelstellen sind *ungemein aufschlussreich und tiefsinnig*, ohne jedoch pedantisch oder allzu didaktisch zu wirken. Im Gegenteil, überall spürt man Ihr persönliches Engagement und auch Ihren *Sinn für Humor*, um so den modernen Menschen *traditionelle Bibelweisheit zugänglich* zu machen.“

Das Lob der sprachwissenschaftlichen Fachwelt und die Würdigung meines im Pattloch-Verlag 1998 erschienen Werkes mit dem Titel „333 biblische Redensarten“ hat mich ermutigt, nun eine zweite, um 33 Redensarten erweiterte neue Auflage als eine Sammlung von insgesamt 366 biblischen Redensarten vorzulegen, damit systematisch von A bis Z selbst im Schaltjahr ein ganzes Jahr lang der Leser jeden Tag eine neue Redensart entdecken, betrachten, genießen und sich für seinen eigenen Sprachgebrauch im Alltag merken und zugänglich machen kann.

Selbstverständlich ist die Zahl 366 genauso wie die Zahl 333 oder 99 eine willkürliche Zahl wie in meinem ersten im Eigenverlag 1997 in 6. Auflage erschienenen Werk „Nicht von gestern sein – 99 biblische Redewendungen im Alltag“. Man könnte heute wahrscheinlich auch über 400 sprichwörtliche Redensarten aus der Bibel ableiten, je nach dem welche Auswahlkriterien man aufstellt. 1860 fand der Gymnasiallehrer Carl Schulze erstmalig 296 biblische Redensarten, darunter auch altmodisch klingende oder völlig in Vergessenheit geratene wie die Aufforderung: „Geh zur Ameise du fauler!“ (Spr 6,6). Solche veralteten biblischen Redensarten wurden jedoch bewusst nicht in die Sammlung aufgenommen.

Manche Redensarten sind nur in bestimmten Sprachgebieten bekannt, z.B. die Redensart „Bei ihm ist's Matthäi am letzten", die nun neu in die Sammlung aufgenommen wurde. Einige Redensarten werden sehr oft gebraucht und sind weit verbreitet, z.B. das „A und O einer Sache", andere werden äußerst selten angewandt, z.B. „ein Nimrod sein" oder „wie ein Ölgötze", was mehr im Rheinland bekannt ist.

Andere Redensarten bekommen im Laufe der Zeit auch eine veränderte Bedeutung, z.B. „Ein Mann Gottes sein", was früher eher eine respektvolle Bezeichnung für einen Mann der Kirche war, aber heute durch fortschreitende Säkularisierung und Entkirchlichung einen zunehmend verächtlichen Unterton bekommt, so als wäre der Sprecher nicht ganz einverstanden mit dem ethischen Verhalten eines von kirchlicher Moral geprägten Mannes.

Alle Redensarten wurden noch einmal auf Feinheiten, Nuancen der Sprachgebrauchsänderung für die heutige Zeit überprüft. Dann wurden die 33 neuen Redensarten nach Stichworten in alphabetischer Reihenfolge zum leichten Auffinden eingefügt. Schließlich wurden zahlreiche Korrekturen, Verbesserungen und Ergänzungen vorgenommen. Sollten immer noch Druck- oder Tippfehler, Ausdrucksschwächen oder inhaltliche Fehler vorhanden sein oder sollte ein Leser/eine Leserin tatsächlich noch eine gängige biblische Redensart vermissen, wäre ich für eine Rückmeldung dankbar.

Meine Anschrift lautet:

Diakon Heribert Steger

Dientzenhoferstraße 21 a

D – 90480 Nürnberg

Man kann mich auch per E-Mail unter:

heribert.steger@arcor.de erreichen oder mir ins Gästebuch meiner Homepage www.hsteger.de.vu

schreiben.

Vielen Dank im Voraus für Reaktionen unter meinen geschätzten Lesern für mein über Jahre entstandenes Werk, das zwar sicherlich druckreif ist, aber vermutlich nie ganz perfekt sein wird.

Es ist die Absicht des Autors, die Bibel als literarisches Werk und ihren Einfluss auf unsere heutige Alltagssprache einer breiteren Öffentlichkeit zugänglich zu machen. Der ganze Sprachschatz der biblischen Tradition wird dabei aufgezeigt. Der Gebrauch dieser biblischen Redewendungen und Sprichwörter im Alltag soll nicht nur unsere deutsche Sprache verschönern und bereichern, sondern auch dazu beitragen, die Kraft biblischer Sprachbilder auszuschöpfen, damit die Grundlagen der christlich-abendländischen Kultur deutlich werden.

Ich möchte mit der Veröffentlichung der 366 biblischen Redensarten die Bedeutung der Bibel für unsere Sprache und Kultur, für unser Denken, Begreifen, bildliches Ausdrücken, Vorstellen und Sprechen in Erinnerung rufen. Das Werk soll die Kreativität und Phantasie wecken, die Sprachgewalt der Bibel in ihren wunderbaren Metaphern, Bildern und Ausdrücken aufleuchten lassen, den Glauben an Gott festigen und die liebevolle Beziehung zu den Mitmenschen durch verständnisvolles, redegewandtes und sprachlich anschauliches Kommunizieren miteinander stärken.

So kann man die Sammlung der 366 biblischen Redensarten als Lexikon je nach Gelegenheit wie ein Nachschlagewerk nutzen oder auch als unterhaltsame Lektüre für jeden Tag eines Kalenderjahres, auch eines Schaltjahres von 366 Tagen wie im Jahr 2016.

In Dankbarkeit für den Erwerb des Buches, aber noch inniger verbunden durch die gemeinsame Freude am Lesen der Bibel als Wort Gottes und noch mehr spirituell vereint durch die Begeisterung für die Schönheit unserer biblisch geprägten deutschen Muttersprache verbleibe ich meinen geschätzten Lesen mit den besten Wünschen für eine gedeihliche, fruchtbare und den Glauben und die Seele aufbauende Lektüre

Diakon Heribert Steger, Diplomtheologe und Religionslehrer i. R

Die Redewendung „Jemandem sein Herz ausschütten“ ist eine meiner Lieblingsredensarten aus der Bibel. Sie entstammt dem Gebet der Hanna im Tempel nach 1 Sam 1,15. Obwohl der Priester Eli die im Tempel betende Frau Hanna, die Mutter des späteren Propheten Samuel, zunächst für betrunken hält, weil diese beim Beten die Lippen bewegt, stärkt er die gläubige Frau in der Hoffnung auf Erfüllung ihres sehnlichsten Kinderwunsches. So möge es für jeden Menschen, der sich Gott wirklich total anvertraut und Ihm allein sprichwörtlich sein ganzes Herz ausschüttet, eine Erfüllung seiner Herzensbitte und Sehnsucht im Sinne eines Happy Ends geben.

Die Graphik zum Titel dieser Neuauflage im Schaltjahr 2016, 18 Jahre nach der 1. Auflage der 333 biblischen Redensarten, stammt aus der Feder des 1961 in Breslau geborenen und in Nürnberg lebenden Kunstmagisters Zdigniew Mrugala, der das Überfließen des einen Herzens in das unter ihm schwebende und für den anderen offene, aufnahmebereite Herz meisterhaft ins Bild gesetzt hat.

Die Graphik von Frau Christina Herter hat das Motiv der beiden Herzen von Zdigniew Mrugala übernommen. Sie ist die einzige bunte Seite des Buch-Inhalts. - Der Inhalt des oberen Herzens ergießt sich in das untere Herz wie ein Wasserfall in einen Bergsee. Die volle Graphik ist auf Seite 6 dieses Buches mit Titel und Untertitel sichtbar, auf dem Buchumschlag der Vorderseite erscheint die Graphik nur in einem kleinen Ausschnitt.

Dr. Karl Braun schrieb als Erzbischof von Bamberg am 11. Mai 1998: „Das Buch „333 biblische Redensarten“ von Herrn Diakon Heribert Steger steht vor allem mit seinen Kommentaren und Anwendungshinweisen im Dienst der Verkündigung: Kennenlernen und Verstehen des Wortes Gottes und Lebensgestaltung mit ihm. Dafür bin ich dankbar.

Mein Wunsch ist es, dass sich immer mehr Menschen wieder dieser Wurzel erinnern bis hin zu einem bewussten Leben aus dem Wort Gottes. Dieses Buch kann dazu beitragen. Ich danke Herrn Diakon Steger für seine Arbeit und wünsche den hoffentlich zahlreichen Lesern seines Buches viel Gewinn beim Lesen und Nachschlagen in dieser Sammlung.“

Bei der Erarbeitung der 366 biblischen Redensarten tauchte immer wieder die Frage auf: Was ist eine „biblische Redensart"? Sie ist eine Redewendung, eine sogenannte Zusammenstellung oder Kollokation von Worten biblischen Ursprungs. Das heißt, die Entstehung einer biblischen Redensart muss aus einer konkreten Bibelstelle ableitbar sein.

Im Unterschied zum Bibelzitat geht es bei der Redensart nicht um den genauen Sinn und Wortlaut aus der Bibel; im Gegenteil, es hat sich gezeigt, dass der Sprachgebrauch oft erheblich vom Sinn der ursprünglich biblischen Aussage abweicht. Besonders deutlich wird dies bei der häufig im Alltag in der Umgangssprache zitierten biblischen Redensart „Wer's glaubt, wird selig." Während die Bibel die seligmachende Wirkung des Glaubens ernst nimmt und wörtlich versteht, will der heutige Mensch bei der Anwendung dieser Phrase mit einem leicht spöttischen Unterton eher andeuten, dass er Zweifel an einer Aussage hegt und sich von naiver, einfältiger Glaubensüberzeugung distanziert. So stark kann sich der Sprachgebrauch mit der Zeit ändern.

Der biblische Ursprung bekannter Sprichwörter und Redewendungen tritt in den Hintergrund, weil der Sprecher oft die Herkunft seiner Redensart und deren ursprünglichen Sinn nicht mehr kennt. Hier soll das vorliegende Werk klärende Hilfen bieten.

Die Einträge zu den einzelnen Redensarten wurden nach einem **Stichwort** in alphabetischer Reihenfolge vorgenommen, wobei das semasiologische Prinzip angewandt wurde, dass jeweils das 1. Hauptwort oder das erste sinntragende Wort der Redensart als Stichwort gilt. Auf diese Weise finden wir die sprichwörtliche Redensart „Sich nach den Fleischtöpfen Ägyptens sehnen", nicht mehr wie bei Heinrich Krauss, im Deutschen Wörterbuch u.a. Lexika unter Ä wie Ägypten wie auch bei der 1. Auflage der 333 biblischen Redensarten, sondern in der 2. Auflage der 366 biblischen Redensarten nur noch unter F wie Fleischtöpfe.

Dann wurde die **Bedeutung** der Redensart hauptsächlich durch Paraphrasierung wiedergegeben und erklärt.

Die **Erläuterung** gibt Ergänzungen und weiterführende Erklärungen zu einzelnen Worten, Symbolen oder zur Herkunft der Redensart.

Unter **Beispiel** erfolgt ein Beispielsatz aus einer Alltagssituation, in der die Redensart konkret angewandt wird. Dabei habe ich mich vom Prinzip der Kontextualisierbarkeitsprobe leiten lassen, die Herr Prof. Dr. Richard Matthias Müller aus Aachen als fachdidaktisches Kriterium für die Erteilung von Fremdsprachenunterricht aufgestellt hat.

Die Bibelstelle, gelegentlich auch die Parallelstelle oder ein weiterer biblischer Beleg, enthält den Ursprung in einer konkreten Bibelstelle, die mit dem Namen des Buches als Abkürzung, dem Kapitel und den einzelnen Versen angegeben ist.

Der theologische **Kommentar** besteht vor allem in einer Erläuterung des biblischen Kontextes und Sinnzusammenhangs der zitierten Bibelstelle.

Die Anmerkungen zur **Anwendung** beinhalten Hinweise zum Sprachgebrauch und liefern gelegentlich auch Beiträge weiterer Redensarten zum gleichen Stichwort. Dabei tritt der unterschiedliche Sinngehalt der Redensart zum Vorschein, der von der Intention der Bibel oft erheblich abweicht. Es wäre äußerst interessant darüber nachzudenken, warum sich in einzelnen Fällen die Bedeutung einer Redensart von ihrer ursprünglichen Bibelstelle im Gebrauch der heutigen Alltagssprache so stark verändert oder entfernt hat. Das hat sicherlich auch mit der heutigen Distanz vieler Menschen zum kirchlichen Leben, zur Bibel und zum Glauben an Gott oder Jesus Christus zu tun. Von daher bedarf die oft unreflektierte Anwendung einer biblischen Redensart im heutigen Sprachgebrauch einer ständigen Überprüfung nach dem aktuellen Sinn.

An dieser Stelle danke ich allen, die mich bei der Herstellung des nun vorliegenden Werkes einer Sammlung von 366 biblischen Redensarten unter dem Titel „Jemandem sein Herz ausschütten“ unterstützt haben:

- Frau **Sieglinde Eichenseer** aus Nürnberg für ihre moralische Unterstützung und ihr Korrekturlesen,
- Herrn **Prof. Dr. Richard Matthias Müller** aus Aachen für die Hilfen bei der Formulierung der Beispielsätze,
- den Verfassern aller Lexika und Bücher, die im Literaturverzeichnis angegeben sind, ohne deren Vorarbeit ich dieses Buch niemals hätte schreiben können, sowie folgenden Wissenschaftlern:
- Herrn **Prof. Dr. Wolfgang Mieder** von der Universität Vermont in den Vereinigten Staaten von Amerika, USA, für sein anerkennendes Urteil von Tiefsinnigkeit und Sinn für Humor
- **Prof. Dr. Gertraud Greciano** von der Universität in Straßburg, Frankreich für ihre wertschätzende, kritische Rezension
- **Prof. Dr. Herbert J. Holzinger** von der Universität Valencia in Spanien für seine Weiterempfehlung als Lexikon in seiner Universitäts-Bibliothek
- **Dr. Stefan Ettinger,** Direktor des Sprachzentrums der Universität Augsburg für seine Einschätzung des Werkes als großen Fortschritt in der Phraseologieforschung und
- allen meinen Lesern für deren wohlwollende Aufnahme des Erstwerkes der 333 biblischen Redensarten,
- **Alterzbischof Dr. Karl Braun** für sein Grußwort.

A

Das A und O (einer Sache) sein

Bedeutung: Der Anfang und das Ende sein

Erläuterung: Die Hauptsache, das Wesentliche darstellen

Beispiel: Zur Vermeidung von Osteoporose ist neben ausreichender Bewegung eine ausgewogene Ernährung das A und O.

Bibelstelle: Offb 1,8: „Ich bin *das Alpha und das Omega*, spricht Gott, der Herr, der ist und der war und der kommt, der Herrscher über die ganze Schöpfung.“ (Vgl. auch Offb 22,13!)

Kommentar: Im Griechischen ist Alpha der erste und Omega der letzte Buchstabe des Alphabets. Schon beim Propheten Jesaja im Alten Testament wird Gott als der „Erste und Letzte“ bezeichnet (Jes 44,6; 48,12). In der Apokalypse des Neuen Testaments stellt sich Jesus Christus in einer himmlischen Vision dem Evangelisten Johannes als der „Erste und Letzte“ vor (Offb 1,17).

Das Alpha und das Omega neben dem Kreuz und der Jahreszahl auf der Osterkerze sind daher für die Kirche Symbole für Jesus Christus, der als Logos (Wort, Grundprinzip der Liebe) im Anfang bei Gott war und der als Weltenrichter am Jüngsten Tag wiederkommen wird. Nach Teilhard de Chardin ist Jesus Christus sogar der Endpunkt der Entwicklung des ganzen Kosmos. Wenn Gott auch heute noch das A und O, das Wichtigste und Wesentlichste des menschlichen Lebens sein will, kann er nach Paul Tillich als die letzte Wirklichkeit definiert werden, die uns unbedingt angeht und uns im tiefsten berührt. Entsprechend ist Christus als A und O für den Christen das Idealbild wahrer Menschlichkeit.

Anwendung: Die Redensart ist in der Umgangssprache weit verbreitet und lässt sich auf alle möglichen Bereiche des täglichen Lebens etwa auch auf soziale Beziehungen anwenden, z. B. in dem Satz: „Vertrauen ist das A und O einer guten Partnerschaft."

Abschaum

„Der Abschaum der Menschheit"

Bedeutung: Ausdruck der Verachtung für bestimmte Menschen

Erläuterung: Diese Redensart wird oft als Schimpfwort für Asoziale gebraucht. Der Abschaum ist eine negative Verstärkung von Schaum, in dem oft die unreinen Bestandteile einer Flüssigkeit zu finden sind.

Beispiel: Sie behandelte ihn wie den Abschaum der Menschheit und verweigerte jedes Gespräch mit ihm.

Bibelstelle: 1 Kor 4,12-13: „Wir plagen uns ab und arbeiten mit eigenen Händen; wir werden beschimpft und segnen; wir werden verfolgt und halten stand; wir werden geschmäht und trösten. Wir sind sozusagen *der Abschaum der Welt* geworden, verstoßen von allen bis heute."

Kommentar: Paulus sieht sich und alle besonders eifrigen Apostel auf den letzten Platz gestellt (1 Kor 4,9), wie todgeweiht, wie Toren um Christi willen (1 Kor 4,10), die schwach und verachtet sind, aber die Schmach um Christi willen auf sich nehmen, um ihm in seinem Leiden ähnlich zu sein.

Anwendung: Die Redensart wird heute auch unabhängig von einer Glaubensverfolgung angewandt. Wenn jemand als Abschaum der Menschheit betrachtet wird, unterliegt er ähnlich wie der „Schaumschläger", der bei wenig Wissen und Können angeberisch prahlt, einer äußerst negativen Bewertung.

Abraham

"Wie in Abrahams Schoß (sitzen)"

Bedeutung: Sorglos und geborgen sein; sich sicher fühlen; glücklich und selig leben wie im Paradies

Erläuterung: Abraham als Stammvater des Glaubens war das Vorbild seiner Nachkommen. Juden, Christen und Moslems verstehen sich in ihrer Glaubenshoffnung als Kinder Abrahams. Bei ihm zu sein, am Ende des Lebens in seinem Schoß geborgen zu sein, galt als Erfüllung religiöser Sehnsucht. Ähnlich wie die altgriechische Vorstellung vom Schoß der Götter ist das jüdisch-christliche Bild von Abrahams Schoß Ausdruck paradiesischer Glückseligkeit. Die Metapher wird im Gleichnis vom armen Lazarus verwendet (Lk 16,19-31).

Beispiel: In diesem Unternehmen fühlt er sich wie in Abrahams Schoß. Er fürchtet keine Arbeitslosigkeit.

Bibelstelle: Lk 16,22: „Als nun der Arme starb, wurde er von den Engeln in *Abrahams Schoß* getragen."

Kommentar: Lazarus kam nach seinem Tod zum Ausgleich für seine Leiden auf Erden in den Schoß Abrahams, wo er keine Not mehr zu leiden hatte, während der reiche Prasser, der dem Armen nichts gab, zur Strafe in das Feuer der Hölle geworfen wurde und dort große Qualen ertragen musste. Die von Jesus im Gleichnis vom reichen Prasser und armen Lazarus aufgegriffene jüdische

Legende hat dem Abraham geradezu göttliche Funktionen zugeschrieben. Zur Zeit Jesu pilgerte man bereits zu Abrahams Grab und hoffte, einmal „mit Abraham, Isaak und Jakob im Himmelreich zu Tisch sitzen“ zu können (Mt 8,11) oder in seinem Schoße ruhen zu dürfen.

Anwendung: Im Mittelalter wurde die Vorstellung von Abrahams Schoß durch Volksschauspiele weit verbreitet. Nach Lutz Röhrich ist die Metapher von Abrahams Schoß in zahlreiche Mundarten eingedrungen und wird gebraucht, z. B. wenn Seeleute einen guten Ankerplatz gefunden haben oder wenn jemand eine günstige Heirat in Aussicht hat.

Adam

„Den alten Adam ausziehen“

Bedeutung: Den alten, sündigen Menschen ablegen

Erläuterung: Schlechte Gewohnheiten ablegen,

sich von auf Grund auf ändern.

Beispiel: Um diese attraktive und gebildete Frau für dich zu gewinnen, müsstest du schon den alten Adam ausziehen.

Bibelstelle: Kol 3,9: „Belügt einander nicht; denn ihr habt *den alten Menschen* mit seinen Taten *abgelegt* und seid zu einem neuen Menschen geworden, der nach dem Bild seines Schöpfers erneuert wird, um ihn zu erkennen.“ Ebenso Eph 4,22-24: *„Legt den alten Menschen ab,* der in Verblendung und Begierde zugrunde geht, ändert euer früheres Leben und erneuert euren Geist und Sinn. Zieht den neuen Menschen an, der nach dem Bild Gottes geschaffen ist in wahrer Gerechtigkeit und Heiligkeit.“

Kommentar: Der heilige Paulus spricht in 2 Kor 5,17 von einer neuen Schöpfung in Christus, dem neuen Adam: „Wenn also jemand in Christus ist, dann ist er eine neue Schöpfung: Das Alte ist vergangen, Neues ist geworden.“ In 1 Kor 15,45ff stellt Paulus dem alten Adam, der der Sünde verfallen war, Jesus Christus als einen neuen Adam gegenüber, der als lebendig machender Geist vom Himmel stammt. Christus gilt also als zweiter, neuer oder letzter Adam, der die sündige Natur des alten Adam überwand und uns das neue Idealbild eines liebenden Menschen vor Augen stellt.

Anwendung: Auf alten Kreuzesdarstellungen wird gelegentlich unten am Stamm des Kreuzes der Schädel Adams abgebildet, weil Jesus durch sein Leiden am Kreuz und seine Auferstehung die Sünde Adams überwand und uns Menschen den Weg zu Gott, zur Fülle des Heils gezeigt hat. Im Hinblick auf diese religiöse Bedeutung der Umwandlung des egoistischen alten Menschen wird die Redensart auch heute angewandt und dient als Bezeichnung für einen liebevollen, aus dem Geist Christi erneuerten Menschen.

Adamsapfel

„Einen Adamsapfel haben“

Bedeutung: Am Hals eine sichtbare Kehlkopfverdickung haben

Erläuterung: Die Bezeichnung des Adamsapfels als der hervortretende Teil des Schildknorpels am Kehlkopf des Mannes taucht erst im 16. Jahrhundert auf und bezieht sich auf einen Übersetzungsfehler der lateinischen Bibelübersetzung in der Geschichte von der Verführung Adams durch Eva.

Beispiel: Als der Tenor eine Pause machte und schluckte, sah man seinen Adamsapfel deutlich rauf- und runtergehen.

Bibelstelle: Gen 2,17: „Vom Baum der Erkenntnis von Gut und *Böse* darfst du nicht essen; denn sobald du davon isst, wirst du sterben.“

Kommentar: In der Vulgata, der lateinischen Bibelübersetzung, hat ein Schreiber statt ‘arbor mali’ = „Baum (der Erkenntnis) *des Bösen*“, ‘arbor malli’ = „Baum *des Apfels*“ geschrieben, so dass sich der Bibelleser unter der verbotenen Frucht in der Regel einen Apfel vorstellte, obwohl weder in der heutigen Einheitsübersetzung noch in sonst irgendeiner anderen modernen Bibelübersetzung von einem Apfel die Rede ist.

In einer legendenhaften Ausschmückung dieses biblischen Mythos stellte man sich nun vor, dass Adam, als er von Eva die verbotene Frucht überreicht bekam, davon aß und ihm vor lauter Schreck über die begangene Sünde der Apfel im Hals stecken geblieben sei. Dies ist eine neue mythenhafte Deutung für die Tatsache, dass man die Spitze des Schildknorpels am Kehlkopf normalerweise nur beim Manne sieht, während der kürzere Schildknorpel der Frau meist nicht deutlich sichtbar ist.

Anwendung: Das Wort Adamsapfel dient zur Bezeichnung des sichtbaren Kehlkopfknorpels beim Mann, der bei Männern mit tiefer Bassstimme besonders auffällig ist.

Adamskostüm

„Im Adamskostüm“

Bedeutung: Unbekleidet, völlig nackt sein

Erläuterung: Die Formulierung „im Adamskostüm“ meint: ohne Kleidung sein; so, wie ursprünglich von Gott geschaffen; nackt wie Adam und Eva im Paradies, die erst nach dem Sündenfall ihre Scham zu bedecken suchten.

Beispiel: Im Englischen Garten von München sieht man im Sommer viele Leute im Adamskostüm spazieren gehen.

Bibelstelle: Gen 2,25: „Beide, *Adam* und seine Frau, waren *nackt*, aber sie schämten sich nicht voreinander.“

Kommentar: Während Adam und Eva ursprünglich im Paradies nackt lebten und keine Scham voreinander hatten, erkannten sie ihre Nacktheit erst nach dem Sündenfall, als sie vom verbotenen Baum der Erkenntnis gegessen hatten. Das Erwachen der Begierde, ausgedrückt durch das Erkennen der Nacktheit, die Adam und Eva voreinander und vor Gott zu verbergen suchten, gilt aus theologischer Sicht als erstes Zeichen der Sünde, die durch den Sündenfall in die Schöpfungsordnung eingebrochen ist. Gen 3,7-8: „Da gingen beiden die Augen auf, und sie erkannten, dass sie nackt waren. Sie hefteten Feigenblätter zusammen und machten sich einen Schurz. Als sie Gott, den Herrn, im Garten gegen den Tagwind einherschreiten hörten, versteckten sich Adam und seine Frau vor Gott, dem Herrn, unter den Bäumen des Gartens.“

Anwendung: In bewusster Erinnerung und in beabsichtigter Anspielung auf diese paradiesische Nacktheit des ersten Menschenpaares aus der Bibel wird das Wort vom Adamskostüm beschönigend und zugleich verhüllend für den natürlichen Zustand des Menschen ohne Bekleidung verwandt, um das für viele Menschen anstößige Verhalten eines Nudisten nicht direkt zu benennen, der sich völlig nackt unter bekleidete Menschen mischt.

„Bei Adam und Eva anfangen“

Bedeutung: Sehr weit ausholen; etwas auf seine letzten Ursprünge (in der Geschichte) zurückführen

Erläuterung: Die Redensart passt besonders gut, wenn jemand sehr umständlich einen Bericht beginnt und weit ausholt, bevor er zum eigentlichen Thema kommt.

Beispiel: Da soll man nicht ungeduldig werden! Musst du eigentlich immer bei Adam und Eva anfangen, wenn du einem was erklärst?

Bibelstelle: Gen 3,20: „*Adam* nannte seine Frau *Eva* (Leben), denn sie wurde die Mutter aller Lebendigen.“

Kommentar: Das Buch Genesis (griechisch-lateinisch = Schöpfung, Entstehung), nach evangelischer Bezeichnung das 1. Buch Mose, ist das erste Buch der Bibel. Dort wird zu Beginn die Entstehung der Schöpfung im sogenannten Schöpfungsbericht erzählt, der eigentlich (aus exegetischer Sicht) ein Hymnus, ein Loblied mit Strophen und Kehrversen ist (Gen 1,1 - 2,4a). Dann folgen die Erschaffung Adams aus dem Lehmboden und die Bildung Evas aus der Rippe Adams (Gen 2,4b-25) und der Sündenfall des ersten Menschenpaares (Gen 3,1-24).

Anwendung: Die Redeweise wird oft dann verwendet, wenn jemand das weite Ausholen eines Sprechers kritisiert, der nicht schnell genug zum Kern der Sache kommt und sich in unwesentlichen Nebensächlichkeiten verliert. Mit dieser Redewendung kann man auch die Umständlichkeit eines Redners bewerten, der zu lange Einführungen gibt.

„Von Adam und Eva stammen"

Bedeutung: Lange bekannt sein; uralt, altmodisch sein

Erläuterung: Letzten Endes auf das erste Menschenpaar im Sinne der Bibel zurückgehen

Beispiel: Dieser Witz stammt von Adam und Eva.

Bibelstelle: Gen 4,1: „*Adam* erkannte *Eva, seine Frau;* sie wurde schwanger und gebar Kain. Da sagte sie: Ich habe einen Mann vom Herrn erworben!"

Kommentar: Adam und Eva gelten nach den mythischen Erzählungen der Bibel in Gen 2,4b - 4,2 als das erste Menschenpaar. Also stammen alle Menschen aus dieser mythologischen Sicht von Adam und Eva ab.

Der Abschnitt Gen 2,4b-25 schildert die Erschaffung des Menschen sowie die Prüfung seiner Freiheit im Paradies. Das 3. Kapitel aus dem Buch Genesis erzählt den ersten Sündenfall Adams und Evas im Paradies, wie sie das göttliche Verbot, vom Baum der Erkenntnis nicht zu essen, übertraten und wegen dieses Ungehorsams aus dem Paradies vertrieben wurden. Das 4. Kapitel erzählt vom ersten Brudermord Kains an Abel, den beiden Söhnen Adams und Evas.

Anwendung: Die Redensart wird gerne gebraucht, wenn man überholte Ansichten kennzeichnen will.

„Seit Adams Zeiten"

Bedeutung: Von jeher, seit unvordenklichen Zeiten

Erläuterung: Vom Beginn der biblischen Menschheitsgeschichte an. Ironische Übertreibung, wenn der Ursprung einer Sache, z. B. einer Verwandtschaftsbeziehung oder Freundschaft, sehr weit zurückliegt.

Synonym: „Seit Olims Zeiten" (von lateinisch olim = einst), was so viel heißt wie seit sehr langer Zeit. Letztere Redensart ist ein Scherzbegriff seit dem 17. Jahrhundert, weil man so tut, als wenn Olim eine Person aus uralter Vergangenheit sei wie etwa die mythische Gestalt des Urvaters der Menschheit.

Beispiel: Ich kenne ihn schon seit Adams Zeiten. Er ist ein alter Schulfreund von mir.

Bibelstelle: Gen 2,7: „Da formte Gott, der Herr, *den Menschen* aus Erde vom Ackerboden und blies in seine Nase den Lebensatem. So wurde der Mensch zu einem lebendigen Wesen."

Kommentar: Das Wort Adam hängt zusammen mit dem hebräischen Wort adamah = Erde. Es bedeutet „Mensch", so dass man frei übersetzt ergänzen könnte: „Der mit der Erde Verwandte" oder „der von der Erde genommene Mensch". In der Bibel wird der Ausdruck Adam als Eigenname für einen bestimmten Menschen gebraucht. Nach Ansicht von Professor Herbert Haag wurde der Gattungsname zum Eigennamen, um anzudeuten, dass die ganze Gattung Mensch in der Gestalt Adams typisiert werden sollte (Haag, S. 23).

Anwendung: In der Redensart wird die Gestalt Adams in eine graue Vorzeit verlegt, die ganz weit zurückliegt und längst der Vergangenheit angehört. Man braucht diese Phrase gerne, um auf den langen Ursprung einer Sache, einer Geschichte oder einer Person hinzuweisen. Dabei geht es gelegentlich um den Vermerk, das etwas schon immer so war und seit unvordenklichen Zeiten der menschlichen Geschichte Bestand und Gültigkeit hat. Oder man will anschaulich behaupten und in ironisch-übertriebener Weise darstellen, dass etwas oder jemand schon sehr, sehr lange existiert.

Alt / Methusalem

„Alt wie Methusalem"

Bedeutung: Uralt, sehr alt

Erläuterung: Synonym für biblisches, d. h. sehr hohes Alter

Beispiel: Du musst nur eifrig Knoblauch essen und Kefir trinken, dann wirst du so alt wie Methusalem.

Bibelstelle: Gen 5,27: „Die gesamte Lebenszeit *Metuschelachs* betrug neunhundertneunundsechzig Jahre, dann starb er."

Kommentar: Adam wurde 950 Jahre (Gen 5,5), Set 912 Jahre (Gen 5,8), Kenan 910 Jahre (Gen 5,14), Mahalalel 895 Jahre (Gen 5,17), Jeder 962 Jahre (Gen 5,20), Dennoch 365 Jahre (Gen 5,23) usw.

Manche fundamentalistische Bibelinterpreten meinen, im Alten Testament seien die Menschen tatsächlich so alt geworden. Moderne Exegeten (wissenschaftliche Ausleger der Bibel), die wissen, dass jede Zahl im Hebräischen durch einen Buchstaben ausgedrückt wird, sehen im Jahresalter eher eine symbolische Bedeutung des Namens.

Anwendung: „Alt wie Methusalem sein" kann heute gelegentlich auch bedeuten: so alt sein, dass man die Lebensjahre gar nicht mehr zählen kann. Aufgrund der hohen Jahreszahlen bei der Benennung des Lebensalters vieler Menschen im Alten Testament spricht man heute auch davon, dass jemand ein „biblisches Alter“ erreicht, wenn er sehr alt wird.

Alt (und)

„Alt und grau werden“

Bedeutung: Sehr alt, betagt werden; altern

Erläuterung: Wenn der biologische Alterungsprozess durch weiße Haare sichtbar wird, mischen sich die weißen Haare mit der natürlichen, dunkleren Haarfarbe, so dass der Gesamteindruck der Haare als grau erscheint.

Die Redewendung meint nicht nur den physiologischen, sondern auch den seelisch-geistigen Prozess des Älterwerdens durch ein Nachlassen von Vitalität, Kraft, Konzentration und Kreativität.

Beispiel: Leider konnte er seinem Sohn nicht mehr so schnell folgen; denn er war alt und grau geworden.

Bibelstelle: 1 Sam 12,2: „Seht, hier ist nun der König, der vor euch in den Krieg ziehen wird. Ich selbst *bin alt und grau geworden*, und meine Söhne leben ja mitten unter euch. Von meiner Jugend an bis zum heutigen Tag bin ich vor euch hergegangen.“

Kommentar: „Alt und grau werden“ bedeutet in der Bibel normalerweise ein ehrenvolles Alter erreichen. Für die damit verbundenen Schwächen wird Verständnis und Rücksicht gefordert.

Anwendung: Die heutige Redensart bezieht sich ebenfalls auf die Zeichen und Schwächen des Alterns, doch verlangt man weniger moralisierend Rücksichtnahme. Eher spricht man mit einem gewissen (Selbst-)Mitleid oder im ironisch-spöttischen Sinne vom „alt und grau werden“, um den Kräfteverfall im Alter mit Nachsicht oder einer gewissen Herablassung zu beurteilen.

Allein

„Es ist nicht gut, dass der Mensch allein sei“

Bedeutung: Es ist besser zu zweit als allein zu leben.

Erläuterung: Nach der Interpretation von Gen 2,18 ist das Leben in einer Ehe, Familie oder in einer Gemeinschaft dem Single-Dasein vorzuziehen, da der Mensch von Gott nicht als Einzelwesen zum Alleinsein bestimmt ist, sondern als Mann und Frau auf einen Partner hin erschaffen wurde.

Beispiel: Als der eingefleischte Junggeselle schließlich doch noch geheiratet hatte, meinte sein Freund: „Ja, ja - es ist nicht gut, dass der Mensch allein sei.“

Bibelstelle: Gen 2,18: „Dann sprach Gott, der Herr: *es ist nicht gut, dass der Mensch allein bleibt*. Ich will ihm eine Hilfe machen, die ihm entspricht.“

Kommentar: Als nach der biblischen Erzählung Gott alle Tiere des Feldes und alle Vögel des Himmels aus dem Ackerboden formte, musste er feststellen, dass die Tiere für Adam keine echte Hilfe und Partnerschaft bedeuteten. Daher ließ er einen tiefen Schlaf über Adam kommen, nahm eine seiner Rippen und baute daraus eine Frau, die er dem Menschen zuführte. Daraufhin sprach Adam: „Das endlich ist Bein von meinem Bein und Fleisch von meinem Fleisch. Frau soll sie heißen; denn vom Mann ist sie genommen“ (Gen 2, 23).

Nach der göttlichen Schöpfungsordnung braucht der Mensch den anders geschlechtlichen Partner zu seiner vollen Lebensentfaltung und Erfüllung.

Anwendung: Unter Berufung auf die biblisch-jüdische Aufforderung des Menschen zum ehelichen Leben (Vgl. Gen 1,28: Seid fruchtbar und vermehrt euch, bevölkert die Erde!) wird die Redensart oft als Ermunterung zum Heiraten verwendet.

Amen

„Zu allem ja und amen sagen"

Bedeutung: Allem zustimmen

Erläuterung: Wenn jemand mit allem einverstanden ist und keine eigene Meinung hat, wird dies mit dieser Redewendung meist negativ hingestellt oder als profillos charakterisiert.

Beispiel: Obwohl die Aufträge seines Chefs eigentlich jedes vernünftige Maß überstiegen, sagte er zu allem ja und amen.

Bibelstelle: Dtn 27,15: „Verflucht ist der Mann, der ein Gottesbildnis, das dem Herrn ein Gräuel ist, ein Künstlermachwerk, schnitzt oder gießt und heimlich aufstellt. Und das ganze Volk soll *ausrufen: Amen.*"

Dtn 27,24: „Verflucht, wer einen anderen heimlich erschlägt. Und das ganze Volk soll *rufen: Amen.*"

Kommentar: Die Israeliten gaben durch ihr Amen, d. h. „Ja, so sei es!", ihre Zustimmung zu den moralischen Gesetzen und Geboten Gottes.

Anwendung: Obwohl die Israeliten mit ihrem Ja und Amen-Sagen zu den Geboten und Verboten, zu den Verurteilungen und Verwünschungen der Bösen nach Meinung der biblischen Verfasser des Buches Deuteronomium recht taten und Anerkennung fanden, wird die Redewendung im Alltag heute eher so gebraucht, als habe der Betreffende keine eigene Meinung und sei nur ein allzu gehorsamer „Befehlsempfänger“. Interessanterweise steht die Redensart bei Daniel Wolkenstein weder unter ‘a’ wie ‘amen’ noch unter ‘j’ wie ‘ja’, sondern unter ‘s’ wie ‘Segen’, weil sie als ein Synonym zu der mehr umgangssprachlichen Redeweise „seinen Segen zu etwas geben“ (einer Sache zustimmen) angesehen wird (Wolkenstein S. 214).

Anathema

„Ein Anathema sprechen“ / „Ein Anathema sein“

Bedeutung: Jemanden (als Ketzer) verurteilen und von einer (religiösen oder kirchlichen) Gemeinschaft ausschließen / Ein Tabu sein; verfemt sein

Erläuterung: In den Glaubensdokumenten, die bei Konzilen beschlossen wurden, bezeichnet das lateinische ‘anathema sit’, frei übersetzt „der sei ausgeschlossen“, häufig eine Irrlehre. Es kennzeichnet eine Abweichung vom orthodoxen Glauben. Das Anathema wird aber auch im weiteren Sinn als Fluchformel zum Ausschluss von Menschen aus einer Gemeinschaft verwendet.

Beispiel: Wenn du weiterhin so lästerst (ketzerische Reden führst), wird das Anathema über dich gesprochen.

Bibelstellen: 1 Kor 16,22: „Wer den Herrn nicht liebt, *sei verflucht.* Röm 9,3: „Ja, *ich möchte selber verflucht* und von Christus getrennt *sein* um meiner Brüder willen, die der Abstammung nach mit mir verbunden sind.“

Kommentar: Paulus identifiziert sich mit seinen jüdischen Glaubensbrüdern, die durch ihre israelitische Abstammung und durch ihre traditionelle Religionsgemeinschaft mit ihm viel gemein haben. Da aber Jesus auch von den jüdischen Israeliten abstammt (Röm 9,5), sieht Paulus letztlich keinen Grund zur Absonderung von seinen Glaubensbrüdern, wenn sich diese als wahre Kinder Abrahams erweisen und als von Gott Erwählte und Berufene (Röm 9,25) sich zum neuen von Christus gestifteten Bund mit Gott bekennen. Auch in Gal 1,8 verflucht Paulus jeden, der ein anderes Evangelium verkündet, als er verkündet hat, selbst wenn es ein Engel vom Himmel wäre. „Was ich gesagt habe, das sage ich noch einmal: Wer euch ein anderes Evangelium verkündigt, als ihr angenommen habt, *der sei verflucht* (lateinisch: 'anathema sit')."

Anwendung: Die Redewendung wird heute vorwiegend im religiösen Kontext oder bei fast fanatischer Ablehnung von Weltanschauungen gebraucht.

Angeschrieben

„Gut angeschrieben sein"

Bedeutung: Etwas gelten, in der Gunst von jemandem stehen

Erläuterung: Nach der Bibel sind Menschen im Himmel gut angeschrieben, wenn sie zur Gemeinschaft der Gläubigen und Auserwählten gehören. Die Redensart weitet diese Anerkennung des Gut-angeschrieben-Seins auch auf weltliche, staatliche oder persönliche Autoritäten aus.

Beispiel: Aufgrund ihrer hervorragenden Leistungen war sie beim Chef gut angeschrieben.

Bibelstelle: Hebr 12,22-24: „Ihr seid vielmehr zum Berg Zion hingetreten, zur Stadt des lebendigen Gottes, dem himmlischen Jerusalem, zu Tausenden von Engeln, zu einer festlichen Versammlung und zur Gemeinschaft der Erstgeborenen, die im Himmel *verzeichnet* sind; zu Gott, dem Richter aller, zu den Geistern der schon vollendeten Gerechten, zum Mittler eines neuen Bundes, Jesus, und zum Blut der Besprengung, das mächtiger ruft als das Blut Abels.“ Luther übersetzt Hebr 12,23: „Und zu der Gemeinde der Erstgeborenen, die im Himmel *angeschrieben* sind“.

Kommentar: Der Verfasser des Hebräerbriefes hält einerseits am alttestamentlichen Opfergedanken und an den Glaubensvorstellungen des Alten Bundes fest, andererseits überträgt er sein alttestamentlich bestimmtes theologisches Denken auf Jesus Christus, den Gründer des Neuen Bundes. Sein Hauptziel ist, die Judenchristen im Jahrzehnt der Verfolgung unter Kaiser Domitian (ca. 85-95 n Chr.) zum Durchhalten im Glauben an Jesus Christus zu ermahnen und zu bestärken. Deswegen stellt er den wahrhaft Gläubigen, die ihrem Glauben auch in Anfechtungen treu bleiben, das im Himmel *Gut-angeschrieben-sein* und die Zugehörigkeit zur himmlischen Gemeinschaft in Aussicht.

Anwendung: Die Redensart überträgt den Gedanken der ausgleichenden Gerechtigkeit Gottes im Jenseits auf das Diesseits und vertraut darauf, dass der Tüchtige bereits in diesem Leben bei seinen Mitmenschen gut angeschrieben ist und belohnt wird.

„*Von Angesicht zu Angesicht*“

Bedeutung: Eine unmittelbare Begegnung von Person zu Person

Erläuterung: Jemanden direkt sehen und evtl. auch persönlich sprechen

Beispiel: Wenn du rechtzeitig kommst, wirst du deine „Angebetete“ noch vor ihrem großen Auftritt im Theater von Angesicht zu Angesicht sehen können.

Bibelstelle: Ex 33,11: „Der Herr und Mose redeten miteinander *Auge in Auge,* wie Menschen miteinander reden.“

Luther übersetzt: „Der Herr redete mit Mose *von Angesicht zu Angesicht*, wie ein Mann mit seinem Freund redet.“

Kommentar: Eigentlich ist die Aussage, dass Moses mit Gott von Angesicht zu Angesicht sprechen konnte, ein Widerspruch zu der sonst üblichen theologischen Auffassung, dass nur ein verstorbener Mensch Gott von Angesicht zu Angesicht sehen kann. Dies geschieht nämlich aus der Sicht des Glaubens erst in der ewigen Glückseligkeit der Anschauung Gottes nach dem Tod im Jenseits. Daher heißt es auch auf die Bitte des Moses „Lass mich doch deine Herrlichkeit sehen!“ in Ex 33,18: „Du kannst mein Angesicht nicht sehen; denn kein Mensch kann mich sehen und am Leben bleiben.“ Daher gewährte Gott Moses, wenigstens seinen Rücken zu sehen (Ex 33,23). Beim Abstieg vom Berge Sinai strahlte die Haut seines Gesichtes Licht aus, weil er mit dem Herrn geredet hatte. Das hebräische Wort „karan“ = „strahlen“ heißt als Hauptwort „kärän“ (= Gipfel, Horn und gleichzeitig Kraft, Macht, Würde). Die Mehrdeutigkeit des hebräischen Wortes führte zur Vulgata-Übersetzung, in der aus dem coronatus (= bekränzt, strahlend) ein cornutus (= gehörnt) wurde

Anwendung: Das Schauen „von Angesicht zu Angesicht“ kann auch ein klares und deutliches Vor-Augen-Haben ohne Wortwechsel, bedeuten, so dass man in einen „inneren Dialog“ mit einem Menschen oder einem göttlichen Wesen tritt.

Angst

„Angst und bange werden / machen“

Bedeutung: Große Angst haben / jemanden ängstigen

Erläuterung: Sich sehr fürchten / jemanden einen gewaltigen Schrecken einjagen, ihn in Panik stürzen oder ihn in einen Zustand der Angst, Unruhe oder Not versetzen

Beispiel: Wenn ich an die nächste Prüfung denke, wird mir angst und bange.

Bibelstelle: Ez 30,13: „So spricht der Herr: Ich will die Götzen vernichten. Ich führe das Ende der Götter von Memfis herbei. Der Fürst von Ägypten wird bald nicht mehr leben. *Ich stürze* Ägypten *in Angst*.“

Kommentar: Während beim Propheten Ezechiel ein Furcht gebietender Kriegsgott seine Glaubensfeinde mit Angst und Schrecken erfüllt und sie vernichten will, versetzt auch die Weisheit im Buch Jesus Sirach den Menschen in Furcht und Bangen; doch dies geschieht mehr aus „pädagogischer Absicht“, um dem Gläubigen zu helfen, die göttliche Autorität der Weisheit zu respektieren und sein Herz mit ihr zu füllen: „Denn unerkannt gehe ich mit ihm und prüfe ihn durch Versuchungen. *Furcht und Bangen* lasse ich über ihn kommen, bis sein Herz von mir erfüllt ist. Dann wende ich mich ihm zu, zeige ihm den geraden Weg und enthülle ihm meine Geheimnisse. Weicht er ab, so verwerfe ich ihn und überlasse ihn denen, die ihn vernichten“ (Sir 4,17-19). Für den

Abtrünnigen bleibt selbst die göttliche Weisheit intolerant und unbarmherzig. In Jer 50,43 wird beschrieben, dass einen König *Angst und Zittern* wie bei einer Gebärenden erfasst. In Dan 5,9 wird der König Belschazzar angesichts der geheimnisvollen Zeichen an der Wand *vor Schrecken bleich.* Der Hohepriester Simeon stellt in 1 Makk 13,2 fest, dass das Volk angesichts eines heraufziehenden Kriegsheeres voller *Angst und Furcht* ist.

Anwendung: Die Redensart greift die vielfältigen Lebenserfahrungen von Angst und Furcht auf, die das alttestamentliche Gottesbild prägen, wobei heute im Alltag Gott seltener die Ursache der Angst ist, sondern eher eine Sache, ein Geschehen oder eine Person.

Ansehen

„Ohne Ansehen der Person"

Bedeutung: Ohne Rücksicht auf Rang und Herkunft eines Menschen

Erläuterung: Da vor Gott und dem Gesetz alle Menschen gleich sind, sollte vor Gott oder vor dem Richter die gesellschaftliche Stellung eines Menschen eigentlich keine Rolle spielen.

Beispiel: Demokratische, rechtsstaatliche Gesetze gelten ohne Ansehen der Person.

Bibelstelle: 1 Petr 1,17: „Und wenn ihr den als Vater anruft, der jeden *ohne Ansehen der Person* nach seinem Tun beurteilt, dann führt auch, solange ihr in der Fremde seid, ein Leben in Gottesfurcht."

Kommentar: Schon im Buch Deuteronomium wird die Gleichbehandlung aller Menschen vor Gericht mit der Autorität des Mose angemahnt: „Kennt vor Gericht kein Ansehen der Person!

Klein wie Groß hört an! Fürchtet euch nicht vor angesehenen Leuten; denn das Gericht hat mit Gott zu tun. Und ist euch eine Sache zu schwierig, legt sie mir vor; dann werde ich sie anhören. Damals habe ich euch alle Vorschriften gegeben, nach denen ihr handeln sollt" (Dtn 1,17-18).

Die Gerichtsurteile sollen also gerecht, d. h. ohne Berücksichtigung der Bedeutung und der Wichtigkeit einer Person gefällt werden.

Anwendung: An der Gleichbehandlung der Personen hält auch die heutige Redensart fest.

Apostel

„Ein Gesundheits-Apostel sein"

Bedeutung: Eifrig für die Sache der Gesundheit eintreten

Erläuterung: Das Anliegen, gesund zu leben, soll hier mit so viel Einsatz und Hingabe vertreten werden wie von einem Apostel, der um die Verbreitung seines christlichen Glaubens bemüht war. Die Redensart ist oft etwas spöttisch gemeint.

Beispiel: Als er merkte, dass ihm die vegetarische Kost und die strenge Diät gut bekam, entwickelte er sich immer mehr zum Gesundheitsapostel.

Bibelstelle: Mt 10,2-4: „Die Namen der 12 *Apostel* sind an erster Stelle Simon, genannt Petrus, und sein Bruder Andreas, dann Jakobus, der Sohn des Zebedäus und sein Bruder Johannes, Philippus und Bartholomäus, Thomas und Matthäus, der Zöllner, Jakobus, der Sohn des Alphäus, und Thaddäus, Simon Kananäus und Judas Iskariot, der ihn später verraten hat." (Vgl. auch die Liste der Apostelnamen in Lk 6,13!)

Kommentar: Die Jünger wurden von Jesus berufen. Er gab ihnen die Vollmacht, in seiner Nachfolge die unreinen Geister auszutreiben und alle Krankheiten und Leiden zu heilen (Mt 10,1). Später wurden die Apostel zu Zeugen der Auferstehung Jesu, was ein Kriterium für die Wahl des Matthias als Nachfolger für Judas Iskariot war (Apg 1,21-26). (Krauss, S. 19!)

In Anlehnung an die 12 Stämme des Alten Bundes stehen die 12 Aposteln als Leiter des neutestamentlichen Gottesvolkes.

Anwendung: Die Redensart will direkt keine Erinnerung an die 12 Apostel des Neuen Testaments wecken, sondern ist eine Anspielung auf die persönliche Überzeugung eines Menschen, der als Apostel, d. h. als Zeuge einer Sache, mit dem Einsatz seiner ganzen Person hinter seinem Anliegen steht. Im Falle des Gesundheitsapostels ist dies sein Eintreten für die Gesundheit als vorrangiges Lebensziel.

Arbeiter

„Ein Arbeiter ist seines Lohnes wert“

Bedeutung: Jeder soll für seine Arbeit einen gerechten Lohn erhalten.

Erläuterung: Die Redensart ist ein Plädoyer für gerechte Entlohnung.

Beispiel: Dem erfolgreichen Mitarbeiter wird nach mindestens zehnjähriger Tätigkeit die höhere Tarifgruppe aufgrund von Bewährungsaufstieg zugeteilt; denn ein Arbeiter ist seines Lohnes wert.

Bibelstelle: 1 Tim 5,18: „*Wer arbeitet, hat ein Recht auf seinen Lohn.*“

Kommentar: Bereits Jesus zitiert dieses damals gängige Sprichwort in Lk 10,7: „Bleibt in diesem Haus, esst und trinkt, was man euch anbietet; denn *wer arbeitet, hat ein Recht auf seinen Lohn.*"

Offensichtlich hat Jesus seinen Jüngern bei ihren Missionsreisen erlaubt, für ihre Dienste das für den Lebensunterhalt Notwendige anzunehmen. Durch das Zitieren des damals bekannten Sprichwortes hat Jesus auch für seine Anhänger eine gerechte Entlohnung befürwortet.

Anwendung: Da diese Redensart eine wichtige Frage christlicher Sozialethik thematisiert, kann sie auch heute noch zur Begründung einer gerechten Arbeitsentlohnung herangezogen werden.

Arbeiter (Stunde)

„Ein Arbeiter der ersten Stunde sein"

Bedeutung: Von Anfang an bei einer Sache mitarbeiten

Erläuterung: Wer von Beginn an bei etwas ist, erscheint eingeweihter und schlauer als andere und beansprucht daher in der Regel mehr Macht und Rechte.

Beispielsatz: Da er bei dieser Sache von Anfang an mit dabei war, gehörte er praktisch zu den Arbeitern der ersten Stunde.

Bibelstelle: Mt 20,1-15: „Denn mit dem Himmelreich ist es wie mit einem Gutsbesitzer, der früh am Morgen sein Haus verließ, um Arbeiter für seinen Weinberg anzuwerben. ...

Kommentar: Die für irdische Verhältnisse offensichtlich ungerechte Lohnentgeltung Jesu soll ein Zeichen dafür sein, dass Gott im Himmel aus Güte, Gnade und Barmherzigkeit allen Menschen das gibt, was sie brauchen und ihnen nicht nach dem Leistungsprinzip vergilt, sondern nur nach ihrem guten Willen, nach dem sie gerne auch den ganzen Tag gearbeitet hätten.

Anwendung: Im Unterschied zur jesuanischen Ethik wird der Arbeiter der ersten Stunde privilegisiert, so dass die revolutionäre Botschaft der Ethik im Himmelreich von der Gleichbehandlung aller Arbeiter unabhängig von der Länge ihres Dienstes nicht in den Sprachgebrauch dieser Redensart eingedrungen ist.

Arm

„Besser arm und gesund als reich und krank"

Bedeutung: Gesundheit ist wichtiger als finanzieller Reichtum.

Erläuterung: Wer krank ist, kann sein Leben im Reichtum nicht mehr richtig genießen.

Beispiel: Wenn du jeden Tag Überstunden machst, wirst du noch deine Gesundheit ruinieren. Was nützt dir dann das ganze Geld? Lieber arm und gesund, als reich und krank!

Bibelstelle: Sir 30,14-15: „*Besser arm und gesunde Glieder als reich und mit Krankheit geschlagen.* Ein Leben in Gesundheit ist mir lieber als Gold, ein frohes Herz lieber als Perlen."

Kommentar: Im Weisheitsbuch Jesus Sirach sind eine Menge Sprichwörter und Lebensweisheiten aus der Lebenserfahrung vieler Generationen gesammelt. Aus diesen Einsichten heraus wird die Gesundheit als ein höheres Gut betrachtet als äußerer Besitz und Reichtum.

Anwendung: An der Lebenseinstellung, dass die Menschen lieber finanziell arm, dafür aber gesund sind, hat sich bis heute nichts geändert. Der Antispruch zur gängigen Redensart lautet daher: „lieber reich und gesund als arm und krank", was natürlich eine Selbstverständlichkeit ist, die der Wirklichkeit mehr entspricht, da Armut aufgrund Mangelernährung oft krank macht und der Reiche sich die besten Ärzte und die teuerste Medizin leisten kann und auf diese Weise größere Chance hat, mit Geld im Krankheitsfall wieder gesund zu werden.

Augapfel

„Etwas wie seinen / wie den Augapfel hüten"

Bedeutung: Besonders sorgsam mit etwas umgehen

Erläuterung: Das Auge ist ein empfindliches Organ und Muss zur Erhaltung der Sehkraft entsprechend geschützt werden.

Beispiel: Da er ständig Angst vor Dieben und Einbrechern hatte, hütete er seinen Safe wie einen Augapfel.

Bibelstelle: Dtn 32,9-11: „Der Herr nahm sich sein Volk als Anteil, Jakob wurde sein Erbland. Er fand ihn in der Steppe, in der Wüste, wo wildes Getier heult. Er hüllte ihn ein, gab auf ihn acht und hütete ihn *wie seinen Augenstern*, wie der Adler, der sein Nest beschützt und über seinen Jungen schwebt, der seine Schwingen ausbreitet, ein Junges ergreift und es flügelschlagend davonträgt." – Luther übersetzt 5. Mose 32.10b: „Er (der Allerhöchste, der Herr) umfing ihn und hatte acht auf ihn. Er behütete ihn *wie seinen Augapfel.*"

Auch Psalm 17,8 kann als Beleg für diese Redensart herangezogen werden, wo der Beter Gott um Schutz bittet: „Behüte mich wie den Augapfel, den Stern des Auges, birg mich im Schatten deiner Flügel".

Kommentar: Dieses Bild wird im Alten Testament wiederholt verwendet, um deutlich zu machen, wie Gott sein Volk umsorgt und beschützt.

Anwendung: In der Redensart gilt auch heute noch das als Augapfel, was einem besonders kostbar ist.

Auge

„Ein Auge auf etwas werfen"

Bedeutung: Etwas begehrenswert finden

Erläuterung: Die Redewendung reflektiert die Tatsache, dass die Lust mit den Sinnen beginnt und dass das Auge zur Weckung von Wünschen bei der Betrachtung von etwas Schönem maßgeblich beteiligt ist.

Beispiel: Auf die tolle Spielzeugeisenbahn im Schaufenster des Kaufhauses hatte er schon lange ein Auge geworfen. Umso erfreuter war er, als er sie unter seinen Geburtstagsgeschenken fand.

Bibelstelle: Dan 13,8-9: „Die beiden Ältesten sahen sie (Susanne) täglich kommen und umhergehen; da regte sich in ihnen die Begierde nach ihr. Ihre Gedanken gerieten auf Abwege, und *ihre Augen gingen in die Irre*; sie sahen weder zum Himmel auf, noch dachten sie an die gerechten Strafen Gottes."

Im Luthertext der Apokryphen heißt es: „und wurden darüber zu Narren und *warfen die Augen so sehr auf* sie, dass sie nicht mehr zum Himmel aufsehen konnten und nicht mehr an gerechte Urteile dachten".

Kommentar: Die keusche Susanne wurde durch den Propheten Daniel vor der Steinigung als fälschlich angeklagte Ehebrecherin gerettet, weil er die Falschaussagen der beiden Ältesten durch getrennte Zeugenvernehmung in ihrer Widersprüchlichkeit geschickt aufdecken konnte. Die Alten, die sie zur Verheimlichung ihrer eigenen unkeuschen Anwandlungen verleumdeten, hatten, geblendet von ihrer Schönheit beim Nackt-baden, *ein Auge auf sie geworfen.*

Anwendung: Die Redensart drückt auch heute noch psychologisch einfühlsam die Tatsache aus, dass derjenige, der aufgrund seines Begehrens ein Auge auf etwas oder jemanden wirft, eigentlich bereits die Kontrolle über sich und seinen Blick verloren hat.

Auge (aus)

„Sich die Augen ausweinen“

Bedeutung: Untröstlich sein

Erläuterung: Ungehemmt weinen, dem Schmerz keine Grenzen setzen

Beispiel: Der Tod ihres Mannes traf die alte Dame so sehr, dass sie sich jeden Tag die Augen ausweinte.

Bibelstellen: Klgl 1,16: „Darüber Muss ich weinen, *von Tränen fließt mein Auge.* Fern sind alle Tröster, mich zu erquicken. Verstört sind meine Kinder; denn der Feind ist stark.“

Klgl 2,11: „*Meine Augen ermatten vor Tränen.*“

In der Übersetzung Martin Luthers heißt es in Klgl 2,11: „Ich habe schier *meine Augen ausgeweint*, dass mir mein Leib davon wehe tut; meine Leber ist auf die Erde ausgeschüttet über dem Jammer der Tochter meines Volks, da die Säuglinge und Unmündigen auf den Gassen in der Stadt verschmachten...“

Klgl 2,18b: „*Wie einen Bach lass fließen die Tränen* Tag und Nacht! Niemals gewähre dir Ruhe, nie lass dein Auge rasten!“

Kommentar: Die Klagelieder wurden nach der Zerstörung Jerusalems 587 v. Chr. verfasst und dienten wahrscheinlich dem Gottesdienst, der nach Jer 41,5 auf dem Tempelgelände weiter gehalten wurde. Der Verfasser beschreibt die große Trauer des in die Verbannung zerstreuten Volkes.

Anwendung: Wenn sich heute jemand „die Augen ausweint", scheint er untröstlich zu sein. Er weint fortgesetzt lange, geradezu unaufhörlich. Ein seltenerer, fast synonymer Ausdruck wäre: Er weint, bis ihm die Augen rot werden.

Augen

„Einem die Augen über / für etwas öffnen"

Bedeutung: Jemanden über die wahren Hintergründe einer Sache aufklären

Erläuterung: Werden jemandem die Augen über oder für etwas geöffnet, gelangt er zu einer inneren Einsicht und kann mit Verständnis sehen.

Beispiel: Erst durch diesen Diavortrag wurden mir die Augen für die Probleme des Landes geöffnet.

Bibelstelle: Ps 119,18: „Herr, *öffne meine Augen* für das Wunderbare an deiner Weisung."

Kommentar: Die im Psalm zitierte Redewendung ist mehr auf das Öffnen der Augen für eine größere Wahrheit, nämlich für die Erkenntnis der Bedeutung der wunderbaren Weisheit des göttlichen Gesetzes gerichtet. Ähnlich ist es auch bei den Emmausjüngern, die den Auferstandenen am Brotbrechen erkannten. „*Da gingen ihnen die Augen auf*, und sie erkannten ihn" heißt es in Lk 24,31.

Jesus erfüllt mit seinen Wunderheilungen an Blinden, Lahmen und Tauben (Vgl. Mt 9,30; Joh 9,14) die alttestamentlichen Verheißungen bei Jesaja 35,4-5: „Sagt den Verzagten: Habt Mut, fürchtet euch nicht! Seht, hier ist euer Gott. ... er selbst wird kommen und euch retten. Dann werden *die Augen der Blinden geöffnet*, auch die Ohren der Tauben sind wieder offen." *Das Öffnen der Augen der Blinden* durch Jesus ist daher die Erfüllung alttestamentlicher Prophetie für eine neue bessere Welt des Reiches Gottes. Auch der Prophet Elischa konnte aufgrund seines Gebetes *einem Blinden die Augen öffnen* (2 Kg 6,17).

Anwendung: Weitere biblische Redewendungen zum Thema Auge sind: „Aller Augen warten auf dich" (Ps 145,15); jemandem nicht mehr unter die Augen kommen dürfen (Ex 20,28); mit sehenden Augen (Jes 6,10) u. a. (Siehe die Redewendung unter dem Stichwort Schuppen!)

Auge (Zahn)

„Auge um Auge, Zahn um Zahn"

Bedeutung: Gleiches mit Gleichem vergelten

Erläuterung: Diese Aussage ist nicht als persönliche Rache, sondern als ein Prinzip der Gerechtigkeit gemeint, die im Alten Testament von einem Richter ausgesprochen wurde.

Beispiel: Wenn du noch einmal meine Garageneinfahrt zuparkst, werde ich mein Auto vor deiner Einfahrt abstellen. Auge um Auge, Zahn um Zahn.

Bibelstelle: Ex 21,23-25: „Ist weiterer Schaden entstanden, dann musst du geben Leben für Leben, *Auge für Auge, Zahn für Zahn*, Hand für Hand, Fuß für Fuß, Brandmal für Brandmal, Wunde für Wunde, Strieme für Strieme."

Luther übersetzt 2 Mose 21,24: „*Auge um Auge, Zahn um Zahn.*“

Kommentar: Jesus spricht in der Bergpredigt in Mt 5,38:

„Ihr habt gehört, dass gesagt worden ist: *Auge für Auge und Zahn für Zahn.* Ich aber sage euch: Leistet dem, der euch etwas Böses antut, keinen Widerstand, sondern wenn dich einer auf die rechte Wange schlägt, dann halte ihm auch die andere hin.“

Jesus hebt mit seiner neuen Ethik der Bergpredigt das alttestamentliche Rechtsprinzip der Vergeltung auf.

Anwendung: Wer sich mit dieser Redewendung auf das Vergeltungsprinzip beruft, missachtet letztlich die Auffassung Jesu, der eine neue Moral der größeren Barmherzigkeit lehrte, die über das alttestamentliche Gesetz des Mose und dessen Gerechtigkeits- und Vergeltungs-Vorstellungen hinausging.

Ausposaunen

„Etwas ausposaunen“

Bedeutung: Etwas indiskret weitersagen; eine Mitteilung mit Aufsehen verbreiten; Nachrichten auf übertriebene Weise veröffentlichen

Erläuterung: Die Posaune ist hier ein Symbol für lautstarkes Verbreiten in der Öffentlichkeit.

Beispiel: Warum musstest du dies bei deinen Freunden ausposaunen? Damit hast du mich wirklich blamiert!

Bibelstelle: Mt 6,2: „Wenn du Almosen gibst, lass es also nicht vor dir *her posaunen*, wie es die Heuchler in den Synagogen und auf den Gassen tun, um von den Leuten gelobt zu werden. Amen, das sage ich euch: Sie haben ihren Lohn bereits erhalten.“

Kommentar: Während es beim Propheten Amos (4,5) noch heißt, dass man es laut verkündigen soll, wenn man zu freiwilligen Opfern aufruft, damit man es hört, prangert Jesus diese Frömmigkeitspraxis der Juden seiner Zeit heftig an. Im Alten Testament bestand nämlich die Unsitte, Opfergaben durch Posaunenstöße anzukündigen. Die Posaune wurde bereits im alttestamentlichen Gottesdienst verwendet, um Aufsehen zu erregen, da es ein recht laut klingendes Instrument ist. In der Bergpredigt wendet sich Jesus gegen die in der Öffentlichkeit zur Schau gestellte Frömmigkeit, weil er die ganz persönliche Beziehung zu Gott für wertvoller hält.

Anwendung: Wer etwas ausposaunt, handelt unangenehm, negativ und indiskret. Eine ähnliche Redewendung wäre: „Etwas an die große Glocke hängen", d. h. etwas verbreiten, was eigentlich nicht so bekannt werden sollte.

Babylon

„Babylonisches Sprachengewirr"

Bedeutung: Vielfalt der Sprachen, die an einem Ort gesprochen werden

Erläuterung: Der Ausdruck stammt aus dem Alten Testament (= AT), wo die biblische Geschichte vom Turmbau zu Babel und der Verwirrung der Sprachen erzählt wird. Die Babylonier wollten einen Turm bauen, der bis in den Himmel reicht. Wegen ihres Wahnwitzes strafte sie Gott, verwirrte die Sprachen der Erbauer und zerstreute sie in alle Länder, so dass der Turm nicht vollendet werden konnte.

Beispiel: Auf dem internationalen Kongress herrschte ein geradezu babylonisches Sprachengewirr.

Bibelstelle: Gen 11,7: „Auf, steigen wir hinab, und *verwirren* wir dort *ihre Sprache,* so dass keiner mehr die Sprache des anderen versteht."

Kommentar: Nach der mythischen Erzählung des Turmbaus zu Babel befürchtete Gott, dass den Menschen, wenn sie nur eine Sprache hätten, nichts mehr unerreichbar wäre von dem, was sie sich vornähmen (Gen 11,6). Daher zerstreute der Herr die Menschen von Babylon aus „über die ganze Erde, und sie hörten auf, an der Stadt zu bauen" (Gen 11,8).

„Darum nannte man die Stadt *Babel (Wirrsal)*, denn dort hat der Herr *die Sprache aller Welt verwirrt*, und von dort aus hat er die Menschen über die ganze Erde zerstreut" (Gen 11,9).

Anwendung: Die Redensart knüpft bewusst an die biblische Erzählung an, um die Vielfalt der Sprachen als Hemmschuh für eine gute Kommunikation und kreative Zusammenarbeit zu bezeichnen.

Benjamin

„Ein Benjamin sein"

Bedeutung: Der jüngste in einer Familie sein

Erläuterung: Benjamin war der jüngste Sohn des Patriarchen Jakob, nach dessen 12 Söhnen die einzelnen Stämme Israels genannt wurden.

Beispiel: Hiermit möchte ich dir unsere Kinder vorstellen. Ursula geht schon in die Grundschule, Christina ist noch im Kindergarten und Peter ist erst zwei Jahre alt. Er ist unser Benjamin.

Bibelstelle: Gen 35,17-18: „Als sie (Rahel) bei der Geburt schwer litt, redete ihr die Amme zu: Fürchte dich nicht, auch diesmal hast du einen Sohn. Während ihr das Leben entfloh - sie musste nämlich sterben -, gab sie ihm den Namen Ben-Oni (Unheilskind); sein Vater aber nannte ihn *Benjamin* (Erfolgskind)."

Kommentar: Benjamin war der letztgeborene Sohn Jakobs und der Lieblingsbruder des zweitjüngsten Sohnes Josef.

Anwendung: Da der jüngste Sohn in einer Familie oft von den Eltern und Erwachsenen besonders geliebt und umsorgt wird, ist die Bezeichnung des Jüngsten als „unser Benjamin" ein Ausdruck zärtlicher Aufmerksamkeit für das kleinste Kind in einer Familie.

Berufen

„Viele sind berufen,
aber nur wenige auserwählt"

Bedeutung: Obwohl viele sich für berufen halten und meinen, sie könnten eine bestimmte Aufgabe erfüllen, werden nur wenige dazu ausgewählt.

Erläuterung: Die Redensart will ein ironischer Hinweis auf das Missverhältnis zwischen Anspruch und Begabung bei der Verwirklichung eines Unternehmens sein.

Beispiel: Von den über hundert Bewerbern auf die ausgeschriebenen Arbeitsstellen wurden nur drei genommen. Viele fühlen sich berufen, aber nur wenige können ausgewählt werden.

Bibelstelle: Mt 22,14: „Denn viele sind *gerufen, aber nur wenige auserwählt*."

Luther bringt die Übersetzung noch mit dem religiös stärker gefärbten Begriff „berufen": „Denn viele sind *berufen, aber wenige sind auserwählt.*"

Kommentar: Obwohl alle Juden *berufen* sind, das auserwählte Volk Gottes zu bilden, gehören nur wenige zu der Schar der Jünger, die Jesus erwählt hat. In einem ähnlichen Missverhältnis steht oft die Anzahl der Menschen, die sich befähigt fühlen etwas zu tun, mit den wenigen, die qualifiziert tatsächlich etwas leisten können.

Anwendung: Der biblischen Bedeutung der Redensart im Sinne einer echten Berufung von Gott her steht eine ziemlich gedankenlose Anwendung gegenüber. Sie dient oft nur dem Spott über die enttäuschten Hoffnungen einer größeren Bewerberzahl, wozu das Wort „berufen“ eigentlich nicht passt.

Besessen

„Wie besessen sein“

Bedeutung: Mit etwas außerordentlich intensiv befasst sein

Erläuterung: Nach dem Verständnis der Zeitgenossen Jesu waren Krankheiten häufig Ausdruck von Besessenheit durch böse Dämonen oder Geister, die den Betreffenden total in Besitz nahmen. Wird man von etwas total in Beschlag genommen und kann fast zwanghaft nichts anders mehr tun und denken, spricht man vom „Besessen-sein“.

Beispiel: Er arbeitete wie besessen an seiner Doktorarbeit, um sie noch bis zum Jahresende abschließen zu können.

Bibelstelle: Lk 8,27: „Als Jesus an Land ging, lief ihm ein Mann aus der Stadt entgegen, der von Dämonen *besessen* war. Schon seit langem trug er keine Kleider mehr und lebte nicht mehr in einem Haus, sondern in den Grabhöhlen.“

Kommentar: Die Heilung des Besessenen von Gerasa (Lk 8,26-39) ist ein bekanntes Beispiel für eine der vielen

Dämonenaustreibungen durch Jesus, bei der der Besessene von seiner Krankheit geheilt wurde. Denn zur Zeit Jesu war die Besessenheit eine krankhafte Erscheinung von Zwangszuständen, Wahnideen, psychischen Anfällen, Nervenzusammenbrüchen, unkontrollierten Beschimpfungen oder Flüchen, die auf das Eindringen böser Geister in einen Menschen zurückgeführt wurden.

Anwendung: In der Redensart hat das Besessensein zwar auch heute noch einen gewissen zwanghaften, negativen oder fanatischen Charakter, aber die intensive Beschäftigung mit etwas wird nicht mehr als Ausdruck einer wirklichen Krankheit gedeutet.

Bis

„Bis hierher und nicht weiter"

Bedeutung: Bis zu einer bestimmten, klar festgelegten Grenze

Erläuterung: Die Redensart drückt große Entschlossenheit aus, Einhalt zu gebieten oder streng und konsequent Grenzen zu setzen.

Beispiel: Ich lasse mich nicht noch einmal von dir blamieren. Ich warne dich! Jetzt ist Schluss! *Bis hierher und nicht weiter.*

Bibelstelle: Gott, der Herr, antwortet Ijob aus dem Wettersturm: „Wer verschloss das Meer mit Toren, als schäumend es dem Mutterschoß entquoll, als Wolken ich zum Kleid ihm machte, ihm zur Windel dunklen Dunst, als ich ihm ausbrach meine Grenze, ihm Tor und Riegel setzte und sprach: *Bis hierher* darfst du *und nicht weiter*, hier muss sich legen deiner Wogen Stolz" (Ijob 38,8-11).

Kommentar: Die lateinische Übersetzung dieser Redewendung wird oft mit „non plus ultra“ wiedergegeben, was so viel heißt, dass etwas Gutes nicht mehr überboten werden kann. Dies ist eine Anspielung auf die Meerenge von Gibraltar, über die hinaus damals kein Schiff ohne Gefahr für Leib und Leben der Seeleute fahren konnte.

Anwendung: Die Redensart bezieht sich sowohl auf räumliche, als auch auf zeitliche Grenzen etwa im Sinne des französischen „Rien ne va plus“ (Nichts geht mehr!) beim Roulette-Spielen. Meist werden aber im übertragenen Sinne geistige Grenzen im ethisch-moralischen Bereich gesetzt, die irgendwelche negative Verhaltensweisen untersagen, wie Frechheiten, Unterstellungen, Beleidigungen usw.

Bleibe

„Bleibe bei uns, denn es will Abend werden“

Bedeutung: Geh doch nicht schon wieder fort! Bleib doch noch länger, selbst wenn du hier übernachten musst!

Erläuterung: Die Redensart ist ein vornehm ausgedrücktes Angebot zum längeren Bleiben und enthält wörtlich ein Zitat aus der Geschichte der Emmausjünger (nach Lk 24,13-35).

Beispiel: Was? Du willst schon gehen? Bleibe bei uns, denn es will Abend werden und der Tag hat sich geneigt!

Bibelstelle: Lk 24,28-29: „So erreichten sie das Dorf, zu dem sie unterwegs waren. Jesus tat, als wolle er weitergehen, aber sie drängten ihn und sagten: *Bleib doch bei uns; denn es wird bald Abend,* der Tag hat sich schon geneigt. Da ging er mit hinein, um bei ihnen zu bleiben.“

Kommentar: Am Ostersonntag waren zwei der Anhänger Jesu auf dem Weg von Jerusalem nach Emmaus. Als sie miteinander über die Ereignisse der letzten Tage sprachen, kam Jesus hinzu und ging mit ihnen. Ohne Jesus zu erkennen, erzählten sie dem vermeintlichen Fremden ihre Enttäuschung über den Kreuzestod ihres Herrn, den sie als ihren religiösen Meister verehrt und für den Messias gehalten hatten. Als sie Jesus dann am frühen Abend aufforderten, bei ihnen zu bleiben, erfüllte er ihnen diese Bitte, indem er Tischgemeinschaft mit ihnen hielt und mit ihnen das Brot brach. Als die Emmausjünger den Auferstandenen am Brotbrechen erkannten, war er plötzlich verschwunden. Noch in derselben Stunde am Abend kehrten die Jünger nach Jerusalem zurück, um ihren Mitbrüdern mitzuteilen, was Jesus ihnen auf dem Weg gesagt hatte und wie sie ihn erkannten, als er das Brot brach.

Anwendung: Die Bitte der Emmausjünger an den auferstandenen Jesus wird gerne als eine gastfreundliche Einladung zitiert. Sie ist allerdings mehr in christlichen und theologischen Kreisen üblich, wo die Geschichte von den Emmausjüngern bekannt ist.

Bleibe (im)

„Bleibe im Lande und nähre dich redlich"

Bedeutung: Bleib in der Heimat und verdiene auf ehrliche Weise deinen Lebensunterhalt.

Erläuterung: Der zweite Teil des Zitats („und nähre dich redlich") zieht die Aufforderung ins Spaßhafte oder ist ein Versuch, den Drang eines Reiselustigen in ferne Länder zu beschwichtigen.

Beispiel: Warum in die Ferne schweifen? Sieh, das Gute liegt so nah! Bleib' im Lande und nähre dich redlich! Du kannst auch hier glücklich sein!

Bibelstelle: Ps 37,3-4: „Vertraue auf den Herrn und tu das Gute, *bleib wohnen im Land* und bewahre Treue! Freu dich innig am Herrn! Dann gibt er dir, was dein Herz begehrt."

Kommentar: Der Verfasser des Psalms 37 will, dass sich der Mensch nicht vom vermeintlichen Glück der Ungläubigen verführen lässt. Der Gläubige soll also beim Herrn bleiben, um ihm zu folgen. In diesem Sinne fährt der Psalmist im Vers 5 fort und mahnt den Gläubigen zu mehr Gottvertrauen: „Befiehl dem Herrn deinen Weg und vertrau ihm; er wird es fügen" (Ps 37,5). Dieser Gedanke hat in dem berühmten evangelischen Kirchenlied „Befiehl du deine Wege" seinen Niederschlag gefunden.

Anwendung: In der hier zitierten Bibelstelle geht es nicht in erster Linie darum, das Fernweh zu unterbinden, wie das in der Redensart gemeint ist, sondern der Gläubige wird aufgefordert, Gutes zu tun und Gott die Treue zu halten. Die Redensart heute jedoch begnügt sich mit dem Hinweis auf die Möglichkeit des ehrlich erworbenen Lebensunterhalts und das dadurch mögliche Familienglück zuhause in der Heimat.

Blindheit

„Mit Blindheit geschlagen sein"

Bedeutung: Etwas Wichtiges nicht erkennen können

Erläuterung: Blindheit ist hier eine Folge von Fehlverhalten oder Unfähigkeit und damit als eine Form von Bestrafung aufzufassen.

Beispiel: Du musst mit Blindheit geschlagen sein, wenn du nicht erkennst, dass sie dich ausbooten wollen.

Bibelstelle: Gen 19,11: „Dann *schlugen* sie (zwei als Männer verkleidete Engel) die Leute draußen vor dem Haus, groß und klein, *mit Blindheit*, so dass sie sich vergebens bemühten, den Eingang zu finden."

Kommentar: In der Geschichte von der Vernichtung der sündigen Stadt Sodom, in der die Männer der Stadt die beiden Männer im Haus des Lot zur Homosexualität verführen wollten, wird Lot als einziger (mit seiner Familie) gerettet, weil er den Fremden Herberge gab und ein tugendhaftes Leben führte. Der Ausdruck „mit Blindheit geschlagen sein" lässt sich bereits in dieser Geschichte auch im übertragenen Sinne deuten, weil die Männer von Sodom in ihrer Schlechtigkeit blind waren für den Weg zur Tugend und zur Rettung aus der zum Verderben bestimmten Stadt.

Als zwei Jünger auf ihrem Weg von Jerusalem nach Emmaus dem auferstandenen Jesus begegneten, erkannten sie ihn zunächst nicht, weil sie „wie mit Blindheit geschlagen" waren (Lk 24,16). Erst als Jesus mit ihnen das Brot brach, „gingen ihnen die Augen auf, und sie erkannten ihn" (Lk 24,31).

Anwendung: Wer nach der Redensart heute mit Blindheit geschlagen ist, muss nicht unbedingt blind für den christlichen Glauben sein; er kann auch für andere Dinge keine Wahrnehmungsfähigkeit besitzen z. B. für Intrigen, komplizierte Zusammenhänge, Geschäftsinteressen, Probleme anderer Menschen etc.

Blut

„Blut und Wasser schwitzen"

Bedeutung: Man hat Angst; oder: Man strengt sich an. (Der Sprachgebrauch mit der 2. Bedeutung der Anstrengung wird jedoch von einigen Linguisten bestritten und als falsch, ja sogar als Missbrauch der Sprache gewertet!)

Erläuterung: Das Schwitzen vor Angst (oder vor Anstrengung) wird durch das zusätzliche Ausscheiden von Blut auf dramatische Weise gesteigert, da es an das Blut-Schwitzen Jesu im Garten Getsemani vor seinem Leiden am Kreuz erinnert.

Beispiel: Der Fahrgast, der keine Fahrkarte hatte, schwitzte Blut und Wasser, als der Kontrolleur plötzlich das Abteil betrat.

Bibelstelle: Lk 22,44: „Und er betete in seiner Angst noch inständiger, *und sein Schweiß war wie Blut*, das auf die Erde tropfte."

Kommentar: Da Jesus dreimal seinen Leidensweg im Sinne des Gottesknechtes bei Jesaja 53 voraussagte und vermutlich auch seine Kreuzigung vorausahnte, betete er am Ölberg im Garten Getsemani um himmlischen Beistand (Mt 26,36-46). Als ihm seine Passionsgeschichte wie ein bitterer Kelch vor Augen stand, bat er Gott, dass er von diesen schrecklichen Qualen der Folterung am Kreuz verschont bleiben möge, ordnete sich aber dann dem bevorstehenden Leiden mit den Worten unter: „Vater, wenn du willst, nimm diesen Kelch von mir! Aber nicht mein, sondern dein Wille soll geschehen" (Lk 22,42). Er schwitzte Blut aus Angst vor seiner bevorstehenden Passion und wurde schließlich von einem Engel gestärkt (Lk 22,43).

Anwendung: Die Redewendung ist unter anderem auch durch die Betrachtung der schmerzhaften Geheimnisse des Rosenkranzes verbreitet, der an diese Ölbergszene Jesu mit den Worten erinnert: „Jesus, der für uns Blut geschwitzt hat."

„In die Bresche springen“

Bedeutung: Sich für jemanden in Not einsetzen oder eine schon aufgegebene Sache anpacken

Erläuterung: Das seit dem 17. Jahrhundert bezeugte Substantiv Bresche ist ein militärisches Fachwort aus dem Festungs- und Belagerungskampf. Die Quelle des Wortes „Bresche“ ist das französische „brèche“ (= Scharte, Bresche), was seinerseits aus dem Germanischen stammt. Vgl. dt. ‘brechen’, ‘Bruch’, engl. ‘break’, altfränkisch ‘breka’! (Duden, Band 7, S. 82). Die Bresche ist eine Öffnung der Festungsmauer. Wer in die Bresche, also in eine vom Feind geöffnete Stelle der Stadtmauer springt, versucht, die Stadt zu verteidigen und vor den Belagerern zu retten.

Beispiel: Wenn du nicht für mich *in die Bresche gesprungen* wärest, säße ich noch heute in der Patsche (Klemme).

Bibelstelle: Ez 13,4-6: „Wie Füchse in Ruinen sind deine Propheten, Israel. Ihr seid nicht *in die Bresche gesprungen.* Ihr habt keine Mauer für das Haus Israel errichtet, damit es am Tag des Herrn im Kampf standhalten kann. Sie haben nichtige Visionen, verkünden falsche Orakel und sagen: Spruch des Herrn - obwohl der Herr sie nicht gesandt hat. Trotzdem warten sie darauf, dass er ihre Worte erfüllt.“

Kommentar: Der Prophet Ezechiel beklagt das Versagen der falschen Propheten, die Israel nicht wie eine Mauer beschützt haben. Auch in Ez 22,38 klagt der Prophet, dass niemand unter den Bürgern des Landes gefunden wurde, „der eine Mauer baut oder für das Land *in die Bresche springt*“.

Dagegen heißt es im Psalm 106,23 über Moses, dass er für sein Volk *in die Bresche gesprungen* sei, um die Israeliten aus Ägypten zu befreien: „Da fasste er (= Gott) einen Plan, und er hätte sie vernichtet, wäre nicht Mose, sein Erwählter, für sie *in die Bresche gesprungen* (Ps 106,23).

Anwendung: Die Redensart lobt den hohen Einsatz eines engagierten Menschen, der ersatzweise für jemanden in die Bresche springt, d. h. etwas Gefährliches oder Schweres tut, um Schwierigkeiten zu beseitigen oder Gefahren abzuwehren.

Brief

„Brief und Siegel auf etwas geben“

Bedeutung: Etwas verbindlich zusagen; jemandem etwas unanzweifelbar sagen

Erläuterung: Das Wort Brief stammt vom lateinischen ‘brevis’ (kurz) und bezeichnet ursprünglich kurze Schriftstücke, Urkunden oder Befehle, die zur rechtlichen Gültigkeit eines Siegels bedurften. Früher wurden auch Sendschreiben oder Briefe versiegelt, um sicherzustellen, dass nur der Adressat die Botschaft las und sicher sein konnte, dass der Inhalt des Schreibens auch wirklich vom Absender stammte. Heute ist die *Versiegelung* zur Geheimhaltung einer Nachricht seltener geworden. Allerdings spielt die *Besiegelung* einer Urkunde, eines Zeugnisses, einer amtlichen Bekanntmachung oder anderer wichtiger Dokumente zur Kennzeichnung der Urheberschaft und zur Rechtskräftigkeit auch heute eine große Rolle.

Beispiel: Ich gebe dir Brief und Siegel dafür, dass ich dir das geliehene Geld so bald wie möglich zurückzahlen werde.

Bibelstelle: Jer 32,10: „Ich schrieb die Kaufurkunde, *versiegelte* sie, nahm auch Zeugen hinzu und wog das Silber auf der Waage ab, alles nach Gesetz und Vorschrift.“

Kommentar: Der Ausdruck „Brief und Siegel auf etwas geben" entstammt der alttestamentlichen Rechtsprache, womit der Kauf eines Grundstücks bestätigt wurde. Der Kauf des Ackers in Anatot durch den Propheten Jeremia im Jahr 587, als der Tempel in Jerusalem durch Nebukadnezar, den König der Babylonier, zerstört wurde, sollte ein Heilszeichen dafür sein, dass in Israel auch wieder normale Zeiten des Handels kommen werden. „Äcker wird man wieder kaufen für Geld, Kaufurkunden ausstellen und *versiegeln* und Zeugen hinzunehmen im Land Benjamin, in der Umgebung Jerusalems, in den Städten Judas. ... Denn ich wende ihr Geschick - Spruch des Herrn" (Jer 32,44).

Anwendung: Die Versiegelung einer Urkunde im Sinne der biblischen Tradition ist etwas Positives und Verlässliches. Genau diese Verlässlichkeit will auch die Redensart zum Ausdruck bringen.

Brot (allein)

„Der Mensch lebt nicht vom Brot allein"

Bedeutung: Der Mensch braucht nicht nur Nahrung; er hat nicht nur materielle Bedürfnisse.

Erläuterung: Der Mensch ist nicht nur auf Lebensmittel als Nahrung für den Körper und sein leibliches Wohlbefinden angewiesen, er braucht auch Nahrung für die Seele (Zärtlichkeit, Zuwendung u.a.) und für den Geist (Wissen, Erkenntnis). Nach der Bibel bedarf der Mensch vor allem des Wortes Gottes als Wegweisung zum ewigen Leben.

Beispiel: Als gebildeter Mensch wollte er an einem Ort leben, wo es auch Bibliotheken, Theater und Museen gibt; denn er dachte bei sich: Der Mensch lebt nicht vom Brot allein.

Bibelstelle: Mt 4,4: Jesus antwortete dem Satan, der ihn in der Wüste veranlassen wollte, als Sohn Gottes aus Steinen Brot zu machen: „In der Schrift heißt es: *Der Mensch lebt nicht nur von Brot*, sondern von jedem Wort, das aus Gottes Mund kommt."

Kommentar: Jesus beruft sich bei der Versuchung durch Satan auf Dtn 8,3: „Durch Hunger hat er dich gefügig gemacht und hat dich dann mit dem Manna gespeist. ... Er wollte dich erkennen lassen, dass der Mensch nicht nur von Brot lebt, sondern dass der Mensch von allem lebt, was der Mund des Herrn spricht." Die Beachtung der Gebote Gottes ist nach der Bibel also wichtiger als die Suche nach Nahrung. Wenn ein Mensch hungert oder fastet, soll er dies als Prüfung Gottes betrachten, der den Gläubigen erzieht, „wie ein Vater seinen Sohn erzieht" (Dtn 8,5). So widersteht Jesus der Versuchung Satans, aus Steinen Brot zu machen, zu der er in Erinnerung an seine göttliche Abstammung und Macht als Sohn Gottes verführt werden sollte.

Anwendung: In der Vater-unser-Bitte „Unser tägliches Brot gib uns heute" steht Brot für alles, was mit der materiellen Existenz zu tun hat (Röhrich S. 262). Brot genießt somit eine außerordentliche Wertschätzung. Dennoch werden in der Redensart geistige Güter für wertvoller gehalten als materielle.

Brot (täglich)

„Nötig / Notwendig wie das tägliche Brot"

Bedeutung: So wichtig wie der tägliche Lebensunterhalt

Erläuterung: Die Redewendung bezieht sich auf die Vater-unser-Bitte Jesu: „Unser tägliches Brot gib uns heute!" Damit ist das gemeint, was man zum Leben jeden Tag braucht, also nicht nur Brot und Nahrung, sondern auch Kleidung, Unterkunft, Schlaf, Geborgenheit, Gemeinschaft usw.

Beispiel: Jeden Tag frische Luft atmen und ein wenig Bewegung haben ist so wichtig wie das tägliche Brot.

Bibelstelle: Mt 6,11: „*Gib uns heute das Brot, das wir brauchen.*“

Luther übersetzt: „*Unser täglich Brot gib uns heute.*“

Vgl. auch Lk: 11,3: „*Gib uns täglich das Brot, das wir brauchen.*“

Luther übersetzt: „*Gib uns unser täglich Brot immerdar.*“

Kommentar: Das Vaterunser ist das bekannteste christliche Gebet. Der Tradition der Bibel nach hat es Jesus seine Jünger selbst zu beten gelehrt.

Anwendung: Die Redensart kommt auch in der Fassung vor: „Das ist für mich das tägliche Brot“, wenn etwas als zum Leben notwendig bezeichnet werden soll. Die Bitte um das tägliche Brot ist angesichts des Hungers in der Welt noch genauso aktuell wie vor 2000 Jahren. Sie spielt zwar vorwiegend im religiösen Bereich des Gebetes und des kirchlichen Gottesdienstes eine Rolle, kommt aber auch als Schlüsselbegriff für all das vor, was wir zum gesunden Leben im Alltag brauchen.

Brot (Tränenbrot)

„Wer nie sein Brot mit Tränen aß“

Bedeutung: Wer niemals Leid erfahren hat

Erläuterung: Es gehört zum menschlichen Leben, mit Mühe sein Brot zu verdienen und manchmal auch unter Tränen zu essen.

Beispiel: Du scheinst wenig Verständnis für Menschen zu haben, die um ihr täglich Brot kämpfen müssen, sonst würdest du altes Brot nicht einfach wegwerfen. Wer nie sein Brot mit Tränen aß!

Bibelstelle: Ps 80,5-6: „Herr, Gott der Heerscharen, wie lange noch zürnst du, während dein Volk zu dir betet? Du hast sie gespeist mit *Tränenbrot*, sie überreich getränkt mit Tränen."

Kommentar: Der Beter des Psalms 80, der Gott für den Erhalt des Weinstocks Israel anfleht, klagt Gott nicht nur an, sondern erwartet von ihm auch Heil und Rettung vor den Feinden. Das geht aus den folgenden Versen hervor: „Du machst uns zum Spielball der Nachbarn, und unsere Feinde verspotten uns. Gott der Heerscharen, richte uns wieder auf! Lass dein Angesicht leuchten, dann ist uns geholfen" (Ps 80,7-8). Der Beter schämt sich seiner Tränen nicht, unter denen er Gott um Brot und Rettung bittet.

In Anlehnung an diese Bibelstelle hat Goethe den Harfenspieler in seinem Werk „Wilhelm Meisters Lehrjahre" die Worte sprechen lassen: „Wer nie sein Brot mit Tränen aß,

Wer nie die kummervollen Nächte

Auf seinem Bette weinend saß,

Der kennt euch nicht, ihr himmlischen Mächte."

Anwendung: Durch diesen literarischen Beleg bei Goethe ist die biblische Metapher erst richtig bekannt geworden. In der Bildung der Redewendung wird auch die Formulierung des Goethe-Zitats aufgegriffen. Dadurch hat die Redensart große Popularität gefunden.

Brust

„An seine Brust schlagen /
sich an die Brust klopfen"

Bedeutung: Sich schuldig bekennen

Erläuterung: Das dreimalige an die Brust-Schlagen war vor dem Zweiten Vatikanischen Konzil (1962-1965) beim Confiteor (Schuldbekenntnis) während der Worte „mea culpa, mea culpa, mea maxima culpa" (durch meine Schuld, durch meine Schuld, durch meine übergroße Schuld) üblich. Außerdem schlug man sich beim Gebet „Domine, non sum dignus" (O Herr, ich bin nicht würdig) vor dem Empfang der Heiligen Kommunion auf die Brust.

Beispiel: Bevor du anderen ihre Fehler vorhältst, schlag lieber einmal an deine eigene Brust!

Bibelstelle: Lk 18,13: „Der Zöllner aber blieb ganz hinten stehen und wagte nicht einmal, seine Augen zum Himmel zu erheben, sondern *schlug sich an die Brust* und betete: Gott sei mir Sünder gnädig!"

Kommentar: Die Geste des „Sich-an-die-Brust-Schlagens" ist ein Ausdruck dafür, dass sich ein Mensch schuldig fühlt und seine Schuld vor Gott im Gebet und beim gemeinsamen Gebet vor der ganzen Gemeinde bekennt. Dies wurde zur Zeit Jesu oft praktiziert. Jesus selbst erwähnt diese religiöse Geste im Gleichnis vom Pharisäer und Zöllner, der sich mit einem kurzen Gebet an die Barmherzigkeit Gottes wendet und sich dabei reumütig an die Brust schlägt. Der Evangelist Lukas berichtet, dass sich nicht nur der Hauptmann, sondern alle, die zu dem Schauspiel der Kreuzigung auf dem Berg Golgatha herbeigeströmt waren, nach dem Tod Jesu an die Brust schlugen und betroffen weggingen (Lk 23,48).

Anwendung: Die Redensart wird heute gelegentlich unter Verwendung derselben religiösen Gestik des sich dreimal an die Brust Klopfens gebraucht. Dies kann eine echte Entschuldigung sein. Es kann aber auch als eine sehr zur Schau gestellte, oberflächliche oder scherzhafte Bitte um Verzeihung angesehen werden.

Buch (offen)

„Wie ein offenes Buch"

Bedeutung: leicht durchschaubar

Erläuterung: Wer wie ein offenes Buch ist, der ist durchschaubar. Man kann seine Absichten lesen wie in einem aufgeschlagenen Buch.

Beispiel: Wenn ich in sein Gesicht schaue, ist er für mich wie ein offenes Buch. Ich weiß genau, was er denkt und vorhat.

Bibelstelle: Offb 5,15: (Dies ist eine Lesart, die in der Einheitsübersetzung fehlt.)

Kommentar: Nach Offb 5,1-9 ist nur das Lamm Gottes, das auf den unschuldig wie ein Lamm geopferten Herrn Jesus Christus verweist, in der Lage, die 7 Siegel des geheimnisvollen Buches zu öffnen. Das bedeutet, dass sich für den Christen erst mit Jesus Christus das Verständnis der Heiligen Schrift des Ersten Bundes erschließt. Ist das heilige Buch jedoch geöffnet, wird dem Leser die volle Wahrheit über die göttlichen Offenbarungen mitgeteilt.

Anwendung: Man kann im Gesicht eines Menschen so viel lesen wie in der offenen Pergamentrolle die Visionen vom Ende der Welt. Wer wie ein offenes Buch ist, von dem weiß man, was er tut und plant.

„Ein Buch mit sieben Siegeln"

Bedeutung: Jemand oder etwas ist geheimnisvoll oder unverständlich

Erläuterung: Dieser Begriff entstammt dem Buch der Geheimen Offenbarung, das nach der griechischen Bezeichnung auch Apokalypse genannt wird. Dieses letzte Buch der Bibel ist wegen seiner metaphorischen, visionären Sprache für viele Menschen unverständlich.

Beispiel: Warum redest du nie über dich, über deine Vergangenheit, deine Familie? Du bist und bleibst für uns ein Buch mit sieben Siegeln.

Bibelstelle: Offb 5,1-3: „Und ich sah auf der rechten Hand dessen, der auf dem Thron saß, *eine Buchrolle*; sie war innen und außen beschrieben und *mit sieben Siegeln* versiegelt. Und ich sah: Ein gewaltiger Engel rief mit lauter Stimme: Wer ist würdig, die Buchrolle zu öffnen und ihre Siegel zu lösen? Aber niemand im Himmel, auf der Erde und unter der Erde konnte das Buch öffnen und lesen."

Kommentar: Als der Visionär Johannes, der Verfasser der geheimen Offenbarung, darüber weint, dass niemand dieses Buch öffnen kann, wird ihm die Verheißung von einem der Ältesten gegeben, dass „der Löwe aus dem Stamm Juda, der Spross aus der Wurzel Davids" das Buch und seine sieben Siegel öffnen kann. Das Lamm, das nach Offb 5,7 das Buch aus der Hand dessen empfing, der auf dem Thron sitzt, ist niemand anders als Jesus, das fleischgewordene Wort Gottes.

Anwendung: Wenn jemandem etwas dunkel und unverständlich bleibt oder wenn ihm der Zugang zu etwas, zu einem Musikstück, zu einem Gemälde oder zu einem literarischen Werk, aber auch zu einer Person verschlossen bleibt, wird diese Redensart vom „Buch mit sieben Siegeln" gerne gebraucht.

Buchstabe

„Der Buchstabe tötet"

Bedeutung: Das Beharren auf den Wortlaut hilft nicht weiter.

Erläuterung: Die Redewendung wird angewandt, wenn die wörtliche Auslegung eines Textes oder Gesetzes keinen Sinn ergibt oder der Intention nicht entspricht, also wenn das eigentlich Gemeinte durch das Zitieren oder Vortragen des Wortlautes eines Textes verdeckt wird, bzw. nicht erkennbar ist.

Beispiel: Wenn du dich mit diesen Kleinigkeiten aufhältst, wirst du nie begreifen, worum es eigentlich geht. Der Buchstabe tötet, aber der Geist ist's, der lebendig macht.

Bibelstelle: 2 Kor 3,6: „Er hat uns fähig gemacht, Diener des Neuen Bundes zu sein, nicht des Buchstabens, sondern des Geistes. Denn *der Buchstabe tötet*, der Geist aber macht lebendig."

Kommentar: Paulus lehnt die äußere Einhaltung der mosaischen Gesetze und Vorschriften ab, weil das Gesetz Christi als Prinzip der opferbereiten Liebe letztgültiger Maßstab für das Handeln eines Christen sein soll.

Anwendung: Weitere Redewendungen zum Thema 'Buchstabe(n)', die inhaltlich ähnlich, aber nicht mehr direkt biblisch zu begründen sind: Sich zu sehr an den Buchstaben halten (sich starr an den Wortlaut halten); jemanden nach dem (toten) Buchstaben verurteilen (sich nur an die Paragraphen halten, ohne selbständig zu denken); den Buchstaben des Gesetzes erfüllen (etwas nur formal erfüllen und dabei dem eigentlichen Sinn des Gesetzes nicht gerecht werden); ein buchstabentreuer Mensch sein (vorschriftsmäßig, aber etwas phantasielos arbeiten). In der Umgangssprache kommt die Redewendung „sich auf seine vier Buchstaben setzen“ als scherzhafte Bezeichnung für „sich auf seinen Popo setzen“ relativ häufig vor. „Die Buchstaben doppelt sehen“ für „betrunken sein“ ist ein vulgärer Ausdruck für eine geistlose Haltung, vor der die hier behandelte Redensart warnen will (Röhrich, S. 276).

Buße

„Buße tun“

Bedeutung: Zur Besserung bereit sein; etwas tun, das als Zeichen der Umkehr angesehen werden kann

Erläuterung: „Buße tun“ heißt nicht nur büßen (= bestraft werden), sondern vor allem freiwillig etwas Gutes zum Ausgleich für begangenes Unrecht tun (= Genugtuung leisten).

Beispiel: Er sah das Unrecht, das er begangen hatte, ein und war bereit, Buße zu tun.

Bibelstelle: Mt 3,2: „*Kehrt um!* Denn das Himmelreich ist nahe.“

Kommentar: Nach der Bibel des Alten Testaments war es üblich, sich zum Zeichen der Buße (= Umkehr, griechisch: metanoia) in Staub oder Sack und Asche zu hüllen. So spricht Ijob, beeindruckt von der Größe der Weisheit Gottes: „Vom Hörensagen nur hatte ich von dir vernommen; jetzt aber hat mein Auge dich geschaut. Darum widerrufe ich und atme auf, in Staub und Asche“ (Ijob 42,5-6).

Anwendung: Während die Bibel der Buße als Abkehr vom Bösen und einer gleichzeitigen Hinwendung zu Gott, dem Inbegriff des Guten, eine religiös sittliche Bedeutung gibt, ist der deutsche Rechtsterminus Buße (abgeleitet von „besser") eine Bezeichnung für Schadensersatz, z. B. in den Worten „Geldbuße" oder „Bußgeld".

Bestimmte Redewendungen mit dem Wort 'büßen' bedeuten so viel wie „Rache nehmen" oder einem „Racheakt ausgesetzt sein", z. B. in der Redensart: „Das sollst du mir büßen!" Hier soll einem Menschen zum Ausgleich dafür, dass jemand etwas getan hat, das einem anderen nicht gefällt, Schaden zugefügt werden. Die Folgen eines Racheaktes auszubaden ist aber etwas ganz anderes als das „Buße tun" im biblischen Sinne.

Charisma

„Ein Charisma haben"

Bedeutung: Über eine besondere Ausstrahlung und Begabung verfügen

Erläuterung: Etwas Außergewöhnliches ausstrahlen oder können, was andere Menschen anzieht und fasziniert

Beispiel: Er hat ein echtes Charisma und kann andere mit seiner faszinierenden Art leicht davon überzeugen, das zu tun, was er für gut und richtig hält.

Bibelstelle: 1 Kor 12,4-5: „Es gibt verschiedene *Gnadengaben*, aber nur den einen Geist. Es gibt verschiedene Dienste, aber nur den einen Herrn."

Kommentar: Im Kapitel 12 des 1. Korintherbriefes werden unter den Gnadengaben, die man auch als Charismen bezeichnet, folgende 9 aufgezählt:

1. Weisheit mitteilen, 2. Erkenntnis vermitteln (Vers 8), 3. Glaubenskraft, 4. die Gabe, Krankheiten zu heilen (Vers 9), 5.

Wunderkräfte, 6. prophetisches Reden (Vers 10), 7. die Fähigkeit, die Geister zu unterscheiden, 8. Zungenrede und 9. die Gabe, diese zu deuten (Vers 11).

So kann es im Sinne des Apostels Paulus eine besondere Gnadengabe oder ein Charisma sein, Kinder einfühlsam zu begleiten und pädagogisch sinnvoll und didaktisch geschickt zu unterrichten.

Anwendung: Wer ein Charisma hat, verdient Bewunderung und Anerkennung. Er kann sein Charisma zum Wohle anderer oder im Interesse einer Gemeinschaft ausüben und entfalten.

Damaskus

„Seinen Tag von Damaskus erleben"

Bedeutung: Von heute auf morgen ein ganz anderer Mensch werden

Erläuterung: Die Redewendung bedeutet, dass sich jemand durch ein Bekehrungserlebnis radikal ändert. Synonym: „Vom Saulus zum Paulus werden".

Beispiel: Als sie erfuhr, was für einen üblen Charakter ihre Freundin in Wirklichkeit hatte, hoffte sie, dass diese bald ihren Tag von Damaskus erleben würde.

Bibelstelle: Apg 9,3: „Unterwegs aber, als er sich bereits *Damaskus* näherte, geschah es, dass ihn plötzlich ein Licht vom Himmel umstrahlte."

Kommentar: Der Jude Saulus in Palästina, zuerst ein Christenverfolger, wurde auf seiner Reise nach Damaskus zum Paulus bekehrt (Apg 9,1-30) und war von da an einer der unbeirrbarsten christlichen Missionare der Kirchengeschichte.

Anwendung: „Seinen Tag von Damaskus erleben“ oder „vom Saulus zum Paulus werden“ sind synonyme Redensarten für eine plötzliche Bekehrung und Umwandlung eines Menschen.

Dächer

„Von den Dächern predigen“

Bedeutung: Etwas öffentlich bekannt machen; publikumswirksam eine Nachricht überall verbreiten

Erläuterung: Das Sprachbild bezieht sich auf die flachen Hausdächer des Orients, von denen man gut sichtbar auf die unten in den Gassen stehenden Leute herunter reden konnte. (Siehe die ähnliche Redewendung: „Etwas ausposaunen“!)

Beispiel: Wenn ich dir etwas im Vertrauen erzähle, erwarte ich von dir, dass du es nicht gleich weitergibst und es von den Dächern predigst.

Bibelstelle: Mt 10,26-27: „Darum fürchtet euch nicht vor ihnen! Denn nichts ist verhüllt, was nicht enthüllt wird, und nichts ist verborgen, was nicht bekannt wird. Was ich euch im Dunkeln sage, davon redet am hellen Tag, und was man euch ins Ohr flüstert, *das verkündet von den Dächern.*“

Kommentar: In Lk 12,3 wird das Wort Jesu nicht als Auftrag, sondern als prophetische Weissagung des zukünftigen missionarischen Wirkens seiner Jünger zitiert. Jesus beschreibt hier die Folgen der privaten Weitergabe des Glaubens in der Öffentlichkeit. „Deshalb wird man alles, was ihr im Dunkeln redet, am hellen Tag hören, und was ihr einander ins Ohr flüstert, *das wird man auf den Dächern verkünden.*“

Anwendung: Während Jesus in Mt 10,27 seine Jünger auffordert, die Öffentlichkeit nicht zu scheuen und den Leuten mutig ihren Glauben weiterzusagen, hat die Redewendung in der heutigen Alltagssprache den Beigeschmack einer Indiskretion, wie das in Lk 12,3 bereits angedeutet wird.

Etwas von den Dächern predigen ist eher ein negatives Verhalten, als ob man sich anderen mit einer Nachricht oder einer Botschaft aufdrängen würde.

Dahinter

„Es ist nichts dahinter"

Bedeutung: Etwas scheint mehr zu sein, als es in Wirklichkeit ist.

Erläuterung: Eine geringschätzige Bemerkung über etwas, das dem Anwender der Redewendung aufgebauscht, übertrieben und unbedeutend vorkommt. Auf jeden Fall ist etwas nicht so geheimnisvoll oder großartig, wie es von einem anderen dargestellt wird.

Beispiel: Nachdem ich seine Familie und das schlichte, einfache Haus seiner Eltern selber kennengelernt hatte, musste ich feststellen, dass von seinem ganzen angeberischen Gerede über seine „Prachtvilla mit Park" so gut wie nichts stimmte. Er redete groß davon, aber es war einfach nichts dahinter.

Bibelstelle: 2 Petr 2,18: „Sie (die sündigen, genusssüchtigen, habgierigen Menschen mit ihren gotteslästerlichen Reden) *führen geschwollene und nichtssagende Reden*; sie lassen sich von ihren fleischlichen Begierden treiben und locken mit ihren Ausschweifungen die Menschen an, die sich eben erst von denen getrennt haben, die im Irrtum leben."

Luther übersetzt: „Denn sie reden stolze Worte, *dahinter nichts ist* und reizen durch Unzucht zur fleischlichen Lust diejenigen, die recht entronnen waren denen, die im Irrtum wandeln".

Kommentar: Der Apostel Petrus warnt hier vor Irrlehrern, die stolze Worte machen, hinter denen nichts steckt, und trotzdem damit andere verführen und vom wahren Glauben wieder abbringen.

Anwendung: Die Redensart wird heute mehr bei einer geschwollenen, angeberischen Rede gebraucht, z. B. als Kritik an großen Werbesprüchen oder wenn schwer verständliche Andeutungen doch keine stichhaltigen Argumente liefern.

Dank

„Dank sei Gott"

Bedeutung: Gott ist zu danken. / Gott soll gedankt werden.

Erläuterung: Der Ausdruck ist eine liturgische Formel, die z.B. als Antwort der Gemeinde nach der Verkündigung des Wortes Gottes erfolgt, wenn der Lektor seine Schriftlesung mit den Worten beschließt: „Wort des lebendigen Gottes." Inzwischen haben sich bei moderner Gottesdienstgestaltung auch andere Formulierungen eingebürgert wie: „Soweit die Worte aus der Heiligen Schrift." Oder: „Dies sind die Worte der heutigen Lesung". Oder eher seltener: „Dies sind uns zum Heil bestimmte Worte. / Menschenwort im Gotteswort der Heiligen Schrift" etc. Die Antwort der Gemeinde lautet immer gleichmäßig ohne Variationsmöglichkeiten im gemeinsamen Sprechchor: „Dank sei Gott."

Beispiel: „Dank sei Gott, er hat dich in dieser Sache großartig geführt."

Bibelstelle: 2 Kor 8,16: *Dank sei Gott*, der den gleichen Eifer für euch auch Titus ins Herz gelegt hat. Oder auch 2 Kor 9,15: *Dank sei Gott* für sein unfassbares Geschenk.

Kommentar: Ähnliche Wendungen der Dankbarkeit Gott gegenüber kommen in der Bibel an vielen Stellen vor, z. B. 1 Kor 1,14-15: „*Ich danke Gott*, dass ich niemand von euch getauft habe, außer Krispus und Gaius, so dass keiner sagen kann, ihr seiet auf meinen Namen getauft worden." oder in Offb 7,12: „Amen, Lob und Herrlichkeit, Weisheit und *Dank,* Ehre und Macht und Stärke unserem Gott in alle Ewigkeit. Amen."

Anwendung: Die aus gläubiger Haltung und aufrichtiger Dankbarkeit zu Gott gesprochene Redensart kommt im Alltag immer seltener vor und ist mehr und mehr der liturgischen Sprache im Gottesdienst vorbehalten

David

„Wie David und Goliath"

Bedeutung: Bei ungleichen Machtverhältnisses

Erläuterung: Der Riese Goliath war viel stärker als David und ungleich besser bewaffnet. Trotzdem besiegt der Hirtenjunge David ihn mit einer einfachen Steinschleuder, indem er den Riesen auf die Stirn trifft, so dass dieser bewusstlos zu Boden sinkt. Unfairerweise tötet David den bewusstlosen Krieger dann mit dessen Schwert und haut ihm den Kopf ab.

Beispiel: Willst Du wirklich wie David und Goliath mit ihm den Kampf aufnehmen? Wenn Du dabei bloß nicht den Kürzeren ziehst. Oder meinst Du, ihn mit List aus dem Weg zu räumen?

Bibelstelle: „Da trat aus dem Lager der Philister ein Vorkämpfer namens Goliat aus Gat hervor. ..." (1 Sam 17,4-7).

... „Als der Philister weiter vorrückte und immer näher an David herankam, lief auch David von der Schlachtreihe der Israeliten aus schnell dem Philister entgegen. Er griff in seine Hirtentasche, nahm einen Stein heraus, schleuderte ihn ab und traf den Philister an der Stirn. Der Stein drang in die Stirn ein, und der Philister fiel mit dem Gesicht zu Boden. So besiegte David den Philister mit einer Schleuder und einem Stein“ (1 Sam 17,47-50a).

Kommentar: Abgesehen von der Fragwürdigkeit, ob dieser Kampf in dem ausführlich geschilderten Text so stattgefundenen haben kann, vor allen Dingen kaum mit den langen Beleidigungsreden und Absichtserklärungen vorher auf beiden Seiten und unabhängig von der Frage, ob dieser Kampf fair war oder nicht, er gilt in der Glaubenstradition Israels als Beleg dafür, dass Gott auch auf Seiten der Schwächeren, die glauben, gegen die Starken, aber Gottlosen, einen Sieg herbeiführen kann.

Anwendung: Wer einen Kampf wie David gegen Goliath wagt, hat entweder Gottvertrauen oder vertraut seiner eigenen List und Klugheit.

Denkzettel

„Jemanden einen Denkzettel verabreichen / verpassen“

Bedeutung: Jemandem durch eine besonders einprägsame oder unangenehme Erfahrung eine Lehre erteilen

Erläuterung: Der Denkzettel kann entweder eine wohlwollende Warnung oder ein Racheakt sein. Die dabei gemachte Erfahrung soll den Betreffenden so beeindrucken oder schmerzen, dass er sie nie mehr vergisst.

Beispiel: Wenn er meint, er kann sich auf unsere Kosten beim Chef lieb Kind machen, hat er sich geirrt. Dem werd’ ich einen Denkzettel verpassen!

Bibelstelle: Dtn 6,8: Du sollst sie *als Zeichen* um das Handgelenk binden. Sie sollen *zum Schmuck auf deiner Stirn* werden."

Ursprünglich sprach Luther von einem 'Denkzedel' und übersetzte damit das griechische Wort phylaktärion (= Wachhaus, Wachturm, Schutzmittel, Amulett; Gesetzesstreifen, im NT: Gedenkriemen mit Gesetzessprüchen; nach der Einheitsübersetzung von Mt 23,5: Gebetsriemen). In der 1914 revidierten Lutherausgabe heißt es jedoch: „Und sollst sie binden als Zeichen auf deine Hand und sollen dir ein *Denkmal* vor deinen Augen sein" (5 Mose 6,8).

Kommentar: In den Gebetsriemen der orthodoxen Juden befinden sich nach mehreren Vorschriften des mosaischen Gesetzes (Vgl. Ex 13, 3-9; Dt 6,4-9; Dt 11,18 !) Kapseln mit Schriftworten, die als Merkzeichen für ein spirituelles Leben an wichtige Gebote Gottes, z. B. an das Liebesgebot (Dt 6,5), erinnern wollen. Das Essen von ungesäuertem Brot und die Erzählung von der Befreiungstat Gottes aus der Unterdrückung der Ägypter soll „ein Zeichen an der Hand und ein *Erinnerungsmal an der Stirn*" sein, „damit das Gesetz des Herrn in deinem Mund sei" (Ex 13,9).

Anwendung: Ein Denkzettel ist ein Mittel zur Erinnerung oder zur Erteilung einer Lehre im übertragenen, oft sarkastischen Sinne.

Dieb

„Wie ein Dieb in der Nacht"

Bedeutung: Heimlich, überraschend

Erläuterung: Völlig unerwartet eintreffen; dies gilt für Ereignisse und ebenso für Personen, wenn sie plötzlich erscheinen oder verschwinden.

Beispiel: Nach diesen Auseinandersetzungen packte er seine Koffer und schlich sich davon wie ein Dieb in der Nacht.

Bibelstelle: 1 Thess 5,2: „Ihr selbst wisst genau, dass der Tag des Herrn kommt *wie ein Dieb in der Nacht.*"

Kommentar: 1 Thess 5,3-6 bringt die Deutung der Redewendung im biblischen Kontext: „Während die Menschen sagen: 'Friede und Sicherheit', kommt plötzlich Verderben über sie wie die Wehen über eine schwangere Frau, und es gibt kein Entrinnen. Ihr aber, Brüder, lebt nicht im Finstern, so dass euch der Tag nicht wie ein Dieb überraschen kann. Ihr alle seid Söhne des Lichts und Söhne des Tages. Wir gehören nicht der Nacht und nicht der Finsternis. Darum wollen wir nicht schlafen wie die anderen, sondern wach und nüchtern sein."

Anwendung: Mit einem „Dieb in der Nacht" wird nicht nur ein unerwartetes Ereignis verglichen, sondern auch ein Mensch, der unbemerkt, heimlich, verstohlen verschwindet oder kommt.

Dinge

„Guter Dinge sein"

Bedeutung: In positiver Erwartung sein; etwas gespannt erwarten

Erläuterung: Zuversichtlich und gut gelaunt sein

Beispiel: Wir wissen nicht, was uns in den kommenden Jahren erwartet, aber heute wollen wir guter Dinge sein und darauf jetzt unser Glas erheben.

Bibelstelle: Ri 19,6: „Sie setzten sich, und die beiden aßen und tranken zusammen. Der Vater der jungen Frau aber sagte zu dem Mann: Entschließ dich doch (noch einmal) über Nacht zu bleiben und *lass es dir gut gehen.*“

Lutherübersetzung: „Und sie setzten sich und aßen beide miteinander und tranken. Da sprach der Dirne Vater zu dem Mann: Bleib doch über Nacht und *lass dein Herz guter Dinge sein.*“

Kommentar: In der alttestamentlichen Geschichte von der Schandtat zu Gibea, wo die Nebenfrau eines Leviten aus dem Gebirge Efraim vergewaltigt wurde, hatte der Vater der jungen Frau den Leviten mehrmals gedrängt zu bleiben. Vielleicht ahnte er das schlimme Schicksal der Vergewaltigung seiner Tochter voraus.

Anwendung: Während die mehrfache, hartnäckige Aufforderung, guter Dinge zu sein und dazubleiben, in der Bibel unmittelbar vor einem entsetzlichen Verbrechen erfolgte, hat die heutige Aufforderung nicht mehr diesen düsteren Kontext. Auf der anderen Seite gilt die Ermahnung, guter Dinge zu sein, gerade angesichts einer ungewissen Zukunft.

Dorn

„Jemandem ein Dorn im Auge sein“

Bedeutung: Jemandem durch sein Dasein ein Ärgernis bereiten; für jemanden ein Ärgernis darstellen.

Erläuterung: Wenn ich einen Dorn im Auge habe, kann ich das Auge vor Schmerzen kaum öffnen. In diesem empfindlichen Organ einen Dorn zu haben, ist dem Menschen eine unerträgliche Vorstellung.

Beispiel: Dieser freche und faule Meyer war dem Abteilungsleiter schon lange ein Dorn im Auge gewesen. Nun hatte er endlich eine Gelegenheit gefunden, ihn loszuwerden.

Bibelstelle: Num 33,55: „Wenn ihr die Einwohner des Landes vor euch nicht vertreibt, dann werden die, die von ihnen übrigbleiben, *zu Splittern in euren Augen* und zu Stacheln in eurer Seite. Sie werden euch in dem Land, in dem ihr wohnt, in eine große Gefahr bringen."

In der deutschen Übersetzung Martin Luthers heißt es im 4. Buch Mose 33,55: „Werdet ihr aber die Einwohner des Landes nicht vertreiben vor eurem Angesicht, so werden euch die, so ihr überbleiben lasst, zu *Dornen werden in euren Augen* und zu Stacheln in euren Seiten und werden euch drängen in dem Lande, darin ihr wohnet."

Kommentar: Die Einheitsübersetzung ließ die von der Lutherübersetzung geprägte Redewendung von den Dornen in den eigenen Augen unberücksichtigt und übersetzt für das Wort Dornen „Splitter". Jesus gebraucht in der Bergpredigt ein ähnliches Wort, kritisiert aber gerade den Menschen, der sich durch den Splitter (oder Dorn) im Auge eines anderen ärgern oder provozieren lässt, obwohl er selber in seinem Auge einen Balken hat, der ihn blind macht für die eigenen Schwächen (Mt 7,3-5).

Anwendung: Dornen werden heute oft und gerne als Symbol für Schwierigkeiten und Schmerzen verwendet, z. B. bei dem Ausdruck 'ein dornenreicher Weg'.

Drehen

„Etwas drehen und wenden, wie man's braucht"

Bedeutung: Eine Sache zu seinen Gunsten darstellen

Erläuterung: Etwas so lange manipulieren, dass die Schilderung einer angeblichen Wahrheit einem zum eigenen Vorteil gereicht

Beispiel: Er wusste das Ding so lange zu drehen, bis wir selber nicht mehr wussten, warum wir seinen Vorschlag einmal abgelehnt hatten.

Bibelstelle: Micha 7,2-3: „Verschwunden sind die Treuen im Land, kein Redlicher ist mehr unter den Menschen. Alle lauern auf Blut, einer macht Jagd auf den anderen. Sie trachten nach bösem Gewinn und lassen sich's gut gehen: Die hohen Beamten fordern Geschenke, die Richter sind für Geld zu haben, und die Großen entscheiden nach ihrer Habgier - *so verdrehen sie das Recht.*"

Kommentar: Der Prophet Micha wendet sich gegen die Mächtigen im Lande, die das Recht nur zu ihrem Vorteil beanspruchen, es also letztlich beugen oder verdrehen.

Anwendung: Wer die ursprünglich biblische Redensart heute gebraucht, klagt zwar auch die Manipulation eines Sachverhaltes an, doch ist dies in der Regel kein Vorwurf von Unrechtmäßigkeit oder moralischer Verwerflichkeit. Vielmehr schwingt ein wenig Bewunderung und Anerkennung der Schläue und Gerissenheit des manipulierenden „Drehers" mit. Die Redewendung ist heute eher angebracht, wenn man einem Schlitzohr auf die Schliche kommt.

Dunkel

„Im Dunkeln tappen"

Bedeutung: Für ein Problem noch keine Lösung haben

Erläuterung: Wenn man auf einem Irrweg ist oder kein Licht hat, um den richtigen Weg zu finden, tappt man im Dunkeln.

Beispiel: Bei der Aufklärung des Verbrechens tappten die Kriminalbeamten lange Zeit im Dunkeln; jetzt haben sie eine heiße Spur entdeckt.

Bibelstelle: Dtn 28,28-29: „Der Herr schlägt dich mit Wahnsinn, Blindheit und Irresein. Am hellen Mittag *tappst du im Dunkel* wie ein Blinder. Deine Wege führen nicht zum Erfolg. Dein Leben lang wirst du ausgebeutet und ausgeraubt, und niemand hilft dir."

Kommentar: Die hier im Namen Gottes und unter der Autorität des Moses ausgesprochenen Fluchandrohungen sollten die Israeliten davon abhalten, die Gebote Gottes zu verletzen. Moses drohte den Übertretern des Gesetzes mit Blindheit, Geistesverwirrung, Tappen im Dunkeln, Erfolglosigkeit, Ausbeutung und Hilflosigkeit.

Anwendung: Wenn heute jemand im Dunkeln tappt, Muss das keine Bestrafung von Fehlverhalten sein; erst recht kein Ausdruck von totaler Blindheit oder Geistesgestörtheit. Es handelt sich um ein Sprachbild oder Symbol für einen Menschen, der mehr wissen und sehen möchte, der Aufklärung sucht und mehr Licht in eine Sache bringen will, die ihm dunkel, obskur oder verdächtig erscheint. Wer „im Dunkeln tappt", bedarf einer Orientierung.

Eckstein

„Zum Eckstein werden"

Bedeutung: Für etwas besonders wichtig und grundlegend werden

Erläuterung: Der Eckstein war zur Zeit der Abfassung der Bibel ein rechteckig behauener Stein, der die Ecke einer Mauer bildete und damit der Mauer Form und Halt gab, besonders dann, wenn die Mauer aus unbehauenen Steinen bestand.

Beispiel: Das persönliche Gebet und die Teilnahme am Gottesdienst der Pfarrgemeinde wurden für sie zum Eckstein ihres Glaubens.

Bibelstelle: Jes 28,16: „Darum - so spricht Gott der Herr: Seht her, ich lege einen *Grundstein* in Zion, *einen* harten und kostbaren *Eckstein, ein Fundament,* das sicher und fest ist: Wer glaubt, der braucht nicht zu fliehen."

Kommentar: In den Psalmen wird das rettende Heilswirken Gottes als Eckstein-Legung gepriesen: „Ich danke dir, dass du mich erhört hast; du bist für mich zum Retter geworden. Der Stein, den die Bauleute verwarfen, *er ist zum Eckstein geworden.* Das hat der Herr vollbracht, vor unseren Augen geschah dieses Wunder" (Ps 118,21-23). - In Mt 21,42-44 zitiert Jesus diese Bibelstelle, um damit anzukündigen, dass die Früchte des Reiches Gottes bald einem anderen Volk gegeben werden und nicht mehr allein den Juden gehören (Vgl. Mk 12,10 und Lk 20,17!).

In einer Predigt vor dem Hohen Rat bekennt sich Petrus zum auferstandenen *Christus, der für ihn zum Eckstein des Glaubens* geworden sei, da in keinem anderen Menschen das Heil Gottes zu finden wäre (Apg 4,11-12).

Auch der Apostel Paulus gebraucht dieses Sprachbild vom Eckstein im Epheserbrief. Für ihn ist *Christus der Schlussstein*, durch den der Bau der Gemeinde, wie ein heiliger Tempel im Geist Gottes erbaut und zusammengehalten wird (Eph 4,20-22).

Anwendung: Wenn heute vom Eckstein die Rede ist, kann damit eine religiöse Grundlage oder eine Sache von grundlegender Bedeutung für jemanden gemeint sein.

„Ehre, wem Ehre gebührt“

Bedeutung: Wer Anerkennung verdient, der soll sie auch erhalten.

Erläuterung: Die Redewendung ist eine Ermutigung gegen falsche Bescheidenheit. Auch der Unscheinbare, der Gutes tut, soll beachtet werden.

Beispiel: Das hast du wirklich gut gemacht. Ehre, wem Ehre gebührt.

Bibelstelle: Röm 13,6b-8: „ ... in Gottes Auftrag handeln jene, die Steuern einzuziehen haben. *Gebt allen, was ihr ihnen schuldig seid*, sei es Steuer oder Zoll, sei es Furcht oder *Ehre*. Bleibt niemand etwas schuldig; nur die Liebe schuldet ihr einander immer. Wer den andern liebt, hat das Gesetz erfüllt.“

Kommentar: Paulus fordert die Christen zur Respektierung der staatlichen und sozialen Ordnung auf. Dabei setzt er voraus, dass es keine staatliche Gewalt gäbe, die nicht von Gott stamme (Röm 13,1). Diese subjektive Sichtweise, dürfte für uns heute fragwürdig sein. Sie ist zudem im historischen Kontext seiner Zeit zu betrachten. Von daher muss auch seine Aussage relativiert werden, dass jeder, der sich der staatlichen Gewalt widersetze, sich auch der Ordnung Gottes entgegenstelle. Schließlich kommt es darauf an, ob diese staatliche Ordnung wirklich gerecht ist und vom Geist Gottes geprägt ist oder nicht. Die Forderung des Apostels Paulus nach Gehorsam und Unterwerfung unter die staatliche Gerichtsbarkeit geht nämlich stillschweigend davon aus, dass diese immer gut und gerecht ist.

Anwendung: Die heute gebrauchte Redewendung bezieht sich weniger auf Ehrfurcht und Respekt vor weltlichen und geistlichen Autoritäten, sie will vielmehr jedem Anerkennung und Achtung zukommen lassen, der etwas Gutes getan hat.

Eitel

„Eitel sein / eitel reden / eitel schwätzen"

Bedeutung: Dünkelhaft sein / angeberisch reden / gefallsüchtig daherreden

Erläuterung: Das Wort 'eitel' kann heute selbstgefällig, eingebildet, putzsüchtig, nichtig, gehaltlos, *leer*, *nutzlos*, wertlos bedeuten. In bestimmten Wortverbindungen kann es auch die Bedeutung von rein, lauter, pur haben, z. B. in „eitel Freud und Wonne". Eitelkeit meint eine egoistische, ichbezogene Einstellung, die negativ bei den Leuten ankommt.

Beispiel: Was ich da von ihm gehört habe, war alles eitles Geschwätz.

Bibelstelle: 1 Tim 1,5-7: „Das Ziel der Unterweisung ist Liebe aus reinem Herzen, gutem Gewissen und ungeheucheltem Glauben. Davon sind aber manche abgekommen und haben sich *leerem Geschwätz* zugewandt. Sie wollen Gesetzeslehrer sein, verstehen aber nichts von dem, was sie sagen und worüber sie so sicher urteilen."

Kommentar: Im revidierten Luthertext heißt es „Wovon etliche sind abgeirrt und haben sich umgewandt zu *unnützem Geschwätz*", was mit *eitlem oder leerem Geschwätz* fast gleichbedeutend ist.

Anwendung: Während bei Paulus das leere oder unnütze Geschwätz Ausdruck von mangelnder Liebe und fehlendem Sinn und Verständnis für den Glauben ist, bedeutet im Deutschen „eitel sein“ vorwiegend so viel wie stolz, eingebildet und selbstgefällig auf sein Äußeres bedacht sein, bzw. süchtig nach Gefallen und Bewunderung sein. Entsprechend ist das Reden egoistisch, angeberisch und gefallsüchtig, also in einem etwas anderen Sinne negativ als im religiös-gläubigen Kontext der paulinischen Bibelstelle.

Elfenbeinturm

„(Wie) In einem Elfenbeinturm leben“

Bedeutung: Realitätsfern und abgekapselt leben

Erläuterung: Sich aus dem gesellschaftlichen Leben zurückziehen und ohne Bezug zur sozialen Wirklichkeit theoretisieren und philosophieren

Beispiel: Mit dieser geringschätzigen Behauptung über die mangelnde Bildung der unteren Gesellschaftsschichten zog er sich weiter in den Elfenbeinturm seiner hochfliegenden Pläne und sozialrevolutionären Ideen zurück.

Bibelstelle: Hld 7,5: „Dein Hals ist *ein Turm aus Elfenbein*. Deine Augen sind wie die Teiche zu Heschbon beim Tor von Bat-Rabbim. Deine Nase ist wie der Libanonturm, der gegen Damaskus schaut.“

Kommentar: Der Elfenbeinturm ist in Hld 7,5 ein sprachliches Mittel, um die Kostbarkeit und Schönheit der Geliebten zum Ausdruck zu bringen. In der Redensart ist der Elfenbeinturm jedoch ein Symbol der Weltferne und Abgehobenheit zur Realität.

Auch die Erwähnung von Geräten *„aus Elfenbein,* kostbarem Edelholz, Bronze, Eisen und Marmor“ in Offb 18,12 dient der Bezeichnung von kostbaren und wertvollen Waren.

Anwendung: Das heute gebräuchliche Sprachbild vom Elfenbeinturm hat entgegen der biblischen Bedeutung und Symbolik vom kostbaren Elfenbein und vom schönen Turm aus Elfenbein einen negativen Charakter. Es bezeichnet zwar auch das Herausragende und Außergewöhnliche, aber in einem sozial-kritischen, anklagenden Sinn.

Ellenlang

„Ein ellenlanger Brief“

Bedeutung: Ein ungewöhnlich langer Brief

Erläuterung: Ein detailliertes Schreiben, das von seiner Länge her aus dem üblichen Rahmen fällt

Beispiel: Bitte fasse dich kurz und schreib nicht wieder so ellenlange Briefe, die keiner lesen will!

Bibelstelle: Sach 5,1-3: „Wieder blickte ich hin und sah eine fliegende Schriftrolle. Er (der Engel) fragte mich: Was siehst du? Ich antwortete: ich sehe *eine fliegende Schriftrolle, zwanzig Ellen lang und zehn Ellen breit*. Da sagte er zu mir: Das ist der Fluch, der über die ganze Erde dahinfliegt. An jedem, der stiehlt, wird Rache genommen, dem Fluch entsprechend; und an jedem, der schwört, wird Rache genommen, dem Fluch entsprechend.“

Kommentar: Der Sinn dieses geheimnisvollen Sprachbildes bleibt in der heutigen Redensart unberücksichtigt. Man greift lediglich das äußere Sprachbild eines ungewöhnlich langen, nämlich „ellenlangen“ Schreibens auf, ohne die Bedeutung der fliegenden Schriftrolle zur Kenntnis zu nehmen, die als symbolhafte

Trägerin eines Fluches für Diebe und Meineidige erläutert wird: „Ich habe den Fluch dahinfliegen lassen - Spruch des Herrn der Heere - und er wird eindringen in das Haus des Diebes und in das Haus dessen, der bei meinem Namen einen Meineid schwört. Und der Fluch wird im Innern seines Hauses bleiben und wird es vernichten samt Holz und Steinen“ (Sach 5,4). -

Anwendung: Das eindrucksvolle Sprachbild einer zwanzig Ellen langen fliegenden Schriftrolle, wird bei einem übertrieben langen Schreiben unabhängig von seinem Inhalt in Erinnerung gebracht. So bezieht sich die Redewendung zwar auf die biblische Metapher, aber nicht auf die eigenartig magisch-visionäre Fluchbotschaft des Propheten.

Endc

„Bis an das (ans) Ende der Welt“

Bedeutung: Bis zum Weltuntergang (zeitlich gesehen) oder bis zur Grenze der erreichbaren Welt (räumlich gesehen), was häufiger gemeint ist.

Erläuterung: „Bis ans Ende der Welt“ heißt „bis zum Abschluss der irdischen Geschichte, bis zum Endpunkt der Entwicklungsgeschichte des Menschen“.

Das Sprachbild wird aber noch öfter im räumlichen Sinne gebraucht, z. B. in Märchen, wenn von ganz abgelegenen Orten die Rede ist.

Beispiele: a) zeitlich: Wenn du erwartest, dass sich alle Menschen lieben und es auf Erden keinen Krieg mehr gibt, musst du erst bis ans Ende der Welt gelangen und auf das Jüngste Gericht warten.

b) räumlich: Er wollte ihn unbedingt finden, und sollte er bis ans Ende der Welt laufen müssen.

Bibelstelle: Mk 13,24-27: „Aber in jenen Tagen, nach der großen Not, wird sich die Sonne verfinstern, und der Mond wird nicht mehr scheinen; die Sterne werden vom Himmel fallen, und die Kräfte des Himmels werden erschüttert werden. Dann wird man den Menschensohn mit großer Macht und Herrlichkeit auf den Wolken kommen sehen. Und er wird die Engel aussenden und die von ihm Auserwählten aus allen vier Windrichtungen zusammenführen, *vom Ende der Erde* bis zum Ende des Himmels.“

Kommentar: Nach Mt 24,19-31, Mk 13,24-27 und Lk 21,25-27 erwartete Jesus den unmittelbar bevorstehenden Weltuntergang als eine kosmische Katastrophe. Dies bedeutete für Jesus jedoch nicht bloß totale Zerstörung und das Ende der Welt, sondern gleichzeitig eine Erneuerung der Schöpfung durch die Herrschaft Gottes.

Anwendung: Die Redensart hat sich vom religiös-biblischen Kontext der Naherwartung und Weltuntergangsstimmung gelöst und bezeichnet vor allem einen extrem abgelegenen Ort.

Enden

„Bis an die Enden der Erde“

Bedeutung: Überall verbreitet, auf der ganzen Welt bekannt

Erläuterung: Wenn eine Nachricht bis in die letzten Winkel menschlicher Zivilisation vordringt, hat sie sich bis an die Enden der Erde ausgebreitet.

Beispiel: Die Nachricht, dass der erste Mensch 1969 den Mond betrat, breitete sich rasch bis an die Enden der Erde aus.

Bibelstelle: Ps 72,8: „Er (der Friedenskönig) herrsche von Meer zu Meer, vom Strom *bis an die Enden der Erde*."

Kommentar: In Sach 9,10b verkündet der Prophet der Tochter Zions, d. h. den Bewohnern Jerusalems, einen Friedenskönig, dessen Herrschaft „von Meer zu Meer und vom Eufrat *bis an die Enden der Erde*" reicht.

Da man sich die Erde damals als Scheibe vorstellte, die von einem großen Meer umgeben war, glaubte man mit dem westlichen Rand des Mittelmeeres an das Ende der Weltscheibe angelangt zu sein.

In Mt 28,18-20 spricht der auferstandene Christus zu seinen elf Jüngern: „Mir ist alle Macht gegeben im Himmel und auf der Erde. Darum geht zu allen Völkern, und macht alle Menschen zu meinen Jüngern; tauft sie auf den Namen des Vaters und des Sohnes und des Heiligen Geistes, und lehrt sie, alles zu befolgen, was ich euch geboten habe. Seid gewiss: Ich bin bei euch alle Tage *bis zum Ende der Welt*."

Dieser Missionsauftrag bezieht sich auf die räumliche Ausbreitung des Evangeliums für alle Völker und Menschen auf der ganzen Welt und verweist gleichzeitig auf das zeitliche Ende der Welt durch die Herrschaft Gottes.

Anwendung: Die heutige Redensart ist eine im Deutschen etwas altertümlich, salbungsvoll oder feierlich klingende Wortfolge für eine Ortsangabe und bezieht sich auf etwas, das sich auf der ganzen bewohnbaren Welt ausgebreitet hat.

„Ein Engel sein“

Bedeutung: Ein besonders guter oder hilfsbereiter Mensch sein

Erläuterung: Ein Engel ist „ein von Gott geschaffener Geist zur Hilfe für den Menschen“ (Gerhard Wahrig, S. 1080). In dieser Redensart ist mit einem Engel entweder ein Wesen gemeint, das in schwierigen Situationen selbstlos hilft oder mit besonderer Schönheit ausgezeichnet ist.

Beispiel: Vielen Dank, dass du das für mich getan hast. Du bist wirklich ein Engel.

Bibelstelle: Tob 5,4: „Tobias ging auf die Suche nach einem Begleiter und traf dabei Rafael; Rafael war ein *Engel,* aber Tobias wusste es nicht.“

Kommentar: Engel haben in der Bibel recht unterschiedliche Bedeutung und erfüllen vielfältige Funktionen. Sie sind jedoch vor allem Boten Gottes (griechisch „angelos“, lateinisch „angelus“ heißt Bote), die dem Menschen im Traum erscheinen können, um zukünftige Ereignisse anzukündigen, z. B. im Traum Josefs (Mt 1,20). Sie können aber auch direkt den Menschen erscheinen, z. B. den lagernden Hirten auf freiem Feld zu Betlehem (Lk 1,13-15). In Lk 1,26-38 wird die Verkündigung der Ankunft des Erlösers vor Maria durch den Engel Gabriel ausführlich erzählt. Engel sind als Zeugen einer transzendenten, übernatürlichen Macht oft Wesen, die Furcht einflößen. „Da trat der Engel des Herrn zu ihnen, und der Glanz des Herrn umstrahlte sie. Sie fürchteten sich sehr, der Engel aber sagte zu ihnen: Fürchtet euch nicht, denn ich verkünde euch eine große Freude, die dem ganzen Volk zuteilwerden soll“ (Lk 1,9-10).

Anwendung: Da die Engel als numinose Wesen in der christlichen Kunst oft in überirdischem Glanz als besonders schöne Wesen dargestellt werden, lässt sich die Redewendung vom Engelsein auch auf deren Schönheit beziehen. Demnach sind Menschen als Engel nicht nur gut und hilfsbereit, sondern auch besonders schön, anmutig und edel.

Engelszungen

„Mit Engelszungen reden"

Bedeutung: Eindringlich auf jemanden einreden

Erläuterung: Wenn der Erfolg fragwürdig ist und auch die größten Überredungsversuche scheitern

Beispiel: Der Mann wollte Selbstmord begehen und konnte selbst mit Engelszungen nicht von seinem Vorhaben abgehalten werden.

Bibelstelle: 1 Kor 13,1: „Wenn ich *in den Sprachen der Menschen und Engel* redete, hätte aber die Liebe nicht, wäre ich dröhnendes Erz oder eine lärmende Pauke."

Kommentar: Erst die Lutherübersetzung bringt das entscheidende Stichwort der Redewendung: „Wenn ich mit Menschen- und *mit Engelszungen redete* und hätte der Liebe nicht, so wäre ich tönend Erz oder eine klingende Schelle."

Gegenüber dem Vorrang der Liebe werden selbst Engelszungen (Engelsbotschaften oder Worte von Engeln) von untergeordneter Bedeutung. Ein tönendes Erz oder eine klingende Schelle sind Sprachbilder für die vergeblichen Versuche, Aufmerksamkeit zu erregen.

Anwendung: Wichtiger als der Versuch, jemanden mit vielen, gutgemeinten Worten oder Engelszungen zu überreden, ist die positive Beziehung zum Gesprächspartner, der dann auch ohne viele Worte überzeugt werden kann. Wer mit Engelszungen redet und vergeblich mit vielen Worten auf jemanden einredet, zeigt letztlich zu wenig Liebe, da seine Worte nicht das Herz des anderen erreichen.

Ersten

„Die Ersten werden die Letzten sein"

Bedeutung: Eine Rang- oder Reihenfolge wird umgedreht.

Erläuterung: Wer im weltlichen Leben an erster Stelle steht, bleibt im geistlichen Leben vielleicht hintenan. Wer in einer Gruppe an erster Stelle marschiert, wird als Letzter gehen, sobald diese die Richtung umkehrt. Dann sind die Letzten die Ersten.

Beispiel: Als wegen Überfüllung ein anderer Vortragssaal geöffnet wurde, sagte ein zuletzt Gekommener: Die Ersten werden die Letzten und die Letzten die Ersten sein.

Bibelstelle: Mt 19,29-30: „Und jeder, der um meines Namens willen Häuser oder Brüder, Schwestern, Vater, Mutter, Kinder oder Äcker verlassen hat, wird dafür das Hundertfache erhalten und das ewige Leben gewinnen. Viele aber, *die jetzt die Ersten sind, werden dann die Letzten sein,* und die Letzten werden die Ersten sein."

Kommentar: Jesus weist mit dieser Aussage über die Ersten, die Letzte sein werden, daraufhin, dass die Ordnung im Reich Gottes nicht der weltlichen Rangordnung entspricht. Die scheinbar Frommen und in der jüdischen Gemeinde Ranghohen können im Reich Gottes eine völlig untergeordnete Bedeutung haben.

Das Wort von der Umkehrung der Rangordnung wird in Mt 20,16 nach dem Gleichnis von den Arbeitern im Weinberg wiederholt.

Der Evangelist Markus bringt dieses Jesuswort bei der Behandlung der Lohnfrage (Mk 10,28-31), und der Evangelist Lukas stellt dieses berühmte Zitat Jesu in den Zusammenhang mit der Frage, ob viele Menschen gerettet werden oder nur wenige Zugang zum Reich Gottes finden können (Lk 13,22-30).

Anwendung: Die Redensart kann eine bloße Feststellung einer umgekehrten Reihenfolge sein, doch meist schwingt eine gewisse Schadenfreude oder ein resignierendes Bedauern mit.

Essen

„Lasst uns essen und trinken, denn morgen sind wir tot.“

Bedeutung: Lasst uns die Zeit genießen mit Essen und Trinken, da wir ohnehin (bald) sterben müssen.

Erläuterung: Die Redensart geht von einer sehr diesseitig orientierten Lebenseinstellung aus. Deswegen ergeht die Aufforderung, das Leben zu genießen.

Beispiel: Wir wollen heute feiern und den Tag genießen. Daher lasst uns fröhlich essen und trinken! Wir wissen nicht, ob wir noch einmal in dieser Runde so, wie wir jetzt sind, zusammenkommen werden.

Bibelstelle: Jes 22,12-14: „An jenem Tag befahl Gott, der Herr der Heere, zu weinen und zu klagen, sich eine Glatze zu scheren und Trauergewänder zu tragen. Doch was sieht man: Freude und Frohsinn, Rindertöten und Schafeschlachten, Fleischessen und Weintrinken, (und ihr sagt:) '*Lasst uns essen und trinken, denn morgen sind wir tot.*' Der Herr der Heere hat mir offenbart: Diese Schuld wird euch bis zu eurem Tod nicht vergeben, spricht Gott, der Herr der Heere."

Kommentar: Paulus zitiert als Schriftkenner diese Bibelstelle und konfrontiert sie mit seinem Glauben an die Auferstehung:

Leben glauben. Demgegenüber wird die Redensart in einem recht provozierenden Sinn gebraucht, nämlich „Wenn Tote nicht auferweckt werden, *dann lasst uns essen und trinken; denn morgen sind wir tot*" (1 Kor 15,32b).

Anwendung: Paulus sieht in der Genusssucht die einzig konsequente Lebenshaltung für diejenigen, die nicht an die Auferstehung oder ein ewiges Ich als Aufforderung, sich seines gegenwärtigen Daseins zu erfreuen, ohne an ein Jenseits zu denken.

Essen / Trinken

„Was werden (sollen) wir essen, was werden (sollen) wir trinken?"

Bedeutung: Wie werden wir satt?

Erläuterung: Bei dieser Frage steht die Sorge um das leibliche Wohl im Vordergrund.

Beispiel: Meine Eltern sind in der Stadt und haben sich für heute Abend zum Besuch angesagt. Jetzt stehen wir vor der Frage: Was sollen wir essen, was sollen wir trinken?

Bibelstelle: Mt 6,31-33: „Macht euch also keine Sorgen und fragt nicht: *Was sollen wir essen? Was sollen wir trinken?* Was sollen wir anziehen? Denn um all das geht es den Heiden. Euer himmlischer Vater weiß, dass ihr das alles braucht. Euch aber muss es zuerst um sein Reich und um seine Gerechtigkeit gehen; dann wird euch alles andere dazugegeben."

Luther übersetzt: „Darum sollt ihr nicht sorgen und sagen: *Was werden wir essen? Was werden wir trinken?* Womit werden wir uns kleiden?"

Kommentar: Jesus hält in der Bergpredigt die Frage nach Essen, Trinken und Kleidung für zweitrangig, weil an die erste Stelle christlichen Bemühens die Suche nach dem Reich Gottes treten soll.

Anwendung: Die biblische Redensart rückt im Alltag die Frage nach Essen und Trinken - im Gegensatz zur untergeordneten Wertschätzung durch Jesus - wieder an eine vorrangige, wichtige Stelle. Allerdings ist die Frage oft scherzhaft gemeint und wird in der Regel ohne echte Besorgnis über die Erfüllung der leiblichen Wünsche des Menschen ausgesprochen.

Falsch

„Ohne Falsch sein"

Bedeutung: Aufrichtig, ehrlich sein

Erläuterung: Ein Mensch ohne Falsch ist arglos, vielleicht auch manchmal in den Augen seiner Mitmenschen naiv und einfältig.

Beispiel: Dieser gutmütige Mann hat dir ohne Hintergedanken geholfen. Er ist ohne Falsch.

Bibelstelle: Mt 10,16: „Seht, ich sende euch wie Schafe mitten unter die Wölfe; seid daher klug wie die Schlangen und *arglos* wie die Tauben!"

Luther übersetzt: „Siehe, ich sende euch wie Schafe mitten unter die Wölfe; darum seid klug wie die Schlangen und *ohne Falsch* wie die Tauben."

Kommentar: Jesus spricht diese Worte in der Aussendungsrede an seine Jünger, die er vor Schaden bewahren will. Daher warnt er sie in Mt 10,17, sich vor Menschen in acht zu nehmen, die sie in den Synagogen auspeitschen und verfolgen werden. Klugheit, Reinheit der Absichten und tatsächliche Unschuld soll die Jünger vor Verfolgung schützen.

In Joh 1,47 sagt Jesus über seinen späteren Jünger Natanael, der von der Tradition als der Apostel Bartholomäus identifiziert wird, dass er ein aufrechter, gerader Mensch sei, einer, in dem kein Falsch sei: „Da kommt ein echter Israelit, ein Mann *ohne Falschheit.*" - Luther übersetzt: „Siehe ein rechter Israeliter, in welchem *kein Falsch* ist."

Anwendung: Auch in der heutigen Redensart gilt „ohne Falsch sein" als eine grundsätzlich positive Eigenschaft; allerdings entspricht sie nicht einem weltlich gesinnten, cleveren und auf seinen Vorteil bedachten Menschen.

Ferne

„Das sei ferne von mir!" /
„Das liegt mir völlig fern."

Bedeutung: Das möchte ich nicht / Das kommt für mich nicht in Frage.

Erläuterung: Davon möchte ich mich entschieden distanzieren. Das werde ich auf keinen Fall tun. Ich möchte nicht, dass dies geschieht. (Lateinisch: absit = das sei ferne / fehle / möge nicht sein)

Beispiel: Ich dich betrügen? Das sei ferne von mir. / Wie kannst du mir unterstellen, so etwas gemeint zu haben? Das liegt mir völlig fern.

Bibelstelle: 1 Sam 14,45: „Aber das Volk sagte zu Saul: Soll Jonathan sterben, der so viel für die Rettung Israels getan hat? *Das darf nicht sein!* So wahr der Herr lebt: Ihm soll kein Haar gekrümmt werden. Denn nur mit Gottes Hilfe hat er heute diese Tat vollbracht. So befreite das Volk Jonathan und er brauchte nicht zu sterben." Luther übersetzt für „Das darf nicht sein!": „*Das sei ferne*!"

Kommentar: Dem Inhalt nach ähnliche Redewendungen kommen auch in der Einheitsübersetzung anderer Bibelstellen vor: z. B. bei 2 Sam 20,20-21: Joab antwortete: „*Das liegt mir ganz und gar fern:* Ich will die Stadt nicht vernichten und zerstören. *So ist es nicht*. Ähnliche Beteuerungen gegen mögliche Missverständnisse führt auch Paulus in Röm 3,3-4 an: „Wenn jedoch einige Gott die Treue gebrochen haben, wird dann etwa ihre Untreue die Treue Gottes aufheben? *Keineswegs!*). Bei Luther wird für das Wort „Keineswegs" in Röm 3,4b und 3,5b immer „Das sei ferne!" übersetzt.

Anwendung: Die Redensart ist heute je nach Charakter des Sprechers ein mehr oder weniger heftig vorgetragener Beschwichtigungsvorgang oder Beteuerungsversuch. Sie geht dem Wortlaut nach eindeutig zurück auf die stereotype Wendung Martin Luthers „Das sei ferne!" Diese steht für eine in mehreren Bibelstellen geschilderte entrüstete Ablehnung oder Verneinung.

Feuereifer

„Mit Feuereifer"

Bedeutung: Mit großem Eifer, mit Begeisterung

Erläuterung: Mit besonders großer Beflissenheit, mit Engagement und Tatkraft an die Erfüllung einer Aufgabe herangehen

Beispiel: Er machte sich mit Feuereifer an die Arbeit und war schon nach wenigen Stunden fertig.

Bibelstelle: Dtn 4,24: „Denn der Herr, dein Gott, ist *verzehrendes Feuer*. Er ist ein *eifer*süchtiger Gott."

Luther übersetzt: „Denn der Herr, dein Gott, ist *verzehrendes Feuer* und ein *eifriger* Gott."

Kommentar: Die Eifersucht Gottes wird hier mit einem brennenden, verzehrenden Feuer verglichen. Auf diesem Hintergrund hat Luther die Bibelstelle über das Gericht Gottes in Hebr 10,26-27 mit dem Begriff des Feuereifers zum Ausdruck gebracht: „Denn so wir mutwillig sündigen, nachdem wir die Erkenntnis der Wahrheit empfangen haben, haben wir fürder kein anderes Opfer mehr für die Sünden, sondern ein schreckliches Warten des Gerichts und des *Feuereifers*, der die Widersacher verzehren wird."

Die Einheitsübersetzung übersetzt hier: „Denn wenn wir vorsätzlich sündigen, nachdem wir die Erkenntnis der Wahrheit empfangen haben, gibt es für diese Sünden kein Opfer mehr, sondern nur die Erwartung des furchtbaren Gerichts und *ein wütendes Feuer*, das die Gegner verzehren wird" (Hebr 10,26-27).

Anwendung: Die Assoziation von verzehrendem Feuer mit einem eifrigen, bzw. eifersüchtigen Gott führte zwar zur Bildung des zusammengesetzten Hauptwortes „Feuereifer", aber die Redensart hat sich inhaltlich vom biblischen Kontext gelöst, da das Wort Feuer nur attributiv zu Eifer gesetzt wird und dann einen besonders großen Eifer, einen tatkräftigen Einsatz mit feuriger Hingabe oder ein begeistertes Engagement meint, bei dem sich die Kräfte aufopferungsbereit wie ein Feuer verzehren.

„Eine/Seine Feuertaufe bestehen/erhalten“

Bedeutung: Eine Bewährungsprobe durchmachen

Erläuterung: Entweder zum ersten Mal im feindlichen Feuer stehen oder seinen ersten mutigen Einsatz bei einer anderen Sache haben, z. B. beim Ballonfahren. Anmerkung: Eine sogenannte Feuertaufe ist in manchen Gegenden Deutschlands bei der ersten Heißluftballonfahrt als Ritual üblich. Zum Zeichen dafür, dass die Mutprobe bestanden ist, wird ein Zipfel des Haupthaares mit einem Feuerzeug kurz angezündet und sogleich mit Sekt gelöscht.

Beispiel: Der Rekrut bestand seine Feuertaufe bei seinem ersten Sprung mit dem Fallschirm.

Bibelstelle: Mt 3,11: „Ich taufe euch nur mit Wasser (zum Zeichen) der Umkehr. Der aber, der nach mir kommt, ist stärker als ich, und ich bin es nicht wert, ihm die Schuhe auszuziehen. Er wird euch mit dem Heiligen Geist und *mit Feuer taufen.“*

Kommentar: Dem Feuer wurde zur Zeit Jesu eine reinigende Kraft zur Erneuerung des Menschen zugeschrieben. Daher kündigt Johannes der Täufer auch in der Parallelstelle in Lk 3,16 an, dass nach ihm der Messias die Menschen statt nur mit Wasser sogar mit dem Heiligen Geist und mit Feuer taufen werde. Das Pfingstereignis, in dem der Heilige Geist auf die Apostel in Gestalt von Feuerszungen herabkam (Apg 2,3), gilt im allgemeinen als Erfüllung dieser prophetischen Ankündigung von Johannes dem Täufer. Dort heißt es wörtlich: „Als der Pfingsttag gekommen war, befanden sich alle am gleichen Ort. Da kam plötzlich vom Himmel her ein Brausen, wie wenn ein heftiger Sturm daher fährt, und erfüllte das ganze Haus, in dem sie waren. Und es erschienen ihnen Zungen wie von Feuer, die sich verteilten; auf jeden von ihnen ließ sich eine nieder. Alle wurden mit dem Heiligen Geist erfüllt und begannen, in fremden Sprachen zu reden, wie es der Geist ihnen eingab" (Apg 1,1-4).

Anwendung: Wer heute eine Feuertaufe besteht, wird wegen seiner Bewährung bei einem gefährlichen Tun respektiert.

Finger

„Durch die Finger sehen"

Bedeutung: Nachsichtig sein; etwas oder jemanden milde, d. h. nicht der ganzen Wahrheit entsprechend beurteilen; jemanden unkritisch und in seiner Wirklichkeit eingeschränkt wahrnehmen

Erläuterung: Durch die Finger sieht man nicht mit vollem Blick, das heißt man sieht nicht genau hin oder will etwas nicht scharf und kritisch betrachten.

Beispiel: Beim Kaufhausdiebstahl des 17jährigen Jugendlichen wurde ausnahmsweise durch die Finger gesehen. Man entließ ihn, ohne Anzeige zu erstatten.

Bibelstelle: Lev 20,4-5: „Falls die Bürger des Landes *ihre Augen* diesem Mann gegenüber *verschließen* (bei Luther in 3. Mose 20,4: „Und wo das Volk im Lande *durch die Finger sehen*), wenn er eines seiner Kinder dem Moloch gibt, und ihn nicht töten, so richte ich mein Angesicht gegen ihn und seine Sippe und merze sie aus der Mitte ihres Volkes aus, ihn und alle, die sich mit ihm dem Molochdienst hingeben."

Kommentar: Mit dieser Bibelstelle wird die Nachsichtigkeit gegenüber der kultischen Praxis, dem Moloch (einer Gottheit assyrisch-babylonischen Ursprungs) Kinder zu opfern, verurteilt. Jahwe, der Gott Israels, verlangt zwar auch eine Opfergesinnung (vgl. das Opfer Abrahams in Gen 22), aber sonst werden Menschenopfer in Israel verabscheut. Es gibt jedoch eine Ausnahme nach Ri 11,29-40, wo Jiftach, vom Geist des Herrn getrieben, das Gelübde ablegt, er werde dem Herrn als Brandopfer darbringen, was immer ihm nach seinem Sieg gegen die Ammoniter als erstes aus seinem Haus entgegenkomme. Da dies seine Tochter ist, opfert er sie entsprechend seinem Gelübde auch tatsächlich. Die Einhaltung eines Gelübdes Jahwe gegenüber zählte damals mehr als ein Menschenleben.

Anwendung: Wer heute durch die Finger sieht, scheut sich davor, etwas zur Kenntnis zu nehmen, was er eigentlich verurteilen, verhindern oder bekämpfen müsste.

Fittich

„Jemanden unter die / seine Fittiche nehmen"

Bedeutung: Jemanden schützen, gezielt fördern

Erläuterung: Der Ausdruck Fittich bezeichnet den weichen Teil der Flügel von Vögeln, mit dem diese ihre Brut wärmend bedecken und beschützen.

Beispiel: Irgendwie scheint er es nicht zu schaffen, die Freundschaft seiner Kollegen zu gewinnen. Ich glaube, ich werde ihn unter meine Fittiche nehmen.

Bibelstelle: Ps 91,4: „Er *beschirmt dich mit seinen Flügeln, unter seinen Schwingen* findest du Zuflucht, Schild und Schutz ist dir seine Treue."

Kommentar: Der Glaube an Gott ist hier in der bildhaften Sprache eines beschützenden Vogels dargestellt, der seine Jungen mit seinen Flügeln wärmt und schützt. Dieses wunderbare Sprachbild ist ein Ausdruck für Urvertrauen und das Gefühl, in Gott Geborgenheit zu finden.

Es wird mehrfach in der Bibel gebraucht, so zum Beispiel auch im Psalm 61,5: „In deinem Zelt möchte ich Gast sein auf ewig, mich bergen *im Schutz deiner Flügel.*“

In ähnlicher Weise gebraucht Jesus das Sprachbild bei seiner Klage über die fehlende Bekehrung der Stadt Jerusalem: „Jerusalem, Jerusalem, du tötest die Propheten und steinigst die Boten, die zu dir gesandt sind. Wie oft wollte ich deine Kinder um mich sammeln, so wie eine Henne ihre Küken *unter ihre Flügel nimmt;* aber ihr habt nicht gewollt“ (Mt 23,37).

Anwendung: Wer jemanden unter seine Fittiche nimmt, beschützt eine Person meist aus einer fürsorglichen Einstellung heraus.

Fleisch

„Sein eigen Fleisch und Blut“

Bedeutung: Die leiblichen Kinder, die als Mitglied der eigenen Familie und damit als Teil des eigenen Lebens betrachtet werden.

Erläuterung: Die leiblichen Nachkommen werden aufgrund der genetischen Abstammung als Teil des eigenen Körpers bezeichnet, mit dem man sich identifiziert.

Beispiel: Für meine Tochter tu ich alles. Sie ist ja mein eigen Fleisch und Blut.

Bibelstelle: Gen 37,26-27: „Da schlug Juda seinen Brüdern vor: Was haben wir davon, wenn wir unseren Bruder erschlagen und sein Blut zudecken? Kommt, verkaufen wir ihn den Ismaeliten. Wir wollen aber nicht Hand an ihn legen, denn er ist doch unser Bruder und unser *Verwandter*. Seine Brüder waren einverstanden.“ Luther übersetzt 1. Mose 37,27: Kommt, lasst uns ihn den Ismaeliten verkaufen, dass sich unsere Hände nicht an ihm vergreifen; denn er ist unser Bruder, *unser Fleisch und Blut*."

Kommentar: Da Jakob als Vater seinen Sohn Josef den anderen Söhnen vorzieht und wegen Josefs Traumauslegung, die ihm einen Vorrang gegenüber seinen Brüdern einräumt (12 Ähren verneigen sich vor seiner Ähre), macht sich Josef bei seinen Brüdern so unbeliebt, dass sie neidisch und eifersüchtig werden und ihn zunächst töten wollen. Aufgrund ihrer Blutsverwandtschaft mit Josef entscheiden sie sich dann aber dafür, ihn leben zu lassen. So gehen sie auf den Vorschlag ein, den jüngeren Bruder in die Sklaverei zu verkaufen. Auch Ruben wollte seinen jüngeren Bruder Josef nicht töten und hatte daher vorgeschlagen, diesen in eine Zisterne zu werfen. Denn er hatte vor, seinen Bruder dann hinterher heimlich zu befreien. So war auch für ihn die Bedeutung der Blutsverwandtschaft mit seinem Bruder größer als sein Neid oder seine Eifersucht.

Anwendung: Wer seine Kinder als sein eigen Fleisch und Blut bezeichnet, wird die Sorge für sie aus eigenem Interesse übernehmen. Daher wird mit dieser Redewendung auch gern an das Verantwortungsbewusstsein der Eltern appelliert.

Fleischtöpfe

„Sich nach den Fleischtöpfen Ägyptens sehnen“

Bedeutung: Sich eine vergangene, glücklichere Zeit zurückwünschen

Erläuterung: Nach ihrem Auszug aus Ägypten hatten die Israeliten in der Wüste Hunger und sehnten sich nach den Lebensmitteln im Land ihrer Unterdrücker zurück. Sie waren zunächst nicht dankbar für die Befreiung aus der Knechtschaft, sondern dachten nur daran, wie sie in der Wüste Nahrung finden könnten. Sie wussten die neue Freiheit nicht genügend zu schätzen.

Beispiel: Als der Künstler keines seiner Bilder verkaufen konnte, sehnte er sich nach den Fleischtöpfen Ägyptens in einer festen Anstellung als Kunstlehrer zurück.

Bibelstelle: Ex 16,3: „Die Israeliten sagten zu Moses und Aaron: Wären wir doch in Ägypten durch die Hand des Herrn gestorben, als wir *an den Fleischtöpfen* saßen und Brot genug zu essen hatten. Ihr habt uns nur deshalb in diese Wüste geführt, um alle, die hier versammelt sind, an Hunger sterben zu lassen."

Kommentar: Auf diesen Vorwurf der Israeliten gegen Moses und Aaron heißt es in Ex 16,4: „Da sprach der Herr zu Moses: Ich will euch Brot vom Himmel regnen lassen. Das Volk soll hinausgehen, um seinen täglichen Bedarf zu sammeln. Ich will es prüfen, ob es nach meiner Weisung lebt oder nicht."

Das Murren gegen Aaron und Moses war letztlich ein Murren gegen Gott und Ausdruck mangelnden Vertrauens in seine göttliche Führung.

Anwendung: Die Redewendung wird ursprungsgemäß gebraucht, wenn Menschen die Befriedigung ihrer leiblichen Bedürfnisse höher einschätzen als ihre Freiheit oder andere geistige Werte (Gerechtigkeit, Friede, Liebe etc.).

Friedfertig

„Friedfertig sein"

Bedeutung: Friedenswillig, verträglich, umgänglich; bereit, Frieden zu halten oder zu schließen

Erläuterung: Fertig ist abgeleitet von Fahrt. Wer „zur Fahrt in den Frieden“ bereit ist, gilt als friedfertig.

Beispiel: Wenn man ihn nicht direkt angreift und ärgert, ist er friedfertig.

Bibelstelle: Mt 5,9: „Selig, *die Frieden stiften*; denn sie werden Söhne Gottes genannt werden.“

Luther übersetzt: „Selig sind *die Friedfertigen*, denn sie werden Gottes Kinder heißen.“

Kommentar: Die Bergpredigt beginnt in Mt 5,1-12 mit den sogenannten Seligpreisungen, in denen Menschen selig, d. h. glücklich gepriesen werden, die arm sind vor Gott, die trauern, die keine Gewalt anwenden, die hungern und dürsten nach der Gerechtigkeit, die barmherzig sind, die ein reines Herz haben, die Frieden stiften, die um der Gerechtigkeit und um Jesu willen verfolgt oder verleumdet werden. Die im Prinzip ähnlichen Aussagen Jesu finden sich beim Evangelisten Lukas in der sogenannten Feldrede, da hier Jesus zuvor vom Berg herabgestiegen war und dann auf freiem Feld diese Worte über das Reich Gottes seinen Jüngern verkündet. Dort wird den Armen das Reich Gottes verheißen. Die Hungernden sollen satt werden, die Weinenden sollen lachen. Die um des Menschensohnes aus der Gemeinschaft Ausgeschlossenen und Beschimpften werden selig sein. Ihnen allen wird ein großer Lohn im Himmel versprochen (Lk 6,20-23).

Anwendung: Friedfertigkeit gilt als eine wünschenswerte Charaktereigenschaft, die für das Zusammenleben der Menschen zum Ausgleich sozialer, gesellschaftlicher und politischer Konflikte von Bedeutung ist.

Früchte

„Jemanden / Etwas an seinen Früchten erkennen"

Bedeutung: Jemanden von seinen Taten her beurteilen / Etwas am Ergebnis messen

Erläuterung: „Die Qualität einer Lehre oder Praxis lässt sich an den guten oder schlechten Ergebnissen feststellen" (Krauss S. 62). Dasselbe gilt auch von Personen, die nach ihren Werken einzuschätzen sind.

Beispiel: Die Parteiprogramme können mir gestohlen bleiben. Ich sage: An ihren Früchten werdet ihr sie erkennen.

Bibelstelle: Mt 7,16-18: „*An ihren Früchten werdet ihr sie erkennen.* Erntet man etwa von Dornen Trauben oder von Disteln Feigen? Jeder gute Baum bringt gute Früchte hervor, ein schlechter Baum aber schlechte. Ein guter Baum kann keine schlechten Früchte hervorbringen und ein schlechter Baum keine guten."

Kommentar: Jesus vergleicht mit diesem Bildwort die falschen Propheten, an denen er mit folgendem Wort vernichtende Kritik übt: „Jeder Baum, der keine guten Früchte hervorbringt, wird umgehauen und ins Feuer geworfen. *An ihren Früchten also werdet ihr sie erkennen*" (Mt 7,19-20).

Lukas bringt dieses Jesuswort noch ausführlicher. Er überträgt das Bildwort vom unfruchtbaren Baum auch auf andere Menschen, die böse sind und nichts taugen: „*Jeden Baum erkennt man an seinen Früchten*: Von den Disteln pflückt man keine Feigen, und vom Dornstrauch erntet man keine Trauben. Ein guter Mensch bringt Gutes hervor, weil in seinem Herzen Gutes ist; und ein böser Mensch bringt Böses hervor, weil in seinem Herzen Böses ist. Wovon das Herz voll ist, davon spricht der Mund" (Lk 6,44-45).

Anwendung: Die Redensart betont die Bedeutung der Praxis gegenüber der Theorie. Die Taten eines Menschen gelten mehr als sein guter Wille. Nicht auf die guten Pläne und Absichten kommt es an, sondern auf die Ergebnisse.

Füßen

„Auf schwachen / tönernen Füßen stehen"

Bedeutung: Auf unsicherer Grundlage leben

Erläuterung: Wie der Koloss auf tönernen Füßen im Traum Nebukadnezzars zusammenbricht, so ist etwas, das auf tönernen Füßen steht, extrem gefährdet und der Zerstörung nah.

Beispiel: Die neue Regierung stand von vorneherein auf tönernen Füßen.

Bibelstelle: Dan 2,34: „Du sahst, wie ohne Zutun von Menschenhand sich ein Stein von einem Berg löste, gegen die eisernen und *tönernen Füße* des Standbildes schlug und sie zermalmte."

Kommentar: Daniel legt den Traum des Königs Nebukadnezars von einem riesigen Standbild prophetisch als Ankündigung des Untergangs eines kommenden, geteilten Reiches aus. Dies wird symbolisiert durch die Füße, die teils aus Eisen und teils aus Ton bestehen und damit zerbrechlich sind. In diesem Traum des Königs, den Daniel auf Bitten seiner Freunde in einer nächtlichen Vision enthüllt bekommt, werden die verschiedenen Reiche im damaligen Orient geschildert und wie sie der Reihe nach zusammenbrechen, bis das messianische Reich kommen wird.

Ein Koloss ist im griechischen Sprachraum ein riesiges Standbild. Am bekanntesten ist der Koloss von Rhodos, eine weit überlebensgroße Statue eines Mannes über der Hafeneinfahrt zur Insel Rhodos.

Anwendung: Man spricht heute von einem Koloss auf tönernen Füßen, wenn eine Macht ohne feste Grundlage existiert.

Furcht

Mit Furcht und Zittern

Bedeutung: In Angst und Sorge, vor Anstrengung und Aufregung

Erläuterung: Furcht und Zittern ist „ein synonymes Wortpaar zur Beschreibung der Angst", besonders „vor der Übernahme einer schwierigen Aufgabe" (Krauss S. 63). Furcht ist ein Gefühl des Bedrohtseins durch etwas Bestimmtes, im Unterschied zur unbestimmten Angst. - Synonym: Mit Zittern und Zagen.

Beispiel: Als er daran dachte, was ihm bevorstand, befiel ihn Furcht und Zittern.

Bibelstelle: 1 Kor 2,3: „Zudem kam ich in Schwäche und in *Furcht, zitternd und bebend* zu euch."

Kommentar: Paulus gibt hier unumwunden seine Angst vor dem Beginn seines großen Missionswirkens in der Gemeinde von Korinth zu, weil er sich nicht in der Lage fühlte, glänzende Reden zu halten oder gelehrte Weisheit vorzutragen. Aufgrund der vielen Anfeindungen, die ihm in Mazedonien entgegenschlugen, erwähnt Paulus, dass die Gemeinde seinen Mitstreiter Titus „*mit Furcht und Zittern*" aufgenommen habe, da sein Gefährte ihnen von Herzen zugetan gewesen sei (2 Kor 7,15). An anderer Stelle mahnt Paulus seine Zuhörer: „Ihr Sklaven, gehorcht euren irdischen Herren mit *Furcht und Zittern* und mit aufrichtigem Herzen, als wäre es Christus" (Eph 6,5). In Phil 2,12 heißt es: „Darum, liebe Brüder - ihr wart ja immer gehorsam, nicht nur in meiner Gegenwart, sondern noch viel mehr jetzt in meiner Abwesenheit -: müht euch *mit Furcht und Zittern* um euer Heil!" 'Furcht und Zittern' hat also bei Paulus den Beigeschmack von Respekt, Ehrfurcht, Gehorsam, ehrlichem Bemühen, Eifer und gehorsamer Anstrengung bei der Wahrnehmung christlicher Aufgaben.

Anwendung: Die in der Redewendung gemeinte Angst und innere Unruhe spielt im Alltag auch vor anderen mehr oder weniger anstrengenden oder sorgevollen Bemühungen zur Erfüllung gestellter Anforderungen oder Ziele eine Rolle.

Fußstapfen

„In jemandes Fußstapfen treten"

Bedeutung: Ein Vorbild nachahmen

Erläuterung: Die Nachfolge von jemandem antreten und es möglichst genauso machen wie der Vorgänger im Amt. Das Wort „Fuß*stapfen*" ist vom Verb „tappen" beeinflusst (Wahrig, S. 1377). Demnach würde ein Mensch, der in jemandes Fußstapfen tritt, hinter ihm her tappen.

Beispiel: Du musst dich schon sehr anstrengen, wenn du in die Fußstapfen des verstorbenen Chefs treten willst.

Bibelstelle: 2 Kor 12,18: „Ja ich habe Titus gebeten, euch zu besuchen, und den Bruder mit ihm gesandt. Hat Titus euch etwa übervorteilt? Haben wir nicht beide im gleichen Geist gehandelt? Sind wir nicht *in den gleichen Spuren gegangen*?"

Luther übersetzt: „Sind wir nicht *in einerlei Fußstapfen gegangen?*"

Kommentar: Hier ist eine Nachfolge im geistigen und geistlichen Sinne gemeint. So fordert der 1. Petrusbrief zur Nachfolge

Christi auf: „Dazu seid ihr berufen worden; denn auch Christus hat für euch gelitten und euch ein Beispiel gegeben, damit ihr *seinen Spuren folgt.*" Die Nachfolge Jesu bezieht sich hier vor allem auf das Erleiden von Unrecht, so wie Jesus ohne Schuld sein Leiden am Kreuz auf sich nahm. In die Fußstapfen Jesu treten, also seinen Spuren folgen, heißt letztlich: bereit zum Leiden und zum Martyrium sein. Das Vorbild Jesu wird in folgendem weiter beschrieben: „Er hat keine Sünde begangen, und in seinem Mund war kein trügerisches Wort. Er wurde geschmäht, schmähte aber nicht; er litt, drohte aber nicht, sondern überließ seine Sache dem gerechten Richter (hier ist Gott gemeint). Er hat unsere Sünden mit seinem Leib auf das Holz des Kreuzes getragen, damit wir tot seien für die Sünden und für die Gerechtigkeit leben. Durch seine Wunden seid ihr geheilt" (1 Petr 2,22-24).

Anwendung: Wer in die Fußstapfen von jemanden tritt oder treten soll, muss versuchen, die Erwartungen zu erfüllen, die mit seinem nachahmenswerten Vorbild verbunden sind.

Gabe

„Eine Gabe Gottes oder eine Gottesgabe haben / erhalten"

Bedeutung: Eine besondere Eigenschaft besitzen / ein unverdientes Gut zugewiesen bekommen

Erläuterung: Von einer Gabe Gottes spricht man dann, wenn jemand über eine Fähigkeit verfügt, um die er sich selber gar nicht bemüht hat, oder wenn einem etwas zufällt, ohne dass er sich dafür extra angestrengt hat. Theologisch gesehen ist eine Gabe Gottes ein Geschenk, das aus Gottes Gnade und Barmherzigkeit kommt.

Beispiel: Kinder sind eine Gabe Gottes.

Bibelstelle: Koh 3,12-13: „Ich hatte erkannt: Es gibt kein in allem Tun gründendes Glück, es sei denn, ein jeder freut sich, und so verschafft er sich Glück, während er noch lebt, wobei zugleich immer, wenn ein Mensch isst und trinkt und durch seinen ganzen Besitz das Glück kennenlernt, das *ein Geschenk Gottes* ist."

Luther übersetzt Pred 3,13: „Denn ein jeglicher Mensch, der da isst und trinkt und hat guten Mut in aller seiner Arbeit, das ist eine *Gabe Gottes*."

Kommentar: Kohelet (Prediger Salomo), beschreibt in seinem Weisheitsbuch die Hinfälligkeit menschlichen Tuns. Das Ergebnis seiner Überlegung gipfelt dann bei Vers 13 in der Erkenntnis, dass Lebensfreude letztlich eine Gabe Gottes, das heißt ein unverdientes Geschenk ist.

Anwendung: Auch in unserem Alltagsbewusstsein ist diese Erkenntnis vorhanden, dass Glück bei aller notwendigen Sorge um den Erhalt des Lebens im Grunde genommen nicht machbar ist. Daher spricht man von einer Gabe Gottes, wenn jemand von Natur aus über eine gute Eigenschaft verfügt, z. B. Ordnungsliebe, Kontaktfreudigkeit, Charme, Anmut etc. und sich am Leben freuen kann, was aus gläubiger Sicht nicht sein Verdienst, sondern Gnade ist. Daher werden gerade auch Kinder als Gabe Gottes bezeichnet, weil man sie zwar zeugen, aber niemals nach seinen eigenen Vorstellungen 'produzieren' kann.

Geben

„Geben ist seliger als/denn nehmen"

Bedeutung: Schenken macht froh

Erläuterung: Wer anderen etwas geben kann, wird seliggepriesen und für glücklicher gehalten als derjenige, der auf die Hilfe anderer angewiesen ist und empfangen Muss.

Beispiel: Wenn die Eltern ihren Kindern zu Weihnachten etwas schenken und sich an den glänzenden und glücklichen Augen freuen, machen sie sich im Grunde genommen selber eine Freude; denn Geben ist seliger als nehmen.

Bibelstelle: Apg 20,34-35: „Ihr wisst selbst, dass für meinen Unterhalt und den meiner Begleiter diese Hände hier gearbeitet haben. In allem habe ich euch gezeigt, dass man sich auf diese Weise abmühen und sich der Schwachen annehmen soll, in Erinnerung an die Worte Jesu, des Herrn, der selbst gesagt hat: *Geben ist seliger als nehmen.*" - Luther schreibt: „*Geben ist seliger denn nehmen.*"

Kommentar: Auch wenn das von Paulus zitierte Jesuswort nirgends in den Evangelien bezeugt ist, kann man davon ausgehen, dass Jesus solche Spruchweisheiten gekannt und vielleicht auch weiter gegeben hat. Die Wahrheit von der froh machenden Wirkung des Schenkens war in der Antike allgemein verbreitet und passt in die von Jesus geforderte Ethik der christlichen Nächstenliebe, die er z. B. mit dem Gleichnis vom barmherzigen Samariter verkündet hat (Lk ,29-37). Übrigens wird dem Perserkönig Artaxerxes vom antiken Schriftsteller Plutarch ein ähnliches Sprichwort zugeschrieben, das lautet: „Geben ist königlicher als Nehmen" (Krauss, S. 65).

Anwendung: Ganz im Sinne der mahnenden Redensart wurde die Spendenbereitschaft der Gläubigen früher durch einen häufig zitierten Predigerspruch frei nach 2 Kor 9,7 geweckt: „Einen fröhlichen Geber hat Gott lieb."

Gefahr

„Wer sich in Gefahr begibt / Wer die Gefahr liebt, kommt darin um“

Bedeutung: Wer das Risiko in Kauf nimmt, kann scheitern. Wer ständig Risiken eingeht, muss damit rechnen, einmal Pech zu haben.

Erläuterung: ‘In der Gefahr umkommen’ heißt hier so viel wie ‘durch ein großes, bewusst in Kauf genommenes Risiko sein Leben verlieren’.

Beispiel: Wenn du mit dieser hohen Geschwindigkeit auf einer kurvenreichen Landstraße fährst, musst du dich nicht wundern, wenn du einen Unfall hast. Auf dem Motorrad volles Risiko fahren macht euch Jugendlichen Spaß. Aber: Wer die Gefahr liebt, kommt darin um und reißt oft andere mit in den Tod.

Bibelstelle: Sir 3,26-28: „Ein trotziges Herz *nimmt ein böses Ende*, wer aber das Gute liebt, den wird es geleiten. Ein trotziges Herz schafft sich viel Leid, und der Frevler häuft Sünde auf Sünde. Für die Wunde des Übermütigen gibt es keine Heilung; denn ein giftiges Kraut hat in ihm seine Wurzeln.“

In einer Lesart der Masoreten und der Septuaginta, der griechischen Bibelübersetzung heißt es zum Vers 26b: *„und wer die Gefahr liebt, kommt darin um.“* Dies übersetzt Luther als Sir 3,27: *Wer sich in Gefahr begibt, der kommt darin um.“*

Kommentar: Sir 3,26-29 handelt vom Hochmut und vom Trotz der Weisung Gottes gegenüber, wovor gewarnt wird, da dies nach Meinung des Verfassers des Weisheitsbuches Jesus Sirach zu Unheil, Krankheit, Leid und einem bösen Ende führt. So wie Gutes lieben Gutes bringt, erlebt derjenige Gefährliches, der die Gefahr liebt. Der gefährlich Lebende wird ein ebenso böses Ende erfahren wie der übermütige, leichtsinnige und trotzige Frevler.

Anwendung: Die Redewendung will vor leichtsinniger Übernahme gefährlicher Aktionen warnen.

Gegeben

„Der Herr hat's gegeben,
der Herr hat's genommen,
der Name des Herrn sei gepriesen.“

Bedeutung: Gott hat mir Gutes erwiesen, er hat mich Leid erfahren lassen; trotzdem soll Gott gelobt werden.

Erläuterung: Diese sprichwörtliche Redensart ist ein Zitat Ijobs, der geduldig und gottergeben sein Leid ertrug, auch wenn er vorübergehend Gott anklagte und vor seinen Freunden in langen Streitreden seine Unschuld beteuerte.

Beispiel: Durch den Krieg haben viele Eltern ihre Söhne und ihren ganzen Besitz verloren; und nur wenige haben dabei ihr Gottvertrauen bewahren und nach der Einstellung leben können: Der Herr hat's gegeben, der Herr hat's genommen; der Name des Herrn sei gepriesen.

Bibelstelle: Nach der Meldung über die Verluste heißt es von Ijob: 1,20-22: "*Der Herr hat gegeben, der Herr hat genommen; gelobt sei der Name des Herrn.*.“

Kommentar: Diese gläubige, ergebene Haltung Ijobs am Ende des 1. Kapitels im Prolog wird bereits im zweiten Kapitel durch Ijobs Befall mit bösartigen Geschwüren auf eine schwere Probe gestellt, so dass ihn seine Frau sogar auffordert, er solle Gott lästern und sterben, was Ijob jedoch als töricht zurückweist. Allerdings widerspricht er dann im Redestreit mit drei angeblich rechtschaffenen, frommen Freunden deren Behauptungen, er würde wegen seiner Sünden von Gott mit Leid bestraft, als wäre Leid nur Ausdruck der Strafe Gottes im Namen der Gerechtigkeit. In langen Streitreden klagt er laut seine Unschuld ein und fordert von Gott Antwort und Auskunft, warum er als Gerechter leiden muss. Erst als Gott ihm die Größe seiner Weisheit in der Schöpfung bewusst macht, widerruft Ijob seine Anklage und verstummt (Ijob 42,2-6).

Anwendung: Die Redensart heute ist ein Ausdruck seltener Gottergebenheit und Einwilligung in ein schweres Lebensschicksal. Sie kann auch bei Beerdigungen erwähnt werden.

Geist

„Seinen Geist aufgeben"

Bedeutung: Sterben

Erläuterung: Seinen Lebensatem (hebräisch: Ruach = Hauch, Atem, Geist) aushauchen. Dies wird unter Umständen auch von Maschinen gesagt, als ob sie beseelt seien und Personen darstellten. In diesem Sinne behandelt man oft auch Autos oder Schiffe wie Partner, die einen Namen bekommen.

Beispiel: Die alte Waschmaschine gab schließlich ihren Geist auf.

Bibelstelle: Mt 27,50: „Jesus aber schrie noch einmal laut auf. *Dann hauchte er den Geist aus.*"

Kommentar: In der Parallelstelle in Mk 15,37 steht fast die gleiche Formulierung: „Jesus aber schrie laut auf. Dann *hauchte er den Geist aus.*" Bei Lukas heißt es ganz ähnlich: „Und Jesus rief laut: 'Vater, in deine Hände lege ich meinen Geist.' Nach diesen Worten *hauchte er den Geist aus*" (Lk 23,46). Diese Lebenshingabe Jesu im Tod erinnert an den Psalm 31,6: „*In deine Hände lege ich voll Vertrauen meinen Geist;* du hast mich erlöst, Herr, du treuer Gott." Bei Johannes ist der Tod noch mit einem anderen letzten Jesuswort, aber inhaltlich mit demselben Ausdruck vom Geist-Aufgeben beschrieben: „Als Jesus von dem Essig genommen hatte, sprach er: 'Es ist vollbracht!' Und er neigte das Haupt und *gab seinen Geist auf*" (Joh 19,30).

'Den Geist in die Hände Gottes legen' heißt, 'im Vertrauen auf Gott sterben'. Jesus hat aus dieser Sicht sein Leben in der Hoffnung beendet, dass Gott ihn in sein Reich aufnimmt.

Anwendung: „Den Geist aufgeben oder aushauchen" kann strenggenommen nur ein Mensch als ein geistbegabtes Wesen. Wenn dies von technischen Geräten gesagt wird, liegt darin eine sehr vermenschlichende Darstellung. Dabei wird eine Maschine personifiziert, so als sei die Funktionstüchtigkeit einer Maschine mit dem geistvollen Leben eines Menschen vergleichbar.

Geist (willig)
„Der Geist ist willig, aber das Fleisch ist schwach."

Bedeutung: Jemand will moralisch Verwerfliches meiden und erliegt doch der Versuchung. Oder: Man ist zu etwas Gutem bereit, aber die körperlichen Kräfte reichen nicht.

Erläuterung: Diese Redewendung wird entgegen dem Wortlaut auch dann gebraucht, wenn der Wille zu schwach ist, um das Gewünschte mit der notwendigen Energie und Tatkraft anzustreben. Sie entspricht somit dem demütigen Bekenntnis des hl. Augustinus: „Ich will das Gute und tue das Böse."

Beispiel: Eigentlich hatte ich mir zum Jahreswechsel vorgenommen, mit dem Rauchen aufzuhören; allein, der Geist ist willig, doch das Fleisch ist schwach. Schon nach wenigen Tagen griff ich wieder zur Zigarette.

Bibelstelle: Mt 26,41: „Wacht und betet, damit ihr nicht in Versuchung geratet. *Der Geist ist willig, aber das Fleisch ist schwach.*“

Kommentar: Diese Worte sprach Jesus in der Nacht vor seiner Gefangennahme im Garten Getsemani auf dem Ölberg, als er seine Jünger schlafend fand, obwohl er sie vorher gebeten hatte, mit ihm zu wachen. Mk 14,37-38: „Da sagte er zu Petrus: Simon, du schläfst? Konntest du nicht einmal eine Stunde wach bleiben? Wacht und betet, damit ihr nicht in Versuchung geratet. *Der Geist ist willig, aber das Fleisch ist schwach.*“

Nach Jesus braucht der Gläubige zur Stärkung des Willens das Gebet und die Kraft von oben, die Gnade des Himmels. Dann kann man auch Schwieriges nach dem Willen Gottes erfüllen.

Anwendung: Die Redewendung versucht, eine Rechtfertigung dafür zu finden, warum man etwas nicht erreichen kann. Auf diese Weise tut der Anwender dieses Jesuszitates eigentlich gerade das Gegenteil von dem, was Jesus mit diesem Wort beabsichtigt hatte. Anstatt den guten Willen durch Gebet zu stärken, beruft er sich auf die Schwäche des Fleisches.

Geizhals

„Ein Geizhals sein“

Bedeutung: Von seinem Eigentum nichts abgeben wollen

Erläuterung: Ein Geizhals ist ein geldgieriger Mensch, der seinen Besitz nicht mit jemandem teilen will. Der Ausdruck gilt als Schimpfwort.

Beispiel: Dieser Geizhals hat nicht einmal etwas für die Caritas-Kollekte gespendet.

Bibelstelle: Lk 16,14: „Das alles (Jesu Worte über den rechten Umgang mit dem Reichtum und über die Aussage, dass niemand zwei Herren dienen könne, d. h. entweder Gott oder dem Mammon Geld) hörten auch die Pharisäer, *die sehr am Geld hingen*, und sie lachten über ihn.“

Luther übersetzt diese Stelle: „Das alles hörten die Pharisäer auch, *die waren geizig* und spotteten sein.“

Kommentar: Auch der Apostel Paulus warnt seine Gemeinde im 1. Korintherbrief vor der Habgier, wenn er schreibt: „Habt nichts zu schaffen mit einem, der sich Bruder nennt und dennoch Unzucht treibt, *habgierig* ist, Götzen verehrt, lästert, trinkt oder raubt; mit einem solchen Menschen sollt ihr nicht einmal zusammen essen. ... Schafft den Übeltäter weg aus eurer Mitte!“ (1 Kor 5,11-13). Einige Verse weiter betont der Apostel Paulus, dass Habgierige das Reich Gottes nicht erben werden (1 Kor 6,10). Habgier wird bei Paulus nicht als harmlose Knausrigkeit, sondern auf die gleiche Stufe mit anderen Verbrechen wie Unzucht und Raub gestellt und deswegen aufs Schärfste verurteilt.

Anwendung: Im Gegensatz zu dieser schweren Verurteilung der Habgier in der Bibel scheint in der heutigen Redewendung ein Geizhals oder eine habgierige Person nur ein unbeliebter, aber vielleicht sonst akzeptabler Mensch zu sein.

„Es genug sein lassen“

Bedeutung: Mit etwas aufhören

Erläuterung: Die Redewendung ist eine Aufforderung, mit etwas Negativem aufzuhören, es bei einer Sache zu belassen oder in einer unangenehmen Angelegenheit nicht weiter nachzubohren oder nachzuhaken.

Beispiel: Jetzt hast du eine halbe Stunde über sie geschimpft und sie schlecht gemacht. Nun lass es genug sein! Denk lieber an ihre guten Seiten!

Bibelstelle: 2 Sam 24,15-16: „Da ließ der Herr über Israel eine Pest kommen; sie dauerte von jenem Morgen an bis zu dem festgesetzten Zeitpunkt (also drei Tage), und es starben zwischen Dan und Beerscheba siebzigtausend Menschen im Volk. Als der Engel seine Hand gegen Jerusalem ausstreckte, um es ins Verderben zu stürzen, reute den Herrn das Unheil, und er sagte zu dem Engel, der das Volk ins Verderben stürzte: *Es ist jetzt genug*, lass deine Hand sinken!“

Kommentar: Als David Gott Vorhaltungen macht, dass er durch seine von Gott nicht erlaubte Volkszählung an der Pest schuld sei, kauft David zur Beschwichtigung des zürnenden Gottes für fünfzig Silberschekel eine Tenne und Rinder, um dem Herrn einen Altar zu bauen und darauf Brandopfer und Heilsopfer darzubringen. Daraufhin heißt es in 2 Sam 24,25b: „ ...der Herr aber ließ sich um des Landes willen erweichen, und die Plage hörte auf in Israel.“ Während sich David beim Herrn durch Brandopfer beliebt machen und erreichen kann, dass Gott der Pest Einhalt gebietet und es der Toten genug sein lässt, gelingt es Moses nicht, Gott von seiner Strafe gegen ihn abzuhalten. Ihm sagte der Herr: *Genug!* Trag mir diese Sache niemals wieder vor!“ (Dt 3,26). Luther übersetzt hier: „*Lass es genug sein*, rede mir davon nicht mehr.“

Anwendung: Die heutige Redewendung bezieht sich weniger auf die Abweisung lästiger Bittsteller, sondern will mehr dem schlechten Tun eines Menschen Einhalt gebieten.

Gericht

„*Mit jemandem ins Gericht gehen*“

Bedeutung: Jemanden zur Rechenschaft ziehen

Erläuterung: Jemandem moralische Vorhaltungen machen und seine Taten genau untersuchen bzw. beurteilen lassen.

Beispiel: Nachdem bekannt wurde, welche Unterschlagungen der Buchhalter begangen hatte, gingen auch seine Kollegen hart mit ihm ins Gericht.

Bibelstelle: Ps 143,2: „*Geh mit* deinem Knecht nicht *ins Gericht*; denn keiner, der lebt, ist gerecht vor dir.“

Kommentar: Gott gilt im Alten Testament als ein strenger Richter, vor dem letztlich kein Mensch bestehen kann, weil jeder Mensch gesündigt hat. Die höchste Instanz des Gerichts wird von Gott am jüngsten Tag wahrgenommen. Das ist der Tag der Vergeltung aller guten und bösen Taten. Der Gläubige, der sich um das Gute bemüht hat, hofft auf eine milde Beurteilung. Er vertraut auf Gottes Gnade und Barmherzigkeit. Für den notorischen Sünder dagegen, für den Frevler, Gotteslästerer und für den nicht reumütigen Menschen ist dann die ewige Verdammnis vorgesehen.

Anwendung: Die Redensart wird durchaus auf dem Hintergrund einer Drohbotschaft oder der Warnung gebraucht, dass mit den bösen Taten eines Menschen einmal abgerechnet werden muss.

Geschrieben
„Was ich geschrieben habe, habe ich geschrieben / bleibt geschrieben“

Bedeutung: Ich bleibe bei dem einmal Geschriebenen. Basta. Was ich einmal schriftlich festgehalten habe, bleibt unverändert.

Erläuterung: Pontius Pilatus ließ am Kreuz Jesu die Inschrift anbringen: **I.N.R.I** = **I**esus (Jesus) von **N**azareth, **R**ex (König) **I**udaorum (der Juden). Die Juden verlangten die Veränderung des Satzes zu: Er hat behauptet, er sei der König der Juden. Pilatus aber antwortete: Was ich geschrieben habe, bleibt geschrieben.

Beispiel: Dem Zeitungsredakteur wurde nahegelegt, den Satz: „Der Minister hat das Parlament belogen“ zu ersetzen durch: „Er hat vor dem Parlament nicht ganz die Wahrheit gesagt“. Der Redakteur weigerte sich mit den Worten: „Was ich geschrieben habe, habe ich geschrieben.“

Bibelstelle: Joh 19,21-22: „Die Hohepriester der Juden sagten zu Pilatus: Schreib nicht: der König der Juden, sondern dass er gesagt hat: Ich bin der König der Juden. Pilatus antwortete: *Was ich geschrieben habe, habe ich geschrieben.*“

Kommentar: „Was ich geschrieben habe, bleibt geschrieben“ wird manchmal auch auf Lateinisch zitiert: „Quod scripsi, scripsi“. Wer dies sagt, weigert sich, an einem einmal verfassten Text etwas zu ändern. Pilatus wollte die Hohepriester mit diesem Satz sicherlich nicht nur provozieren und vor den Kopf stoßen. Er diente ihm auch zur eigenen Rechtfertigung seines Todesurteils über Jesus. Hätte er sich nämlich auf die Änderung der Aufschrift eingelassen, hätte Jesus nur wegen Hochstapelei oder Lüge verurteilt werden können. Die Anmaßung, ein König ohne Bevollmächtigung durch den Kaiser in Rom zu sein, war jedoch nach römischem Recht damals eindeutig ein todeswürdiges Verbrechen.

Anwendung.: Die Redensart wird von selbstbewussten Menschen gebraucht, die bei einmal verfassten Worten bleiben und dazu stehen.

Gesehen

„Und ward nicht mehr gesehen“

Bedeutung: Er/sie/es ist verschwunden.

Erläuterung: Diese Redensart wird gerne gebraucht, wenn jemand etwas angestellt hat und dann verschwindet.

Beispiel: Nachdem der Heiratsschwindler das Sparkonto der reichen Witwe abgeräumt hatte, machte er sich aus dem Staube und ward nicht mehr gesehen.

Bibelstelle: Gen 5,24: „Henoch war seinen Weg mit Gott gegangen, *dann war er nicht mehr da*; denn Gott hatte ihn aufgenommen.“

1. Mose 5,24 nach der Übersetzung Martin Luthers: „Und dieweil er ein göttliches Leben führte, nahm ihn Gott hinweg, *und er ward nicht mehr gesehen.*“

Kommentar: Auch hier haben die Autoren der Einheitsübersetzung eine bekannte Bibelstelle ohne Rücksicht auf die im Volk durch die Übersetzung Martin Luthers verbreitete Redensart den Weggang Henochs als ein „Nicht-mehr-da-sein“ wiedergegeben. Die Übersetzung Martin Luthers sowie die deutsche Redensart „Und ward nicht mehr gesehen“ lässt zunächst nicht vermuten, dass derjenige, der nicht mehr gesehen wird, tatsächlich auch gestorben ist.

Anwendung: Da der Tod in vielen Gesellschaften und Kulturen tabuisiert wird, gibt es unzählige Umschreibungen und beschönigende Formulierungen für das Sterben eines Menschen: entschlafen, heimgehen, für immer fortgehen, er/sie ist für immer von uns gegangen, den Geist aufgeben, das Zeitliche segnen, Gott hat ihn/sie heimgeholt usw. Denn wenn ein Mensch verschwunden ist und nicht mehr gesichtet wird, ist er gewissermaßen für seine Mitmenschen gestorben. Für die Menschen der sozialen Umwelt ist ein Übeltäter dann „tot", wenn er fort ist und bei ihnen kein Unheil mehr anstiften kann.

Gestern

„Nicht von gestern sein"

Bedeutung: Auf dem neuesten Stand/erfahren sein; Bescheid wissen; modern sein, „in" sein; mehr können und wissen, als einem andere zutrauen

Erläuterung: Ähnliche Redewendungen sind „Auf der Höhe sein"; „Auf dem Laufenden sein"; „Wissen, wie der Hase läuft"; „Wissen, wo's lang geht".

Beispiel: Wie ich dich kenne, bist du nicht von gestern; du merkst sofort, wenn man dich übers Ohr hauen will.

Bibelstelle: Ijob 8,9: „*Wir sind von gestern nur* und wissen nichts, wie Schatten sind auf Erden unsre Tage." Nach der Lutherübersetzung: „*Wir sind von gestern her* und wissen nichts; unser Leben ist ein Schatten auf Erden."

Kommentar: Nach dieser Bibelstelle ist unser Menschenleben zu kurz, um allein aus eigener Lebenserfahrung heraus weise zu werden. Um die Fragen nach dem Sinn des Daseins hinreichend zu beantworten, muss man aus einer längeren Erfahrung und aus einer reichen Tradition schöpfen können.

Anwendung: Wer nur das Allerneueste und nicht das Altbewährte kennt, der wüsste nach der Bibel gerade nicht, wo es im Leben wirklich lang geht. Arm an Erfahrung lebt derjenige, der ohne Bewusstsein und Kenntnis von der Vergangenheit „nur der Gegenwart verpflichtet lebt“ (Stellmann, S. 140). Damit hat sich die heutige Redensart weit von ihrem ursprünglichen Sinn in der Bibel entfernt und wurde zur Beschreibung eines ganz anderen Ideals herangezogen. Die Redensart knüpft nämlich nur an die Rede eines Freundes von Ijob über die Vergänglichkeit des Ungerechten an und betont im Gegensatz zum biblischen Sinn das Up-to-Date-Sein des Cleveren, Gescheiten. Wer stets auf dem Laufenden ist und viel weiß, ist nach heutigem Verständnis und Sprachgebrauch *nicht von gestern;* denn die Kenntnis der Dinge nach dem neuesten Stand scheint heutzutage viele Vorteile zu bringen. „Von gestern“ ist derjenige, der den Ideen und Idealen einer vergangenen Epoche angehört (Krauss, S. 71).

Gewissen (gutes)
„Sich kein Gewissen aus etwas machen“ / „Ein reines / gutes Gewissen haben“

Bedeutung: Nicht von Gewissensbissen oder Skrupeln geplagt werden

Erläuterung: Sich entweder der Frage nach der ethischen Qualität eines Tuns gar nicht stellen oder der Meinung sein, dass man nichts Böses getan hat. Wer ein reines oder gutes Gewissen hat, steht in Übereinstimmung mit seinen ethischen Normen und braucht sich selbst nichts vorzuwerfen.

Beispiel: Als der Angeklagte dem Richter vorgeführt wurde, schien sich dieser kein Gewissen aus den Vorwürfen des Klägers zu machen. War sein Gewissen wirklich rein? Konnte er tatsächlich ein gutes, ruhiges Gewissen haben, wo er doch seinem Nachbarn das Leben so schwer gemacht hatte?

Bibelstelle: 1 Petr 3,14-16: Seid stets bereit, jedem Rede und Antwort zu stehen, der nach der Hoffnung fragt, die euch erfüllt; aber antwortet bescheiden und ehrfürchtig, denn *ihr habt ein reines Gewissen.*

Kommentar: Der Mensch, der aus Liebe zu Jesus handelt und verleumdet wird, braucht keine Angst zu haben. Er hat ein reines, gutes Gewissen und ihn plagen keine Gewissensbisse. Im Petrusbrief wird im selben Kapitel 3, Vers 21 die Taufe als Bitte an Gott um ein reines Gewissen aufgrund der Auferstehung Jesu Christi interpretiert, weil der Getaufte aus der Gnade der Kindschaft Gottes neu geboren wird und in die Gemeinschaft der an Christus glaubenden Brüder und Schwestern im Herrn aufgenommen wird. In dieser innigen Gemeinschaft mit Christus und seinen Anhängern hat weder ein schlechtes Gewissen noch Gewissenlosigkeit einen Platz, da Gott alle Christen durch die Taufe von den Sünden erlöst hat.

Anwendung: Die heutige Redensart bezieht sich auf die Gewissensbildung. Die Internalisierung (Verinnerlichung) von Normen Muss heute nicht mehr unbedingt an christlich-religiöse Wertvorstellungen gebunden sein.

Gewissen (schlechtes)

„Ein schlechtes Gewissen haben/bekommen"
„Gewissensbisse haben" /
„Sich ein Gewissen aus etwas machen"

Bedeutung: Sich bewusst sein, dass man einer sittlichen Forderung nicht entsprochen hat

Erläuterung: Mit sich und seinen ethischen Forderungen nicht im Reinen sein; aufgrund vergangener Verfehlungen nicht im Einklang mit seinen Idealen stehen

Beispiel: Als er hörte, dass seine arme, kranke Schwester, bei der er sich seit Jahren nicht mehr hatte blicken lassen, im Sterben lag, bekam er ein schlechtes Gewissen und er machte sich Vorwürfe, dass er ihr doch lieber hätte helfen sollen.

Bibelstelle: Ijob 27,6: „An meinem Rechtsein halt' ich mich fest und lass' es nicht; *mein Herz schilt keinen meiner Tage.*"

Luther übersetzt: „Von meiner Gerechtigkeit, die ich habe, will ich nicht lassen; *mein Gewissen beißt mich nicht* meines ganzen Lebens halben."

Kommentar: In dieser Bibelstelle wird mit Ijob ein positives Beispiel gewählt, und festgehalten, dass er kein schlechtes Gewissen zu haben brauchte. Ihn plagten keine Gewissensbisse, weil er wie ein Gerechter lebte. Er hatte sich nichts vorzuwerfen und ließ von seinem Streben nach Gerechtigkeit nicht ab.

Anwendung: Heute dagegen wird öfter erwähnt, dass jemand ein schlechtes Gewissen hat oder das noch schlimmere Beispiel, dass sich jemand kein Gewissen aus etwas macht, obwohl er eigentlich Gewissensbisse haben müsste.

Gift

„Voll Gift und Galle sein“ /
„Gift und Galle sprühen / spucken / speien“

Bedeutung: Von Neid und Bosheit erfüllt sein; äußerst schlechter Laune sein, in Wut geraten (Röhrich, S. 500) / Neid und Bosheit ausstreuen/verbreiten

Erläuterung: Wenn jemand „grün“ vor Neid wird, ist er durch seine eigene Missgunst und Bosheit vergiftet. So wie die Gallenblase die bittere Galle herauslässt, bzw. versprüht, so kann auch das Gift des Neides und der Missgunst aus einem Menschen in seine soziale Umwelt gelangen und dort die Menschen anstecken und im übertragenen Sinne vergiften.

Beispiel: Als er bei der Testamentseröffnung sah, dass sein Bruder bevorzugt worden war, geriet er derart in Wut, dass er nur noch Gift und Galle spie.

Bibelstelle: Dtn 32,32-33: „Ihr Weinstock stammt von dem Weinstock Sodoms, vom Todesacker Gomorras. Ihre Trauben sind giftige Trauben und tragen bittere Beeren. Ihr Wein ist *Schlangengift* und *Gift* von ekligen Ottern.“

Luther übersetzt "...ihre Trauben sind *Galle*, sie haben bittere Beeren. Ihr Wein ist *Drachengift* und wütiger Ottern *Galle*.“

Kommentar: Diese alttestamentliche Redeweise steht in den Abschiedsliedern des Mose und galt den Feinden Israels, die mit vielen Übeln bedacht und verflucht wurden. Luther übersetzt die Unheilsworte Gottes über die Feinde Israels in eine sehr plastische, bildhafte Sprache. Hier scheint die Botschaft von der Feindesliebe noch völlig unbekannt. Jedes erdenkliche Übel wird den Feinden angedroht und zugedacht. Mit dem Bildwort vom Gift und der Galle wurden nicht nur die Feinde Israels, sondern später auch die neidischen Menschen beschrieben.

Anwendung: Aufgrund der bildhaften Sprache Luthers ist uns ein im AT überliefertes Fluchwort gegen die Feinde Israels zur Beschreibung missgünstig gelaunter Menschen heute erhalten geblieben.

Glaube

„Der Glaube kann Berge versetzen"

Bedeutung: Man muss nur fest von etwas überzeugt sein, dann kann man es auch verwirklichen.

Erläuterung: Diese Redewendung will sagen, dass man enorm viel leisten kann, wenn man an den Erfolg glaubt.

Beispiel: Du musst einfach daran glauben, dass du es schaffst; denn der feste Glaube kann bekanntlich Berge versetzen.

Bibelstelle: 1 Kor 13,2: „Und wenn ich prophetisch reden könnte und alle Geheimnisse wüsste und alle Erkenntnis hätte; wenn ich alle Glaubenskraft besäße und *Berge* damit *versetzen* könnte, hätte aber die Liebe nicht, wäre ich nichts."

Kommentar: Die von Paulus gebrauchte Metapher im Hohen Lied der Liebe (1 Kor 13,1-13) will die vorrangige Bedeutung der Liebe gegenüber allen anderen Charismen herausstellen. Ähnlich wie Jakobus, der in Jak 2,14-17 den Wert des Glaubens ohne entsprechende Werke relativiert, betont auch Paulus, dass der Glaube nicht so wichtig ist wie die Liebe.

Für Jesus scheint der Glaube jedoch eine vorrangige Bedeutung gehabt zu haben, da er als eine Voraussetzung zur Ausübung magischer Kräfte und Wunderheilungen angesehen wird. In Mt 21,18-21 demonstriert Jesus die magische Kraft des Glaubens, indem er vor den Augen der Jünger einen Feigenbaum verdorren lässt. Je größer der Glaube, desto stärker sind die Heilkräfte. Bereits bei Ijob kommt das Sprachbild vom „Berge versetzen“ vor: „Er (Gott) versetzt Berge; sie merken es nicht, dass er in seinem Zorn sie umstürzt“ (Ijob 9,5). Allerdings kann dies im Weisheitsbuch nur Gott im Zorn und nicht der Gläubige.

Anwendung: Wer durch seinen Glauben Berge versetzen kann, erreicht kraft seines starken Glaubens und seiner unerschütterlichen Hoffnung ungeheuer viel.

Glauben

„Wer's glaubt, wird selig“

Bedeutung: Das glaube ich nicht.

Erläuterung: Wer das glaubt, mag zwar glücklich damit werden, aber er ist äußerst naiv.

Beispiel: Du sollst Direktor im neu eröffneten Grandhotel werden? Wer's glaubt, wird selig!

Bibelstelle: Mk 16,16: „*Wer glaubt* und sich taufen lässt, *wird gerettet*; wer aber nicht glaubt, wird verdammt werden.“

Kommentar: Die Lutherübersetzung lautet: „*Wer da glaubet* und getauft wird, *der wird selig werden*; wer aber nicht glaubet, der wird verdammt werden“ (Mk 16,16).

Der Glaube und die Taufe sind für den Christen nach traditionell biblischer Auffassung eine Voraussetzung zur Glückseligkeit im Himmel.

Anwendung: Die Redewendung stellt die seligmachende Wirkung des Glaubens radikal in Frage. Das Glauben in dieser Redewendung ist eigentlich nur ein leichtfertiges, naives Für-wahr-Halten von im Grunde genommen unwahrschcinlichen Dingen. - Für Heinrich Krauss ist die Redewendung „Wer's glaubt, wird selig“ ein „ironischer Ausruf beim Hören einer unwahrscheinlichen Geschichte“, eine Parodie auf das Wort Jesu in Mk 16,16 (Krauss S. 73). Dies ist sicherlich häufig zutreffend, besonders dann, wenn der Zusatz zitiert wird: „... und wer nicht glaubt, wird auch nicht verdammt.“ Auf diese Weise wird das Bibelwort in der Alltagssprache fast genau ins Gegenteil des ursprünglich Gemeinten verkehrt. Anstatt den Glauben als hohes Gut zu betrachten und den Gläubigen glücklich zu preisen, wird der Gläubige als naiver Mensch angesehen und belächelt, weil dieser die unwahrscheinlichsten Dinge für wahr hält. Für den Ungläubigen, dem in der Bibel die ewige Verdammnis droht, wird der Bibelsatz bewusst falsch zitiert und zur Beruhigung des Nicht-Glaubenden ins Gegenteil verdreht: „Wer nicht glaubt, wird nicht verdammt.“ Infolgedessen wird mit dieser Redensart in der Alltagssprache dem Glaubens-Zweifler, dem kritischen Denker und dem Spötter eine Chance zur Nicht-Verdammung angeboten.

Gloria

„Mit Glanz und Gloria“

Bedeutung: Mit Pomp und Ruhm

Erläuterung: Gloria (lateinisch) heißt Ehre, Ruhm. Es ist das erste Wort eines bekannten lateinischen Gebetes, dessen Beginn lautet „Gloria in excelsis Deo et in terra pax hominibus bonae voluntatis“ (= Ehre sei Gott in der Höhe und Friede auf Erden den Menschen guten Willens). Dieses Gebet ist in der klassischen Musik als zweiter Messgesang oft vertont worden. Noch heute gibt es zahlreiche Gloria-Lieder in den Messreihen des Gotteslobs. Dieses Gebet hat seinen Ursprung in der Verkündigung der Geburt Christi durch die Engel.

Beispiel: a) Ihre Hochzeit wurde mit Glanz und Gloria gefeiert.

b) Er fiel mit Glanz und Gloria durchs Examen (ironisch gemeint).

Bibelstelle: Lk 2,14: „*Verherrlicht* ist Gott in der Höhe, und auf Erden ist Friede bei den Menschen seiner Gnade."

Kommentar: Luther übersetzt Lk 2,14: „*Ehre* sei Gott in der Höhe, und Friede auf Erden, und den Menschen ein Wohlgefallen!" (Vom Griechischen eudokia = Wohlgefallen). Mit dem Begriff Wohlgefallen ist der Text auch in den Liedern des evangelischen Gesangbuchs Nr. 26, S. 692 und Nr. 692, S. 1185 übersetzt. In diesem Gebet wie auch in der oben zitierten Bibelstelle geht es letztlich nicht um einen Appell an den guten Willen des Menschen zum Frieden, sondern um das Lob Gottes, der verehrt, gepriesen und angebetet werden soll und dem man dankt, dass 'Er' uns Christus als Friedensstifter, Friedensfürst und Erlöser gesandt hat. Dies geschieht z. B. mit den Worten des Gloria-Gebets: „Wir rühmen dich und danken dir; denn groß ist deine *Herrlichkeit*".

Anwendung: Etwas vom Glanz dieser Herrlichkeit Gottes soll in der Redewendung nun auf die Menschen, ihre Feiern, ihre mehr oder weniger nichtigen und eitlen Bemühungen herableuchten, weshalb diese Redensart oft im spöttisch-ironischen Sinn gebraucht wird. Man vergleiche auch die ähnliche Redewendung „Sich mit einem Glorienschein umgeben".

Gnade

„Vor jemandem / Vor jemandes Auge Gnade finden"

Bedeutung: Von jemandem akzeptiert werden; wohlwollend beurteilt werden (Röhrich, S. 563).

Erläuterung: Die Redensart bezog sich (nach Röhrich) ursprünglich auf die göttliche Gnade. Aus diesem Grunde wird die Gnade in der Redewendung entweder von einer Obrigkeit gewährt oder jemand wird im spöttischen Sinne damit als herablassend charakterisiert, wenn er seine „Gnade“ einem anderen Menschen so zukommen lässt, als wenn dieser rangmäßig unter ihm stünde. Bei Krauss wird der Ursprung der Redewendung dagegen in einer orientalischen Höflichkeitsformel zur Einleitung einer Bitte gesehen (Krauss, S. 74).

Beispiel: Sofern du in den Augen deines Chefs Gnade findest, wird er dir sicherlich für diesen Zweck frei geben.

Bibelstelle: Gen 18,2-3: „Er (Abraham) blickte auf und sah vor sich drei Männer stehen. Als er sie sah, lief er ihnen vom Zelteingang aus entgegen, warf sich zur Erde nieder und sagte: Mein Herr, wenn ich dein *Wohlgefallen gefunden* habe, geh doch an deinem Knecht nicht vorbei!“

Kommentar: Dieser Herr, den Abraham in der Gestalt von drei Männern sieht, prophezeit seiner alten Frau Sara in einem Jahr einen Sohn. Aufgrund der zuvorkommenden Gastfreundschaft Abrahams den drei Männern gegenüber wird ihm dann der langersehnte Wunsch nach einem Sohn in der Geburt Isaaks erfüllt. Vgl. auch Lot: Nein, mein Herr, dein Knecht hat doch *dein Wohlwollen* gefunden. Du hast mir große *Gunst* erwiesen und mich am Leben gelassen“ (Gen 19,17b-19). Mit dem Hinweis auf das „*Wohlwollen*“ (Gen 33,15) seines Herrn lehnt Jakob einen von seinem Bruder Esau angebotenen Geleitschutz ab.

Anwendung: Die Redensart „Es/Er hat vor seinen Augen *keine* Gnade gefunden, heißt so viel wie „er ist nicht mit ihm/damit einverstanden“ (Wahrig, S. 1549).

„Aus / Ohne Gnade und Barmherzigkeit“

Bedeutung: Aus/Ohne Mitleid

Erläuterung: Die erste Redensart beschreibt ein herablassendes Zugeständnis, das in der Regel keinem echten inneren Mitgefühl entspringt. Die zweite Redensart betrifft ein mitleidloses Vorgehen, bei dem sich der Notleidende bedingungslos ausgeliefert fühlt.

Beispiel: Nicht aus Überzeugung, sondern nur aus Gnade und Barmherzigkeit und mit Rücksicht auf die Familie des Angestellten, wurde auf eine Kündigung verzichtet. / Eine Mutter zu ihrem Kind: Wenn du das noch einmal tust, werde ich dich ohne Gnade und Barmherzigkeit aus dem Zimmer schicken; da kannst du betteln und schreien so viel du willst!

Bibelstelle: Ps 103,2-4: „Lobe den Herrn, meine Seele, und vergiss nicht, was er dir Gutes getan hat: der dir all deine Schuld vergibt und all deine Gebrechen heilt, der dein Leben vor dem Untergang rettet und dich *mit Huld und Erbarmen* krönt“. Luther übersetzt Vers 4: „Der dein Leben vom Verderben erlöst, der dich krönet *mit Gnade und Barmherzigkeit*“.

Kommentar: Normalerweise gilt Gott aus christlichem Verständnis als ein Wesen, das uns Menschen voller Gnade und Barmherzigkeit entgegentritt. Dies war im Alten Testament aber nur dann der Fall, wenn der Gläubige nicht sündigte, die Gebote Gottes beachtete, gerecht war, betete, opferte und ein rechtschaffenes Leben führte.

Anwendung: Aufgrund des biblisch-theologischen Fachwortes Gnade hat die Redensart eine eigentümliche Klangfärbung bekommen und ist eher ein Ausdruck herablassender Großzügigkeit. Sie hat wenig mit göttlicher Gnade und Barmherzigkeit zu tun, die in der 2. Form der Redensart sogar ausdrücklich verneint wird.

Gnaden (Gottes)

„Von Gottes Gnaden"

Bedeutung: Von Gott her begünstigt und legitimiert

Erläuterung: „Von Gottes Gnaden" war früher eine Beifügung zu einem Herrschertitel, z. B. König aus Gottes Gnaden. Wenn die Redensart heute verwendet wird, ist es eher eine polemische Anklage für eine demokratisch nicht legitimierte Herrschaftsform (Krauss S. 74).

Beispiel: Er führte sich auf wie ein Pascha, wie ein Fürst von Gottes Gnaden.

Bibelstelle: 1 Kor 15,10: „Doch durch *Gottes Gnade* bin ich, was ich bin, und sein gnädiges Handeln an mir ist nicht ohne Wirkung geblieben. Mehr als sie alle habe ich mich abgemüht - nicht ich, sondern die Gnade Gottes zusammen mit mir."

Kommentar: Auf der einen Seite stapelt der Apostel Paulus seine eigenen Verdienste bewusst tief, indem er von sich selbst als einer „Missgeburt" spricht (1 Kor 15,8) und sich selber als „der geringste von den Aposteln" bezeichnet, der eigentlich nicht wert wäre Apostel genannt zu werden, weil er früher die Kirche Jesu Christi verfolgt habe (1 Kor 15,9). Auf der anderen Seite zeigt Paulus ein großes Erwählungsbewusstsein. - Von daher ist es nicht verwunderlich, wenn sich geistliche und weltliche Herrscher gerne auf den Apostel Paulus berufen, weil dieser nicht nur sich selbst für von Gott erwählt hielt, sondern sogar meinte, jede Obrigkeit stamme von Gott. „Jeder leiste den Trägern der staatlichen Gewalt den schuldigen Gehorsam. Denn es gibt keine staatliche Gewalt, die nicht von Gott stammt; jede ist von Gott eingesetzt. Wer sich daher der staatlichen Gewalt widersetzt, stellt sich gegen die Ordnung Gottes, und wer sich ihm entgegenstellt, wird dem Gericht verfallen“ (Röm 13,1-2). Man vergleiche auch Tit 3,1!

Anwendung: Trotz der biblisch fundierten Begründung der Herrschertitelergänzung „von Gottes Gnaden“ erscheint heute diese Wendung höchst fragwürdig. Sie dürfte mehr als Erinnerung an vergangene Redeweisen und undemokratische Herrschaftsansprüche in Gebrauch sein.

Goldwaage

„Jedes Wort (etwas / alles) auf die Goldwaage legen“

Bedeutung: Die Worte abwägen und sie genau prüfen, ob sie nicht eine unbeabsichtigte Wirkung ausüben.

Erläuterung: Die Redewendung warnt davor, den Sinn von einzelnen Worten überzubewerten.

Beispiel: Bei ihm Muss man mit der Wortwahl sehr vorsichtig sein. Er ist bei jeder Kleinigkeit eingeschnappt; er legt jedes Wort auf die Goldwaage.

Bibelstellen: Sach 13,8-9: „Im ganzen Land - Spruch des Herrn - werden zwei Drittel vernichtet, sie werden umkommen, nur der dritte Teil wird übrigbleiben. Dieses Drittel will ich ins Feuer werfen, um es zu läutern, wie man Silber läutert, um es zu prüfen, *wie man Gold prüft*." - Sir 21,25: „Die Lippen der Frevler erzählen ihre eigene Torheit, *die Worte der Verständigen sind wohlabgewogen*.“

Kommentar: Bei den oben genannten Bibelstellen scheint nicht das ganze Sprachbild von der Goldwaage, sondern nur die Vorstellung, Worte genau abzuwägen oder etwas genau wie Gold zu prüfen, biblischen Ursprungs zu sein.

Nach Heinrich Krauss (S. 233) geht die Redewendung jedoch auf eine Übersetzung Luthers von Sir 28,29 zurück: „Du wägst dein Silber und Gold, bevor du es aufbewahrst; warum *wägst du nicht auch deine Worte auf der Goldwaage*?“- Damit dürfte klar sein, dass wir die heutige Redensart in erster Linie der Übersetzung Martin Luthers zu verdanken haben; denn in der Einheitsübersetzung hört Kapitel 28 mit Vers 26 auf, da es sich bei Sir 28,29 um eine besondere Lesart handelt.

Anwendung: Der Vorschlag des Weisheitslehrers Jesus Sirach ist in der Umgangssprache auf wenig Gegenliebe gestoßen, da jemand, der wirklich die Worte eines anderen *auf die Goldwaage legt*, äußerst unbeliebt und ein unangenehmer, pedantischer Mensch ist. Während die Bibel das bedächtige Abwägen von Worten lobt, wird im Gegensatz dazu mit dieser Redewendung derjenige getadelt, der die Worte eines anderen allzu genau nimmt.

Gott (denken/lenken)

„Der Mensch denkt und Gott lenkt“

Bedeutung: Manchmal werden die eigenen Pläne durchkreuzt. Es kommt anders als man denkt.

Erläuterung: Die Führung Gottes muss jedoch nicht immer im Gegensatz zu den eigenen Vorhaben stehen; es kann auch sein, dass Gott die menschlichen Pläne gelingen lässt.

Beispiel: Typischer Fall von Denkste. Es kam ganz anders; denn der Mensch denkt und Gott lenkt.

Bibelstelle:“Der Mensch entwirft Pläne im Herzen, doch vom Herrn kommt die Antwort auf der Zunge. Jeder meint, sein Verhalten sei fehlerlos, doch der Herr prüft die Geister. Befiehl dem Herrn dein Tun an, so werden deine Pläne gelingen." (Spr 16,1-3)

Kommentar: Die biblische Weisheit steht nach dem Buch der Sprichwörter stets auf Seiten Gottes. Wenn also der Mensch auch weise handelt, seine eigenen Taten kritisch prüft und sie dem Herrn befiehlt, dann können die Pläne der Menschen gelingen. Unter diesen Umständen ist aus gläubiger Sicht Gott und Mensch das beste Team, um Ideen zu verwirklichen.

Anwendung: Während die Bibelstelle ursprünglich und grundsätzlich keinen Gegensatz zwischen göttlichem Lenken und menschlichem Denken sieht, wenn es sich um rechtes Denken aus dem Glauben an Gott handelt, konstruiert die Redensart im Alltag meist einen unüberbrückbaren Gegensatz zwischen menschlichem Planen und göttlichem Handeln, obwohl ein Zusammenklang nicht grundsätzlich ausgeschlossen wird.

Gott (nichts)

„Bei / Für Gott ist nichts unmöglich."

Bedeutung: Gott kann alles. Er ist allmächtig. Alles kann Gott bewirken.

Erläuterung: Gott als Lenker aller Dinge, kann alles bewerkstelligen, was er will, auch wenn es für den Menschen aus dessen Sicht unmöglich erscheint.

Beispiel: Niemand weiß, ob das passieren wird, aber bei Gott ist nichts unmöglich. Darum hab' mehr Gottvertrauen. Er wird's schon richten.

Bibelstelle: „Maria sagte zu dem Engel: Wie soll das geschehen, da ich keinen Mann erkenne? Der Engel antwortete ihr: Der Heilige Geist wird über dich kommen, und die Kraft des Höchsten wird dich überschatten. Deshalb wird auch das Kind heilig und Sohn Gottes genannt werden. Auch Elisabet, deine Verwandte, hat noch in ihrem Alter einen Sohn empfangen; obwohl sie als unfruchtbar galt, ist sie jetzt schon im sechsten Monat. Denn *für Gott ist nichts unmöglich.*" (Lk 1,34-37)

Kommentar: Späte Schwangerschaften galten heute wie damals für biologisch unmöglich. Gabriel nimmt das Beispiel einer späten Schwangerschaft als Beleg für die Allmacht Gottes, der eben auch das kann, was für den Menschen unmöglich erscheint. Katholische Theologen sehen in dieser Bibelstelle, die zweifelsohne die Göttlichkeit Jesu als Gottes Sohn und das gnadenhafte Wirken des Heiligen Geistes als die Kraft des Höchsten bezeugt, einen Hinweis auf die Jungfrauengeburt, weil Maria zum Zeitpunkt ihrer Empfängnis noch nicht geheiratet und sich mit einem Mann eingelassen hatte. Einen Mann erkennen heißt in der Bibel so viel wie sich einem Menschen in seiner Geschlechtlichkeit zeigen und mit ihm schlafen.

Anwendung: Der Gebrauch dieser Redensart ist oft eine Aufforderung zu mehr Gottvertrauen und Glauben in die Allmacht Gottes, der letztlich alles bewirken kann, was er will und worum man ihn aufrichtig bittet.

Golgatha

„Sein Golgatha (Golgota) erleben"

Bedeutung: Eine schwere Zeit des Leidens durchmachen

Erläuterung: Die Einheitsübersetzung gibt den hebräischen Begriff mit Golgota im Deutschen wieder. Der Duden lehnt sich aber weiter an die Übersetzung Martin Luthers an und bezeichnet den Namen des Hügels im heutigen Jerusalem mit Golgatha. Golgatha hieß nämlich der Hügel außerhalb der alten Stadtmauern Jerusalems zur Zeit Jesu, auf dem Jesus gekreuzigt wurde. Die Erinnerung an Golgatha ist eine Anspielung auf sein Martyrium. Das aramäische Wort Golgatha bedeutet Schädel, lateinisch calvaria. Der Name bezog sich vermutlich auf die Form des Hügels.

Beispiel: Mit dieser heimtückischen Krankheit erlebte er sein Golgatha.

Bibelstelle: Mt 27,31b-33: „Dann führten sie Jesus hinaus, um ihn zu kreuzigen. Auf dem Weg trafen sie einen Mann aus Zyrene namens Simon; ihn zwangen sie, Jesus das Kreuz zu tragen. So kamen sie an den Ort, der *Golgota* genannt wird, das heißt Schädelhöhe." Luther übersetzt Vers 33: „Und da sie an die Stätte kamen mit Namen *Golgatha*, das ist verdeutscht Schädelstätte".

Kommentar: Alle vier Evangelisten erwähnen diesen Kreuzigungsort mit Namen.

Mk 15,22: „Und sie brachten Jesus an einen Ort namens Golgota, das heißt übersetzt: Schädelhöhe."

Lk 23,33: „Sie kamen zur Schädelhöhe; dort kreuzigten sie ihn und die Verbrecher, den einen rechts von ihm, den andern links."

Joh 19,17: „Er trug sein Kreuz und ging hinaus zur sogenannten Schädelhöhe, die auf Hebräisch Golgota heißt."

Anwendung: Der Ort der Hinrichtungsstätte Jesu wird in der Redensart zum Inbegriff menschlichen Leidens. Vom lateinischen Wort calvaria abgeleitet gibt es auch die Redewendung „Seinen Kalvarienberg besteigen", was so viel bedeutet wie „sein Kreuz auf sich nehmen".

„Ein Goliath (Goliat) sein"

Bedeutung: Ein Riese oder ein sehr großer, starker Mann sein, dem es aber eher an Beweglichkeit und Schläue fehlt.

Erläuterung: Goliath wird in der Bibel als ein Riese beschrieben, der 6 Ellen und eine Handbreit groß war. Wenn diese Angaben stimmen, wäre Goliath über 3 Meter groß gewesen; denn eine Elle betrug damals etwa einen halben Meter. - Bei der Schreibung des Namens Goliath hat sich die Rechtschreibung nach der Lutherübersetzung durchgesetzt. Allerdings gibt der Duden auch die ökumenische Fassung „Goliat" an.

Beispiel: Der Typ war ein Goliath, aber gegen meine Judogriffe hatte er keine Chance.

Bibelstelle: 1 Sam 17,4-7: „Da trat aus dem Lager der Philister ein Vorkämpfer namens *Goliat* aus Gat hervor. Er war sechs Ellen und eine Spanne groß. Luther übersetzt 1 Sam 17,4: „Da trat hervor aus den Lagern der Philister ein Riese mit Namen *Goliath ...*"

Kommentar: Eine königliche Elle hatte 52,5 cm, eine gewöhnliche Elle umfasste ca. 45,8 cm. Ein Schekel betrug ungefähr 11,5 Gramm. Trotz dieser beeindruckenden Bewaffnung, die in den Gewichtsangaben wohl auch übertrieben sein dürfte, siegte der Hirtenjunge David über den Riesen, weil David mit einer Schleuder einen Stein direkt auf dessen Stirn warf, wodurch Goliath ohnmächtig zu Boden sank. Daraufhin tötete David den Philister mit dessen eigenem Schwert.

Anwendung: Die Redewendung wird trotz der Bekanntheit der Geschichte dieses dramatischen Zweikampfes aus dem Alten

Testament nicht sehr häufig gebraucht. Man bezieht sich aber gelegentlich auf den Riesen Goliath, wenn man die äußere Ungleichheit eines Kampfes zum Ausdruck bringen will.

Gott (Dank)

„Gott sei Dank“

Bedeutung: Glücklich zu Ende gegangen, endlich vorbei

Erläuterung: Ausruf der Erleichterung und Dankbarkeit, dass eine heikle Sache ein gutes Ende gefunden hat.
Beispiel: „Gott sei Dank hast du das endlich überstanden.“
Bibelstelle: Röm 6,17: „*Gott* aber *sei Dank*; denn ihr wart Sklaven der Sünde, seid jedoch von Herzen der Lehre gehorsam geworden, an die ihr übergeben wurdet“

Kommentar: Während der Apostel Paulus aus echter Dankbarkeit gegenüber der Erlösungstat Christi Gott die Ehre für sein gnadenhaftes Wirken in Seinem Sohn Jesus Christus gibt und aus gläubiger Haltung die Worte „Gott aber sei Dank“ spricht, kommen den Menschen von heute diese Worte so schnell über die Lippen wie andere Ausdrücke mit dem Wort „Gott“, z.B. bei Bestürzung „um Gottes willen“, oder als Begrüßungsformel „Grüß Gott“, ohne damit wirklich ein gläubiges Bekenntnis abzugeben.

Anwendung: Der ursprünglich religiöse Bekenntnischarakter als Ausdruck der Dankbarkeit Gott gegenüber tritt immer mehr in den Hintergrund. Auch völlig ungläubige Menschen können im Alltag diese Formel häufig gebrauchen, ohne dabei wirklich an Gott zu denken.

„Gott sei (jemandem) gnädig"

Bedeutung: Gott möge jemandem nichts Böses zustoßen lassen.

Erläuterung: Meist dient diese Redewendung als Ausdruck der Besorgnis über eine mögliche Gefahr und wird gelegentlich auch im sarkastischen Sinne angewandt.

Beispiel: a) Gott sei dir gnädig, da hast du dich ja auf ein gefährliches Abenteuer eingelassen! Ich hoffe, dass dir nichts Schlimmes passiert.

b) Gott sei dir gnädig, damit du nicht erwischt wirst (sarkastisch).

Bibelstelle: Lk 18,13: „Der Zöllner aber blieb ganz hinten stehen und wagte nicht einmal, seine Augen zum Himmel zu erheben, sondern schlug sich an die Brust und betete: *Gott, sei* mir Sünder *gnädig!*"

Kommentar: Jesus lobt im Gleichnis vom Pharisäer und Zöllner den demütigen Beter. Das Gebet des reumütigen Zöllners wurde von Gott wohlgefällig aufgenommen, so dass der Zöllner gerechtfertigt aus dem Tempel nach Hause gehen konnte, während der selbstherrliche, eingebildete, sich selber lobende und vor Gott sich brüstende Pharisäer durch Gott keine Annahme fand. Dies begründet Jesus mit dem berühmten Satz: „Denn wer sich selbst erhöht, wird erniedrigt, wer sich aber selbst erniedrigt, wird erhöht werden" (Lk 18,14).

Nach theologischem Verständnis ist Gnade ein unverdientes Geschenk Gottes. Niemand hat einen Anspruch auf Gnade. Selbstverständlich kann Gott gute Taten belohnen, aber keiner kann sich die Gnade Gottes verdienen. Je bescheidener und demütiger ein Mensch ist, desto eher wird er der Gnade Gottes teilhaftig.

Anwendung: Die Redensart wird meist ohne dieses besondere Gnadenverständnis entweder als echte Bitte an Gott oder als ein bloßer Ausruf des Schreckens vor einem drohenden Unheil angewandt.

Gott (mit)

„Gott mit uns" / „Gott sei mit jemandem"

Bedeutung: Gott sei mit uns, Gott stehe uns bei / Gott beschütze jemanden

Erläuterung: Der Ausdruck geht auf die Übersetzung des Namens Immanuel = „Gott mit uns" zurück, der bereits beim Propheten Jesaja als Messias und Erlöser verheißen wird.

Beispiel: Gott sei mit uns, wenn es einen Krieg gibt. / Gott sei mit ihm auf seiner gefahrvollen Reise.

Bibelstelle: Jes 7,14: „Darum wird euch der Herr von sich aus ein Zeichen geben: Seht, die Jungfrau wird ein Kind empfangen, sie wird einen Sohn gebären, und sie wird ihm den Namen Immanuel (*Gott mit uns*) geben."

Kommentar: Dieser bekannte Bibelvers wird in der christlichen Tradition als Ankündigung des Messias durch den Propheten Jesaja verstanden, weil in Mt 1,23 diese Jesajastelle als Erfüllung des Prophetenworts bei der Geburt Jesu zitiert wird. - Liest man dagegen nur ein paar Zeilen weiter, dann wird klar, dass der Prophet Jesaja die Zeit des jüdischen Königs Ahas als Zeit der Erfüllung seiner Verheißung gemeint hat. Vgl. Jes 7,16-17! Die Prophezeiung einer kommenden Geburt aus einer jungen Frau ging nämlich an Ahas, den König von Juda, obwohl dieser auf ein Zeichen vom Himmel verzichtete, um Gott nicht auf die Probe zu stellen. Dieses verheißene Kind sollte dazu beitragen, das Land Juda zu beschützen.

Anwendung: Der heutige Gottesname in der Redensart ist für jeden Christen aufs engste mit der biblisch-prophetischen Verheißung des Immanuels verknüpft.

Gott (spotten)

„Gott lässt seiner nicht spotten"

Bedeutung: Gott wird die Bösen schon zur Rechenschaft ziehen und bestrafen.

Erläuterung: Die Redensart wird gerne als Drohung oder als Hinweis darauf verwendet, dass jede Schuld ihre Strafe finden wird.

Beispiel: Wenn du meinst, deswegen ungeschoren davon zu kommen, irrst du dich gewaltig. Gott lässt seiner nicht spotten!

Bibelstelle: Gal 6,7: „Täuscht euch nicht: *Gott lässt keinen Spott mit sich treiben*; was der Mensch sät, wird er ernten."

Kommentar: Erst aus dem Kontext der folgenden Verse ergibt sich die eigentliche Aussageabsicht des Paulus, dass er nämlich zur brüderlichen Liebe und zum Eifer im Guten mahnen will. „Wer im Vertrauen auf das Fleisch sät, wird vom Fleisch Verderben ernten; wer aber im Vertrauen auf den Geist sät, wird vom Geist ewiges Leben ernten. Lasst uns nicht müde werden, das Gute zu tun; denn wenn wir darin nicht nachlassen, werden wir ernten, sobald die Zeit dafür gekommen ist. Deshalb wollen wir, solange wir noch Zeit haben, allen Menschen Gutes tun, besonders aber denen, die mit uns im Glauben verbunden sind" (Gal 6,8-10).

Paulus will an dieser Stelle mit dem Hinweis, dass Gott keinen Spott mit sich treiben lässt, den Menschen eigentlich gerade nicht drohen, sondern sie zum Guten anhalten.

Anwendung: Wer diese Redewendung im Alltag gebraucht, denkt dagegen in der Regel an den Gott der Rache und Vergeltung, an den Gott, der als Richter am jüngsten Tag das Unrecht der Bösen bestrafen wird. Und die Bösen sind bekanntlich immer nur die anderen!

Gott (unmöglich)

„Bei Gott ist kein Ding unmöglich."

Bedeutung: Gott ist allmächtig und man muss mit allem rechnen.

Erläuterung: Auf dieses berühmte Bibelzitat wird gerade in Bibelkreisen häufig verwiesen, ohne dabei immer genau an den biblischen Kontext dieses Wortes zu denken. Der biblische Ausspruch „Bei Gott ist kein Ding unmöglich" entstammt nämlich dem Mund des Erzengels Gabriel, als er der Jungfrau Maria die Geburt ihres Sohnes ankündigte.

Beispiel: Du glaubst nicht an Wunderheilungen? Bei Gott ist kein Ding unmöglich.

Bibelstelle: Lk 1,37: „Auch Elisabeth, deine Verwandte, hat noch in ihrem Alter einen Sohn empfangen, obwohl sie als unfruchtbar galt, ist sie jetzt schon im sechsten Monat. *Denn für Gott ist nichts unmöglich.*"

Kommentar: Der Hinweis des Engels, dass bei Gott nichts unmöglich sei, bewegt Maria zur gläubigen Annahme. in Lk 1,38. Sara hatte nach der Ankündigung eines Sohnes wegen ihres hohen Alters Zweifel geäußert und wurde deswegen hart kritisiert: „Da sprach der Herr zu Abraham: Warum lacht Sara und sagt: Soll ich wirklich noch Kinder bekommen, obwohl ich so alt bin? *Ist beim Herrn etwas unmöglich?* Nächstes Jahr um diese Zeit werde ich wieder zu dir kommen; dann wird Sara einen Sohn haben. (Gen 18,13-15). In Jer 32,26-28 bekennt sich der Prophet Jeremia ebenfalls zu dem Glauben, dass bei Gott nichts unmöglich sei und zwar mit folgenden Worten: „Nun erging an mich das Wort des Herrn: Siehe, ich bin der Herr, der Gott aller Sterblichen. *Ist mir denn irgendetwas unmöglich?"*

Anwendung: Von den drei oben zitierten Bibelstellen her lässt sich die Allmacht Gottes kaum begründen, obwohl in der Redewendung gerne auf diese verwiesen wird. Eher meint die Redensart, dass durch Gottes Wirken etwas Unerwartetes oder Erstaunliches geschehen kann, was ein sehr großer Unterschied zum Dogma der Allmacht Gottes ist.

Gott (will)

„Wenn/So Gott will"

Bedeutung: Wenn nichts dazwischen kommt; wenn Gott es so geschehen oder zulässt; vorausgesetzt, Gott will es. / Soweit es dem Willen Gottes entspricht.

Erläuterung: Die Redewendung wird als ein Ausdruck der Ergebenheit in den Willen Gottes oder in das zukünftige, ungewisse Schicksal gebraucht.

Beispiel: Bei deiner nächsten Geburtstagsfeier werden wir uns dann - so Gott will - wiedersehen.

Bibelstelle: Jak 4,13-15: „Ihr aber, die ihr sagt: Heute oder morgen werden wir in diese oder jene Stadt reisen, dort werden wir ein Jahr bleiben, Handel treiben und Gewinne machen -, ihr wisst doch nicht, was morgen mit eurem Leben sein wird. Rauch seid ihr, den man eine Weile sieht; dann verschwindet er. Ihr solltet lieber sagen: *Wenn der Herr will*, werden wir noch leben und dies oder jenes tun."

Kommentar: Der Verfasser des Jakobusbriefes, betont gegenüber dem bloßen Glauben die Notwendigkeit des Handelns. Jakobus mahnt die Reichen zur Hilfeleistung an die Notleidenden und meint, auch derjenige sündige bereits, der „das Gute tun kann und es nicht tut" (Jak 4,17).

Anwendung: Wenn das Bibelzitat im Kontext der Lehren des ganzen Jakobusbriefes gesehen wird, muss das Vertrauen in Gott nicht bloß zu passiver Gottergebenheit und zu einer fatalistischen Lebenseinstellung führen, sondern kann zur Nutzung der gegenwärtigen Lebenschancen durch praktizierte Nächstenliebe angesichts einer unbekannten Zukunft führen. Die Redensart lässt die Möglichkeit einer aktiven Lebensgestaltung und Planung der Zukunft unter dem Vorbehalt der Zustimmung eines nicht kalkulierbaren Restrisikos durch ein von Gott bestimmtes Schicksal zu.

Gott (willen)

„Um Gottes willen!"

Bedeutung: Das darf doch nicht wahr sein! Synonym: „Um Himmels willen!"

Erläuterung: a) Ausruf des Erschreckens, b) Ausdruck der Warnung, Unheil zu vermeiden c) Bitte, Unheil abzuwenden

Beispiele: a) „Um Gottes willen, bist du verletzt?"

b) Sei um Gottes willen vorsichtig!

c) Aber machen Sie um Gottes Willen keinen Gebrauch davon!

Bibelstelle: Jer 24,7: „Ich richte meine Augen liebevoll auf sie und lasse sie in dieses Land heimkehren. Ich *will* sie aufbauen, nicht niederreißen, einpflanzen, nicht ausreißen. Ich gebe ihnen ein Herz, damit sie erkennen, dass ich der Herr bin. Sie werden mein Volk sein, und ich *werde* ihr Gott sein; denn sie werden mit ganzem Herzen zu mir umkehren."

Luther übersetzt: Jer 24,7: „Und ich *will* ihnen ein Herz geben, dass sie mich kennen sollen, dass ich der Herr sei. Und sie sollen mein Volk sein, so *will* ich ihr Gott sein; denn sie werden sich von ganzem Herzen zu mir bekehren."

Kommentar: Sinngemäß könnte die Redewendung auch durch folgende Bibelstelle mitbestimmt oder mitbeeinflusst sein: „Horch! Die Tochter, mein Volk, schreit aus einem fernen Land: Ist denn der Herr nicht in Zion, oder ist sein König nicht dort?" (Jer 8,19). Luther übersetzt hier wieder: „Siehe, die Tochter meines Volks wird schreien aus fernem Lande her: *Will denn der Herr nicht mehr Gott sein* zu Zion, oder soll sie keinen König mehr haben?"

Anwendung: Die Frage, was der Wille Gottes ist und den Zweifel daran, ob etwas wirklich nach dem Willen Gottes geschieht, haben diese Bibelstellen jedenfalls mit den bestürzten, warnenden oder bittenden Ausrufen der Redewendung „Um Gottes willen!" gemeinsam.

„Gottverlassen sein"

Bedeutung: Von Gott verlassen, einsam, abgelegen

Erläuterung: Gottverlassen kann ein vereinsamter Mensch oder eine öde Gegend sein.

Beispiel: In dieser gottverlassenen Gegend würde ich mich nicht wohlfühlen.

Bibelstelle: Mt 27,46: „Um die neunte Stunde rief Jesus laut: Eli, Eli lema sabachtani", das heißt: „Mein Gott, mein *Gott*, warum hast du mich *verlassen*?"

Kommentar: Viele Theologen deuten diesen Ausruf Jesu als Schmerzensschrei in totaler Gottverlassenheit, als wenn Jesus hier Zweifel an Gottes Existenz oder an Gottes Beistand gehabt hätte. Wenn man aber weiß, dass die hebräischen Worte „Eli, eli, lema sabachtani" den Beginn des Psalms 22 bilden, der mit der Klage eines Beters über das Gefühl der Gottferne beginnt, aber mit einem großen Gottvertrauen endet, dann liegt eine andere Interpretation viel näher. Wenn Jesus in seiner Todesnot nicht nur den ersten Psalmvers, sondern den ganzen Psalm 22 gemeint hat, wäre der Ausruf Jesu „kein Schrei der Verzweiflung, sondern ein Gebet des Vertrauens" (Krauss S. 79), Siehe Ps 22, Verse 25-28!

Anwendung: Aus theologischer Sicht ist also auch ein einsamer Mensch nicht von Gott verlassen und jedes auch noch so abgelegene Fleckchen Erde gehört zu Gottes Schöpfung. Allerdings haben viele Menschen oft das Gefühl, von Gott verlassen zu sein. Die Redewendung beschreibt daher keinen objektiven Tatbestand, sondern mehr das subjektive Gefühl der Gottverlassenheit.

„Jemandem Grenzen setzen“

Bedeutung: Jemandem Einhalt gebieten

Erläuterung: Das Wort für Grenze ist polnischen Ursprungs („granica“). Es setzt sich seit dem 13. Jahrhundert immer mehr anstelle der älteren, deutschen Bezeichnung „Mark“ durch. Wenn Gott in der Schöpfung dem Meer und den Gebirgen Grenzen setzte, dann hat er eine Ordnung ins Chaos gebracht. Jemandem Grenzen setzen hieße demnach, jemandem zu einem ordentlichen Menschen erziehen und verhindern, dass er etwas Böses tut oder ins Chaos stürzt.

Beispiel: Erziehung heißt auch: Grenzen setzen. Wenn ich ihm nicht ständig seine Grenzen setze, meint er, er könne mit mir machen, was er will.

Bibelstelle: Spr 8,28-30a: „Als er den Himmel baute, war ich (die schöpferische Weisheit) dabei, als er den Erdkreis abmaß über den Wassern, als er droben die Wolken befestigte und Quellen strömen ließ aus dem Urmeer, als er dem Meer *seine Satzung gab* und die Wasser *nicht seinen Befehl übertreten durften*, als er die Fundamente der Erde abmaß, da war ich als geliebtes Kind bei ihm.“

Kommentar: Die Weisheit Gottes wird hier als ein Kind beschrieben, das bei der Schaffung der Welt vor Gottes Thron spielte. An diese schöpferische Weisheit des Alten Testaments knüpft der Evangelist Johannes an, wenn er vom „Logos“, vom Wort Gottes spricht, das im Anfang der Schöpfung bereits bei Gott war. Wie durch die Weisheit Gottes aus dem Chaos Ordnung entsteht, so blüht alles Leben im Glanz des Logos, des Prinzips der Liebe Gottes, die in Jesus Christus Mensch wurde, auf und kennt seinen Platz, seine Grenzen und seine von Gott zugewiesenen Aufgaben auf dieser Welt.

Anwendung: Während in der Bibel Gott die Grenzen setzt, bleibt in der Redewendung offen, wer dies mit welcher Autorität tut.

Gräuel

„Ein Gräuel der Verwüstung sein"

Bedeutung: Zerstört und verwahrlost sein

Erläuterung: Mit der Rede vom Gräuelbild der Verwüstung ist im Prophetenbuch Daniel in erster Linie die Tatsache gemeint, dass der syrische König Antiochus IV im Jahre 167 im Tempel von Jerusalem einen Altar für den olympischen Gott Zeus aufstellen ließ. Bei Jesus wird dann in Erinnerung an diese Tempelschändung, die Zerstörung des Tempels durch die Römer als ein Gräuel der Verwüstung angekündigt.

Beispiel: a) Als wir die Deichkrone erreichten, sahen wir unten vor uns den Gräuel der Verwüstung.

b) Wenn ich in dein Zimmer gehe und dieses Chaos sehe, kommt es mir vor wie ein Gräuel der Verwüstung (ironisch, übertrieben).

Bibelstelle: Dan 9,27b: „Oben auf dem Heiligtum wird *ein unheilvoller Gräuel* stehen, bis das Verderben, das beschlossen ist, über den *Verwüster* kommt." Luther übersetzt: „Und bei den Flügeln werden stehen *Gräuel der Verwüstung,* bis das Verderben, welches beschlossen ist, sich über die Verwüstung ergießen wird."

Kommentar: Weitere Schreckensvisionen über vernichtende Heeresniederlagen findet man in Dan 11,10-16. Von der Besetzung des Tempels durch Feinde ist in Dan 12,11 die Rede: In

Erwartung eines nahe bevorstehenden Gottesreiches sagte Jesus auch den Untergang des Tempels voraus: „Wenn ihr dann am Heiligen Ort den *unheilvollen Gräuel* stehen seht, der durch den Propheten Daniel vorhergesagt worden ist ...-, dann sollen die Bewohner von Judäa in die Berge fliehen“ (Mt 24,15).

Anwendung: Die Redensart greift die Formulierung der Lutherübersetzung auf, um damit unabhängig von religiösen Unheilsvorstellungen etwas zu bezeichnen, das missfällt, extrem unordentlich ist oder von den Gewalten der Natur zerstört wurde. Man beachte auch in diesem Zusammenhang die deutsche Redensart „Jemandem ein Gräuel sein“ (= Jemandem äußerst zuwider sein)!

Grube

„Wer andern eine Grube gräbt, fällt selbst hinein.“

Bedeutung: Wer andern zu schaden versucht, schadet sich oft nur selbst.

Erläuterung: Man kann auch in selber gelegte Fallen geraten.

Beispiel: Um seine Vorzugsstellung beim Chef zu untergraben, ließ die Sekretärin durchblicken, dass der Buchhalter gelegentlich Witze über Vorgesetzte mache. Umso betretener war sie, als der Chef sagte: Ehe sie den Buchhalter schlecht mache, solle sie sich erst mal an dessen Zuverlässigkeit ein Beispiel nehmen. Ja: Wer andern eine Grube gräbt, fällt selbst hinein.

Bibelstelle: Spr 26,27: *„Wer eine Grube gräbt, fällt selbst hinein*, wer einen Stein hochwälzt, auf den rollt er zurück.“

Kommentar: Wer anderen Boshaftes zufügt, kann dadurch selbst zu Schaden kommen. Diese Lebensweisheit entspricht inhaltlich der Warnung: „Was du nicht willst, das man dir tu, das füg' auch keinem anderen zu!" Die Goldene Regel bringt dies in die positive Form: „Alles, was ihr also von anderen erwartet, das tut auch ihnen! Darin besteht das Gesetz und die Propheten" (Mt 7,12).

Anwendung: Die Redewendung will einen Menschen davon abhalten, seinem Nächsten zu schaden. Es ist eine Absage an jegliche Schadenfreude.

Gute

„Alles Gute kommt von oben."

Bedeutung: Was von oben herunterfällt, wird gut geheißen.

Erläuterung: Wenn etwas von oben herunterfällt, z.B. ein Apfel vom Baum, oder wenn es regnet wird dies in ironischer Anspielung auf das, was vom Himmel kommt und an sich deswegen gut sein müsste, willkommen geheißen und bejaht.

Beispiel: Als uns gestern ein Blumentop vom Nachbarn über uns auf den Balkon fiel, meinte mein Mann: „Alles Gute kommt von oben."

Bibelstelle: Jak 1,16-17: „Lasst euch nicht irreführen, meine geliebten Brüder; *jede gute Gabe* und jedes vollkommene Geschenk *kommt von oben*, vom Vater der Gestirne, bei dem es keine Veränderung und keine Verfinsterung gibt."

Kommentar: Der Verfasser des Jakobusbriefes ist der Meinung, dass Gott nur Gutes tun kann, so dass alles, was vom Himmel kommt, automatisch von Gott kommt und gut sein muss. Diese Glaubensauffassung begründet Jakobus in 1,13b: ..."Gott kann nicht in die Versuchung kommen, Böses zu tun, und er führt auch selbst niemand in Versuchung."

Anwendung: Aufgrund der Doppeldeutigkeit des Wortes Himmel a) als Wohnort Gottes und Zustand des Glücks, des bei Gott-seins b) als Firmament, bzw. Luftraum über der Erde bis über die Wolken, wird das Wort Himmel nur räumlich verstanden und mit dem Verhältniswort des Ortes „oben" gleichgesetzt. Da Gott nun oben im Himmel gedacht wird und er nur Gutes herabsendet, z. B. auch den Regen zur Bewässerung der Pflanzen, wird auf Anhieb zunächst alles, was von oben kommt als von Gott kommend und damit als gut angesehen, auch wenn diese Deutung nicht immer ernst gemeint ist. Selbstverständlich weiß der Sprecher, dass dies oft nicht der Fall ist und darin liegt oft die Ironie, die mitunter recht krass werden kann, wenn z.B. ein Ziegel vom Dach fällt und jemand dann auch den Kommentar abgibt: „Alles Gute kommt von oben", obwohl dies zu gefährlichen Kopfverletzungen führen könnte.

Haare (raufen)

„Sich die Haare raufen"

Bedeutung: Sich die Haare durchwühlen als Ausdruck der Missstimmung oder Verzweiflung

Erläuterung: Raufen heißt auch kämpfen. Nun kann man schlecht mit den eigenen Haaren kämpfen, aber die Redensart bringt auf diese Weise gut zum Ausdruck, dass man sich mit sich selbst uneinig ist, in Zwietracht und Disharmonie lebt, also sich über etwas ärgert, in Wut gerät oder verzweifelt.

Beispiel: „Ohne das richtige Werkzeug bekomme ich einfach die Schraube nicht ins passende Gewinde. Ich könnte mir die Haare raufen, aber es geht einfach nicht.

Bibelstelle: Ijob 1,20: „Nun stand Ijob auf, zerriss sein Gewand, schor sich das Haupt, fiel auf die Erde und betete an."

Kommentar: Statt sich nur die Haare zu raufen, ist bei Ijob gleich von der Schur des ganzen Hauptes die Rede. Wie das Zerreißen des Gewandes ist auch das Kahlscheren des Kopfes ein Akt des Protestes gegen eine Nachricht, die den Menschen zur Verzweiflung bringt. Bei Ijob ist es die Botschaft, dass ein Wüstensturm sein Haus zerstört habe, dass alle Bewohner darin ums Leben kamen, eine sogenannte Hiobsbotschaft, eine äußerst schlechte Nachricht.

Anwendung: Zwar wird auch in der Bibel eine Frisur zerstört, aber das Zerzausen der Haare dürfte dennoch nicht so schlimm sein wie die vollständige Abrasur. In der Anspielung auf die Verzweiflung eines Menschen, der sich seines natürlichen Haarschmucks beraubt, indem er sie nur durchwühlt und nicht gleich restlos abschneidet, liegt der Reiz dieser alltäglichen und sehr häufig vorkommenden Redensart, die nur noch als Variante oder im entfernten, etwas modifizierten Sinne biblischen Ursprungs ist.

Haare

„Jemandem stehen die Haare zu Berge“

Bedeutung: Jemand ist erschrocken, entsetzt, verärgert.

Erläuterung: Das Fell kann sich auch bei ängstlichen oder aggressiven Tieren sträuben. Wenn die Haare dabei fast senkrecht stehen, mag dies an steile Berghänge erinnern.

Beispiel: Wenn ich mit ansehen muss, wie unbeholfen du an die Sache rangehst, stehen mir die Haare zu Berge.

Bibelstelle: Ijob 4,15: „Ein Geist schwebt an meinem Gesicht vorüber, *die Haare* meines Leibes *sträuben sich.*“

Luther übersetzt Hiob 4,15: „Und da der Geist an mir vorüberging, *standen mir die Haare zu Berge* an meinem Leibe.“

Kommentar: Ijob 4,13-14 beschreibt die nächtliche Angst mit beeindruckenden Worten: „Im Grübeln und bei Nachtgesichten, wenn tiefer Schlaf die Menschen überfällt, kam Furcht und Zittern über mich und ließ erschaudern alle meine Glieder.“

Anwendung: Die Redewendung wird jedoch nicht nur als bildhafter Ausdruck bei Angst gebraucht, sondern auch bei Entsetzen, Abscheu und Ablehnung, die meist total übertrieben oder im ironischen Sinne zum Ausdruck gebracht wird. In dem gewählten Beispielsatz Muss die Ungeschicklichkeit eines Menschen einem nicht wirklich Angst und Schrecken einjagen; man will damit eher seinen Unmut oder seine Missbilligung bezüglich des unbeholfenen Verhaltens eines anderen bekunden.

Habsucht

„Die Habsucht ist die Wurzel allen Übels.“

Bedeutung: Die Habgier ist die Grundlage für die Entwicklung aller schlechter Eigenschaften und Verhaltensweisen im Menschen.

Erläuterung: Gier und Sucht nach Besitz ist eine Form des Egoismus, der Ichsucht, das ein harmonisches Zusammenleben unmöglich macht und früher oder später im Streit oder Krieg um mehr Hab und Gut endet.

Beispiel: „Warum bist du neidisch auf das Auto deines Nachbarn. Die Habsucht ist die Wurzel allen Übels.“

Bibelstelle: 1 Tim 6,9-10: „Wer aber reich werden will, gerät in Versuchungen und Schlingen, er verfällt vielen sinnlosen und schädlichen Begierden, die den Menschen ins Verderben und in den Untergang stürzen. Denn *die Wurzel aller Übel ist die Habsucht*. Nicht wenige, die ihr verfielen, sind vom Glauben abgeirrt und haben sich viele Qualen bereitet."

Kommentar: Der 1. Timotheusbrief analysiert die Abgründe des menschlichen Herzens treffend, wenn die Wurzel aller Übel in der Habsucht aufgedeckt wird. Obwohl die Bibel das Zinsnehmen als verwerflichen Wucher ablehnt, haben heute viele Christen nicht verstanden, dass ihr Glaube an die Gleichheit aller Menschen vor Gott sich mit der Ausbeutung armer Menschen nicht verträgt. Weder Kapitalismus noch Globalisierung, die die Armen immer ärmer und die Reichen immer reicher macht, können letztlich mit christlichen Werten der Liebe, der Gerechtigkeit und Solidarität in Einklang gebracht werden.

Anwendung: Die Redensart hat zwar eine andere Wortstellung als in der Einheitsübersetzung, doch ist die Berufung auf diese Bibelstelle, die fast wörtlich zitiert wird, ein moralischer Appell zur Änderung der habsüchtigen Gesinnung von Zeitgenossen.

Hand

„Jemanden in der Hand haben"

Bedeutung: Eine Person in der Gewalt haben

Erläuterung: Über einen Menschen verfügen können, Macht über ihn besitzen

Beispiel: Mit den Geiseln in der Hand versuchten die Verbrecher ein hohes Lösegeld zu erpressen.

Bibelstelle: Gen 16,6: „Abraham entgegnete Sarai: Hier ist deine Magd; *sie ist in deiner Hand.* Tu mit ihr, was du willst. Da behandelte Sarai sie so hart, dass ihr Hagar davonlief."

Kommentar: Als Sara von Abraham keine Kinder bekam, überließ sie ihrem Mann ihre ägyptische Magd. Als diese schwanger wurde, achtete Hagar ihre Herrin nicht mehr. Darüber beschwerte sich Sara bei Abraham, der ihr dann die Erlaubnis gab, mit ihrer Magd zu tun, was sie wollte. Als Hagar wegen der schlechten Behandlung durch ihre Herrin die Flucht ergriff, wurde sie von einem Engel zur Rückkehr bewogen, indem ihr zahlreiche Nachkommen verheißen wurden. „Da sprach der Engel des Herrn zu ihr: Geh zurück zu deiner Herrin und ertrag ihre harte Behandlung (Gen 16,9)!"

Ein weiteres Beispiel für die negativen Folgen, die jemand erleiden Muss, wenn er in die Hand eines anderen gelangt, ist die Geschichte von Ijob, der von Satan verführt werden sollte, Gott zu fluchen. Nachdem Ijob trotz des Verlustes seines Vermögens und seiner Familie Gott treu ergeben bleibt, fordert Satan von Gott auch die Möglichkeit, ihn mit einer schweren Krankheit auf seine Gottergebenheit hin zu prüfen. Dies erlaubt ihm Gott mit den Worten: „Gut, *er ist in deiner Hand.* Nur schone sein Leben (Ijob 2,6)!" Daraufhin schlug Satan Ijob mit bösartigem Geschwür (Ijob 2,7).

Anwendung: Wenn jemand in die Hand eines anderen gelangt, hat er in der Regel auch heute nichts Gutes zu erwarten.

Hand / Gottes

„In Gottes Hand"

Bedeutung: Bei Gott geborgen und gut aufgehoben sein

Erläuterung: In gefahrvollen Situationen glauben, dass man unter Gottes Schutz steht; auf die Führung Gottes vertrauen und seinem Willen ergeben sein.

Beispiel: Du brauchst keine Angst zu haben. Letztlich ruhen wir doch alle in Gottes Hand, wenn wir uns nur seiner Führung anvertrauen.

Bibelstelle: Koh 9,1: „Die Gesetzestreuen und Gebildeten mit ihrem Tun stehen *unter Gottes Verfügung.*"

Kommentar: Erst die Lutherübersetzung bringt die angesprochene Metapher richtig zum Ausdruck. Pred 9,1: „Denn ich habe solches alles zu Herzen genommen, zu forschen das alles, dass Gerechte und Weise und ihre Werke sind *in Gottes Hand*; kein Mensch kennt weder die Liebe noch den Hass irgendeines, den er vor sich hat."

Anwendung: Von diesem Gottvertrauen, das auch in der Redensart gemeint ist, zeugen viele religiöse Lieder, z. B. das folgende:

„Nehmt Abschied, Brüder, ungewiss ist alle Wiederkehr,

die Zukunft liegt in Finsternis und macht das Herz uns schwer.

(Kehrvers:) Der Himmel wölbt sich übers Land,

ade, auf Wiedersehen! Wir ruhen all *in Gottes Hand*,

lebt wohl, auf Wiedersehen!"

Hand (verdorren)

„Die Hand verdorre / möge verdorren!"

Bedeutung: Die Hand soll absterben, die sich an etwas Verbotenem vergreift.

Erläuterung: Die Redensart ist eine Verwünschungsformel, um jemanden von einem unerwünschten Tun, z.B. vom Diebstahl oder einer Verletzung bestimmter Eigentumsrechte abzuhalten.

Beispiel: Die Hand möge verdorren, die dieses Buch öffnet. (Inschrift auf dem Einband eines persönlichen Tagebuchs, das geheim bleiben soll.)

Bibelstelle: Mt 12,10: „Dort saß ein Mann, dessen *Hand verdorrt* war."

Kommentar: In der Parallelstelle bei Markus wird ausführlich geschildert, wie Jesus den Mann mit der verdorrten Hand am Sabbat heilt, indem er ihm befiehlt, die Hand auszustrecken (Mk 3,1-6). Auch in Lk 6,6-11 ist die Heilung anschaulich geschildert.

Anwendung: In der Redewendung wünscht man das Gegenteil von dem, was Jesus getan hat. Jesus hat eine verdorrte Hand geheilt. Hier soll jemandem dieses Übel einer nicht mehr funktionstüchtigen Hand angedroht werden, um ihn von einer Sache fernzuhalten. Die Schwurformel klingt so barbarisch wie das Handabhacken bei Diebstahl, soll aber dadurch gerade eine magische Abschreckung haben.

Hände

„Seine Hände in Unschuld waschen"

Bedeutung: Nichts mit einer Sache zu tun haben wollen, seine Unschuld beteuern

Erläuterung: Bei den Juden war es Brauch, sich vor versammeltem Gericht die Hände zu waschen, um seine Unschuld zu demonstrieren. Im Neuen Testament wäscht der römische Statthalter Pontius Pilatus vor der Verurteilung Jesu ebenfalls seine Hände, um kundzutun, dass er mit der Verurteilung nichts zu tun haben und keine Verantwortung dafür tragen will.

Beispiel: Obwohl alle Indizien gegen ihn sprachen, wusch er seine Hände in Unschuld.

Bibelstelle: Mt 27,24: „Als Pilatus sah, dass er nichts erreichte, sondern dass der Tumult immer größer wurde, ließ er Wasser bringen, *wusch sich* vor allen Leuten *die Hände* und sagte: Ich bin *unschuldig* am Blut dieses Menschen. Das ist eure Sache!"

Kommentar: Wer seine Hände in Unschuld wäscht, also mit einer Sache nichts zu tun haben will, entzieht sich letztlich der Verantwortung. Moderne Exegeten sehen in der Geste des Händewaschens eine entlastende Rechtfertigung des Todes Jesu durch den Stellvertreter der ungerechten Römerherrschaft und eine umso größere Anschuldigung gegen die Juden, die ihren eigenen Messias umgebracht hätten, indem sie Jesus den verhassten römischen Soldaten zur Folterung durch Kreuzigung auslieferten. Für Bibelkritiker ist in dieser Bibelstelle Antisemitismus erkennbar, weil durch die Unschuldsbeteuerung des Pilatus letztlich die Juden des Gottesmordes bezichtigt werden, obwohl Pilatus die alleinige rechtliche Verantwortung für das Todesurteil gegen Jesus hatte.

Anwendung: Wer also wie Pilatus seine Hände in Unschuld wäscht, obwohl er eigentlich die Verantwortung für eine Tat tragen müsste, ist letztlich ein Feigling, der für seine Taten nicht zur Rechenschaft gezogen werden will.

Hände / Gottes
„Besser in die Hände Gottes fallen als in die Hände der Menschen"

Bedeutung: Sich lieber dem strengen Gericht Gottes anvertrauen, als der Bosheit der Menschen ausgeliefert sein.

Erläuterung: Die Redensart spielt auf eine Begebenheit an, die König David erlebt hat, nachdem er gegen den Willen Gottes eine Volkszählung hatte durchführen lassen. Als der Prophet Gad ihm daraufhin aufsucht, um ihm Gottes Strafe zu verkünden, stellt er ihn vor die Wahl zwischen Hungersnot, Verfolgung und Flucht vor den Feinden oder Pest. Den Feinden in die Hände zu fallen hielt David für das schlimmste Übel.

Beispiel: Da er lieber in die Hände Gottes als in die Hände der Menschen fallen wollte, unterzog er sich angesichts seiner tödlichen Erkrankung keiner weiteren Operation mehr und lehnte die Pflege im Heim ab.

Bibelstelle: 2 Sam 24,14: „Da sagte David zu Gad: Ich habe große Angst. Wir wollen lieber *dem Herrn in die Hände* fallen, denn seine Barmherzigkeit ist groß; *den Menschen aber möchte ich nicht in die Hände fallen.*"

Kommentar: Das Ergebnis seiner Entscheidung würde heute das Gottvertrauen nicht gerade fördern, denn es heißt im Vers 15: „Da ließ der Herr über Israel eine Pest kommen. Offensichtlich kann die Hand Gottes im Alten Testament dem Menschen auch großes Unheil bringen; doch scheint David dennoch seinen Grundsatz „lieber in die Hände Gottes fallen als in die Hände der Menschen" nicht bereut zu haben, da er die Pest für nicht so schlimm hielt wie eine Niederlage im Kampf mit den Feinden.

Anwendung: Auch wenn die Redensart biblisch fundiert ist und das Fallen in die Hände Gottes als das kleinere Übel bejaht wird, es bleibt immer noch ein Fallen, das je nach dem Grad des Gottvertrauens mehr oder weniger unangenehm ist.

„Jemanden auf Händen tragen“

Bedeutung: Jemanden zärtlich lieben und verwöhnen

Erläuterung: Wenn eine Mutter ihr Kind auf ihren Händen oder Armen trägt, will sie es entweder liebkosen und/oder vor allem Schaden fernhalten und bewahren.

Beispiel: Obwohl er schon ein ganzes Jahr verheiratet ist, trägt er seine Frau immer noch auf Händen.

Bibelstelle: Ps 91,11-12: „Denn er befiehlt seinen Engeln, dich zu behüten auf all deinen Wegen. *Sie tragen dich auf ihren Händen,* damit dein Fuß nicht an einen Stein stößt.“

Kommentar: Bei der Versuchung Jesu (Mt 4,1-11; Lk 4,1-13) wird diese Stelle aus den Psalmen mit den Worten zitiert: „Seinen Engeln befiehlt er, *dich auf ihren Händen zu tragen,* damit dein Fuß nicht an einen Stein stößt“ (Mt 4,6). Der Hinweis auf diese alttestamentliche Bibelstelle sollte Jesus versuchen, sich im Vertrauen auf Gottes Wort und Seinen Schutz von der Spitze des Tempels hinabzustürzen. Jesus beantwortete die satanische Versuchung mit dem Zitieren einer anderen Schriftstelle aus Dtn 6,18: „Du sollst den Herrn, deinen Gott, nicht auf die Probe stellen“ (Mt 4,7).

Anwendung: Das Bild des Schutzengels, der den Menschen vor allem Bösen bewahrt, wird in dieser Redewendung aufgegriffen und auf den Menschen übertragen, der zu anderen so gut und fürsorglich wie ein Engel sein kann, um Schaden abzuwenden oder von einem Schutzbefohlenen fernzuhalten.

Harren

„Der Dinge harren (warten), die da kommen sollen"

Bedeutung: Geduldig abwarten, was geschehen wird

Erläuterung: Die Redensart passt in eine Situation des Wartens, wobei man eher positiv als negativ gestimmt ist und nichts Schlimmes befürchtet.

Beispiel: Er konnte sich nicht entscheiden, ob er angesichts des Börsenkrachs seine Aktien verkaufen sollte oder nicht. So entschloss er sich, der Dinge zu harren, die da kommen sollten.

Bibelstelle: Lk 21,26: „Die Menschen werden vor Angst vergehen *in der Erwartung der Dinge, die über die Erde kommen;* denn die Kräfte des Himmels werden erschüttert werden."

Luther: „Und die Menschen werden verschmachten vor Furcht und *vor Warten der Dinge, die kommen sollen auf Erden ...*"

Kommentar: Diese Ankündigungen machte Jesus, dem Evangelisten Matthäus zufolge, kurz vor seiner Gefangennahme. Von einer nahen Untergangsstimmung geprägt, erwartete Jesus das Ende der Welt mit furchtbaren kosmischen Katastrophen. "Wacht und betet allezeit, damit ihr allem, was geschehen wird, entrinnen und vor den Menschensohn hintreten könnt" (Mt 21,34-36). Der Sprecher der Redensart, spielt zwar auf die Endzeitankündigungen Jesu an, ist aber offensichtlich nicht davon überzeugt, dass diese jetzt bald eintreten werden. Von daher hat er keine Furcht, während Jesus die Ängste der Menschen vor dem nahen Weltuntergang mit dramatischen Worten in Vers 25 beschreibt: „Es werden Zeichen sichtbar werden an Sonne, Mond und Sternen, und auf der Erde werden die Völker bestürzt und ratlos sein über das Toben und Donnern des Meeres" (Mt 21,25). Das Bild vom Meeressturm untermalt die seelische Erschütterung der Menschen vor dem erwarteten Ende der Welt.

Anwendung: In der Redensart klingt beim Harren oder Warten auf die zukünftigen Dinge keine Furcht und kein Zittern vor der ungewissen Zukunft an.

Heidenlärm

„Einen Heidenlärm machen"

Bedeutung: Großen Lärm schlagen, laute Geräusche produzieren, herum poltern und andere Mitmenschen stören, z. B. in der Nachtruhe oder im Mittagsschlaf.

Erläuterung: Bei dieser Redensart denkt wohl niemand mehr an den biblischen Ursprung von Psalm 2, dass die Heiden lärmen oder toben.

Beispiel: Warum macht ihr diesen Heidenlärm mitten in der Nacht? Ich will endlich schlafen.

Bibelstelle: Ps 2,1: „Warum *toben die Völker*, warum machen die Nationen vergebliche Pläne?"

Kommentar: Ohne die Lutherübersetzung bleibt der Ursprung der biblischen Metapher wieder völlig unverständlich: „Warum *toben die Heiden*, und die Völker reden so vergeblich?" Dass gerade das Toben der Heiden als so geräuschvoll assoziiert wird, mag vielleicht auch daran liegen, dass es im Vers 9 desselben Psalmes heißt, dass Gott den Beter auffordert danach zu verlangen, die Heiden oder die Völker wie „Töpfe zu zerschmeißen" (nach Luther). Die Einheitsübersetzung gibt den Vers etwas 'gemäßigter' wieder: „Du wirst sie zerschlagen mit eiserner Keule, wie Krüge aus Ton wirst du sie zertrümmern" (Ps 2,9). Letzteres dürfte eine sehr geräuschvolle Angelegenheit sein, zumal mit einer Gegenwehr der 'Heiden' zu rechnen ist. Das Wort 'Heide' stammt übrigens aus der Zeit des frühen Christentums, als die noch nicht bekehrten Menschen auf dem Lande, also in der Heide lebten und deswegen als Heiden(Bewohner) bezeichnet wurden, während die Städte im römischen Reich meist schon christianisiert waren. Um diesen historisch belasteten Begriff zur Bezeichnung der Ungläubigen zu vermeiden, könnte man heute von Nicht-Christen oder aus jüdischer Sicht von den nicht-jüdischen Menschen oder Völkern sprechen.

Anwendung: In der Redensart wird das Wort Heidenlärm einfach als Synonym zu Riesenlärm ohne bewusste Erinnerung an das Lärmen der Heiden nach Psalm 2 gebraucht.

Heller

„Seinen letzten Heller weggeben"

Bedeutung: Sehr hilfsbereit oder großzügig sein; wohltätig bis zum äußersten

Erläuterung: Synonym: „Für jemanden das letzte Hemd weggeben"

Beispiel: Um den Ärmsten der Armen zu helfen, würde er seinen letzten Heller hergeben.

Bibelstelle: Mt 5,25-26: „Schließ ohne Zögern Frieden mit deinem Gegner, solange du mit ihm noch auf dem Weg zum Gericht bist. Sonst wird dich dein Gegner vor den Richter bringen, und der Richter wird dich dem Gerichtsdiener übergeben, und du wirst ins Gefängnis geworfen. Amen, das sage ich dir: Du kommst von dort nicht heraus, *bis du den letzten Pfennig* bezahlt hast."

Kommentar: Man vergleiche auch Lk 12,58-59 mit fast dem gleichen Wortlaut!

Luther übersetzt Lk 12,59: „Ich sage dir: Du wirst von dannen nicht herauskommen, *bis du den allerletzten Heller bezahlest*."

Die Schuld soll *bis zum letzten Heller* bezahlt werden, bis zum letzten Geldbetrag der kleinsten Geldeinheit, also im Deutschen „*bis auf den letzten Pfennig*". Dies tut ein Mensch normalerweise nur unter Zwang oder unter äußerstem Druck.

Anwendung: Wenn die Hergabe des letzten Pfennigs oder Hellers von einem großzügigen Menschen ausgesagt wird, ist dies sicherlich eine maßlose Übertreibung, um die Gutherzigkeit eines Menschen zu rühmen.

Herberge

„Auf Herbergssuche gehen / sein"

Bedeutung: Unterwegs auf der Suche nach einer Unterkunft sein

Erläuterung: Bei der Suche nach einem Hotelzimmer oder einer Wohnung wird diese Redensart als Anspielung auf die Herbergssuche von Maria und Josef in Bethlehem kurz vor der Niederkunft Marias meist scherzhaft gebraucht.

Beispiel: Da ich nur die Flugreise gebucht habe, Muss ich mich gleich nach der Ankunft am Flughafen auf Herbergssuche begeben.

Bibelstelle: Lk 2,7: „Und sie gebar ihren Sohn, den Erstgeborenen. Sie wickelte ihn in Windeln und legte ihn in eine Krippe, weil *in der Herberge kein Platz* für sie war."

Kommentar: Aus diesem einen Satz, der nur bei Matthäus und Lukas bezeugten Kindheitsgeschichte Jesu hat man viele Krippenspiele dramatisch mit der Herbergssuche von Maria und Josef ausgemalt. Dadurch bleibt die Weihnachtsbotschaft, sich der Heimatlosen heute anzunehmen, stets aktuell. In diesem Zusammenhang ist die Entdeckung Jakob Lorbers hochinteressant, dass es im Griechischen nach einer ursprünglichen Textvariante nicht geheißen habe, dass ihnen kein Ort (Platz) in der Herberge war, sondern, dass an dem Ort, an dem Maria plötzlich die Niederkunft hatte, gerade keine Herberge vorhanden war, so dass sie in einer Felshöhle oder einem Stall bei den Hirten in Bethlehem ihren Sohn Jesus zur Welt bringen musste.

Anwendung: Die Redewendung erinnert an die Herbergssuche der heiligen Familie auf dem Feld bei den Hirten zu Bethlehem, um möglicherweise Mitleid oder Hilfe bei der Suche nach einer Unterkunft zu wecken.

Herr

„Herrje / Oh Jemine / Herrjemine / Herrgott noch mal“ u.a.

Bedeutung: Anrufung unterschiedlicher Gottesnamen bei Ausrufen des Erstaunens, der Bestürzung, der Anteilnahme, des Ärgers, der Abwehr oder einfach als Fluchformel zum Ausdruck von Ungeduld und Frustration

Erläuterung: „Herrje“ ist eine Abkürzung für „Herr Jesus“, „Oh Jemine“ ist eine Zusammenziehung der lateinischen Anrede „Jesu domine“ = Herr Jesus! (Vokativ). Der Ausdruck „Herrjemine“ wäre dann in Unkenntnis der lateinischen Wortbedeutung eine Verdopplung des Titels Herr. Das Adjektiv „mein“ vor Gott erinnert an den Psalm 22, den Jesus am Kreuz zitiert hat. Herrgott ist eine umgangssprachliche Verdichtung der Anrede „Mein Herr und mein Gott“ wie sie der Apostel Thomas aussprach, als er dem auferstandenen Jesus die Hände in seine Wunden legen durfte.

Beispiel: Oh Jemine, was hast du da nur wieder angestellt!

Bibelstelle: Mt 27,46: „Um die neunte Stunde rief Jesus laut: Eli, Eli, lema sabachtani?, das heißt: *Mein Gott, mein Gott*, warum hast du mich verlassen?“

Kommentar: Jesus tat diesen Ausspruch aus der größten Todesangst heraus kurz vor seinem Sterben am Kreuz. Wenn Jesus aber mit dem Zitieren des ersten Verses von Psalm 22 den ganzen Psalm gemeint hat, dann endet seine Klage als ungerecht Leidender in Gottvertrauen.

Anwendung: Das erschütternd gläubige Bekenntnis des angeblich „ungläubigen Thomas“, das in dem demütigen Ausruf „Mein Herr und mein Gott“ (Joh 20,28) gipfelt, steht in krassem Gegensatz zu der Vielzahl der oben genannten Redensarten mit dem Namen Gottes, die als emotionsgeladene Ausrufe meist keinen religiösen Bezug mehr haben, z.B. in den Redensarten: Mein Gott / Oh mein Gott / Ach du lieber Gott / Ach du großer Gott/ o Gott, o Gott usw.

Herz

„Jemandem sein Herz ausschütten“

Bedeutung: Jemandem seine Sorgen und Nöte anvertrauen

Erläuterung: Völlig vertrauensselig jemandem sein Innerstes an Gedanken und Gefühlen preisgeben

Beispiel: Sie hatte große Probleme mit ihrem Freund. Da war sie froh, wenigstens einer Freundin ihr Herz ausschütten zu können.

Bibelstelle: 1 Sam 1,15: „Ich habe nur dem Herrn *mein Herz ausgeschüttet*."

Kommentar: Hanna, die Frau des Efraimiters Elkana, wünscht sich schon seit Jahren ein Kind von ihrem Mann und betet weinend und verzweifelt im Tempel um Erhörung ihres Herzenswunsches. Dies beobachtet der Priester Eli und meint, sie sei betrunken, da sie beim stillen Gebet die Lippen bewegte. Darauf gibt Hanna zur Antwort: „Nein, Herr! Ich bin eine unglückliche Frau. Ich habe weder Wein getrunken noch Bier; ich habe nur dem Herrn mein Herz ausgeschüttet. Halte deine Magd nicht für eine nichtsnutzige Frau; denn nur aus großem Kummer und aus Traurigkeit habe ich so lange geredet. Eli erwidert und sagt: Geh in Frieden. Der Gott Israels wird dir die Bitte erfüllen, die du an ihn gerichtet hast. Sie sagte: Möge deine Magd Gnade finden vor deinen Augen. Dann ging sie weg; sie aß wieder und hatte kein trauriges Gesicht mehr" (1 Sam 1,15-18). Sie wird dann tatsächlich schwanger und bringt ihren ersten Sohn Samuel zur Welt.

Anwendung: Dieses Beispiel zeigt nicht nur die Wirkung des Gebets, das in Erfüllung geht, sondern wie froh und getröstet jemand werden kann, wenn er die Gelegenheit hat, jemandem sein Herz auszuschütten und in seinen Anliegen verstanden und angenommen zu werden.

„Auf Herz und Nieren prüfen"

Bedeutung: Etwas äußerst gründlich und gewissenhaft prüfen oder jemanden sehr kritisch, skeptisch oder übertrieben genau beurteilen

Erläuterung: Die Formel „Herz und Nieren" steht für das Innere des Menschen, das hier gründlich unter die Lupe genommen werden soll.

Beispiel: Obwohl ihn der Professor auf Herz und Nieren prüfte, bestand er sein Examen mit Auszeichnung.

Bibelstelle: Ps 7,10: „Die Bosheit der Frevler finde ein Ende, doch gib dem Gerechten Bestand, gerechter Gott, der *du auf Herz und Nieren prüfst.*"

Kommentar: Die Metapher wird auch beim Propheten Jeremia verwendet: „Aber der Herr der Heere richtet gerecht, *er prüft Herz und Nieren.* Ich werde sehen, wie du Rache an ihnen nimmst; denn dir habe ich meine Sache anvertraut" (Jer 11,20).

Dass Gott den Menschen vom Innersten her kennt, ist eine im Alten Testament verbreitete Lehre. Dies kommt besonders anschaulich mit ähnlichen Sprachbildern auch in der Weisheitsliteratur zum Ausdruck: „Die Weisheit ist ein menschenfreundlicher Geist, doch lässt sie die Reden des Lästerers nicht straflos; denn Gott ist Zeuge seiner heimlichen Gedanken, untrüglich durchschaut er sein Herz und hört seine Worte. Der Geist des Herrn erfüllt den Erdkreis, und er, der alles zusammenhält, kennt jeden Laut. Darum bleibt keiner verborgen, der Böses redet, das Strafurteil geht nicht an ihm vorüber" (Weish 1,6-8).

Anwendung: Die Vorstellung vom alles wissenden, sehenden und hörenden Gott, der die Menschen auf Herz und Nieren prüft, wird in der Redensart nur bezüglich der Metapher auf einen Menschen angewandt, der z. B. als Prüfer alles mit seinem kritischen Blick durchdringt, jemanden mit kritischen Fragen prüft, alle Schwächen und Fehler aufdeckt, der Wahrheit auf den Grund geht, eine Sache genau kontrolliert und das Wissen eines Menschen abfragt oder „durchleuchtet".

Herz / Seele

„Ein Herz und eine Seele sein"

Bedeutung: Eng befreundet, unzertrennlich sein

Erläuterung: Das Herz gilt hier als Sitz der Empfindungen, des Gemüts und des Gefühls, und die Seele ist als Inbegriff der Gesamtheit der Empfindungen und geistigen Kräfte zu verstehen (Duden, Band 11, S. 321). Wenn Herz und Seele in diesem Sinne eine Einheit bilden, dann besteht eine große Harmonie zwischen den Menschen.

Beispiel: Nach diesem Streit versöhnten sie sich und waren wieder ein Herz und eine Seele.

Bibelstelle: Apg 4,32: „Die Gemeinde der Gläubigen *war ein Herz und eine Seele*. Keiner nannte etwas von dem, was er hatte, sein Eigentum, sondern sie hatten alles gemeinsam."

Kommentar: Mit der Metapher „ein Herz und eine Seele" beschreibt der Verfasser der Apostelgeschichte das Leben der Urgemeinde, die alles Eigentum miteinander teilten und als Christen harmonisch zusammenlebten. Dort litt niemand Not, weil viele ihre Grundstücke, Häuser und ihren Besitz verkauften und den Erlös davon den Aposteln zu Füßen legten, so dass jedem davon so viel zugeteilt werden konnte, wie er nötig hatte (Apg 4,34-35).

Anwendung: Die Worte, die Lukas zur Beschreibung des Ideals der Urgemeinde braucht, werden in der Redewendung auf jede harmonische Beziehung zwischen Menschen angewandt, auch wenn diese vorübergehend Konflikte haben.

Herz / Stein

„Ein Herz von Stein haben"

Bedeutung: Hartherzig, ohne Mitleid, unbarmherzig sein

Erläuterung: Das Herz von Stein ist ein Symbol der Gefühllosigkeit gegen andere Menschen. Es kommt auch oft in Märchen vor. Der Stein ist ein Sinnbild der Härte und hat in bestimmten Wortverbindungen verstärkende Funktion, z. B. steinhart, steinalt, steinreich (Duden, Band 7, S. 675).

Beispiel: Man müsste ein Herz aus Stein haben, wenn einem dieses tragische Schicksal nicht nahegehen würde.

Bibelstelle: Ez 36,25-27: „Ich gieße reines Wasser über euch aus, dann werdet ihr rein. Ich reinige euch von aller Unreinheit und von allen euren Götzen. Ich schenke euch ein neues Herz und lege einen neuen Geist in euch. Ich nehme das *Herz von Stein* aus eurer Brust und gebe euch ein Herz von Fleisch. Ich lege meinen Geist in euch und bewirke, dass ihr meinen Gesetzen folgt und auf meine Gebote achtet und sie erfüllt."

Kommentar: Der Prophet Ezechiel, auf den dieses bekannte Bildwort in der christlichen Tradition zurückgeht, verwendet die Metapher vom Herz aus Stein in einem anderen Sinn, als es beim Gebrauch der Redewendung üblich ist. Er will damit zum Ausdruck bringen, dass Glaube, Geist und Gesinnung des Volkes Israel erneuert werden müssen. Es geht also nicht nur um die Abschaffung der Hartherzigkeit, sondern um die Einhaltung aller

Gebote Gottes, insbesondere um die Abschaffung der Götzen und die Beachtung der rituellen Waschungen.

Anwendung: Auch wenn das neue Herz aus Fleisch an Liebe und Mitgefühl erinnert, so ist die prophetische Verkündigung des Ezechiel noch lange kein Aufruf zu christlicher Nächstenliebe und Barmherzigkeit. Die Vorstellung vom Herz aus Stein, das eigentlich herausgerissen werden soll, wird in der heutigen Redensart aus ihrem biblischen Kontext genommen und erhält ihren eigenen neuen Sinn. Der Duden erläutert: „Wer ein ‘weiches’ Herz hat, ist mitfühlend, wer ein ‘hartes’ Herz hat, hat kein Mitgefühl.“ (Duden, Band 11, S. 328)

Herz (voll)

„Wes das Herz voll ist, des geht der Mund über.“

Bedeutung: Begeistert von etwas erzählen, das man intensiv erlebt hat oder das man für wichtig hält.

Erläuterung: Diese sprichwörtliche Redensart ist ein direktes Bibelzitat aus der Übersetzung Martin Luthers. Man zitiert es gerne, um einen Menschen zu charakterisieren, der so von seinen Gedanken und Gefühlen erfüllt und überzeugt ist, dass er meint, sie unbedingt verbreiten zu müssen.

Beispiel: Sie konnte gar nicht aufhören, ihren Eltern von ihrem neuen Freund vorzuschwärmen. Wes des Herz voll ist, des geht der Mund über.

Bibelstelle: Mt 12,34: „Ihr Schlangenbrut, wie könnt ihr Gutes reden, wenn ihr böse seid? *Denn wovon das Herz voll ist, davon spricht der Mund.*“

Kommentar: Jesus kritisiert mit diesem Ausspruch und dem folgenden Vers die Menschen, die aus böser Absicht etwas sagen:

Vgl. Mt 12,35-37!. Die Parallelstelle bei Lukas bringt Jesu Gedanke noch knapper auf den wesentlichen Punkt seiner Kritik: „Ein guter Mensch bringt Gutes hervor, weil in seinem Herzen Gutes ist; und ein böser Mensch bringt Böses hervor, weil in seinem Herzen Böses ist. *Wovon das Herz voll ist, davon spricht der Mund*“ (Lk 6,45). Auch dieses Mal leitet sich die Redewendung sprachlich gesehen von der Übersetzung Martin Luthers ab, denn diese lautet: „Ein guter Mensch bringt Gutes hervor aus dem guten Schatz seines Herzens; und ein böser Mensch bringt Böses hervor aus dem bösen Schatz seines Herzens. *Denn wes das Herz voll ist, des geht der Mund über*“ (Lk 6,45

Anwendung: Die Redensart wird wertneutral für gute und schlechte Gedanken geäußert, die aus dem Herzen eines Menschen kommen. Oft konstatiert diese Phrase die Begeisterung eines Menschen für etwas / jemanden.

Mördergrube

„Aus seinem Herzen keine Mördergrube machen“

Bedeutung: Frei heraus reden; offen aussprechen, was man denkt

Erläuterung: Die eigenen Wünsche zu verschweigen ist wie ein Mord an seinen Interessen, seinen inneren Gedanken und Gefühlen.

Beispiel: Sie machte aus ihrem Herzen keine Mördergrube, sondern sagte frei heraus, was sie an ihm nicht leiden konnte.

Bibelstelle: Mt 21,13: „Mein Haus soll ein Haus des Gebetes sein. Ihr aber macht daraus eine *Räuberhöhle.*“

Kommentar: Luther übersetzt Mt 21,13 etwas anders: „Mein Haus soll ein Bethaus heißen; ihr aber habt eine *Mördergrube*

daraus gemacht." Offensichtlich hat die Lutherübersetzung die heutige Redewendung durch das Wort Mördergrube erst geprägt, während die Einheitsübersetzung mit dem Ausdruck „Räuberhöhle" kaum mehr an die gängige Redewendung erinnert. Im griechischen Urtext heißt es: „spälaion läston" = lateinisch: speluncas latronum = deutsch: Höhle der Räuber. Die Einheitsübersetzung ist demnach zwar die wörtlichere, die Lutherübersetzung jedoch sprachlich die eindrucksvollere.

Luther rückt die Zweckentfremdung des Tempels durch die Händler in die Nähe eines Verbrechens von Mördern.

Anwendung: Aus seinem Herzen eine Mördergrube zu machen ist ebenso ein Fehlverhalten wie das von Jesus in der Bibel kritisierte Verbrechen der Tempelschändung durch Geldwechsel und Opfertierhandel. Die Verleugnung der wahren Gefühle eines Menschen kommt einer Art Mord an den eigenen Interessen gleich.

Herzen (zu)

„Sich etwas zu Herzen nehmen"

Bedeutung: a) betroffen sein, etwas schwer nehmen b) Etwas beherzigen, d. h. etwas gründlich bedenken und in Zukunft mehr berücksichtigen wollen

Erläuterung: Das Herz ist hier der Kern einer Person. Wer sich etwas zu Herzen nimmt, ist im Innersten berührt. Das kann positiv zu einer beherzten, mutigen Reaktion führen; es kann aber auch negativ Kummer und Mitleid bedeuten.

Beispiel: a) Sie nahm es sich sehr zu Herzen, dass er sie nach all den Jahren der Freundschaft nicht mehr sehen wollte. b) Ich habe mir deinen Rat zu Herzen genommen und getan, was du gesagt hast.

Bibelstelle: a) 2 Sam 13,20: „Ihr Bruder Abschalom fragte sie: War dein Bruder Amnon mit dir zusammen? Sprich nicht darüber, meine Schwester, er ist ja dein Bruder. *Nimm dir die Sache nicht so zu Herzen*! Von da an lebte Tamar einsam im Haus ihres Bruders Abschalom."

b) Klgl 3,21-22: „*Das will ich mir zu Herzen nehmen*, darauf darf ich harren: Die Huld des Herrn ist nicht erschöpft, sein Erbarmen ist nicht zu Ende."

Kommentar: Die Ermahnung des Bruders Abschalom, dass sich Tamar die Vergewaltigung durch ihren anderen Bruder Amnon nicht so zu Herzen nehmen soll, war ein wenig trostreicher Beschwichtigungsversuch angesichts der Schande, die ihr Bruder durch die Vergewaltigung und seinen anschließenden Hass seiner eigenen Schwester zugefügt hat.

Anwendung: a) Ähnlich wie in der Bibel ist die häufig im Alltag vorkommende Aufforderung, sich etwas nicht so zu Herzen zu nehmen, für den Leidtragenden selbst meist nicht hilfreich, weil er sich in seinem Schmerz unter Umständen wenig verstanden fühlt und sich dann vielleicht noch mehr abkapselt.

b) Die Redensart „Sich etwas zu Herzen nehmen" ist eine Aufforderung, etwas vom Herzen her, vom Innersten her zu bedenken.

Herzen

„*Reinen Herzens sein*"

Bedeutung: Unschuldig sein, sich keiner Schuld bewusst sein

Erläuterung: Ein Mensch reinen Herzens ist ein guter Mensch, der keine Schuld auf sich geladen hat und stets das Beste für andere will. Er handelt aufrichtig, aus edlen Motiven, ohne Hintergedanken.

Beispiel: Er war wirklich ein Mensch reinen Herzens. Mit dem Korruptionsskandal hatte er nicht das Geringste zu tun.

Bibelstelle: Mt 5,8: „*Selig, die ein reines Herz haben;* denn sie werden Gott schauen."

Kommentar: Luther übersetzt diese Seligpreisung Jesu aus der Bergpredigt: „Selig sind, *die reinen Herzens sind*; denn sie werden Gott schauen" (Mt 5,8).

Anwendung: Reinen Herzens sein gilt auch heute im Alltag als eine sehr positive Haltung, die man allgemein respektiert.

Übrigens gibt es eine Fülle von Redensarten mit der Wortverbindung Herz, um positive Gefühle darzustellen, z. B: jemandem geht das Herz auf; jemandes Herz hängt an etwas; jemandem fliegen alle/die Herzen zu; jemandem lacht/ hüpft das Herz im Leibe; jemandem schlägt das Herz höher; sein Herz für jemanden/ etwas entdecken; jemandes Herz im Sturm erobern; sich ein Herz fassen; das Herz haben, etwas zu tun; das Herz auf dem rechten Fleck haben; ein Herz für etwas/jemanden haben; sein Herz an jemanden/etwas hängen; sein Herz in beide Hände nehmen; jemandem sein Herz schenken; seinem Herzen Luft machen; seinem Herzen einen Stoß geben; jemandem am Herzen liegen; jemandem etwas ans Herz legen; jemandem ans Herz gewachsen sein; jemandem ans Herz gehen/greifen/rühren; jemandem aus dem Herzen sprechen; aus tiefstem Herzen; jemandem in sein Herz schließen; nach jemandes Herzen sein; sich etwas vom Herzen reden; von ganzem Herzen; von Herzen gern und viele andere mehr, von denen die meisten ohne direkten biblischen Einfluss entstanden sind.

Herzzerreißend

„Herzzerreißend sein“ /
Jemandem das Herz zerreißen

Bedeutung: Etwas erregt so starke Gefühle, dass es einem fast das Herz bricht. / Jemanden sehr bekümmern, tiefes Mitgefühl in ihm wecken

Erläuterung: Die Redensart wird gebraucht, um auszudrücken, dass jemand sehr leidet und einen extrem starken seelischen Schmerz empfindet.

Beispiel: Es zerreißt mir das Herz, wenn ich an die armen Kinder denke, deren Eltern durch einen Unfall ums Leben kamen.

Bibelstelle: Joel 2,13: „Auch jetzt noch - Spruch des Herrn: Kehrt um zu mir von ganzem Herzen mit Fasten, Weinen und Klagen. *Zerreißt eure Herzen*, nicht eure Kleider, und kehrt um zum Herrn, eurem Gott! Denn er ist gnädig und barmherzig, langmütig und reich an Güte, und es reut ihn, dass er das Unheil verhängt hat.“

Kommentar: Das Wort des Propheten Joel vom Zerreißen des Herzens ist eine interessante Parallele zur deutschen Redensart „Herzzerreißend sein“. Mit der Aufforderung, die Herzen und nicht bloß die Kleider zu zerreißen, meint der Prophet die innere Umkehr des Herzens, die im Gegensatz zur bloß äußeren Bußpraxis steht.

Anwendung: Unabhängig von missionarischen oder prophetischen Absichten drückt die Metapher starke emotionale Betroffenheit aus.

Heulen

„Mit Heulen und Zähneknirschen“ / „Es herrscht Heulen und Zähneklappern“

Bedeutung: Mit Wehklagen und unterdrücktem Ärger / Es herrscht Entsetzen und Furcht.

Erläuterung: Luther übersetzte das griechische „brugmos“, bzw. das lateinische stridor (= Zischen, Knarren, Pfeifen, Sausen, Rauschen, Geschrei) in Verbindung mit dem Genetiv von Zähnen (griechisch „ton odonton“, lateinisch dentium) statt mit ‘Knirschen’ mit ‘Klappern’, was in der Redensart heute noch verbreitet ist.

Das Knirschen mit den Zähnen ist oft ein Zeichen von angestauter Wut oder Ärger. Das Klappern mit den Zähnen geschieht eher aus Furcht oder bei Kälte. Beide Ausdrücke erinnern an die von Jesus beschriebenen Qualen der Hölle.

Beispiel: Jetzt wird gefaulenzt und kurz vor der Prüfung herrscht dann wieder Heulen und Zähneklappern. (Duden, Band 11, S. 333)

Bibelstelle: Mt 8,11-12: Die aber, für die das Reich bestimmt war, werden hinausgeworfen in die äußerste Finsternis; dort werden sie *heulen und mit den Zähnen knirschen.*“

Kommentar: In Mt 13,40-43 vergleicht Jesus die schlechten Menschen mit dem Unkraut, das in den Ofen geworfen wird, „in dem das Feuer brennt. Dort werden sie heulen und mit den Zähnen knirschen“ (Mt 13,42). Vom Heulen und Zähneknirschen ist auch im Gleichnis vom königlichen Hochzeitsmahl die Rede, wo jemand ohne hochzeitliches Gewand in die äußerste Finsternis geworfen wird (Mt 22,13); ebenso im Gleichnis vom treuen und ungetreuen Knecht (Mt 24,45-51) und im Gleichnis von den Talenten (Mt 25,14-30).

Anwendung: Die Redensart greift das eindrucksvolle biblische Bild vom Heulen und Zähneknirschen auf und beschreibt ohne Drohung mit der ewigen Verdammnis irgendeine negative Lebenserfahrung.

Himmel

„Im (siebten/siebenten) Himmel sein" / „Sich wie im 7. Himmel fühlen"

Bedeutung: Überglücklich, selig sein

Erläuterung: Der Himmel ist sowohl ein kosmologischer Ort, als auch ein religiöser Zustand absoluter Glückseligkeit.

Beispiel: Als er die Goldmedaille gewann, fühlte er sich wie im Himmel.

Bibelstelle: 2 Kor 12,2: „Ich kenne jemand, einen Diener Christi, der vor vierzehn Jahren *bis in den dritten Himmel* entrückt wurde; ich weiß allerdings nicht, ob es mit dem Leib oder ohne den Leib geschah, nur Gott weiß es."

Kommentar: In der Antike stellte man sich die Erde als Scheibe und den Himmel wie eine über die Erde gewölbte Glocke vor, über der sich Wasser befand. Denn wenn Gott es regnen ließ, öffnete er die Schleusen des Himmels (Mal 3,10). Erst darüber befand sich der dritte Himmel mit dem Thron Gottes, zu dem sich der Apostel Paulus einmal im Geiste oder auch dem Leibe nach entrückt fühlte. Erst im Talmud und im Koran taucht die Vorstellung vom siebten Himmel auf, in dem Gott seine Wohnung hat. - Im Neuen Testament sind die Begriffe Gott und Himmel gelegentlich austauschbar, z. B. bei der Vollmachtsfrage, ob die Taufe des Johannes vom Himmel (= von Gott) stamme oder nicht (Mk 11,30). Auch der verlorene Sohn bekennt sich schuldig vor dem Himmel (= vor Gott) und vor seinem Vater (Lk 15,21).

Anwendung: Es liegt ganz im biblischen Sinne, wenn die zukünftige oder jenseitig erwartete Erfahrung vom Himmel in den erläuterten Redewendungen als eine wunderschöne, beglückende Erfahrung auf dieser Welt erscheint.

Himmel (heben)

„Jemanden/etwas bis in den Himmel heben/erheben"

Bedeutung: Eine Sache oder jemanden übermäßig loben

Erläuterung: Die Redensart meint eigentlich, jemanden oder etwas über alles gewöhnliche Maß hinaus preisen (= erheben, veraltet für 'heben') und bezieht sich dabei auf die große Entfernung zum sichtbaren Himmel. In diesem Zusammenhang stehen auch die verstärkenden Worte 'himmelhoch' oder 'himmelweit'.

Beispiel: Der Lehrer hob den Fleiß und die Schönheit der Schrift seines Musterschülers in den Himmel.

Bibelstelle: Lk 10,15: „Und du Kafarnaum, meinst du etwa, *du wirst bis zum Himmel erhoben?* Nein, in die Unterwelt wirst du hinab geworfen."

Kommentar: Die Parallelstelle bei Mt 11,20-24 enthält eine Gerichtsandrohung über die ungläubigen Städte, die sich zur Botschaft Jesu nicht bekannt haben, obwohl Jesus dort, z. B. in Chorazin und Betsaida, viele Heilungswunder wirkte.Jesus kritisiert wie Jesaja die menschliche Anmaßung, in den Himmel zu steigen und Gott gleich sein zu wollen.

Anwendung: Die Redensart jedoch rühmt etwas oder einen Menschen bis in den Himmel hinein, was vom Standpunkt des

Glaubens eine abzulehnende Anmaßung ist. Allerdings hebt sich in der Redensart niemand selbst angeberisch in den Himmel. Hier werden andere Menschen bis in den Himmel und damit über ein erträgliches Maß hinaus gerühmt.

Himmel / Hölle

„Himmel und Hölle in Bewegung setzen“

Bedeutung: Alle Kräfte aufbieten, um etwas zu erreichen; nichts unversucht lassen; gute und schlechte Mittel für seine Ziele einsetzen

Erläuterung: Alles tun, was durch den Himmel, durch die göttliche Macht, oder durch die Hölle, die teuflische, zerstörerische Macht, möglich ist.

Beispiel: Sie setzte Himmel und Hölle in Bewegung, um ihren Mann nicht zu verlieren.

Bibelstelle: Hagg 2,6-7: „Denn so spricht der Herr der Heere: Nur noch kurze Zeit, dann lasse ich *den Himmel und die Erde*, das Meer und das Festland, *erbeben*, und ich lasse alle Völker erzittern. Dann strömen die Schätze aller Völker herbei, und ich erfülle dieses Haus mit Herrlichkeit, spricht der Herr der Heere.“

Kommentar: Die Verheißungen im Namen Gottes, bestätigt als „Spruch des Herrn“, gehen im folgenden Vers geradezu ins Phantastische: „Die künftige Herrlichkeit dieses Hauses wird größer sein als die frühere, spricht der Herr der Heere. An diesem Ort schenke ich die Fülle des Friedens - Spruch des Herrn der Heere“ (Hagg 2,9).

In der Bibel heißt es für „Wenn Himmel und Hölle bewegt werden“: „wenn Himmel und Erde erbeben“. Dies geschieht durch Gott. Dann beginnt eine bessere Zukunft. Es entsteht eine neue Welt der Herrschaft Gottes.

Anwendung: Die Redensart nimmt die Begriffe Himmel und Hölle ohne Rücksicht auf die in der Bibel damit verbundenen Heils- bzw. Unheilsvorstellungen als ein Synonym für „alles Mögliche“.

Himmel (kommen)

„In den Himmel kommen“

Bedeutung: Sterben und dann von Gott in die ewige Glückseligkeit aufgenommen werden.

Erläuterung: Die Bezeichnung „in den Himmel kommen“ ist eine gläubige Bezeichnung für ‘sterben’ sowie ein Ausdruck der Hoffnung, einmal in eine bessere, jenseitige Welt zu gelangen.

Beispiel: Wenn wir in den Himmel kommen, werden wir uns wiedersehen und uns noch viel zu sagen haben. Doch jetzt heißt es erst einmal Abschied nehmen.

Bibelstelle: Lk 23,43: „Einer der Verbrecher, die neben ihm hingen, verhöhnte ihn: Bist du denn nicht der Messias? Dann hilf dir selbst und auch uns! Der andere aber wies ihn zurecht und sagte: Nicht einmal du fürchtest Gott? Dich hat doch das gleiche Urteil getroffen. Uns geschieht recht, wir erhalten den Lohn für unsere Taten; dieser aber hat nichts Unrechtes getan. Dann sagte er: Jesus, denk an mich, wenn du in dein Reich kommst. Jesus antwortete ihm: Amen, ich sage dir: Heute noch *wirst du mit mir im Paradies sein.*“

Kommentar: Der Ausspruch Jesu zum reuigen Schächer am Kreuz hat sicherlich die Überzeugung der Christen gefestigt, dass die Seelen der guten Menschen, direkt nach dem Tod in den

Himmel gelangen und schon vor dem Jüngsten Gericht bei Gott sein werden.

Anwendung: Diese religiöse Überzeugung von der Belohnung der Guten im Jenseits wird im Alltag von den Menschen heute zwar aufgegriffen, aber doch nicht ganz ernstgenommen. Davon zeugt ein bekanntes Karnevalslied: „Wir kommen alle, alle in den Himmel, weil wir so brav sind." So fand die Redensart vom „In den Himmel kommen" auch ohne religiöse Einstellung und ohne Glauben an eine jenseitige Welt weite Verbreitung.

Himmel (offen)

„Den Himmel offen sehen"

Bedeutung: Selig sein

Erläuterung: Eine himmlische Vision haben, innerlich entrückt sein und die künftige Herrlichkeit der Herrschaft Gottes (oft angesichts des Todes) vorausschauen

Beispiel: Seit sie ihn zum ersten Mal gesehen hatte, schien der Himmel für sie offen zu sein.

Bibelstelle: Joh 1,50b-51: Jesus antwortet auf das Bekenntnis des Natanael, dass Jesus der Sohn Gottes sei: „Du wirst noch Größeres sehen. Und er sprach zu ihm: Amen, amen, ich sage euch: *Ihr werdet den Himmel geöffnet* und die Engel Gottes auf- und niedersteigen *sehen* über dem Menschensohn."

Kommentar: Jesus sagt den Gläubigen eine großartige Schau des Reiches Gottes voraus.

Anwendung: Wenn jemand den Himmel offen sieht, schöpft er große Hoffnungen auf eine bessere Welt oder eine glücklichere Zukunft. Eine ähnliche Redewendung, mehr im spöttischen Sinne, wäre "Der Himmel hängt für jemanden voller Geigen", z.B.: „Seit er sich in sie verliebt hatte, hing für ihn der Himmel voller Geigen".

Himmel / Schleusen

„Der Himmel öffnet seine Schleusen" / „Die Schleusen des Himmels öffnen sich."

Bedeutung: Es regnet stark.

Erläuterung: Im biblischen Weltbild dachte man sich das Firmament als eine über die Erdscheibe gewölbte Glocke, die die Wasser über dem Himmel von der Erde fernhielt. Nur bei Regen wurde die Himmelsglocke durchlässig.

Beispiel: Es hatte schon länger leicht geregnet, aber am Tag vor dem Dammbruch öffneten sich die Schleusen des Himmels.

Bibelstelle: Gen 7,10-12: „Als die sieben Tage vorbei waren, kam das Wasser der Flut über die Erde... *die Schleusen des Himmels öffneten sich.* Der Regen ergoss sich vierzig Tage und vierzig Nächte lang auf die Erde."

Kommentar: Wörtlich heißt es eigentlich „*Die Fenster des Himmels*". So übersetzte auch Luther Gen 7,11. In der Einheitsübersetzung wird dies mit *Schleusen des Himmels* wiedergegeben. - Nach orientalischer Vorstellung dachte man sich die Erde von einem Urmeer bedeckt, das Gott am zweiten Schöpfungstag in die Wasser oben und unten trennte, so dass das trockene Land und darüber der Himmelsraum entstanden, über dem sich ebenfalls noch ein Meer befand. Diese Vorstellung beruhte auf der Alltagserfahrung, dass beim Regen Wasser von oben nach unten auf die Erde herabfällt. Auch Schloss man aus der Tatsache, dass es Grundwasser und Quellwasser gab, dass unter der Erde auch noch ein Meer vorhanden sein müsse. Bei der Sintflut Schoss nun das Wasser von unten und oben hervor. Entsprechend der Vorstellung von Ps 33,6-7 kam bei der Sintflut die in Kammern verschlossene Urflut frei.

Anwendung: Die Redensart wird zwar oft bei sehr heftigen Regenfällen, aber nicht unbedingt bei lang anhaltendem Regen gebraucht.

Himmel (schreien)
„Zum Himmel schreien" / „Himmelschreiend sein" / „Zum Himmel stinken"

Bedeutung: Anmaßend, unverschämt, empörend sein

Erläuterung: Etwas steht im Widerspruch zu einer himmlischen, friedlichen, gerechten Ordnung.

Beispiel: Die Korruption, die in dieser Welt herrscht, schreit zum Himmel./ Im Bürgerkrieg waren die Grausamkeiten an der Zivilbevölkerung einfach himmelschreiend. / Die Missstände in der Verwaltung stinken zum Himmel.

Bibelstelle: Gen 4,10: „Der Herr sprach: Was hast du getan? Das Blut deines Bruders *schreit zu mir vom Ackerboden.*"

Kommentar: Mit folgenden Worten verflucht Gott Kain wegen dessen Mord an Abel: „So bist du verflucht, verbannt vom Ackerboden, der seinen Mund aufgesperrt hat, um aus deiner Hand das Blut deines Bruders aufzunehmen" (Gen 4,11).

Die Verfluchung Kains durch Gott geschieht, weil dieses Unrecht förmlich zum Himmel schreit und diese Untat ein Eingreifen Gottes zum Ausgleich für das begangene Unrecht fordert. Allerdings schützt Gott auch den Mörder Kain vor dem Rachemord anderer Menschen, indem er ihm ein Zeichen gibt, damit ihn keiner erschlage, der ihn finde (Gen 4,15).

Anwendung: Statt „Das schreit zum Himmel" oder „Das ist himmelschreiend" gibt es auch die ähnliche Redensart „Das stinkt zum Himmel", die zwar biblisch nicht direkt belegbar ist, aber inhaltlich fast das Gleiche meint und skandalöse, empörende und unhaltbare Zustände anklagt.

Himmel (schweben)

„Zwischen Himmel und Erde schweben"

Bedeutung: Den Boden unter den Füßen verlieren

Erläuterung: Meist nicht nur wörtlich gemeint, sondern im übertragenen Sinne gebraucht für „den Bezug zur Wirklichkeit verlieren".

Beispiel: Nach dem Abschlussball des Tanzkurses war sie so verliebt, dass sie zwischen Himmel und Erde zu schweben schien.

Bibelstelle: 2 Sam 18,9: „Plötzlich kam Abschalom in das Blickfeld der Krieger Davids; er ritt auf einem Maultier. Als das Maultier unter den Ästen einer großen Eiche hindurch lief, blieb Abschalom mit dem Kopf fest an der Eiche hängen, so dass er *zwischen Himmel und Erde schwebte* und das Maultier unter ihm weglief."

Kommentar: Trotz des Wunsches von König David, seinen abtrünnigen Sohn Abschalom lebend aus dem Kampf zu retten, töten Joab und seine Knechte Abschalom. „Und er nahm drei Spieße in die Hand und stieß sie Abschalom, der noch lebend an der Eiche hing, ins Herz. Die zehn Waffenträger Joabs umringten Abschalom und schlugen ihn tot" (2 Sam 18,14b-15). Obwohl es ein leichtes gewesen wäre, Abschalom gefangen zu nehmen, als er an der Eiche festhing, wurde er auf unfaire Weise getötet.

Anwendung: Wer in der Redensart als zwischen Himmel und Erde schwebend charakterisiert wird, kann zwar auch etwas Schlimmes erfahren, wenn er wieder auf die Erde, auf den Boden der Tatsache zurückkommt, aber er muss nicht unbedingt ein derartig grausames Ende erfahren wie Abschalom.

Himmelreich

„Des Menschen Wille ist sein Himmelreich"

Bedeutung: Wenn jemand etwas unbedingt will, soll man ihn nicht daran hindern. Nichts soll seinem Glück im Wege stehen.

Erläuterung: Nach christlicher Vorstellung bedeutet der Himmel Endziel christlicher Hoffnung und ist ein Inbegriff vollendeten Glücks.

Beispiel: Wenn du um jeden Preis wieder heiraten willst - bitte! Des Menschen Wille ist sein Himmelreich.

Bibelstelle: 1 Joh 2,17: „Die Welt und ihre Begierde vergeht; *wer aber den Willen Gottes tut, bleibt in Ewigkeit.*"

Kommentar: Um in den Himmel zu kommen, darf man nach christlichem Glauben gerade nicht nur dem eigenen Willen folgen, sondern soll nach dem Willen Gottes handeln. So betete Jesus vor seiner Passion „Mein Vater, wenn es möglich ist, gehe dieser Kelch an mir vorüber. Aber nicht wie ich will, sondern wie du willst" (Mt 26,39). Auch im 'Vater-unser-Gebet' Jesu heißt es: „Dein Reich komme, dein Wille geschehe wie im Himmel, so auf der Erde" (Mt 7,10). Noch deutlicher sagt es Jesus in Mt 7,21: „Nicht jeder, der zu mir sagt: Herr! Herr!, wird in das

Himmelreich kommen, sondern nur, wer den Willen meines Vaters im Himmel erfüllt."

Anwendung: Die Redewendung, dass des *Menschen* Wille *sein Himmelreich* sei, ist also eine bewusste Antithese zur biblischen Aussage, dass nur die Erfüllung des göttlichen Willens in den Himmel führt.

Hiobsbotschaft

„Das ist eine Hiobsbotschaft" / „Eine Hiobsbotschaft erhalten"

Bedeutung: Das ist eine schlechte, schreckliche Nachricht. / Eine schlimme Nachricht bekommen

Erläuterung: Diese Redewendung geht auf das Buch Hiob zurück (nach katholischer Schreibweise früher Job, in der Einheitsübersetzung: Ijob). Dort ereilt Ijob eine Schreckensnachricht nach der anderen.

Beispiel: Im Urlaub erhielt er die Hiobsbotschaft, dass sein Vater gestorben sei.

Bibelstelle: Ijob 1,14-15: „Da kam *ein Bote zu Ijob* und meldete: Die Rinder waren beim Pflügen, und die Esel weideten daneben. Da fielen Sabäer ein, nahmen sie weg und erschlugen die Knechte mit scharfem Schwert. Ich ganz allein bin entronnen, *um es dir zu berichten.*"

Kommentar: Nachdem Gott Satan erlaubt hat, Ijob durch schwere Schicksalsschläge vom Glauben an Gott abzubringen, treffen ihn niederschmetternde Nachrichten über den Verlust einer Herde durch Raub der Sabäer (Ijob 1,14), über den Tod seiner Knechte (Ijob 1,15), dann über die Vernichtung einer Herde und deren Knechte durch Feuer vom Himmel (Ijob 1,16), ferner über die Tötung von Kamelen und Knechten durch die Chaldäer (Ijob

1,17) sowie die Meldung vom Tod seiner Söhne und Töchter durch einen Wüstensturm (Ijob 1,18-19). - In Erinnerung an diese Kette von Unglücksnachrichten werden noch heute Mitteilungen über schwere Schicksalsschläge als Hiobsbotschaften bezeichnet. - Das Buch Ijob ist ein wichtiges biblisches Zeugnis für die bis heute immer wieder gestellte Frage, wie die Existenz eines allgütigen und gleichzeitig allmächtigen Gottes gerechtfertigt oder überhaupt möglich sein kann.

Anwendung: Heute bezeichnet man Schreckensnachrichten als Hiobsbotschaften, ohne dass man damit die Frage nach dem Sinne des Leidens stellt.

Hoch

„Jemandem ist etwas zu hoch." / „Das ist mir zu hoch."

Bedeutung: Jemand kann etwas nicht verstehen. / Das bleibt mir unverständlich.

Erläuterung: Wer die Redensart gebraucht, kann oder will sich nicht auf eine anspruchsvolle Sache einlassen. Es ist ihm also entweder zu schwer verständlich oder zu kompliziert. Die Redensart ist auch ein Ausdruck des Ärgers darüber, dass man etwas nicht versteht oder dass der andere ein Problem unnötig kompliziert behandelt.

Beispiel: Was die Herren Professoren über die heutigen Wirtschaftsprobleme zu referieren haben, ist für die meisten Menschen viel zu hoch. / Was du da über deine fachspezifischen Probleme erzählst, ist mir wirklich zu hoch.

Bibelstelle: Ijob 42,3b: „So habe ich denn im Unverstand geredet über *Dinge, die zu wunderbar für mich und unbegreiflich sind.*"

Luther übersetzt: „Darum bekenne ich, dass ich habe unweise geredet, *was mir zu hoch ist und ich nicht verstehe.*"

Kommentar: Aus der Erkenntnis, dass die Weisheit Gottes unser Denken und Begreifen übersteigt, wird Ijob demütig und bescheiden und spricht: „Ich will dich fragen, du belehre mich!" (Ijob 42,4b).

Anwendung: Wenn jemand sagt, dass ihm etwas zu hoch sei, gibt er seine Unwissenheit entweder bescheiden oder mit einem abfälligen Unterton zu. Es kann aber auch Ausdruck von Resignation sein, dass er meint, er könne etwas nie verstehen oder lernen.

Hochmut

„Hochmut kommt vor dem Fall."

Bedeutung: Wer sehr überheblich ist, wird eines Tages dafür büßen müssen und umso mehr gedemütigt werden.

Erläuterung: Wer sich einer Sache zu sehr rühmt oder sich selber lobt, kann sich bei einem unglücklichen Ausgang dann unter Umständen mehr blamieren als einer, der vorher nicht so angegeben hat.

Beispiel: Du behandelst deine Untergebenen von oben herab. Bist du dir wirklich so sicher, dass dir das nicht einmal schaden könnte? Hochmut kommt vor dem Fall.

Bibelstelle: Spr 16,18: „Hoffart kommt vor dem Sturz, und *Hochmut kommt vor dem Fall.*"

Kommentar: Der Spruch in 16,18 will vor Hochmut warnen. Im gleichen Sinne soll der Mensch vom Stolz abgehalten werden, ohne dass näher ausgeführt wird, warum der Stolz eine negative

Eigenschaft ist. „Besser bescheiden sein mit Demütigen, als Beute teilen mit Stolzen“ (Spr 16,19). Der stolze Mensch ist in der Bibel nicht nur bei seinen Mitmenschen unbeliebt, er wird vor allem auch aus der Sicht Gottes verworfen. Aus der Sicht der Bibel gehört der Stolze zu den Toren, denen es an Demut vor Gott fehlt. (Vgl. den Weg des Gerechten und des Gottlosen im Psalm 1!) Der Psalm 2 zeigt den Irrweg und Irrtum der stolzen Machthaber dieser Erde auf.

Anwendung: Die Redensart heute sieht den Fall des Hochmütigen kaum als von Gott verursacht; der Hochmütige scheint mehr durch die Fehleinschätzung der Realität zu Fall zu kommen.

Hoffnung

„Seine Hoffnung auf jemand / etwas setzen“

Bedeutung: Große Erwartungen an jemanden haben / Sich von etwas viel erwarten

Erläuterung: Die vielleicht etwas altertümlich klingende Redewendung erinnert an die Hoffnung des Menschen, der auf Gott vertraut, schließt aber gleichzeitig die Möglichkeit einer Enttäuschung nicht aus.

Beispiel: Er setzte große Hoffnungen auf einen Gewinn im Lotto, weil dies der einzige Ausweg aus seiner finanziellen Misere zu sein schien.

Bibelstelle: Ps 40,-5-6: „Wohl dem Mann, *der auf den Herrn sein Vertrauen setzt,* sich nicht zu den Stolzen hält, noch zu treulosen Lügnern. Zahlreich sind die Wunder, die du getan hast, und deine Pläne mit uns; Herr, mein Gott, nichts kommt dir gleich. Wollte ich von ihnen künden und reden; es wären mehr, als man zählen kann.“ - Luther übersetzt Ps 40,5: „Wohl dem, *der seine*

Hoffnung setzt auf den Herrn und sich nicht wendet zu den Hoffärtigen und zu denen, die mit Lügen umgehen!“

Kommentar: Alle Bibelstellen aufzuzählen, wo vom Gottvertrauen die Rede ist und wo der Mensch gemahnt wird auf den Herrn zu hoffen, würde den Rahmen sprengen. Daher nur stellvertretend für andere Bibelzitate ein paar Verse aus Psalm 37, der Grundlage für einige andere biblische Redensarten geworden ist. „*Hoffe auf den Herrn* und tue Gutes; bleibe im Lande und nähre dich redlich. Habe deine Lust am Herrn; der wird dir geben, was dein Herz wünschet. Befiehl dem Herrn deine Wege und hoffe auf ihn; er wird's wohl machen. ... Sei stille dem Herrn *und warte auf ihn*“ (Ps 37,3-5.7a).

Anwendung: In der Redensart können - im Unterschied zur religiösen Hoffnung des Gläubigen auf Gott - Menschen und/oder Dinge zum Objekt der Hoffnung werden.

Hölle

„Der Weg zur Hölle ist mit guten Vorsätzen gepflastert.“

Bedeutung: Man nimmt sich oft viel vor, was man dann doch nicht einhalten kann.

Erläuterung: Der gute Vorsatz allein reicht nicht aus, um das Böse zu vermeiden. Man muss auch Willensstärke zur Verwirklichung des Guten zeigen, um den breiten Weg zur Hölle zu vermeiden und den schmalen Pfad der Tugend zum Himmel zu gehen.

Beispiel: Gute Vorsätze reichen nicht, man muss sie auch umsetzen. Der Weg zur Hölle ist mit guten Vorsätzen gepflastert.

Bibelstelle: Sir 21,10: „*Der Weg der Sünder ist frei von Steinen*; doch *sein Ende ist die Tiefe der Unterwelt*."

Kommentar: Die Pflastersteine der guten Vorsätze ebnen den Weg, der Weg des Sünders ohne Steine kennt keine Hindernisse und entspricht dem breiten, geebneten Weg zur Hölle. Daher sollte man den Gedanken in Sir 21,10 im Kontext lesen, wenn der tugendhafte Weg beschrieben wird: „Wer das Gesetz befolgt, beherrscht seinen Trieb, und Gottesfurcht ist vollendete Weisheit" (Sir 21,11). Daraus folgt, dass der bloße Vorsatz, der Wille zum Guten allein nicht genügt. Um den Weg zum Himmel zu gehen, bedarf es auch der Triebbeherrschung, der Gottesfurcht und der Weisheit. - Die Vorstellung vom gepflasterten d.h. gut gangbaren, breiten Weg zur Hölle - im Gegensatz zum schmalen, steilen und ungeebneten Weg der Tugend zum Himmel - geht auf ein Wort Jesu aus der Bergpredigt über die zwei Wege zurück: „Geht durch das enge Tor! Denn das Tor ist weit, das ins Verderben führt, und der Weg dahin ist breit, und viele gehen auf ihm. Aber das Tor, das zum Leben führt, ist eng, und der Weg dahin ist schmal, und nur wenige finden ihn" (Mt 7,13-14).

Anwendung: Die Redensart warnt davor, dass ein bequemer, nur mit guten Vorsätzen gepflasterter Weg zur Hölle führen kann, wenn Disziplin und Selbstbeherrschung fehlen.

Hölle (fahren)

„Zur Hölle fahren" / „Fahr/geh zur Hölle!" /
„Zur Hölle mit jemandem/etwas!"

Bedeutung: Verdammt werden, an den Ort der Verdammnis kommen / Geh mir aus dem Weg! Hau ab! / Fort mit jemandem oder etwas!

Erläuterung: Die Redensart ist eine Verwünschungsformel (Duden, Band 11, S. 347). Doch ursprünglich bezeichnete der

Ausdruck „zur Hölle fahren“ einfach „sterben“.(Vgl. die Formulierung aus dem früheren Glaubensbekenntnis: „hinabgestiegen zu der Hölle“, heute: „hinabgestiegen in das Reich des Todes“) Aus einer Übersetzung Martin Luthers für sterben = „in die Grube fahren“, wurde „in die Hölle fahren“, was heute in der Einheitsübersetzung mit „begraben werden“ übersetzt wird.

Beispiel: Von mir aus fahr zur Hölle. Ich möchte dich nicht mehr sehen.

Bibelstelle: Ps 28,1: „Zu dir rufe ich, Herr, mein Fels. Wende dich nicht schweigend ab von mir! Denn wolltest du schweigen, würde ich denen gleich, *die längst begraben sind.*“

Luther übersetzt: „Wenn ich rufe zu dir, Herr, mein Hort, so schweige mir nicht, auf dass nicht, wo du schweigst, ich gleich werde denen, *die in die Grube fahren.*“

Kommentar: Mit Hölle war im Alten Testament ursprünglich nur die Unterwelt gemeint, in die zunächst alle Toten kamen, die guten und die bösen Menschen. So dachte man sich früher auch die Höllenfahrt Christi, bevor er von den Toten auferweckt wurde. Erst später entwickelte sich die Vorstellung von der Hölle als einem Aufenthaltsort für die Bösen. Nach dem Neuen Testament ist die Hölle ein Strafort, in dem die Sünder für ewig im Feuer gefoltert werden.

Anwendung: Jemanden die Hölle zu wünschen oder ihm die Hölle anzudrohen steht im Gegensatz zum christlichen Vertrauen in Gottes Barmherzigkeit und in seine verzeihende Liebe.

„Hundertfältige Frucht hervorbringen"

Bedeutung: Reichen Ertrag liefern

Erläuterung: Damit soll eine besonders gute Ernte bezeichnet werden.

Beispiel: Wenn du jetzt fleißig bist und dich anstrengst, wird das hundertfältig Frucht bringen. Es lohnt sich!

Bibelstelle: Lk 8,8: „Ein anderer Teil schließlich fiel auf guten Boden, ging auf *und brachte hundertfach Frucht.* Als Jesus das gesagt hatte, rief er: Wer Ohren hat zum Hören, der höre!"

Luther übersetzt: „Und etliches fiel auf ein gutes Land; und es ging auf *und trug hundertfältige Frucht.*"

Kommentar: Im Gleichnis vom Sämann beschreibt Jesus, wie ein Sämann seine Samen ausstreut. Die Samen, die auf guten, fruchtbaren Boden fielen brachten hundertfach, bzw. hundertfältig Frucht, so als wenn sich pro Same die Anzahl der Getreidekörner verhundertfacht. Jesus verspricht beim Einsatz der Menschen für das Reich Gottes hundertfältigen Lohn. - Der Ausdruck „hundertfache Ernte" wird auch an anderer Stelle in der Bibel gebraucht: „Isaak säte in diesem Land, und er erntete in diesem Jahr hundertfältig. Der Herr segnete ihn; der Mann wurde reicher und reicher, bis er sehr wohlhabend war. Er besaß Schafe, Ziegen und Rinder und zahlreiches Gesinde, so dass ihn die Philister beneideten" (Gen 26,12-14).

Anwendung: In der Redensart wird den Menschen von heute auch für Bemühungen um irdische Ziele hundertfältige Frucht in Aussicht gestellt.

Hüter

„Bin ich der Hüter meines Bruders?“

Bedeutung: Bin ich denn verantwortlich für das Leben anderer?

Erläuterung: Mit dieser sarkastischen Redensart wird die Verantwortung für den Nächsten oder andere Menschen abgelehnt.

Beispiel: Person A: Könntest du mir nicht wenigstens sagen, wo er hingegangen ist? Antwort von Person B: Keine Ahnung! Muss ich das denn wissen? Bin ich etwa der Hüter meines Bruders?

Bibelstelle: Gen 4,8-9: „Hierauf sagte Kain zu seinem Bruder Abel: Gehen wir aufs Feld! Als sie auf dem Feld waren, griff Kain seinen Bruder Abel an und erschlug ihn. Da sprach der Herr zu Kain: Wo ist dein Bruder Abel? Er entgegnete: Ich weiß es nicht. *Bin ich der Hüter meines Bruders?*“

Kommentar: Die Antwort auf die Frage Gottes ist nicht nur provokativ, sondern eine glatte Lüge, da Abel nach dem Mord ja genau wusste, wo sein Bruder war, bzw. dass er ihn selber umgebracht hatte.

Anwendung: Um so erstaunlicher ist es, dass mit der Redensart ausgerechnet der lügnerische Rechtfertigungsversuch eines Mörders zitiert wird, um sich aller Verantwortung zu entledigen. Die Redensart bezieht sich meist auf harmlose Situationen, wo jemand entweder auf einen anderen aufpassen oder angeblich wissen soll, wo er ist.

„Hier lasst uns Hütten bauen!"

Bedeutung: Hier lasst uns verweilen/bleiben!

Erläuterung: Dieses Zitat wird gerne bei einer schönen Aussicht auf einem Berg gebraucht. Manchmal folgt dann auch der scherzhafte Zusatz: Lasst uns drei Hütten bauen: Eine für dich, eine für mich und eine für den Proviant!

Beispiel: Der Ort hier hat eine wunderbare Aussicht ins Tal. Hier lasst uns Hütten bauen.

Bibelstelle: Mt 17,4: „Und Petrus sagte zu ihm: Herr, es ist gut, dass wir hier sind. Wenn du willst, werde ich *hier drei Hütten bauen*, eine für dich, eine für Mose und eine für Elija."

Kommentar: Petrus sprach diese Worte auf einem hohen Berg, der Tradition nach auf dem Berg Tabor, bei der Verklärung Jesu, als dessen Gesicht wie die Sonne leuchtete und seine Kleider blendend weiß wie das Licht wurden (Mt 17,2). In einer Vision erschien ihnen Moses, der Führer des alttestamentlichen Gottesvolkes und Elia, einer der größten und bedeutendsten Propheten des Alten Testaments. Das gefiel dem Petrus so gut, dass er dort verweilen und längere Zeit wohnen wollte. Als dann eine Stimme aus der Wolke (ähnlich wie bei der Taufe Jesu) rief: „Das ist mein geliebter Sohn, an dem ich Gefallen gefunden habe; auf ihn sollt ihr hören", bekamen die Jünger große Angst und warfen sich mit dem Gesicht zu Boden. Erst als Jesus sie anfasste und sie beruhigte, blickten sie auf und sahen nur noch Jesus selbst in seiner irdischen Gestalt.

Anwendung: Die Redensart ist eine bewusste Erinnerung an die Verklärungsgeschichte und wird gerne in unterschiedlichen Variationen zitiert. Sie dient angesichts eines besonders schönen

Aufenthaltsortes als Aufforderung, sich niederzulassen und zu verweilen.

Idiot

„Ein Idiot sein“ / „Du Idiot!“ / „Idiotisch sein/handeln“

Bedeutung: Schwachsinnig sein / Du Dummkopf! / Unsinnig sein/handeln

Erläuterung: Das Wort „Idiot“ ist heute ein Schimpfwort für einen dummen Menschen. Bis ins 19. Jahrhundert hinein war ein Idiot ein Nicht-Fachmann oder Stümper. Im Griechischen bedeutet das Wort „Idiotäs“ als Hauptwort: u.a. den Nichtfachmann oder Laien im Gegensatz zu dem, der Kunst und Wissenschaft betrieb, bezüglich einer bestimmten Sache auch Stümper oder Pfuscher; als Adjektiv: privat, laienhaft, ungelehrt.

Beispiel: Wenn man sieht, wie unsinnig er dies eingerichtet hat, könnte man meinen, man habe es mit einem Idioten zu tun.

Bibelstelle: Apg 4,13: „Als sie den Freimut des Petrus und des Johannes sahen und merkten, dass es *ungelehrte und einfache Leute* waren, wunderten sie sich. Sie erkannten sie als Jünger Jesu“. Luther übersetzt: „Sie sahen aber an die Freudigkeit des Petrus und Johannes und verwunderten sich; denn sie waren gewiss, dass es *ungelehrte Leute und Laien* waren, und kannten sie auch wohl, dass sie mit Jesu gewesen waren.“

Kommentar: Beide Übersetzungen entsprechen der lexikalisch möglichen Wortbedeutung im Griechischen und Lateinischen. Als sich der Apostel Paulus selbst als idiotäs bezeichnete, meinte er jedoch nur „ungeschickt“ (oder ungelehrt) und zwar auf seine Rede bezogen, nicht in der Erkenntnis. Seine Briefe galten als wuchtig und voll Kraft, seine Worte bei einer Rede jedoch als armselig (2 Kor 10,10). So gibt Paulus in 2 Kor 11,6 zu: „Und ob ich *nicht kundig* bin der Rede, so bin ich doch nicht unkundig in der Erkenntnis“ (nach der Lutherübersetzung). „Im Reden mag ich *ein Stümper* sein, aber nicht in der Erkenntnis“ (Einheitsübersetzung).

Anwendung: Die Redensart hat die ursprüngliche Bedeutung des griechischen Wortes ‘idiotäs’ von „ungeschickt, ungelehrt“ zu „schwachsinnig“ stark verändert.

Jahre

„Die fetten Jahre sind vorbei.“

Bedeutung: Der Wohlstand lässt nach. Das Einkommen wird geringer.

Erläuterung: Seit Bundeskanzler Erhards Zeiten werden die Bürger gemahnt, „den Gürtel enger zu schnallen“, d.h. zu sparen und weniger Geld auszugeben.

Beispiel: „So geht das mit deiner Verschwendungssucht nicht weiter. Die fetten Jahre sind vorbei!“

Bibelstelle: Gen 41,25-31: „Die sieben schönen Kühe sind sieben Jahre und die sieben schönen Ähren sind sieben Jahre. Es ist ein und derselbe Traum. Die sieben mageren und hässlichen Kühe, die nachher heraufkamen, sind sieben Jahre, und die sieben leeren, vom Ostwind ausgedörrten Ähren sind sieben Jahre Hungersnot. ...Sieben Jahre kommen, da wird großer Überfluss in ganz Ägypten sein. Nach ihnen aber werden sieben Jahre Hungersnot heraufziehen: Da wird der ganze Überfluss vergessen sein, und Hunger wird das Land auszehren. Dann wird man nichts mehr vom Überfluss im Land merken wegen des Hungers, der danach kommt; denn er wird sehr drückend sein.“

Kommentar: Die sieben fetten Kühe bedeuten nach der Auslegung des Josef im Traum des Pharao sieben Jahre des Überflusses mit guten Ernten und die 7 mageren Kühe, die die fetten fraßen, bedeuten 7 Jahre des Mangels und der Hungersnot mit schlechten Ernten. Diese Traumdeutung veranlasste den Pharao der Josephsgeschichte reichlich Vorräte für schlechte Zeiten anzulegen.

Anwendung: Die Redensart will keine Prophezeiung im biblischen Sinne sein, sondern eine Mahnung zum Sparen. Der Glaube, dass Gott einen Mangel, schlechte Ernten oder schlechte Zeiten schicken kann, spielt im heutigen Sprachgebrauch überhaupt keine Rolle.

Jakob

„(Nicht) der wahre Jakob sein"

Bedeutung: (Nicht) das Richtige sein

Erläuterung: Deutung a) Der Name Jakob bezeichnet den Apostel Jakobus, der in Jerusalem enthauptet wurde und dessen Grab der Legende nach in Santiago de Compostela sein soll. Die Pilger, die im Mittelalter den weiten Weg zum Wallfahrtsort nach Spanien machten, legten Wert darauf, festzustellen, dass sie zum Grab des *wahren Jakob* im Gegensatz zu näher gelegenen Wallfahrtsorten mit einem Bezug zu diesem Apostel wählten (Krauss S. 103).

Deutung b) Die Herkunft der Redewendung bezieht sich auf die Verkleidung des Jakob als Esau, um von seinem Vater Isaak den Segen des Erstgeborenen durch Betrug zu erlangen (Duden, Band 11, S. 365).

Beispiel: Täglich den ganzen Abend nur vor dem Fernseher zu sitzen, ist wohl auch nicht der wahre Jakob.

Bibelstelle: a) Apg 12,1-2: „Um jene Zeit ließ der König Herodes einige aus der Gemeinde verhaften und misshandeln. *Jakobus,* den Bruder des Johannes, ließ er mit dem Schwert hinrichten."

b) Gen 27,19: „*Jakob* entgegnete seinem Vater: ich bin Esau, dein Erstgeborener."

Kommentar: Da Isaak in seinem hohen Alter blind war, merkte er den Betrug seines jüngeren Sohnes Jakob selbst dann nicht, als er ihn betastete; denn Jakob hatte die Festtagskleidung seines Bruders Esau angezogen und sich zur stärkeren Behaarung der Haut von seiner Mutter Rebekka Felle über die Hände und den Hals legen lassen (Gen 27, 15-16)

Anwendung: Aufgrund dieses Täuschungsmanövers liegt die Herleitung der Redewendung aus der atl. Jakobsgeschichte eigentlich näher als der Bezug zum wahren Grab des Jakobus. Andererseits wird die Redensart gerade dann gebraucht, wenn nicht nur die Echtheit und Richtigkeit einer Sache in Frage gestellt wird, sondern wenn jemand mehr Authentizität beansprucht.

Jämmerlich
„Jämmerlich umkommen" / „Jämmerlich ums Leben kommen"

Bedeutung: Auf bedauerliche, tragische Weise sterben

Erläuterung: Die Redensart wird nicht nur angewandt, wenn jemand auf grausame oder bemitleidenswerte Weise getötet wird, sondern wenn sein Sterben Jammer, Klage und Mitleid bei den nächsten Angehörigen auslöst.

Beispiel: Die Obduktion ergab, dass er noch einen langen Todeskampf hatte und ganz jämmerlich ums Leben gekommen sein muss.

Bibelstelle: Bar 2,25: „Auch waren sie (die israelitischen Könige und Vorfahren) *unter schrecklichen Qualen* umgekommen durch Hunger, Schwert und Pest."

Kommentar: Das Wort jämmerlich ist abgeleitet von mittelhochdeutsch „Jamer" (Traurigkeit, Herzeleid, schmerzliches Verlangen) und kennt auch die Zusammensetzung „Jammertal", vom lateinischen „vallis lacrimarum", wörtlich Tal der Tränen. Dies kommt im bekannten lateinischen Gebet des Salve Regina vor, wo es heißt: „Ad te suspiramus, gementes et flentes *in hac lacrimarum valle.* = Zu dir seufzen wir trauernd und weinend *in diesem Tal der Tränen*". Dieses Tal der Tränen oder Jammertal erinnert an Psalm 84 Dort heißt es in den Versen 6-8: "Ziehen sie durch das *trostlose Tal,* wird es für sie zum Quellgrund, und Frühregen hüllt es in Segen. Sie schreiten dahin mit wachsender Kraft; dann schauen sie Gott auf dem Zion." Der Weg der jüdischen Wallfahrer durch ein dürres Tal zum Tempel von Jerusalem diente den Christen als Metapher für ihren Pilgerweg durch das Jammertal des Lebens auf Erden bis in „das himmlische Jerusalem" bei Gott im Himmel.

Anwendung: Die abwertende Bezeichnung des Diesseits als Jammertal im Gegensatz zum glücklichen Jenseits klingt mit an, wenn von dem „jämmerlichen Umkommen" eines Menschen auf dieser Welt die Rede ist.

Jerusalem

„Ins himmlische Jerusalem gelangen"

Bedeutung: Sterben und in den Himmel kommen

Erläuterung: David erbaute Jerusalem als Hauptstadt seines Reiches in der Provinz Judäa auf dem Berg Sion. Der Berg Sion, davon abgeleitet Zionismus, und das himmlische Jerusalem wurden schon im Alten Testament zum Inbegriff jüdischer Heilshoffnung. Im Neuen Testament wird diese Hoffnung auf endgültiges Heil in einer Vision auf das himmlische Jerusalem übertragen.

Beispiel: Er lag auf dem Sterbebett und bat um einen Priester, da er hoffte, bald das himmlische Jerusalem zu schauen.

Bibelstelle: Offb 21,1-2: „Dann sah ich einen neuen Himmel und eine neue Erde; denn der erste Himmel und die erste Erde sind vergangen, auch das Meer ist nicht mehr. Ich sah die heilige Stadt, *das neue Jerusalem, von Gott her aus dem Himmel herabkommen*; sie war bereit wie eine Braut, die sich für ihren Mann geschmückt hat."

Kommentar: Die phantastischen Visionen der Geheimen Offenbarung sind in einer wunderbaren, bildreichen Sprache geschildert. Daher lässt man die Bibel am besten selber zu Wort kommen: „Da hörte ich eine laute Stimme vom Thron her rufen: Seht, die Wohnung Gottes unter den Menschen! Er wird in ihrer Mitte wohnen, und sie werden sein Volk sein; und er, Gott, wird bei ihnen sein. Er wird alle Tränen von ihren Augen abwischen: Der Tod wird nicht mehr sein, keine Trauer, keine Klage, keine Mühsal. Denn was früher war, ist vergangen. Er, der auf dem Thron saß, sprach: Seht, ich mache alles neu" (Offb 21,3-5a).

Anwendung: Auch heute noch gehören diese Worte zu einem der schönsten und trostreichsten Texte, die bei kirchlichen Begräbnisfeiern vorgetragen werden. Obwohl dieser Abschnitt in der kirchlichen Verkündigung oft verlesen wird, kommt die biblische Redensart vom himmlischen Jerusalem in der Alltagssprache doch relativ selten vor.

„Sein (sanftes) Joch auf sich nehmen"

Bedeutung: Sich in ein (erträgliches) Arbeits- oder Abhängigkeitsverhältnis begeben. Eine (leichte) Arbeit erledigen

Erläuterung: Das Joch, unter dem der Zugochse das Feld zu pflügen hatte, war im alten Orient ein Symbol des Zwanges und der Unterwerfung. Jesus verkündet, dass sein Joch, d. h. der von ihm geforderte Dienst am Nächsten in seiner Nachfolge, sanft, also nicht schwer zu tragen sei.

Beispiel: Als sein Vermögen aufgebraucht war, nahm er das Joch des Staatsdienstes auf sich.

Bibelstelle: Mt 11,28-30: „Kommt alle zu mir, die ihr euch plagt und schwere Lasten zu tragen habt. Ich werde euch Ruhe verschaffen. *Nehmt mein Joch auf euch* und lernt von mir; denn ich bin gütig und von Herzen demütig. So werdet ihr Ruhe finden für eure Seele. Denn *mein Joch drückt nicht*, und meine Last ist leicht."

Kommentar: Bei Martin Luther lesen wir. "*Nehmet auf euch mein Joch* und lernet von mir; denn ich bin sanftmütig und von Herzen demütig; so werdet ihr Ruhe finden für eure Seelen; Denn *mein Joch ist sanft* und meine Last ist leicht."

Anwendung: Vers 28 aus dem 11. Kapitel des Matthäusevangeliums steht auf der Freiheitsstatue in New York. Diese Worte Jesu haben vielen wegen ihrer Religion Verfolgten aus der Alten Welt Kraft und Mut für ein Leben in der Freiheit Amerikas unter dem sanften Joch Jesu geschenkt. Denn wenn etwas aus Liebe getan wird, tut man die Arbeit gern. Auch unangenehme Tätigkeiten können durch die Nächstenliebe sinnvoll und damit erträglich werden. Daher bedeutet die Nachfolge Jesu zwar nicht totale

Freiheit im Sinne von Unabhängigkeit, aber ein glückliches und erfülltes Leben im Dienst am Nächsten.

Ähnlich wie die Redewendung „Sein Kreuz auf sich nehmen" spricht man vom leichten Joch Jesu eigentlich nur unter Christen.

Jordan

„Über den Jordan gehen"

Bedeutung: Die Grenze zum Jenseits überschreiten, sterben

Erläuterung: Der Jordan war ein wichtiger Grenzfluss zum gelobten Land Kanaan. Wer ihn überschritt, war im Land der Verheißung. Nach griechischer Vorstellung musste die verstorbene Seele mit Hilfe des Fährmanns Scharon den Fluss Acheron zu den Toten des Hades überschreiten. Vielleicht wurde der Jordan in Anlehnung zur griechischen Mythologie zum christlichen Symbol für den Übertritt vom Diesseits ins Jenseits. Außerdem wurde durch die Taufe im Jordan, die Jesus und die Anhänger um Johannes den Täufer praktizierten, mit diesem Fluss der Beginn eines neuen Lebens aus dem Geist Gottes verbunden.

Beispiel: Ich habe hier auf Erden so viel zu tun, dass ich noch nicht den Jordan überschreiten möchte.

Bibelstelle: 2 Kg 5,14: „So ging er (der Syrer Naaman) also *zum Jordan hinab* und tauchte siebenmal unter, wie ihm der Gottesmann (Elischa) befohlen hatte. Da wurde sein Leib gesund wie der Leib eines Kindes, und er war rein."

Kommentar: Durch das siebenmalige Untertauchen des Aussätzigen im Jordan ist der Fluss ein Zeichen für ein neues, von Krankheit und Aussatz befreites Leben geworden. Jesus ließ sich von Johannes dem Täufer im Jordan taufen, indem er ganz vom Wasser des Flusses bedeckt wurde.. Erst als Jesus hörte, dass

Johannes der Täufer von Herodes ins Gefängnis geworfen worden war, begann er seine eigene Mission und berief die ersten Jünger (Mt 4, 12-22). Zunächst verkündete Jesus dieselbe Botschaft wie Johannes der Täufer: „Kehrt um! Denn das Himmelreich ist nahe“ (Mt 12,17). Auch später bildete seine Lehre vom Reich Gottes das Zentrum seiner Verkündigung.

Anwendung: So steht der Jordan auch in der Redensart in engem Zusammenhang zur Nähe des von Jesus verkündeten Gottesreiches, das in seiner ganzen Fülle nur den im Glauben treuen Christen nach ihrem Tod verheißen ist.

Josef

„Ein keuscher Josef sein“

Bedeutung: Sittsam und enthaltsam leben

Erläuterung: Nicht nur Josef als Ehemann Marias im Neuen Testament dürfte hier das Ideal der Keuschheit verkörpern, sondern auch der alttestamentliche Josef, der den Versuchungen von Potiphars Weib nicht erlegen war.

Beispiel: Als er abends von der Kaserne nicht mit in die Stadt ausgehen wollte, meinten seine Kumpels, er solle sich nicht wie der keusche Josef aufführen.

Bibelstelle: Gen 39,7-10: „Nach einiger Zeit warf die Frau seines Herrn ihren Blick auf Josef und sagte: Schlaf mit mir! *Er weigerte sich* und entgegnete der Frau seines Herrn: Du siehst doch, mein Herr kümmert sich, wenn ich da bin, um nichts im Haus; alles, was ihm gehört, hat er mir anvertraut. Er ist in diesem Haus nicht größer als ich, und er hat mir nichts vorenthalten als nur dich, denn du bist seine Frau. Wie könnte ich da ein so großes Unrecht begehen und gegen Gott sündigen. Obwohl sie

Tag für Tag auf Josef einredete, bei ihr zu schlafen und ihr zu Willen zu sein, hörte er nicht auf sie.“

Kommentar: Die Geschichte von der versuchten Verführung des Josef durch die Frau des Potiphar, bringt dem alttestamentlichen Josef den Ruf der Keuschheit ein, der sich wohl auch auf den ntl. Josef im Sinne einer Josefsehe übertragen hat, weil er Jesus nicht gezeugt hat.

Anwendung: In der Redensart wird der keusche Josef jedoch eher belächelt; denn oft wird ein allzu sittsamer Mann als „keuscher Josef“ bespöttelt.

Josefsehe

„Eine Josefsehe führen“

Bedeutung: Eine Ehe führen, bei denen die Ehegatten keinen Geschlechtsverkehr praktizieren

Erläuterung: Die Josefsehe bezieht sich auf die Ehe zwischen Maria und Josef. Die Bibel erzählt, dass Josef nicht der leibliche Vater von Jesus war, sondern nur sein Pflegevater. Als er nämlich merkte, dass Maria schwanger wurde, wollte er sie heimlich entlassen. Da offenbarte ihm ein Engel im Traum, dass das Kind im Schoß seiner Frau vom Heiligen Geiste stamme. Der christlichen Tradition zufolge blieb Maria auch nach ihrer Geburt Jungfrau; denn sie wird als allzeit reine Gottesmutter Maria, als „semper virgo“ (immer Jungfrau) verehrt, was geschlechtliche Beziehungen zu Josef ausschließt.

Beispiel: Sie lebten enthaltsam und doch in einer sehr harmonischen Beziehung miteinander. Sie führten eine richtige Josefsehe.

Bibelstelle: Mt 22,30: „Denn nach der Auferstehung werden die Menschen *nicht mehr heiraten,* sondern *sein wie die Engel im Himmel.*"

Kommentar: Das Nicht-mehr-Heiraten und die Enthaltsamkeit wird von Jesus, der nach den Zeugnissen der Evangelien selber nicht verheiratet war, als großes Ideal um des Gottesreiches willen hingestellt. Schon damals hat Jesus das hohe Ideal der Enthaltsamkeit nicht von allen Anhängern gefordert, sondern nur von denen, die sich dazu in der Lage und berufen fühlten. Als Jesus seine Auffassung einer in Gott geschlossenen und niemals zu scheidenden Ehe vortrug, meinten seine Jünger: „Wenn das die Stellung des Mannes in der Ehe ist, dann ist es nicht gut zu heiraten" (Mt 19,10).

Anwendung: Die Josefsehe wird aufgrund des Wortes von Mt 22,30 auch Engelsehe genannt.

Jota

„Nicht (um) ein Jota" / „Kein Jota"

Bedeutung: Nicht im geringsten, nicht im allermindesten, keine Änderung, „Auch nicht das Tüpfelchen auf dem i"

Erläuterung: Diese Redewendungen beziehen sich auf das griechische Alphabet, in dem das Jota der kleinste Buchstabe ist. Damit soll in Bezug auf einen verbindlichen Text auch die kleinste Änderung eines Wortes ausgeschlossen werden.

Beispiel: Nicht um ein einziges Jota wich er von seiner vorgefassten Meinung ab.

Bibelstelle: Mt 5,18: „Amen, das sage ich euch: Bis Himmel und Erde vergehen, wird auch nicht *der kleinste Buchstabe* des Gesetzes vergehen, bevor nicht alles geschehen ist." Luther übersetzt: „Denn ich sage euch wahrlich: Bis dass Himmel und Erde zergehe, wird nicht zergehen *der kleinste Buchstabe noch ein Tüttel* vom Gesetz, bis dass es alles geschehe.“

Kommentar: Die Warnung Jesu vor der Änderung des kleinsten Buchstaben des Gesetzes steht im Gegensatz zur Relativierung des Gesetzes bei Jesus, wenn es um den Menschen geht. Jesus lehrte z. B., dass man zur Stillung des Hungers am Sabbat Ähren rupfen dürfe, was nach der Auslegung des Gesetzes durch die Pharisäer den Jüngern Jesu strikt verboten war (Mt 12,1-8). Demgegenüber betonte Jesus, dass er selber als Menschensohn um der Barmherzigkeit willen auch „Herr über den Sabbat“ sei.. Für Jesus war es immer erlaubt, am Sabbat Gutes zu tun (Mt 12,12). Nach der Auffassung Jesu Muss die Befolgung eines Gesetzes menschlich bleiben und menschlichen Werten und Zielen untergeordnet sein. Er sagte: „Der Sabbat ist für den Menschen da, nicht der Mensch für den Sabbat“ (Mk 2,27).

Anwendung: Das Beharren auf pedantische Buchstabentreue und Gesetzeserfüllung entspricht nicht dem Geist Jesu, der die Liebe als das größere Gesetz verkündete.

Jubel

„Alle Jubeljahre einmal“

Bedeutung: Nur einmal innerhalb eines langen Zeitabschnitts, selten

„**Erläuterung:** Das Jubel- oder eigentlich Jobeljahr, von hebräisch Jobel = „Widderhorn, Freudenschall“, kehrte bei den Israeliten alle fünfzig Jahre wieder. Es wurde durch Posaunenschall und Widderhörner im ganzen Land angekündigt. Im Jobeljahr wurden alle Schulden erlassen, damit eine weitere Verarmung der Besitzlosen

Beispiel: Wenn du dich für diesen Sprachkurs entschieden hast, genügt es nicht, nur alle Jubeljahre einmal daran teilzunehmen.

Bibelstelle: Lev 25,8-10: „Du sollst sieben Jahreswochen, siebenmal sieben Jahre, zählen; die Zeit von sieben Jahreswochen ergibt für dich neunundvierzig Jahre. Im siebten Monat, am zehnten Tag des Monats, sollst du das Signalhorn ertönen lassen; am Versöhnungstag sollt ihr das Horn im ganzen Land ertönen lassen. Erklärt dieses fünfzigste Jahr für heilig, und ruft Freiheit für alle Bewohner des Landes aus! Es gelte euch als *Jubeljahr*. Jeder von euch soll zu seinem Grundbesitz zurückkehren, jeder soll zu seiner Sippe heimkehren."

Kommentar: Wie im Sabbatjahr, das alle sieben Jahre stattfand, sollte auch im Jubeljahr das Feld nicht neu gesät werden und der Weinberg durfte nicht beschnitten werden, damit sich das Land durch ein Jahr Sabbatruhe erholen konnte.

Anwendung: Wenn also in der Redensart ein seltenes Ereignis mit dem normalerweise nur alle 50 Jahre stattfindendem Jubeljahr verglichen wird, dann ist das offensichtlich Übertreibung oder Ironie.

Jugendsünde
„Eine Jugendsünde begehen / Jugendsünden (begangen) haben / „Sich einer Jugendsünde erinnern"

Bedeutung: In früher Jugend aufgrund von Lebensunerfahrenheit sündigen / An den Folgen vergangener Verfehlungen in der Jugendzeit zu tragen haben / Sich an eine Tat/mehrere Taten zurückerinnern, die man aus Naivität oder Leichtsinn aus der Unbeschwertheit der Jugend heraus begangen hat.

Erläuterung: Die Redensart wird meist im ironischen Sinne gebraucht, weil man durch den Zusatz „Jugend“ die Verfehlung verharmlost. Oft sind damit sexuelle Verfehlungen, sogenannte Seitensprünge oder auch politische Fehlentscheidungen und nicht wirklich schwere kriminelle Delikte gemeint. Wenn dennoch darunter auch strafbare Handlungen verstanden werden, will man damit andeuten, dass man sie jetzt im reiferen Alter nicht mehr tut.

Beispiel: Wegen seiner Jugendsünden kannte er keine Skrupel. Doch musste er im fortgeschrittenen Alter an den Folgen seiner in vielen nächtlichen Saufgelagen ruinierten Leber leiden.

Bibelstelle: Ps 25,7: „*Denk nicht an meine Jugendsünden* und meine Frevel! In deiner Huld denk an mich, Herr, denn du bist gütig.“

Kommentar: Wer Vergebung seiner Jugendsünden von Gott zu erlangen hofft, kann die Folgen seiner Taten aus seiner frühen Jugend nicht ungeschehen machen. Er kann nur darauf vertrauen, dass er immer wieder jeden Tag neu eine Chance hat, vom Bösen Abstand zu nehmen, umzukehren und Gutes zu tun.

Anwendung: Wer von Jugendsünden spricht, lässt meist wenig echte Reue und Umkehrbereitschaft erkennen, weil er die Schwere seiner Verfehlungen mit seiner Jugend entschuldigt und somit nicht ganz ernst nimmt.

Jungfrau

„Zu etwas kommen wie die Jungfrau zum Kind“

Bedeutung: Etwas auf völlig unerklärliche, wunderbare Weise erhalten oder zu etwas gelangen, wozu man nichts von sich aus beigetragen hat.

Erläuterung: Die Redensart ist eine ironische Anspielung auf die Niederkunft der Jungfrau Maria. Die unterschiedlichen Mariendogmen (Maria immaculata und Maria virgo, Maria als unbefleckt empfangene, d. h. geborene und Maria als Jungfrau) werden von vielen Laien verwechselt. Das eine Dogma behandelt das Problem der Erbschuld, bei dem anderen geht es um die Reinheit und Keuschheit Marias.

Beispiel: Zu dieser Auszeichnung bin ich gekommen wie die Jungfrau zum Kind.

Bibelstelle: Lk 1,30: „Da sagte der Engel (Gabriel) zu ihr: Fürchte dich nicht, Maria; denn du hast bei Gott Gnade gefunden. *Du wirst ein Kind empfangen*, einen Sohn wirst du gebären; dem sollst du den Namen Jesus geben."

Kommentar: Die zweifelnde Antwort Marias an den Engel ist bekannt: „Wie soll das geschehen, da ich keinen Mann erkenne?" Daraufhin antwortete ihr der Engel: „Der Heilige Geist wird über dich kommen, und die Kraft des Höchsten wird dich überschatten. Deshalb wird auch das Kind heilig und Sohn Gottes genannt werden." Dogmatisch gesehen wurde daraus die biologisch nicht zu erklärende Lehre von der Jungfrauenschaft Mariens, die für viele Theologen eine Voraussetzung für die Gottessohnschaft Jesu ist. Mit anderen Worten, die Existenz Jesu ist nur aus dem Wirken des Heiligen Geistes heraus erklärbar.

Anwendung: Der Hinweis auf die Unerklärlichkeit, mit der eine Jungfrau ein Kind bekommt, ist in der Redewendung kein Ausdruck des Staunens über das Wunder der Geburt eines Menschen, sondern eher rationalistischer Zweifel. Die Redensart kann auch spöttisch gebraucht werden, um jemanden lächerlich zu machen. Sie ist gelegentlich auch Ausdruck von Humor, indem man sich selber nicht ganz ernst nimmt. (Siehe Beispielsatz!)

Jüngstes

„*Beim Jüngsten Gericht*“ /

„*Am jüngsten Tag*“

Bedeutung: Beim Gericht Gottes am Ende der Welt / Am letzten Tag der Geschichte der Menschheit, beim Weltuntergang

Erläuterung: Das jüngste oder letzte Gericht ist das göttliche Gericht über die Menschheit am Tag des Weltuntergangs. Das althochdeutsche „zi jungist“ (mittelhochdeutsch ze jungist = zu neuest) steht für „endlich, zuletzt“ (Duden, Band 7, S. 298)

Beispiel: a) „Sie hatten keine Angst vor dem Tod, denn sie glaubten fest an ihre Wiederauferstehung am Tag des Jüngsten Gerichts“ (Duden, Band 11, S. 252).

b) Das wirst du nie mehr zurückbekommen. Da kannst du bis zum jüngsten Tag drauf warten.

Bibelstelle: Mt 25, 31-32: „*Wenn der Menschensohn in seiner Herrlichkeit kommt* und alle Engel mit ihm, *dann* wird er sich auf den Thron seiner Herrlichkeit setzen. Und alle Völker werden vor ihm zusammengerufen werden, und er wird sie voneinander scheiden, wie der Hirt die Schafe von den Böcken scheidet.“

Kommentar: Das Jüngste Gericht wird die Menschen nach dem Maßstab ihrer gelebten Nächstenliebe beurteilen, die nach den 7 Werken der Barmherzigkeit in Mt 25,31-46 beschrieben sind, Jesus identifiziert sich hier als Weltenrichter so sehr mit den Notleidenden, dass er sagt: „Was ihr für einen dieser Geringsten nicht getan habt, das habt ich auch mir nicht getan“ (Mt 25,45). Besonders der letzte Satz dieses Gleichnisses drückt die unerbittliche Konsequenz aus dem Gericht Gottes über die Menschen aus: „Und sie werden weggehen und die ewige Strafe erhalten, die Gerechten aber das ewige Leben“ (Mt 25,46). Auch im Johannes-Evangelium ist viel vom überzeitlichen Gericht Gottes und der Auferstehung am Jüngsten Tag die Rede (Joh 3, 17-21; 6,39-44; 11,24-27; 12,48-50; Joh 16, 8-11).

Anwendung: H. Krauss sieht im Gebrauch dieser Redensart einen Sarkasmus, wenn mit dem jüngsten Tag ein nie erlebbarer Zeitpunkt bezeichnet wird.

Kain

„Ein Kainszeichen (tragen)"

Bedeutung: Gebrandmarkt sein wie Kain

Erläuterung: Der Mord Kains an seinem Bruder Abel lastete wie ein Stigma auf ihm, da er seinen Bruder aus Eifersucht und Neid erschlug.
Beispiel: Die Verschuldung des Hofes lastete wie ein Kainszeichen auf der Familie.
Bibelstelle: Gen 4,10-15: „Der Herr sprach: Was hast du getan? Das Blut deines Bruders schreit zu mir vom Ackerboden. So bist du verflucht. ... Kain antwortete dem Herrn: Zu groß ist meine Schuld, als dass ich sie tragen könnte. Du hast mich heute vom Ackerland verjagt, und ich muss mich vor deinem Angesicht verbergen; rastlos und ruhelos werde ich auf der Erde sein, und wer mich findet, wird mich erschlagen. Der Herr aber sprach zu ihm: Darum soll jeder, der Kain erschlägt, siebenfacher Rache verfallen. Darauf machte der Herr dem Kain ein Zeichen, damit ihn keiner erschlage, der ihn finde."
Kommentar: Eigentlich ist es merkwürdig, dass der biblische Gott, der eben nicht als summum bonum oder Inbegriff der Gerechtigkeit identifiziert werden kann, den Mörder schützt. Aber so entspricht es der Kulturgeschichte der Menschheit: Die überlegene Kultur des Ackerbaus mit dem Vertreter des Bauern Kain rottet die unterlegene Kultur der Kleinvieh-Nomaden wie Abel

aus. In Wirklichkeit genießen die Sieger über andere Völker aufgrund ihrer militärischen Überlegenheit auch noch den Schutz des Kain. Sie wissen sich vielfach an den Menschen zu rächen, die versuchen, sie zu töten. Die Rache an den Mördern würde nur zur grenzenlosen Eskalation der Gewalt führen.
Anwendung: Die Rede vom Kainszeichen ist heute ausschließlich ein Wort der Schande. Ein Kainszeichen ist eine Last, ein schwarzer Fleck auf der reinen Weste oder ein Schandmal, aber kein Zeichen des Schutzes vor der Rache anderer wie in der Bibel.

Kahlkopf

„Einen Kahlkopf haben"

Bedeutung: Eine Glatze haben

Erläuterung: Die Redewendung geht auf eine Wortbildung Martin Luthers zurück und bezieht sich auf die Erzählung von zwei Jungen, die von Bären gefressen wurden, weil sie den Propheten Elischa als „Kahlkopf" verspotteten.

Beispiel: Durch die Chemotherapie bekam er einen so starken Haarausfall, dass er seinen Kahlkopf stets durch eine Mütze bedeckte.

Bibelstelle: 2 Kg 2,23-24: „Von dort ging er (Elischa) nach Bet-El. Während er den Weg hinaufstieg, kamen junge Burschen aus der Stadt und verspotteten ihn: Sie riefen ihm zu: *Kahlkopf*, komm herauf! Kahlkopf, komm herauf! Er wandte sich um, sah sie an und verfluchte sie im Namen des Herrn. Da kamen zwei Bären aus dem Wald und zerrissen zweiundvierzig junge Leute."

Kommentar: Die biblische Wundergeschichte von der Rache des Elischa wegen seiner Verspottung durch 2 Jungen mag früher die Leute sehr beeindruckt haben, so dass sie an die magischen Kräfte von Gottesmännern glaubten. Aus christlich-ethischer Sicht scheint das Verhalten des Propheten Elischa jedoch höchst fragwürdig. Der tragische Tod von 42 Menschen dürfte wohl heute nicht mehr als Strafe für eine kindliche Neckerei zu rechtfertigen sein. Damals hatten solche Legenden vielleicht abschreckende Wirkung und waren eine Warnung, niemanden zu verspotten.

Anwendung: Der Begriff „Kahlkopf" in der Redewendung ist heute zwar auch noch eine abwertende Bezeichnung, aber kein gebräuchliches Schimpfwort oder eine wirklich schwere Beleidigung mehr, zumal sich heute nicht nur junge Leute als Skinheads, sondern auch ältere Männer den Kopf absichtlich kahl scheren lassen, um „in" zu sein oder das Idol des Filmhelden „Kojak" zu verkörpern.

Kaiser

„Dem Kaiser geben, was des Kaisers ist"

Bedeutung: Seine Pflicht gegenüber der Obrigkeit erfüllen

Erläuterung: Diese Redewendung geht auf einen Ausspruch Jesu zurück.

Beispiel: Er ist schon deswegen so geachtet, weil er es versteht, dem Kaiser zu geben, was des Kaisers ist.

Bibelstelle: Mt 22,21b: „So *gebt dem Kaiser, was dem Kaiser gehört*, und Gott, was Gott gehört!"

Kommentar: Da die damaligen Münzen das Bild des Kaisers aufgeprägt hatten, soll dem Kaiser, nach den Worten Jesu, das gegeben werden, was ihm gehört. Damit wird zunächst nicht in Frage gestellt, dass Steuern gezahlt werden müssen. Aber inwieweit die Höhe der Abgaben berechtigt ist, bleibt eine andere von Jesus unbeantwortete Frage. So entzieht sich Jesus geschickt der von den Pharisäern gestellten Falle. Hätte er sich eindeutig für den Kaiser und seine Tributforderungen ausgesprochen, wäre er bei den Juden verhasst gewesen. Hätte er die Steuerzahlung in Frage gestellt, hätte man ihn wegen Untergrabung der Steuermoral und wegen Aufwiegelung gegen die Römerherrschaft inhaftieren können (Mt 22,15-22). Der mit salomonischer Weisheit geäußerte Spruch Jesu macht seine Gegner sprachlos. Er begründet die evangelische Zwei-Reiche-Lehre und liefert das Kriterium der Unterscheidung zwischen kirchlich-geistlicher und weltlich-staatlicher Macht.

Anwendung: Die Redewendung erkennt die Ansprüche des Kaisers und damit die Verpflichtungen dem weltlichen Staat gegenüber an. Wenn der 2. Teil des Zitats Jesu nicht mehr genannt wird, dass nämlich Gott gegeben werden soll, was Ihm gehört, kann man dies entweder still ergänzen und mitdenken oder man will eben bewusst die Relativierung der weltlichen Forderungen durch die höhere Autorität Gottes verschweigen.

Kämmerlein

„Sich in sein stilles Kämmerlein zurückziehen“ / „Im stillen Kämmerlein beten“

Bedeutung: Sich vom Leben in der Öffentlichkeit oder in der Familie zurückziehen / Eine private Frömmigkeit pflegen

Erläuterung: Beide Redensarten sind Ausdruck für eine individualistische Gesinnung und stehen im Gegensatz zum öffentlichen, gesellschaftlichen oder familiären Leben.

Beispiel: Nach diesem Streit zog er sich in sein stilles Kämmerlein zurück und wollte von der bösen Welt draußen nichts mehr wissen.

Bibelstelle: Mt 6,6: „Du aber *geh in deine Kammer, wenn du betest*, und schließ die Tür zu; dann bete zu deinem Vater, der im Verborgenen ist. Dein Vater, der auch das Verborgene sieht, wird es dir vergelten."

Kommentar: Die Redensart beruft sich indirekt auf ein Zitat Jesu, das jedoch nicht grundsätzlich die private Frömmigkeit dem Tempeldienst vorzog, sondern nur die öffentliche Zur-Schau-Stellung des Gebetes in den Synagogen kritisierte.

Anwendung: Trotzdem scheint man zumindest in pietistischen Kreisen mit dem oben zitierten Ausspruch Jesu gerne den angeblich höheren Stellenwert des persönlich-spontanen Gebets gegenüber der offiziellen Liturgie eines Gottesdienstes der Großkirchen zu begründen. Die erste Redensart ist oft Ausdruck von Frustration oder Resignation im familiären oder öffentlichen Leben.

Kampf

„Den guten Kampf kämpfen/führen"

Bedeutung: Sich für etwas Gutes einsetzen

Erläuterung: Die Redensart bezieht sich auf eine Aussage des Apostels Paulus, der seinen Eifer für das Evangelium mit einem Wettkampf vergleicht.

Beispiel: Von Mutter Teresa kann man sagen, dass sie ihr ganzes Leben den guten Kampf gegen die Armut und Not in der Welt gekämpft hat.

Bibelstelle: 2 Tim 4,7-8: „Denn ich werde nunmehr geopfert, und die Zeit meines Aufbruchs ist nahe. *Ich habe den guten Kampf gekämpft,* den Lauf vollendet, die Treue gehalten. Schon jetzt liegt für mich der Kranz der Gerechtigkeit bereit, den mir der Herr, der gerechte Richter, an jenem Tag geben wird, aber nicht nur mir, sondern allen, die sehnsüchtig auf sein Erscheinen warten."

Kommentar: Diese Worte schrieb Paulus vermutlich am Ende seines Lebens. Sie zeugen von großem Selbstbewusstsein im Hinblick auf sein Missionswerk, für das er sich nicht nur mit Eifer eingesetzt, sondern auch menschlich-seelisch aufgezehrt hat.

Anwendung: Im Bereich des Sports spricht man heute von einem „guten Kampf", wenn die Sportler ihr Bestes geben. Doch lässt sich die Redensart auch auf andere Bereiche oder auf das ganze Leben übertragen, wo Kampf für eine gute Sache oder Engagement gefragt ist.

Kanone

„Unter aller Kanone sein"

Bedeutung: Unter den Anforderungen liegen; sehr schlecht sein

Erläuterung: Die Redensart entspricht dem Wortlaut der lateinischen Redewendung „sub omni canone", die sinngemäß „unter jedem Kanon / Maßstab" übersetzt werden könnte. Das Wort Kanon ist hebräischen Ursprungs und bezeichnet eine Art Schilfrohr, das als Messrute oder Waagebalken diente.

Beispiel: Das gestrige Fernsehprogramm war wieder einmal unter aller Kanone. (Wiznitzer, S. 59)

Bibelstelle: Ez 40,5: „Da stand eine Mauer, die den Tempel ringsum außen umgab. Der Mann hatte in der Hand eine *Messlatte* von sechs Ellen, die je eine gewöhnliche Elle und eine Handbreit maßen."

Kommentar: Eine andere Bibelstelle erwähnt das Wort Kanon als Waage und stellt die Unvergleichlichkeit des jüdischen Gottes Jahwe mit den Göttern Babels dar. „Mit wem wollt ihr mich vergleichen, neben wen mich stellen? ... Ich bin Gott, und sonst niemand, ich bin Gott, und niemand ist wie ich" (Jes 46,5-6.7b-9).

In der katholischen Kirche gibt es einen für alle Priester vorgeschriebenen Messkanon, der die vier römischen Hochgebete (auch canones genannt) enthält. Canones heißen auch die einzelnen Vorschriften des katholischen Kirchenrechts, zusammengefasst im „Codex Iuris Canonici" (Abkürzung CIC, Codex des kanonischen Rechtes).

Anwendung: In der Redensart denkt man weniger an rechtliche Maßstäbe und liturgische Vorschriften, sondern mehr an Leistungsanforderungen, die eben nicht genügen, wenn sie unter aller Kanone liegen, das heißt unter dem angesetzten Maßstab. Mit einer Kanone als Waffe hat die Redewendung nichts zu tun.

Kalb

„Um das goldene Kalb tanzen / Der Tanz ums goldene Kalb"

Bedeutung: Die Macht des Geldes anbeten / Die Verehrung eines Götzen

Erläuterung: Ein in der Wüste angefertigtes Gebilde, das nach dem hebräischen Urtext ein Kegel und kein Kalb gewesen sein soll, wurde auf Betreiben der Israeliten von Aaron mit Goldschmuck überhäuft. Die Phantasie der Bibelleser stellt sich die Israeliten bei der Verehrung ihres Götzen in religiöser Verzückung oft tanzend vor.

Beispiel: Das einzig Wichtige in seinem Leben ist das Geld. Es ist abscheulich, wie er um das goldene Kalb tanzt.

Bibelstelle: Ex 32,8: „Schnell sind sie von dem Weg abgewichen, den ich ihnen vorgeschrieben habe. Sie haben sich *ein Kalb aus Metall* gegossen und *werfen sich vor ihm zu Boden*. Sie bringen Schlachtopfer dar und sagen: Das sind deine Götter, Israel, die dich aus Ägypten heraufgeführt haben."

Kommentar: Der Kult um ein goldenes Kalb oder eine Stierfigur ist eventuell zu deuten als Verehrung einheimischer Fruchtbarkeitssymbole. In jedem Falle aber war dies in den Augen der jahwetreuen Israeliten, insbesondere im Sinne von Moses, ein Götzendienst und Abfall vom wahren Gottesglauben. Wenn die Niederwerfung vor dem Kalb, dessen Huldigung und Verehrung sowie die Abhaltung von Brandopfern, als ein Tanz bezeichnet wird, so entspricht dies eher einer den Kultvorgang ausschmückenden Phantasie. Von einem wörtlichen Herumtanzen um das Kalb ist in der Bibel nie die Rede.

Anwendung: Aus streng gläubiger Sicht kann jeder Götzendienst, die Anbetung von Idolen, übertriebene Sportbegeisterung, auch der Kult um das eigene Auto als Statussymbol, die Verabsolutierung weltlicher Ziele und Mächte etc. können als *ein Tanz um das goldene Kalb* im weitesten Sinne bezeichnet werden.

Katechismus

„Seinen Katechismus kennen / gelernt haben“

Bedeutung: In der Glaubenslehre oder in etwas anderem Bescheid wissen

Erläuterung: Das Wort Katechismus leitet sich vom griechischen „katächeo“ ab, was informieren oder belehren heißt und mehrmals im Neuen Testament vorkommt. Unter einem Katechismus versteht man eine systematische Entfaltung der christlichen Glaubenslehre. Eine katechetische Unterweisung ist eine religiöse Unterweisung, und ein Katechet ist ein Religionslehrer.

Beispiel: Darüber brauchst du mich nicht zu belehren. Ich habe meinen Katechismus gelernt.

Bibelstelle: Apg 18,24-26: „Ein Jude namens Apollos kam nach Ephesus. Er stammte aus Alexandria, war redekundig und in der Schrift bewandert. Er war *unterwiesen im Weg des Herrn.* Er sprach mit glühendem Geist und trug die *Lehre von Jesus* genau vor; doch kannte er nur die Taufe des Johannes. Er begann offen in der Synagoge zu sprechen. Priszilla und Aquila hörten ihn, nahmen ihn zu sich und legten ihm den Weg Gottes noch genauer dar.“

Kommentar: Der christliche Glaube kommt erst vom Hören auf Gottes Wort und von der Einweisung in den Weg Jesu, was nicht nur die theoretische Annahme der Botschaft Jesu bedeutet, sondern den praktischen Nachvollzug der Glaubensgrundlagen und eine konkrete Vorbereitung auf den Empfang der Sakramente einschließt. In Röm 2,21-23 weist Paulus daraufhin, dass man auch in Übereinstimmung mit den religiösen Geboten und Lehren leben soll.

Anwendung: Obwohl also die religiöse Unterweisung notwendig ist, um Fortschritte in der Festigung des Glaubens zu erzielen, wird mit dieser Redensart meist eine weitere Unterweisung als nicht mehr erforderlich zurückgewiesen. Dies gilt auch für nicht-religiöse Lerninhalte.

Kelch

„Der Kelch ist an jemandem vorübergegangen"

Bedeutung: Ein drohendes schweres Schicksal oder Leiden konnte abgewendet werden; ein Unglück konnte vermieden werden.

Erläuterung: Die Redensart spielt auf den Kelch als Symbol für das Leiden Christi, sein Blutvergießen am Kreuz an.

Beispiel: Glücklicherweise übernahm es ein Kollege, die Rede auf den scheidenden, unbeliebten Abteilungsleiter zu halten. Dieser Kelch ist noch einmal an mir vorübergegangen.

Bibelstelle: Mt 26,39b: „Mein Vater, wenn es möglich ist, *gehe dieser Kelch an mir vorüber*. Aber nicht wie ich will, sondern wie du willst."

Kommentar: Die Redewendung erinnert nicht nur an die Ölbergszene, sondern auch an die Einsetzungsworte Jesu: (Mt 26, 27-28). Der Kelch ist hier Symbol für das stellvertretende Leiden Christi, der für die Sünden der Welt sein Blut am Kreuz vergossen hat. In Erinnerung an die Einsetzungsworte Jesu nach der Lutherübersetzung wird heute in evangelischen Kirchen Abendmahl gefeiert. Der bei der heiligen Messe der katholischen Kirche in einen Kelch gegossene Wein verwandelt sich durch die Konsekrationsworte des Priesters während der Eucharistiefeier in das Blut Christi. (Vgl. die Transsubstantiationslehre als Wesensverwandlung, lateinisch substantia (= Wesen einer Sache), nicht als chemische Umwandlung von Stoffen. Das wäre ein magisches

Missverständnis, ein Hokuspokus, eine Verstümmelung des ersten Teils der Wandlungsworte, die lateinisch lauten „*Hoc* est enim *corpus* meum“ = „Denn dies ist mein Leib“).

Anwendung: Wenn an jemanden ein Kelch vorübergegangen ist, kann der Betreffende froh sein, dass ihm etwas Unangenehmes oder Leidvolles erspart blieb.

Kelch / bitter
„Den bitteren Kelch bis zu Ende / bis zur Hefe trinken“
„Einen Becher bis zur Neige leeren“

Bedeutung: Eine unangenehme Sache bis zum Ende durchstehen

Erläuterung: Das Schicksal eines Menschen wird hier mit dem Inhalt eines Kelches oder Bechers verglichen, der (bis zum Ende, bis zur Hefe, d. h. bis zum schlecht schmeckenden Bodensatz des Weines) ausgetrunken werden muss.

Beispiel: Ich habe mich damals leider auf diesen Prozess eingelassen. Jetzt muss ich den Kelch bis zu Ende trinken.

Bibelstelle: Ps 75,9: „Ja in der Hand des Herrn ist *ein Becher*, herben gärenden Wein reicht er dar; ihn müssen alle Frevler der Erde trinken, müssen ihn *samt der Hefe schlürfen.*“ Man vergleiche auch Jer 49,12; Klgl 4,21 und Hab 2,16b!

Kommentar: Der Prophet Jesja gebraucht dasselbe Sprachbild in Jes 51,17). Normalerweise lässt Gott die Seinen nur Gutes trinken, während der Becher mit Hefe für die Frevler bestimmt ist. In dieser Bibelstelle züchtigt Gott vorübergehend auch sein Volk Israel mit dem Becher des Zorns (Jes 51,22-23). Auch bei Jeremia gilt es als Schande, den bitteren Kelch des Zornes zu trinken: „Ja, so hat der Herr, der Gott Israels, zu mir gesprochen:

Nimm diesen Becher von Zornwein aus meiner Hand, und gib ihn allen Völkern zu trinken, zu denen ich dich sende. Trinken sollen sie, taumeln und torkeln vor dem Schwert, das ich unter sie schicke“ (Jer 25,15-16).

Anwendung: Die Redensart vom Leeren des bitteren Kelches bis zum Ende deutet Tapferkeit bei der Annahme eines schweren Schicksals an.

Kind / Geistes

„Wes Geistes Kind jemand ist“

Bedeutung: Wie jemand eingestellt ist

Erläuterung: Die Redensart wird meist in einem abfälligen Ton über jemanden gesprochen, der sich in fragwürdigen Taten oder Worten in seiner wirklichen Geistesverfassung verrät.

Beispiel: Wenn du ein paar Worte mit ihm geredet hast, merkst du gleich, wes Geistes Kind er ist.

Bibelstelle: Lk 9,55: “Da wandte er sich um und wies sie zurecht und sagte: Ihr wisst nicht, *was für ein Geist aus euch spricht.* Der Menschensohn ist nicht gekommen, um Menschen zu vernichten, sondern um sie zu retten.“ (Zusatz nach einer nicht gesicherten Lesart)

Kommentar: Diese Worte soll Jesus als Tadel zu seinen Jüngern gesprochen haben, als diese einmal in einer samaritischen Stadt abgewiesen wurden und keine Unterkunft bekamen. Sie waren nämlich auf dem Weg nach Jerusalem, also zu einer Stadt, die mit den Samaritern u.a. wegen des Tempelkultes in Konkurrenz und Streit lag. Da sagten die Jünger Jakobus und Johannes zu Jesus: „Herr, sollen wir befehlen, dass Feuer vom Himmel fällt und sie vernichtet?“ (Lk 9,54). Die Frage war eine Anspielung auf die Vernichtung von zwei Hauptmännern des Königs Ahasja, der seine Leute zur Orakelbefragung zu Beelzebul, dem Gott Ekrons ausschickte und die deswegen durch Elijas Anrufung durch Feuer vom Himmel samt ihren jeweils 50 Gefolgsleuten vernichtet wurden (2 Kg 1,10-12). Jesus erwidert die Frage seiner Jünger mit einem Vorwurf und dem Hinweis auf die fragwürdige Geisteshaltung seiner auf Rache gesinnten Jünger.

Anwendung: Die Redensart ist eine kritische Anfrage zur Prüfung der Geisteshaltung eines Menschen.

Kind / Tod

„Ein Kind des Todes sein"

Bedeutung: Ein Mensch sein, der bald sterben muss.

Erläuterung: Die Redensart beschreibt einen Menschen in einer Situation, die unausweichlich, meist auf gewaltsame Weise, zu seinem Tode führt.

Beispiel: Wenn du ohne Führer und ohne Erfahrung diese Bergtour machen willst, bist du ein Kind des Todes.

Bibelstelle: 1 Sam 26,16: David ruft aus einiger Entfernung dem Abner, dem Sohn Ners zu: „Das war nicht gut, was du da gemacht hast. So wahr der Herr lebt: *Ihr habt den Tod verdient*, weil ihr euren Herrn, den Gesalbten des Herrn, nicht bewacht habt."- Erst die Lutherübersetzung macht die Redensart deutlich: „Es ist aber nicht fein, was du getan hast. So wahr der Herr lebt, *ihr seid Kinder des Todes,* dass ihr euren Herrn, den Gesalbten des Herrn, nicht behütet habt."

Kommentar: Nur die Lutherübersetzung lässt den Ursprung der Redensart erkennen. In einer anderen Bibelstelle spricht David über einen reichen Mann, der in der Erzählung des Propheten

Nathans einem armen Mann sein einziges Schaf weggenommen hatte, das Todesurteil mit folgenden Worten: „So wahr der Herr lebt, der Mann *ist ein Kind des Todes*, der das getan hat!“ (2 Sam 12,5).So gelingt es dem Propheten Natan Davids moralische Entrüstung zu wecken und ihn zur Umkehr zu bewegen. David spricht zwar nicht wirklich konsequent über sich selbst das Todesurteil aus, aber er bereut seine Tat und tut Buße. Dadurch bleibt er in der Gnade Gottes.

Anwendung: Der biblische Hintergrund könnte zwar als Hinweis interpretiert werden, dass der allmächtiger Gott in der Lage ist, ein Kind des Todes zu retten, aber ohne diesen außergewöhnlichen Eingriff Gottes beschreibt die Redensart eine aussichtslose Lage.

Kind / Welt
„Ein Kind dieser Welt sein“ / „Kinder dieser Welt sein“

Bedeutung: Weltlich, nicht geistlich gesinnt sein / Jemand sein, der sich in dieser Welt durchsetzen kann

Erläuterung: Jesus stellt die Kinder des Lichts den Kindern dieser Welt gegenüber. Letztere sind in ihrer Art klüger als die Kinder des Lichts, weil sie sich durch ihre berechnende Klugheit Freunde machen und Erfolg haben.

Beispiel: Du bist ein Kind dieser Welt und sicherlich für ein Leben im Kloster nicht geeignet.

Bibelstelle: Lk 16,8: „Und der Herr lobte die Klugheit des unehrlichen Verwalters und sagte: *Die Kinder dieser Welt* sind im Umgang mit ihresgleichen klüger als die Kinder des Lichtes.“

Kommentar: Im Gleichnis vom ungetreuen Verwalter, der sich durch die Veruntreuung des Vermögens seines Herrn Freunde in der Welt macht, indem er den Schuldnern seines Herrn unbefugter Weise jeweils die Hälfte ihrer Schulden erlässt, lobt Jesus nicht die Ungerechtigkeit und Vergeudung des Vermögens durch den ungetreuen Verwalter, sondern seine Gerissenheit und seine geschickte Art, das Beste aus seiner Situation für sich herauszuholen. Die Konsequenz aus dem Lob der Klugheit des Verwalters ist ebenfalls eine große Provokation Jesu (Lk 16,9). Das soll nicht bedeuten, dass man sich den Himmel durch Geld erkaufen kann, jemanden bestechen oder sonst etwas Ungerechtes betreiben soll, sondern dass man in kluger Weise handeln und wirklich alles tun soll, um ins Reich Gottes zu gelangen.

Anwendung: Die Redensart sagt etwas über die geistige Herkunft eines Menschen aus. Es gibt übrigens eine Menge weiterer Redensarten mit dem Wort Kind, die nicht biblischen Ursprungs sind, z.B. gebranntes Kind scheut das Feuer, den Brunnen zudecken, wenn das Kind hereingefallen ist, unschuldig sein wie ein neugeborenes Kind usw.

Kind (Herzen)

„Ein Kind unter dem Herzen tragen"

Bedeutung: Schwanger, guter Hoffnung sein

Erläuterung: Wenn eine Frau ein Kind im Mutterleib unter dem Herzen trägt, ist sie schwanger und erwartet die Geburt eines Neugeborenen.

Beispiel: Zu diesem Zeitpunkt trug die junge Mutter bereits *ein Kind unter* ihrem *Herzen.*

Bibelstelle: 2 Makk 7,27b: „,... Mein Sohn, hab Mitleid mit mir. Neun Monate habe ich dich in meinem Leib getragen, ich habe dich drei Jahre gestillt, dich ernährt, erzogen und für dich gesorgt, bis du nun so groß geworden bist."

Kommentar: Das zweite Makkabäerbuch schildert im 7. Kapitel das Martyrium von sieben Brüdern und ihrer Mutter. Der zitierte Vers 27 gibt die Rede der Mutter an ihren jüngsten Sohn wieder, wo sie ihn mit dem Hinweis auf ihre 9 Monate lange Schwangerschaft und mühevolle Erziehung mahnt, den älteren Brüder im Glauben an den treuen Gott in den Märtyrertod zu folgen. Sehr beeindruckend mahnt sie ihm im folgenden Vers: „Ich bitte dich, mein Kind, schau dir den Himmel und die Erde an; sieh alles, was es da gibt, und erkenne: Gott hat das aus dem Nichts erschaffen, und so entstehen auch die Menschen. Hab keine Angst vor diesem Henker, sei deiner Brüder würdig, und nimm den Tod an! Dann werde ich dich zur Zeit der Gnade mit deinen Brüdern wiederbekommen" (2 Makk 7,28-29).

Anwendung: Die Redensart drückt sehr bildhaft und anschaulich aus, dass Schwangerschaft nicht nur ein rein leiblicher Vorgang ist, sondern auch etwas mit der seelisch-geistigen Einstellung der werdenden Mutter zu tun hat. Wenn eine Frau ein Kind unter dem Herzen trägt und Herz als Personenmitte des Menschen verstanden wird, dann ist ihr Kind ihr bereits von Anfang an auch geistig-seelisch nah. Auf dem biblischen Hintergrund erhält die Redensart nicht nur einen emotionalen Charakter wegen des Wortes „Herz", sondern auch einen personalganzheitlichen.

Kinder

„Wenn ihr nicht werdet wie die Kinder" / „Werden/Sein wie die Kinder"

Bedeutung: Empfangsbereit und offen wie Kinder werden / kindisch werden oder sein

Erläuterung: Ein Kind weiß normalerweise, dass es auf die Hilfe anderer angewiesen ist. Diese Offenheit für die Liebe stellt Jesus als Vorbild hin. Alle Christen sollen so empfangsbereit für die Liebe Gottes werden wie die Kinder. Die zweite Redensart ist oft ein ironischer Kommentar zu kindischem, unreifem Benehmen.

Beispiel: a) Die Kleine schaute mich so offenherzig und vertrauensselig an, dass ich dachte: Wenn ihr nicht werdet wie die Kinder ... (kommt ihr nicht in den Himmel).

b) Wenn ich sehe, wie sich die Politiker manchmal streiten, kann ich nur sagen „wie die kleinen Kinder."

Bibelstelle: Mt 18,1-4: „Amen, das sage ich euch: *Wenn ihr nicht umkehrt und wie die Kinder werdet*, könnt ihr nicht in das Himmelreich kommen. Wer so klein sein kann wie dieses Kind, der ist im Himmelreich der Größte."

Kommentar: Diese Bibelstelle Muss im Kontext der Frage nach dem Größten im Himmelreich gesehen werden. Es bedarf einer sinnvollen Interpretation, was mit dem Vorbild des Kindseins gemeint sein könnte. Jesus macht das Kind nicht wegen seiner Unreife und seines unkomplizierten Denkens zum Vorbild, sondern weil das Kind ganz offen ist für die Liebe der Eltern und sich vertrauensvoll auf sie verlässt. Nach Jesus kann nur ein Mensch ins Reich Gottes gelangen, der auf die Liebe des himmlischen Vaters vertraut.

Anwendung: Heinrich Krauss meint „Werden wie die Kinder" hieße „arglos und unkompliziert im Denken und Fühlen" sein (Krauss S. 114). Das mögen vielleicht viele Menschen heute mit der Redensart verbinden und dabei evtl. eher die zweite Bedeutung im Auge haben, das dürfte aber Jesus kaum gemeint haben; denn sonst hätten Erwachsene und Philosophen keine Chance, ins Reich Gottes zu kommen.

„Kinder und Kindeskinder"

Bedeutung: Kinder und Enkel

Erläuterung: Mit Kinder und Kindeskindern werden auch allgemein die Nachfahren, die kommenden Generationen bezeichnet.

Beispiel: Zu ihrem 80. Geburtstag kamen alle Kinder und Kindeskinder, um ihr zu gratulieren.

Bibelstelle: Ex 34,7: „Er (Jahwe) bewahrt Tausenden Huld, nimmt Schuld, Frevel und Sünde weg, lässt aber (den Sünder) nicht ungestraft; er verfolgt die Schuld der Väter an den *Söhnen und Enkeln*, an der dritten und vierten Generation."

Luther übersetzt 2 Mose 34,7: „Der da bewahret Gnade in tausend Glieder und vergibt Missetat, Übertretung und Sünde, und vor welchem niemand unschuldig ist; der die Missetat der Väter heimsucht auf *Kinder und Kindeskinder* bis ins dritte und vierte Glied."

Kommentar: Nach Heinrich Krauss ist diese Bibelstelle gerade kein Beleg für den Rächergott des Alten Testaments, der unversöhnlich die Straftaten der Vorfahren angeblich bis ins tausendste Glied verfolgt (Krauss S. 73). Denn in Ex 34,7 ist ja gerade von der Gnade Gottes an Tausenden von Menschen die Rede. Außerdem schränkt Gott seine Strafe auf die Menschen bis ins dritte und vierte Glied ein, d. h. nur die noch lebenden Generationen von Großvätern, Vätern, Söhnen und Enkeln werden zur Rechenschaft gezogen. Damit müssen eigentlich nur diejenigen für die Missetaten der Väter aufkommen, die zur Zeit leben und für das Handeln der Mitglieder der Großfamilie oder Sippe verantwortlich sind. Sicherlich liegt die Pointe der Bibelstelle auf Gottes Gnade und Barmherzigkeit und nicht auf seiner Strenge.

Anwendung: Die etwas altertümlich klingende von Luther stammende Bezeichnung „Kindeskinder“ für ‘Enkel’ macht die Generationenfolge im Blick auf die eigenen Kinder und deren Kinder besonders deutlich.

Kindlein (kommen)

„Lasset die Kindlein/Kinder zu mir kommen!“

Bedeutung: Kinder sind willkommen.

Erläuterung: Diese Redensart beruht auf einem Bibelzitat, das für Jesu Kinderfreundlichkeit spricht.

Beispiel: Auch in den christlichen Gemeinden, besonders in den Gottesdiensten sollen die Kinder einen Platz haben; denn Jesus hat gesagt: „Lasset die Kindlein zu mir kommen!“

Bibelstelle: Mt 19,13-15: „Da brachte man Kinder zu ihm, damit er ihnen die Hände auflegte und für sie betete. Die Jünger aber wiesen die Leute schroff ab. Doch Jesus sagte: *Lasst die Kinder zu mir kommen*; hindert sie nicht daran! Denn Menschen wie ihnen gehört das Himmelreich. Dann legte er ihnen die Hände auf und zog weiter.“

Luther übersetzt: „Da wurden Kindlein zu ihm gebracht, dass er die Hände auf sie legte und betete; die Jünger aber fuhren sie an. Aber Jesus sprach: *Lasset die Kindlein und wehret ihnen nicht zu mir zu kommen;* denn solcher ist das Himmelreich. Und legte die Hände auf sie und zog von dannen.“

Kommentar: In der Redensart hat sich die Bezeichnung Kindlein aus der Lutherübersetzung eigentlich mehr durchgesetzt, während die schwere Formulierung „wehret ihnen nicht zu mir zu kommen“ weniger häufig und meist nicht genau nach Luther zitiert wird.

Anwendung: Die Redensart will daran erinnern, dass Jesus ein Herz für Kinder hatte, sie als Vorbild im Glauben hinstellte und sie segnete.

Kind(lein) / werden

„Was wird aus diesem Kindlein / Kind(e) werden?"

Bedeutung: Wie wird sich das Kind entwickeln?

Erläuterung: Die Frage bringt eine gespannte Erwartung an die Zukunft eines Kindes zum Ausdruck.

Beispiel: Was wird aus diesem Kind einmal werden, wenn es jetzt schon mit vier Jahren lesen kann?

Bibelstelle: Lk 1,66: „Alle, die davon hörten, machten sich Gedanken darüber und sagten: *Was wird wohl aus diesem Kind* (Johannes) *werden?* Denn es war deutlich, dass die Hand des Herrn mit ihm war."

Kommentar: Die Frage wird in der Bibel 8 Tage nach der Geburt am Tag der Beschneidung des Johannes gestellt, als der wegen seiner Glaubenszweifel stumme Zacharias wieder die Sprache erlangte, nachdem er den Namen des Kindes auf ein Schreibtäfelchen geschrieben hatte.

Anwendung: Nach Heinrich Krauss wird die Redensart gern als „scherzhafter Ausruf angesichts eines frühreifen Kindes" gebraucht (Krauss S. 115).

Klein

„Im Kleinen treu sein"

Bedeutung: Bei der Pflichterfüllung auch unwichtig erscheinender Angelegenheiten gewissenhaft sein

Erläuterung: Die Redensart beruft sich hier auf ein Wort Jesu über den rechten Gebrauch des Reichtums.

Beispiel: Um große Ziele zu erreichen, muss man auch im Kleinen treu sein können.

Bibelstelle: Lk 16,10: „Wer *in den kleinsten Dingen zuverlässig* ist, der ist es auch in den großen, und wer bei den kleinsten Dingen Unrecht tut, der tut es auch bei den großen."

Kommentar: Die Feststellung Jesu mag auf persönlicher Lebenserfahrung oder allgemeiner Spruchweisheit beruhen. Sie will eine Aufforderung zur Zuverlässigkeit auch im kleinen Bereich der Verantwortung sein. Im selben Abschnitt weist Jesus auch auf die Gefahren des Reichtums hin und dass es nicht möglich sei, Gott und dem Götzen Geld gleichzeitig zu dienen. „Kein Sklave kann zwei Herren dienen; er wird entweder den einen hassen und den anderen lieben, oder er wird zu dem einen halten und den andern verachten. Ihr könnt nicht beiden dienen, Gott und dem Mammon" (Lk 16,13).

Anwendung: Die biblische Redewendung will also letztlich die Treue zu Gott auch in kleinen Dingen höher bewerten als das Streben nach großem Reichtum.

Kluft

„Eine große Kluft"

Bedeutung: Ein unüberbrückbarer Gegensatz

Erläuterung: Heute wird das Wort Kluft im Sinne von Felsspalte, Schlucht, Trennung, Abstand gebraucht (Duden, Band VII, S. 336).

Beispiel: Es gibt kein Patentrezept, wie die immer größer werdende Kluft zwischen Armen und Reichen in unserem Land verringert werden kann.

Bibelstelle: Lk 16,26: „Außerdem ist zwischen uns und euch ein tiefer, *unüberwindlicher Abgrund*, so dass niemand von hier zu euch oder von dort zu uns kommen kann, selbst wenn er wollte."

Luther übersetzt: „Und über das alles ist zwischen uns und euch *eine große Kluft* befestigt, dass, die da wollten hinnen hinabfahren zu euch, könnten nicht, und auch nicht dannen zu uns herüberfahren."

Kommentar: Im Gleichnis vom reichen Prasser und dem armen Lazarus besteht die Kluft in dem unüberwindlichen Abgrund und Gegensatz zwischen dem verstorbenen Armen, der als Belohnung für seine guten Taten im Schoß Abrahams ruhen darf, und dem Reichen, der aufgrund seiner Unbarmherzigkeit und Gleichgültigkeit dem Armen gegenüber nach seinem irdischen Leben in der Unterwelt qualvolle Schmerzen wie in einem Feuer erleiden Muss. Abraham meint in diesem von Jesus erzählten Gleichnis, die Menschen auf Erden würden sich auch nicht zum Besseren bekehren, wenn einer von den Toten auferstände. Letzteres ist sicherlich eine Reflexion der Gemeindesituation, dass sich auch nach der Auferstehung Jesu noch nicht alle Juden zum christlichen Glauben bekannten.

Anwendung: Das Wort von der unüberbrückbaren Kluft kann heute angesichts sozialer, wirtschaftlicher oder politischer Spannungen zwischen Armen und Reichen, zwischen Gemäßigten und Fanatikern, zwischen dem industrialisierten Norden und dem unterentwickelten Süden auf der Welt und bei weltanschaulichen Konflikten angewandt werden.

Klug

„Klug (listig) wie die Schlange"

Bedeutung: Schlau und hinterhältig

Erläuterung: Seit der Erzählung von der Verführung Evas durch die List einer Schlange im Paradies, gilt die Schlange in der Bibel als Symbol der Falschheit, List, Lüge und hinterhältigen Schläue.

Beispiel: Nimm dich vor ihr in acht! Sie ist zwar klug wie eine Schlange, aber ebenso falsch und hinterhältig.

Bibelstelle: Mt 10,16: „Seht, ich sende euch wie Schafe mitten unter die Wölfe; seid daher *klug wie die Schlangen* und arglos wie die Tauben!"

Kommentar: Bei der Aussendung der 12 Apostel warnt Jesus seine Jünger, sich vor den Menschen in acht zu nehmen, damit sie nicht verfolgt, vor Gericht gebracht und in den Synagogen ausgepeitscht werden. Er mahnt seine Anhänger zur Klugheit, in dem er den Vergleich mit der Schlange zieht, die seit der Erzählung von Adam und Eva im Paradies als listig gilt. „Die Schlange war schlauer als alle Tiere des Feldes, die Gott, der Herr, gemacht hatte. Sie sagte zu der Frau: Hat Gott wirklich gesagt: Ihr dürft von keinem Baum des Gartens essen?" (Gen 3,1). Indem die Schlange Eva vortäuscht, sie würde nach dem Essen der verbotenen Frucht des Baumes nicht sterben, sondern gut und böse erkennen können wie Gott, gelingt ihr die hinterhältige Verführung Evas.

Anwendung: Die Redensart ist eine bewusste Anspielung auf biblische Vorstellungen und Symbole, denn im deutschen Sprachraum gilt normalerweise der Fuchs als Fabelgestalt für Klugheit und Schläue und nicht die Schlange wie in der Bibel. „Schlau wie der Fuchs" ist daher eine gängigere, aber nichtbiblische Redensart. Statt der teuflischen Schlange Klugheit zuzubilligen, wäre Listigkeit angebrachter, da es ihr gelingt, Eva und durch Eva auch Adam zur Übertretung des biblischen Verbots und damit zur Sünde zu verführen.

Kohlen
„Feurige Kohlen auf jemandes Haupt sammeln"

Bedeutung: Jemanden durch Großmut beschämen, indem Böses mit Gutem vergolten wird.

Erläuterung: Jemandem Gutes erweisen, damit ihn das unangenehm berührt und er sich ändert

Beispiel: Sie verzieh ihm all seine Schandtaten und sammelte damit feurige Kohlen auf sein Haupt.

Bibelstelle: Römer 12,20: „Wenn dein Feind Hunger hat, dann gib ihm zu essen, wenn er Durst hat, gib ihm zu trinken; tust du das, *dann sammelst du glühende Kohlen auf sein Haupt."*

Kommentar: Der eigentliche Sinn dieser recht bildhaften Redewendung ist im folgenden Vers des Römerbriefes (Röm 12,21) erklärt: „Lass dich nicht vom Bösen besiegen, sondern besiege das Böse durch das Gute!" - Paulus hat die Redewendung bereits aus den Sprüchen Salomos fast wörtlich übernommen: „Hat dein Feind Hunger, gib ihm zu essen, hat er Durst, gib ihm zu trinken; *so sammelst du glühende Kohlen auf sein Haupt*, und der Herr wird es dir vergelten“ (Spr 25,21-22). Die glühenden Kohlen sind ein Symbol für den heftigen Schmerz eines reumütigen Sünders.

Anwendung: Die Redewendung will somit das Schuldgefühl veranschaulichen, das den Sünder zur Reue führt, wenn man ihm Gutes erweist.

Hinter dem Sinnbild der glühenden Kohlen auf dem Haupt als Zeichen der Beschämung und des Bedauerns steht nach Lutz Röhrich das kulturhistorische Faktum, im Ritus der Sinnesänderung tatsächlich feurige Kohlen zum Zeichen der Reue und Buße auf sein eigenes Haupt zu laden. Dies belegt Lutz Röhrich mit einer Geschichte, in dem jemand ein Kohlenbecken auf dem Kopf zum Zeichen der Reue trägt und gestohlenes Gut wieder zurückbringt (Röhrich S. 864).

Kopf

„Den Kopf hängen lassen“

Bedeutung: Deprimiert, traurig sein, Sorgen haben

Erläuterung: Während ein hängender Kopf für uns entweder Zeichen von Traurigkeit, Sorge, Müdigkeit oder Resignation ist, spielt der Prophet Jesaja mit dieser Redewendung auf die heuchlerische Haltung beim Fasten an.

Beispiel: Du brauchst nicht gleich den Kopf hängen zu lassen, wenn etwas schief geht. Lass dich nicht so leicht entmutigen!

Bibelstelle: Jes 58,4b-5a: „So wie ihr jetzt fastet, verschafft ihr eurer Stimme droben kein Gehör. Ist das ein Fasten, wie ich es liebe, ein Tag, an dem man sich der Buße unterzieht: wenn man *den Kopf hängen lässt*, so wie eine Binse sich neigt, wenn man sich mit Sack und Asche bedeckt?“

Kommentar: Nachdem der Prophet die äußeren Zeichen des Fastens, den Kopf hängen lassen und sich in Sack und Asche kleiden, kritisiert und als erfolglos hingestellt hat, zeigt er auch auf, was ein Fasten wäre, das Gott gefällt: „Nein, das ist ein Fasten, wie ich es liebe: die Fesseln des Unrechts zu lösen, die Stricke des Jochs zu entfernen, die Versklavten freizulassen, jedes Joch zu zerbrechen, an die Hungrigen dein Brot auszuteilen, die obdachlosen Armen ins Haus aufzunehmen, wenn du einen Nackten siehst, ihn zu bekleiden und dich deinen Verwandten nicht zu entziehen. Dann wird dein Licht hervorbrechen wie die Morgenröte, und deine Wunden werden schnell vernarben“ (Jes 58,6-8).

Anwendung: Mit dem Zeichen des hängenden Kopfes soll die Selbstkasteiung in Frage gestellt werden. Von daher macht die Redensart auf eine Fehlhaltung des Menschen aufmerksam; denn nach dem Propheten Jesaja besteht Fasten in einem freiwilligen Verzicht des Menschen, bei dem er keinen Grund hat, den Kopf hängen zu lassen. -

Kopf (wachsen)

„Sich etwas über den Kopf wachsen lassen“

Bedeutung: Mit Schwierigkeiten nicht mehr fertig werden.

Erläuterung: Die Redensart gebraucht dieses Sprachbild, wenn die anstehenden Probleme und Aufgaben nicht mehr bewältigt werden können.

Beispiel: Pass auf, dass dir deine Probleme nicht über den Kopf wachsen! An deiner Stelle würde ich erst mal langsamer treten und nicht versuchen, alles auf einmal zu schaffen. Mach ruhig eins nach dem anderen!

Bibelstelle: Esra 9,6: „Mein Gott, ich schäme mich und wage nicht, die Augen zu dir, mein Gott, zu erheben. Denn unsere Vergehen *sind uns über den Kopf gewachsen*; unsere Schuld reicht bis zum Himmel."

Kommentar: Die Bibel verwendet das Sprachbild, um die Größe der Sündenschuld vor Gott zu veranschaulichen.

Anwendung: In der heutigen Redewendung sind es mehr die Probleme, die einem über den Kopf wachsen, d.h. die Schwierigkeiten, mit denen jemand zu kämpfen hat, werden zu groß und zu schwer, als dass jemand sie lösen oder bewältigen könnte.

Koscher

„Nicht ganz koscher sein"

Bedeutung: Nicht einwandfrei, nicht unbedenklich, nicht recht geheuer sein

Erläuterung: Ursprünglich heißt nicht koscher sein nur „unrein" und nach den mosaischen Speisevorschriften für die Juden nicht genießbar sein.

Beispiel: Die Sache kommt mir nicht ganz koscher vor. Hake doch bitte noch einmal genauer nach!

Bibelstelle: Lev 11,1-8: „Der Herr sprach zu Mose und Aaron: Sagt den Israeliten: Das sind die Tiere, die ihr von allem Vieh auf der Erde essen dürft. Alle Tiere, die gespaltene Klauen haben, Paarzeher sind und wiederkäuen, dürft ihr essen. Jedoch dürft ihr von den Tieren, die wiederkäuen oder gespaltene Klauen haben folgende nicht essen: Ihr sollt für unrein halten das Kamel, weil es zwar wiederkäut, aber keine gespaltenen Klauen hat; ihr sollt für unrein halten den Klippdachs, weil er zwar wiederkäut, aber keine gespaltenen Klauen hat; ihr sollt für unrein halten den Hasen, weil er zwar wiederkäut, aber keine gespaltenen Klauen hat; ihr sollt für unrein halten das Wildschwein, weil es zwar gespaltene Klauen hat und Paarzeher ist, aber nicht wiederkäut. *Ihr dürft* von ihrem Fleisch *nicht essen* und ihr Aas nicht berühren; *ihr sollt sie für unrein halten.*“

Kommentar: So absurd dem heutigen modernen, nichtreligiösen Menschen die Kriterien für die Unreinheit der Tiere auch erscheinen mögen, zumal der Hase als Wiederkäuer biologisch aufgrund der zitternden Mundbewegung falsch zugeordnet wurde, so strikt halten die streng orthodoxen Juden die Vorschriften des Mose für ihre koscheren Speisen bis auf den heutigen Tag ein.

Anwendung: Beim Wort koscher spielt die Spitzfindigkeit der Begründungen für die Reinheit oder Unreinheit und daher die genaue Prüfung einer Sache, die einem nicht ganz geheuer oder vertraut ist, auch eine Rolle.

Krank

„Krank vor Liebe sein“

Bedeutung: Liebeskrank oder sehr heftig, auf ungesunde Weise verliebt sein

Erläuterung: Liebe als Ganzhingabe an einen Menschen kann seelisch aus verschiedenen Gründen sehr schmerzhaft sein.

Beispiel: Nach dieser gemeinsam verbrachten Nacht wurde sie krank vor Liebe und Sehnsucht nach ihrem Hans.

Bibelstelle: Hld 2,5: „Stärkt mich mit Traubenkuchen, erquickt mich mit Äpfeln; denn ich bin krank vor Liebe.“

Kommentar: Das Hohelied der Liebe gehört zu den Weisheitsbüchern des Alten oder Ersten Bundes, das in recht weltlicher Art, aber in sehr poetisch ansprechender Weise die Liebe zwischen Mann und Frau beschreibt. Erst später wurden die zwischenmenschlichen Liebesbeziehungen religiös gedeutet und allegorisch auf Gott bezogen. Kapitel 5 beschreibt mit dramatischen Worten die ungestillte Sehnsucht einer Frau nach ihrem Geliebten, wo sie bis zur Raserei seine Abwesenheit beklagt: „Ich beschwöre euch, Jerusalems Töchter: Wenn ihr meinen Geliebten findet, sagt ihm, *ich bin krank vor Liebe*" (Hld 5,8).

Anwendung: Normalerweise gibt es nichts Schöneres auf der Welt als Liebe. Echte Liebe baut langfristig und nachhaltig Körper, Seele und Geist auf. Die Redensart will jedoch auf Situationen aufmerksam machen, unter denen nicht nur der Verliebte, sondern auch der wahrhaft Liebende sehr leidet und körperlich wie seelisch vorübergehend krank sein kann, z.B. bei Abwesenheit der/des Geliebten.

Krethi
„Krethi und Plethi" /
„Es ist Krethi und Plethi beisammen."

Bedeutung: Gesindel, alle möglichen Leute / Eine bunt zusammengewürfelte Volksmenge

Erläuterung: Mit dem Wortpaar ist die Leibwache König Davids gemeint, die aus Kretern und Pletern bestand, was von Martin Luther als *Krether und Plether* übersetzt wurde. Da im Hebräischen 'krethi' „ausrotten, töten" heißt und 'plethi' „entfliehen, forteilen" waren die Krethi und Plethi ursprünglich die Scharfrichter und Eilboten in der Leibwache des Königs, die die Todesurteile zu vollstrecken hatten. Das könnte auch den despektierlichen Charakter der Redensart erklären, mit dem Gesinde, Pöbel oder Leute aus sozial niedrigem Stande als Krethi und Plethi bezeichnet werden.

Beispiel: Zum Volksfest kamen Krethi und Plethi herbeigeströmt, und mit Krethi und Plethi gab er sich grundsätzlich nicht ab.

Bibelstelle: 2 Sam 8,18: „Benaja, der Sohn Jojadas, war der Befehlshaber der *Kereter und Peleter*. Auch die Söhne Davids waren Priester."

Kommentar: Benaja wird in 2 Sam 23,23 auch als Anführer der Leibwache Davids genannt, so dass man davon ausgehen kann, dass die Kreter und Pleter zur Leibgarde des Königs David gehörten und als solche eigentlich eine gewisse Anerkennung hätten genießen können, wenn sie nicht ein so unbeliebtes Amt als Henker und Eilboten hätten ausüben müssen. Weil sie aber königliche Briefe und Befehle in entfernte Orte zu bringen hatten, galten sie als Vollstrecker, die die Macht des Königs festigten und daher lieber gemieden wurden.

Anwendung: In der Redensart sind Krether und Plether entweder Menschen von niederem Rang oder aus sehr unterschiedlichen sozialen Schichten, mit denen die Mehrheit im allgemeinen wenig zu tun haben will.

Kreuz

„Sein Kreuz tragen" /
„Sein Kreuz auf sich nehmen"

Bedeutung: Sein Schicksal annehmen / Auch das Schwere im Leben bejahen

Erläuterung: Auch das Unangenehme, seine Pflicht tun; ein unabwendbares Leidensschicksal geduldig ertragen, so wie Jesus willig sein Kreuz auf sich genommen hat.

Beispiel: Entweder Du nimmst Dein Kreuz auf Dich und machst die Prüfung noch einmal oder du musst deine Berufspläne ändern.

Bibelstelle: Mt 10,38: „Und *wer nicht sein Kreuz auf sich nimmt* und mir nachfolgt, ist meiner nicht würdig."

Kommentar: Der Kontext beschreibt noch deutlicher, wie radikal und hart die Forderungen Jesu nach unbedingter Kreuzesnachfolge sein können: „Wer Vater oder Mutter mehr liebt als mich, ist meiner nicht würdig, und wer Sohn oder Tochter mehr liebt als mich, ist meiner nicht würdig" (Mt 10,37). - Die verwandtschaftlichen Bindungen können unter Umständen der Nachfolge Jesu im Wege stehen. Mit der Kreuzesnachfolge wird nicht nur die Priorität in der Beziehung zu Verwandten relativiert, auch die Selbstliebe Muss begrenzt werden, obwohl man nach dem Wort Jesu in Mt 22,39 den Nächsten nicht mehr als sich selbst zu lieben braucht. Kreuzesnachfolge ist somit ein Akt der Selbstverleugnung, wie Jesus ausdrücklich in folgendem Vers betont: „Wer das Leben gewinnen will, wird es verlieren; wer aber das Leben um meinetwillen verliert, wird es gewinnen" (Mt 10,39).

Anwendung: Die Redensart fordert zur Annahme eines leidvollen Schicksals auf, das auch im Zuge der Nachfolge Christi angenommen werden kann.

Unter dem Stichwort Kreuz sind zahlreiche weitere Redewendungen zu finden, z.B. sein Kreuz haben (seine Not, seine Sorgen haben); jeder hat sein Kreuz (jeder hat sein Leid/ Schicksal zu tragen); es ist eine crux (eine Plage/ein Kreuz) mit ihm; sich ein Kreuz auf den Hals laden (etwas Schweres übernehmen); zu Kreuze kriechen (demütig nachgeben) u.a. (Röhrich, Band III, S. 889-891).

Krumm
„Krumme Wege gehen“ /
„Krumme Touren machen“

Bedeutung: Unaufrichtig, kriminell sein; heimlich und widerrechtlich ein Ziel ohne moralische Bedenken verfolgen

Erläuterung: Wer einen krummen Weg geht, verstößt versteckt und geheim gegen Normen.

Beispiel: Wenn du weiter deine krummen Wege gehen willst - nicht mit mir. / Ich kann deine krummen Touren einfach nicht leiden.

Bibelstelle: Ps 125,5: „Doch *wer auf krumme Wege abbiegt*, den jage, Herr, samt den Frevlern davon! Frieden über Israel!“

Kommentar: Die krummen Wege werden als Abweichung vom rechten Pfad und als Irrwege der Frevler vom Gläubigen verschmäht.

Anwendung: Ähnliche Abneigung zeigen die meisten Menschen auch heute noch gegen krumme Wege oder Touren, die entweder kriminell sind oder am Rande der Legalität liegen.

„Ein langer Laban“

Bedeutung: Ein hochgewachsener Mensch; eine besonders im Rheinland verbreitete Bezeichnung für einen langen, meist schlaffen Kerl (Röhrich S. 915)

Erläuterung: Die Redewendung spielt nach einer wissenschaftlich umstrittenen These auf die lange Zeit an, die Jakob bei Laban diente. L. Röhrich sieht in der langen Hinhaltetaktik des Laban gegenüber Jakob einen volksetymologischen Grund, dem Laban alogisch die Eigenschaft „lang“ zuzulegen.

Beispiel: Ich kann nichts sehen, weil ein langer Laban mir die Sicht versperrt.

Bibelstelle: Gen 29,26-27: „*Laban* erwiderte: Es ist hierzulande nicht üblich, die Jüngere vor der Älteren zur Ehe zu geben. Verbring mit dieser noch die Brautwoche, dann soll dir auch die andere gehören *um weitere sieben Jahre Dienst.*“

Kommentar: Jakob stellt zwar seinen Onkel Laban, den Bruder seiner Mutter, wegen des Betrugs zur Rede, da dieser ihm heimlich die weniger geliebte ältere Tochter Lea statt der begehrten Rahel beim Hochzeitsfest in das Brautgemach geschickt hatte, aber seine Liebe zu Rahel war unvergleichlich größer als zu Lea, so dass er bereit war, seinem Onkel weitere sieben Jahre für seine zweite Braut Rahel zu dienen

Anwendung: Der Ausdruck „ein langer Laban“ ist kein neutrales Synonym für einen besonders großen Menschen, sondern die Riesigkeit ist durch einen bestimmten, leptosomen, schlaffen und antriebsschwachen Charaktertyp gekennzeichnet. Die altpreußische Bedeutung „Strolch“ in ‘labes’ könnte auch an die Schläue Labans erinnern, der die Verliebtheit des Jakob in seine Tochter Rachel auf recht unverschämte Weise ausnützte.

Lamm

„Wie ein Lamm, das zur Schlachtbank geführt wird"

Bedeutung: Etwas geduldig, ohne Gegenwehr hinnehmen

Erläuterung: Jesus gilt als das unschuldige Lamm, das sein Leben geopfert hat für die Sünden der Welt.

Beispiel: Seine Braut schleppte ihn in den Tanzsaal wie ein Lamm, das zur Schlachtbank geführt wird.

Bibelstelle: Jes 53,7: „Er wurde misshandelt und niedergedrückt, aber er tat seinen Mund nicht auf. *Wie ein Lamm, das man zum Schlachten führt*, und wie ein Schaf angesichts seiner Scherer, so tat auch er seinen Mund nicht auf."

Kommentar: Indem Jesus den Kreuzestod freiwillig auf sich nahm und auf Gegengewalt zur Selbstverteidigung verzichtete, hat er seinen Jüngern ein Beispiel gegeben und Gewaltlosigkeit und Hingabe für die Seinen bis zum Äußersten praktiziert. Ein Lamm, das sich willig zur Schlachtbank führen lässt, macht es seinem Besitzer nicht nur leicht, sondern das willige Tier ist für ihn auch äußerst nützlich. Der Tod des Lammes bewirkt eine Stärkung des Besitzers, indem er sein Fleisch essen kann. Entsprechend wird der Christ durch den Empfang des Leibes Christi im konsekrierten Brot und dem Blut Christi im konsekrierten Wein auf dem Weg der Nachfolge Christi gestärkt.

Anwendung: Die Symbolik des unschuldigen und geduldig Leid ertragenden Lammes prägt auch die Redensart dahingehend, dass der Mensch, der wie ein Lamm zur Schlachtbank geführt wird, fast willenlos und ohne Gegenwehr etwas über sich ergehen lässt, was ihm selber zum Schaden gereicht oder für ihn unangenehm ist.

„Unschuldig wie ein Lamm"

Bedeutung: Jemand ist völlig unschuldig.

Erläuterung: Ein Lamm wird nicht geschlachtet, weil es schuldig geworden ist, sondern weil man es zur Nahrung braucht. Das Lamm ist ein Symbol des Sühneopfers und wird gerne als Symbol für Jesus verwendet, der unschuldig den Kreuzestod als Sühneopfer für die Sünden der Menschen erlitt.

Beispiel: Ich bin unschuldig wie ein Lamm, das schwöre ich.

Bibelstelle: In Joh 1,29 sagt Johannes der Täufer über Jesus: „Seht, *das Lamm* Gottes, *das die Sünde der Welt hinweg nimmt."*

Kommentar: Auch im 1. Petrusbrief wird Jesus als unschuldiges, makelloses Opferlamm gedeutet: „Ihr wisst, dass ihr aus eurer sinnlosen, von den Vätern ererbten Lebensweise nicht um einen vergänglichen Preis losgekauft wurdet, nicht um Silber oder Gold, sondern mit dem kostbaren Blut Christi, des Lammes ohne Fehl und Makel" (1 Petr 1,18-19).

Anwendung: Der Vergleich mit dem Lamm aus dem Bildfeld der Herde wird gerne als Beteuerungsformel für die Unschuld eines Menschen verwendet. Eine ähnliche Redensart heißt „kein Unschuldslamm sein": zu Unrecht bezichtigt, aber doch nicht ganz schuldlos sein (Wolkenstein, S. 259). Nach Wolkenstein hat sich letztere Redensart durch ihre Nähe zur christlichen Symbolik und durch die bekannte Fabel vom Wolf und dem Lamm umgangssprachlich durchgesetzt. Man vergleiche auch die Redensart „Unschuldig wie ein Lamm, das zur Schlachtbank geführt wird (wehrlos, völlig in sein Schicksal ergeben sein), die auf Jes 53,7 beruht! Andere Variationen der obigen Redensart sind: „Unschuldig wie ein neugeborenes Lamm" oder „sanft wie ein Lamm".

„Ein Land, wo Milch und Honig fließen"

Bedeutung: Ort, wo alles im Überfluss vorhanden ist und wo man gut leben kann.

Erläuterung: Milchprodukte und Honig können nur in einem fruchtbaren Land hergestellt werden, nämlich da, wo es genug saftiges Weideland für die Kühe und viele Blüten für die Bienen gibt. Mit den Metaphern von Milch und Honig wurde das Gelobte Land häufig beschrieben (Dt 31,20; Jos 5,6b; Jer 11,5; 32,22; Sir 46,8; Ez 20,6.15; Bar 1,20).

Beispiel: Er meinte, nur in Amerika würde er das Land finden, wo Milch und Honig fließen.

Bibelstelle: Ex 3,8: „Ich bin herabgestiegen, um sie der Hand der Ägypter zu entreißen und aus jenem Land hinaufzuführen in ein schönes, weites Land, *in ein Land, in dem Milch und Honig fließen*, in das Gebiet der Kanaaniter, Hetiter, Amoriter, Perisiter, Hiwiter und Jebusiter."

Kommentar: Jahwe spricht im brennenden Dornbusch zu Moses: „Ich habe das Elend meines Volkes in Ägypten gesehen, und ihre laute Klage über ihre Antreiber habe ich gehört. Ich kenne ihr Leid" (Ex 3,7). Die daraufhin gemachte Heilszusage auf ein fruchtbares Land wurde durch kriegerische Eroberung im Namen Jahwes erfüllt, indem die Ureinwohner dieses Landes Palästina durch ständige Raubzüge über viele Jahre hinweg in der sogenannten „Landnahme" besiegt, total ausgerottet oder vertrieben wurden (Vgl. Dt 7,1-5;13-16; Dt 8,7-20).

Anwendung: Die Redensart erinnert an die biblische Verheißung vom gelobten Land. Sie weckt daher nicht bloß die Sehnsucht nach einem fruchtbaren Land, sondern auch nach einem glücklichen Leben ohne Sorge um das tägliche Brot.

„Bleibe im Lande und nähre dich redlich"

Bedeutung: Bleib, wo du bist, und erfülle dort deine Aufgaben!

Erläuterung: Mit dem Bleiben im Lande wird kein Reiseverbot gefordert, sondern die Verpflichtung ausgesprochen, sich seiner Verantwortung in der Gesellschaft zu stellen.

Beispiel: „Warum willst du im Ausland Karriere machen? Bleibe im Lande und nähre dich redlich!"

Bibelstelle: Ps 37,1-3: „Errege dich nicht über die Bösen, wegen der Übeltäter ereifere dich nicht! Denn sie verwelken schnell wie das Gras, wie grünes Kraut verdorren sie. Vertrau auf den Herrn und tu das gute, *bleib wohnen im Land* und bewahre Treue!"

Kommentar: Man soll nicht auf die schielen, denen es scheinbar besser geht, sondern sich vor Ort mit Gottvertrauen engagieren. Was mit Luthers Übersetzung von Ps 37,3 „Bleibe im Lande und nähre dich redlich!" und was die Einheitsübersetzung mit bewahre Treue wiedergibt, wirklich bedeutet, kann man am Kontext der folgenden Verse ersehen: „Freu dich immer am Herrn! Dann gib er dir, was dein Herz begehrt. Befiehl dem Herrn deinen Weg und vertrau ihm; er wird es fügen. Er bringt deine Gerechtigkeit heraus wie das Licht und dein Recht so hell wie den Mittag. Sei still vor dem Herrn und harre auf ihn! Erhitze dich nicht über den Mann, dem alles gelingt, den Mann, der auf Ränke sinnt" (Ps 37,4-7).

Anwendung: Die Redensart ist ein moralischer Apell zu einem rechten Leben aus Gottvertrauen, wobei der biblische Hintergrund, der Kontext der Psalmverse durchaus mit gemeint sind.

Leben

„Jemandem nach dem Leben trachten"

Bedeutung: Jemanden umbringen wollen

Erläuterung: Mordpläne hegen

Beispiel: Sie hatte Angst, es könne ihr einer ihrer früheren Bekannten nach dem Leben trachten.

Bibelstelle: Jer 4,30: „Du aber, was tust du? Wie kannst du in Purpur dich kleiden, mit Goldschmuck dich zieren, dir mit Schminke die Augen weiten? Umsonst machst du dich schön. Die Liebhaber verschmähen dich; *sie trachten dir nach dem Leben.*"

Bei Luther wird die Redensart im Futur wiedergegeben: „Was willst du alsdann tun, du Verstörte? Wenn du dich schon mit Purpur kleiden und mit goldenen Kleinoden schmücken und dein Angesicht schminken würdest, so schmückst du dich doch vergeblich; die Buhlen werden dich verachten, sie werden dir nach dem Leben trachten."

Kommentar: Der Prophet vergleicht die Stadt Jerusalem als Tochter Zion mit einer prostituierten Frau, die mit dem Leben bedroht ist. „Ja, ich höre Geschrei wie von einer Frau in Wehen, Stöhnen wie von einer Erstgebärenden, das Schreien der Tochter Zion, die nach Atem ringt und die Hände ausstreckt: Weh mir, unter Mörderhand endet mein Leben!" (Jer 4,31). Dies geschieht durch die Bedrohung der Feinde Israels aus dem Norden. Dabei vertritt der Prophet die religiös weit verbreitete Meinung, dass die Stadt von Jahwe gerettet werden könnte, wenn es nur genügend Gerechte in ihr gäbe.

Anwendung: Wenn jemand heute die Redensart gebraucht, geht er nicht unbedingt davon aus, dass derjenige, dem nach dem Leben getrachtet wird, in irgendeiner Weise daran schuld ist. Auch der gerechteste und menschenfreundlichste Mensch kann Opfer eines Verbrechens werden.

„Mit dem Leben davonkommen"

Bedeutung: Aus einer großen Gefahr gerettet werden

Erläuterung: Das Leben gilt als kostbarstes Gut, das in Schwierigkeiten vor allen anderen Gütern (in der Regel vor Besitz und Gesundheit) zu bewahren ist.

Bedeutung: Er dankte Gott, dass er bei diesem schweren Unfall noch einmal mit dem Leben davongekommen war.

Bibelstelle: 2 Makk 3,35: „Da ließ Heliodor dem Herrn ein Opfer darbringen und machte ihm große Gelübde, *weil er ihn am Leben gelassen hatte.*"

Kommentar: Simon aus dem Stamm Benjamin geriet mit dem gerechten Hohepriester Onias wegen der Marktordnung in der Stadt Jerusalem in Streit und veranlasste aus Rache den König Apollonius, den gesamten Tempelschatz zu beschlagnahmen. So erhielt Heliodor den Auftrag, sich mit seiner Leibwache den Tempelschatz anzueignen. Als der Zugriff auf den Tempelschatz auf recht mysteriöse Weise von der Erscheinung eines schrecklichen Reiters abgewehrt wurde, bekam Heliodor Todesängste und glaubte an die magische Abschreckung des Tempels durch eine göttliche Macht. (2 Makk 3,33-34). Als er vom König gefragt wurde, wen er zur Beschlagnahmung des Tempelschatzes nach Jerusalem schicken könne, antwortete Heliodor: „Wenn du einen Feind oder einen Hochverräter weißt, dann schick ihn dorthin! Du kannst sicher sein, dass er geprügelt zurückkommt, wenn er überhaupt am Leben bleibt; denn an jenem Ort wirkt wahrhaftig eine göttliche Kraft. Er, der im Himmel wohnt, ist selbst der Wächter und Schützer jenes Ortes; und wer in böser Absicht dorthin kommt, den schlägt er nieder" (2 Makk 3,38-39).

Anwendung: Auch heute noch gibt es Menschen, die Gott dankbar sind, wenn sie aus einer gefährlichen Situation mit dem Leben davonkommen.

Leben / sauer

„Jemandem das Leben sauer (schwer) machen"

Bedeutung: Jemandem nachhaltig hart zusetzen, ihn quälen oder schikanieren

Erläuterung: Es gibt viele Möglichkeiten, jemandem das Leben schwer, im übertragenen Sinne sauer, d.h. unangenehm zu machen: durch harte Arbeit, Zwang, Beleidigung, Misstrauen, Missgunst, Verleumdung usw. Wer etwas Saures isst, empfindet in der Regel die Säure auf der Zunge als unangenehm. Das Saure ist in dieser Redensart eine Metapher für das Unangenehme und schwer zu Ertragende. Das Süße dagegen gilt normalerweise als das Angenehme und Willkommene.

Beispiel: In seiner mürrischen Art machte er ihr das Leben sauer.

Bibelstelle: Ex 1,14: „*Sie machten ihnen das Leben schwer* durch harte Arbeit mit Lehm und Ziegeln und durch alle möglichen Arbeiten auf den Feldern. So wurden die Israeliten zu harter Sklavenarbeit gezwungen."

Kommentar: Bei Martin Luther lautet die gleiche Stelle: „*Und machten ihnen ihr Leben sauer* mit schwerer Arbeit in Ton und Ziegeln und mit allerlei Frönen auf dem Felde und mit allerlei Arbeit, die sie ihnen auflegten mit Unbarmherzigkeit (2. Mose 1,14)." Die Israeliten litten unter der Zwangsarbeit bei den Ägyptern. Das Saure ist ein bildhafter Ausdruck für das Unangenehme,

Harte, Schwere, für Frondienst und Sklaverei. Auf dem Hintergrund des biblischen Kontextes würde die Redewendung „Jemandem das Leben sauer machen“ so viel heißen wie: „Jemandem das Leben durch harte Arbeit unerträglich schwer machen.“

Anwendung: Heute wird die Redensart bereits für geringere Leiden und Unannehmlichkeiten gebraucht, z.B. wenn jemand beruflich Steine in den Weg gelegt bekommt oder privat permanent geärgert wird.

Leviten

„Jemandem die Leviten lesen“

Bedeutung: Jemandem eine Strafpredigt halten; jemanden energisch tadeln

Erläuterung: Jemandem eine ausführliche Zurechtweisung erteilen

Beispiel: Er wird immer arroganter. Es wird Zeit, dass ihm jemand mal tüchtig die Leviten liest.

Bibelstelle: Lev 7,35: „Das also ist der *Anteil Aarons und seiner Söhne* an den Feueropfern des Herrn an dem Tag, an dem er sie dem Herrn *als Priester* darbringt.“

Kommentar: Die Redensart geht auf den Bischof Chrodegang von Metz zurück, der im Jahre 760 n. Chr. die Zügellosigkeit seiner Geistlichkeit einschränken wollte. Dazu las der Bischof einen Abschnitt aus dem 3. Buch Mose, aus dem Buch „Leviticus“ vor, das als besonders langweilig gilt. In diesem Buch werden den Söhnen Aarons, das sind die Priester aus dem Stamme Levi, die Leviten, bestimmte Vorrechte für ihren Opferkult zugesprochen; und dem Volk wird im Namen Jahwes das Gesetz des Mose in zahlreichen Opfervorschriften entfaltet.

Früher gab es auch die Redensart einen „Leviten geben" für „einen Verweis geben". Dafür bietet das fünfbändige Lexikon der sprichwörtlichen Redensarten sogar einen literarischen Beleg von 1755 aus dem Deutschen Grandison: „Ich geb' ihm mit meiner gewöhnlichen Sanftmut ganz gelassen einen kleinen Leviten" (Röhrich S. 959).

Anwendung: Wenn jemand heute einem anderen die Leviten liest, macht er ihm moralische Vorhaltungen, hält ihm eine sogenannte Strafpredigt, indem er auf Rechte und Vorschriften pocht - ähnlich wie sich die Leviten auf ihre von Gott dem Mose zugesprochenen Rechte beriefen (vgl. Lev 7,28-34).

Licht

„Jemandem geht ein Licht auf"

Bedeutung: Jemand sieht etwas ein.

Erläuterung: Wenn jemand plötzlich etwas durchschaut und versteht, geht ihm ein Licht auf.

Beispiel: Als ich den Brief las, ging mir ein Licht auf, und ich erkannte die Zusammenhänge.

Bibelstelle: Mt 4,16: „Das Volk, das im Dunkel lebte, *hat ein helles Licht gesehen*; denen, die im Schattenreich des Todes wohnten, ist ein Licht erschienen."

Kommentar: Matthäus beschreibt mit diesen Worten das erste missionarische Wirken Jesu in der Öffentlichkeit. Er sieht in der Tatsache, dass Jesus seine Mission in Kafarnaum am See Genezareth beginnt, auf dem Gebiet von Sebulon und Naftali, die Erfüllung einer Verheißung beim Propheten Jesaja (Jes 8,23-9,1). In ähnlicher Weise beschreibt der Evangelist Johannes Jesus als das Licht der Welt: „Als Jesus ein andermal zu ihnen redete, sagte er: Ich bin das Licht der Welt. Wer mir nachfolgt, wird nicht in der Finsternis umhergehen, sondern wird das Licht des Lebens haben" (Joh 8,12). Das plötzliche Erscheinen eines Lichts für Menschen, die in der Finsternis sitzen, wird auch in einem Psalm beschrieben: „Den Redlichen erstrahlt im Finstern ein Licht: der Gnädige, Barmherzige und Gerechte" (Ps 112,4). Da Gott vom Gläubigen als gnädig, barmherzig und gerecht angesehen wird, kann daraus gefolgert werden, dass mit dem in der Finsternis erstrahlenden Licht Gott selbst gemeint ist.

Anwendung: In christlichen Kreisen spricht man von der Erleuchtung eines Menschen durch den Heiligen Geist, wenn jemand eine besonders gute Idee hat oder zu einer verständigen Einsicht kommt; denn Weisheit, Verstand, Rat und Wissenschaft gelten neben Stärke, Gottesfurcht und Frömmigkeit als Gaben des Heiligen Geistes. Der Duden (Band 11, S. 452) führt die Redensart auf Mt 4,16 zurück und nennt gleichzeitig weniger prosaische Redewendungen mit ähnlicher Bedeutung: „Jemandem geht ein Talglicht / eine Stalllaterne auf".

Licht / Scheffel

„Sein Licht unter den Scheffel stellen"

Bedeutung: Seine Vorzüge nicht zeigen

Erläuterung: Seine Leistungen oder guten Seiten aus Bescheidenheit verbergen

Beispiel: Warum stellst du dein Licht unter den Scheffel? Zeig doch, was du kannst!

Bibelstelle: Mt 5,15: „*Man zündet auch nicht ein Licht an und stülpt ein Gefäß darüber*, sondern man stellt es auf den Leuchter; dann leuchtet es allen im Haus."

Kommentar: In der Bibelübersetzung Martin Luthers heißt es statt Gefäß „Scheffel“: „*Man zündet auch nicht ein Licht an und setzt es unter einen Scheffel*, sondern auf einen Leuchter; so leuchtet es denn allen, die im Haus sind“ (Mt 5,15). Scheffel ist ein Getreidemaß, ursprünglich ein kleines hohes Gefäß. “Unter den Scheffel“ heißt also „unter ein hohes Gefäß“, wodurch das Licht völlig abgeblendet wird. Jesus fordert seine Jünger zur Anwendung dieses Bildwortes mit den Worten auf: „So soll euer Licht vor den Menschen leuchten, damit sie eure guten Werke sehen und euren Vater im Himmel preisen“ (Mt 5,16). Interessanterweise kennt der Duden (Band 11, S. 452-455) über 30 Redewendungen mit dem Wort Licht, wobei er die Redensart „kein großes Licht sein“ (umgangssprachlich „nicht sehr klug sein“) für eine negative Wendung von Mt 5,14 hält, wo Jesus seine Jünger als „das Licht der Welt“ bezeichnet und sie damit als auserwählte Verbreiter seiner Heilsbotschaft einsetzt.

Anwendung: Die Redensart klagt falsche Bescheidenheit an. Da die Bibel das Lichtaufgehen als Bild für Erkenntnis und Erleuchtung durch Gott beschreibt, lässt sich Mt 5,14-16 auch als Quelle für ähnliche oder gegensätzliche Redensarten ausfindig machen, z.B. „sein Licht leuchten lassen“ (sein Wissen, Können zeigen, seine Gaben zur Geltung bringen, mit seinem Pfunde wuchern) (Röhrich, S. 961). Ebenso begründen sich sich die Redensarten „Er ist kein (großes) Licht / keine große Leuchte“; „er ist ein Armleuchter“; „er ist unterbelichtet“ nach Röhrich etymologisch in Mt 5,14.

Licht (scheuen)

„Das Licht scheuen“

Bedeutung: Sich zu verbergen suchen

Erläuterung: Die Redensart passt besonders dann, wenn schlechte Absichten oder böse Machenschaften vor der Öffentlichkeit verborgen bleiben sollen.

Beispiel: Die Hintermänner des Waffenhandels scheuten das Licht und traten nie öffentlich in Erscheinung.

Bibelstelle: Ijob 24,15-16: „Auch des Ehebrechers Auge achtet auf Dämmerung. Kein Auge, sagt er, soll mich erspähen!, eine Hülle legt er aufs Gesicht. Im Finstern bricht er ein in die Häuser; tagsüber verstecken sie sich; *sie wollen nichts wissen vom Licht.*"

Luther übersetzt Hiob 24,16: „Im Finstern bricht man in die Häuser ein. Des Tages verbergen sie sich miteinander *und scheuen das Licht.*"

Kommentar: Da im Duden keine Angabe über die biblische Herkunft dieser Redensart gemacht wird, dürfte der biblische Hintergrund bei der Anwendung der Redensart den meisten Menschen von heute nicht mehr bewusst sein. Heinrich Krauss meint, dass in der Lutherbibel die nächtlichen Einbrecher (nicht bloß die Ehebrecher) gemeint seien, die das Licht scheuen. Dies liegt insofern nah, als Luther Hiob 24,14 (den vorausgehenden Vers) folgendermaßen übersetzt: „Wenn der Tag anbricht, steht auf der Mörder und erwürgt den Armen und Dürftigen; und des Nachts ist er wie ein Dieb." Wenn in Ijob 24,2-21 die verschiedensten Verbrechen der Gottlosen dargestellt werden, dann gilt eigentlich von ihnen allen, dass sie das Licht scheuen **Anwendung:** Von daher trifft die heutige Redensart sowohl die vordergründige Situation des in der Nacht handelnden Einbrechers, Ehebrechers oder Bösewichts als auch den Hintergrund der tieferen Erkenntnis, dass der Weg der Gottlosen ein Weg der Finsternis ist. Das Licht scheuen ist nämlich in der Redensart vor allem auch im übertragenen Sinne gemeint. Man will nicht, dass seine Taten ans Licht kommen, d. h. aufgedeckt und bekannt werden.

„Leben wie die Lilien auf dem Felde“

Bedeutung: Sorglos leben

Erläuterung: Lilien wachsen auf dem Felde von alleine, ohne besondere Arbeit und Pflege.

Beispiel: Sie kümmerten sich um nichts und lebten wie Lilien auf dem Felde.

Bibelstelle: Mt 6,28-29: „Und was sorgt ihr euch um eure Kleidung? *Lernt von den Lilien, die auf dem Feld wachsen*: Sie arbeiten nicht und spinnen nicht. ... Selbst Salomo war in all seiner Pracht nicht gekleidet wie eine von ihnen.“

Kommentar: Jesus wendet sich hier an Menschen, die sich kleingläubig Sorgen machen um ihr Leben, damit sie etwas zu essen und anzuziehen haben. Jesus meint, dass sie sich an den Vögeln des Himmels, die nicht säen und nicht ernten und keine Vorräte in Scheunen sammeln, ebenso ein Beispiel nehmen sollen, wie an den Lilien des Feldes, die von Gott schöner gekleidet wurden als der reichste König Israels. Daraus folgert Jesus nach dem Evangelisten Matthäus wörtlich: „Wenn aber Gott schon das Gras so prächtig kleidet, das heute auf dem Feld steht und morgen ins Feuer geworfen wird, wie viel mehr dann euch, ihr Kleingläubigen! Macht euch also keine Sorgen und fragt nicht: Was sollen wir essen? Was sollen wir trinken? Was sollen wir anziehen? Denn um all das geht es den Heiden. Euer himmlischer Vater weiß, dass ihr das alles braucht. Euch aber muss es zuerst um sein Reich und um seine Gerechtigkeit gehen; dann wird euch alles andere dazugegeben“ (Mt 6,30-33).

Anwendung: Diese Anweisungen Jesu aus der Bergpredigt, die Sorge nach Befriedigung der Grundbedürfnisse des Lebens nicht vor die Suche nach dem Reich Gottes zu stellen, ist bei der

Redewendung „Leben wie die Lilien auf dem Felde“ als ein unerreichbares Ideal zu verstehen. Im Deutschen hat das Wort „Sorge“ im Sinne von „Fürsorge“ zudem einen positiven Wert, so dass man eigentlich das Wort Jesu mit ‘überängstlicher Sorge’ wiedergeben müsste.

Linsengericht

„Etwas für ein Linsengericht hergeben“

Bedeutung: Etwas unter Wert verkaufen oder tauschen

Erläuterung: Aus momentaner Gier heraus etwas Wertvolles verspielen

Beispiel: Seine Erfindung, mit der inzwischen Millionen verdient werden, hat er kurz nach dem Krieg für ein Linsengericht hergegeben.

Bibelstelle: Gen 25,33.34: Esau „verkaufte sein Erstgeburtsrecht an Jakob. Darauf *gab* Jakob dem Esau Brot und *Linsengemüse;* er aß und trank, stand auf und ging seines Weges. Vom Erstgeburtsrecht aber hielt Esau nichts.“

Kommentar: Der hungrige Esau verkaufte für ein Linsengericht mit Brot sein Erstgeburtsrecht an seinen jüngeren Zwillingsbruder Jakob, weil er es nach Aussagen der Bibel nicht genügend zu schätzen wusste. Wer so handelt wie Esau, verliert meist ideelle oder höhere geistige Werte gegen geringe materielle Güter.

In der Bibel wird nirgendwo der Betrug Jakobs kritisiert, für das Erstgeburtsrecht eine so geringe Gegenleistung, nämlich nur ein einmaliges Eintopfgericht, anzubieten. Nach unseren heutigen Rechtsvorstellungen müsste man Jakob nämlich Nötigung, Übervorteilung und Erpressung vorwerfen.

Anwendung: Auch die Redensart übernimmt nur die Kritik an der Dummheit Esaus und will davor warnen, nicht so leicht etwas Wertvolles herzugeben, wenn man nicht unbedingt Muss. Dass man im Zustand des Hungers erpressbar ist, wird zu wenig gesehen. So werden Menschen in Hunger und Not auch heute noch oft übervorteilt und ausgenutzt. Dann geben sie etwas für „ein Linsengericht" her, was in Wirklichkeit viel wertvoller ist und wofür sie eigentlich mehr verlangen könnten, wenn sie nicht in einer Notlage wären.

Lippenbekenntnis
„Nur ein Lippenbekenntnis ablegen" / „Ein Lippenbekenntnis sein"

Bedeutung: Etwas ohne innere Zustimmung anerkennen / Ein formales Einverständnis ohne wirkliche Überzeugung

Erläuterung: Wenn jemand oder etwas (ein Regime, eine Obrigkeit, der Staat, die Gesellschaft, die Kirche oder ein Verein) nur mit Worten bejaht wird, aber nicht mit Taten aktiv unterstützt wird, spricht man von einem bloßen Lippenbekenntnis.

Beispiel: Die Zustimmung zum Programm seiner Partei war für den Politiker nur noch ein Lippenbekenntnis. In Wirklichkeit stand er schon lange nicht mehr dahinter.

Bibelstelle: Jes 29,13-14: „Der Herr sagte: Weil dieses Volk sich mir nur mit Worten nähert und *mich bloß mit den Lippen ehrt*, sein Herz aber fernhält von mir, weil seine Furcht vor mir nur auf einem angelernten menschlichen Gebot beruht, darum will auch ich in Zukunft an diesem Volk seltsam handeln, so seltsam, wie es niemand erwartet. Dann wird die Weisheit seiner Weisen vergehen und die Klugheit seiner Klugen verschwinden."

Kommentar: Den Vorwurf einer veräußerlichten Hinwendung zu Gott durch die Entrichtung von Gebeten und Opfern ohne innere Haltung der Umkehr und ohne Befolgung der Gebote Gottes, erhebt auch Jesus in Mt 15,7-9 gegen die Pharisäer und Schriftgelehrten seiner Zeit. Er zitiert dabei Jes 29,13 in freierer Form (hier nach der Einheitsübersetzung wiedergegeben) mit dem Zusatz: „Dieses Volk ehrt mich mit den Lippen, sein Herz aber ist weit weg von mir. Es ist sinnlos, wie sie mich verehren; was sie lehren, sind Satzungen von Menschen“ (Mt 15,8-9).

Die Parallelstelle Mk 7,6-7 bringt wörtlich den gleichen Text.

Anwendung: Die Redensart greift den Konflikt zwischen Theorie und Praxis auf und prangert jede heuchlerische Haltung an, die Worten keine Taten folgen lässt.

Lockvogel

„Jemanden als Lockvogel einsetzen“ /
„Ein Lockvogel sein“ /
„Als Lockvogel gelten/benutzt werden“

Bedeutung: Jemanden zu etwas verleiten / Ein Lockmittel sein / Als werbewirksam gelten, für Reklamezwecke gebraucht werden

Erläuterung: Wenn jemand durch einen Lockvogel beeinflusst wird, kann er für fremde Zwecke leicht missbraucht werden.

Beispiel: Die Verbrecherbande hatte einen in Uniform verkleideten Mann als Lockvogel eingesetzt.

Bibelstelle: Sir 11,30: „*Wie ein* im Korb *gefangener Vogel* ist das Herz des Übermütigen oder wie ein Spion, der eine Bresche erspäht.“

Kommentar: Während in der Bibel ein gefangener Vogel im Korb mit einem übermütigen Menschen verglichen wird, ist der Lockvogel in der Redewendung ein Mittel, um andere Menschen zu täuschen, damit sie für die eigenen Zwecke und Ziele eingefangen werden. Sowohl der Einsatz eines Lockvogels als auch das Verhalten des Übermütigen in der Bibel ist verwerflich. „Der Verleumder verkehrt Gutes in Böses, und deine besten Absichten bringt er in Verdacht“ (Sir 11,31). Heinrich Krauss erklärt die Herkunft des Lockvogels aus dem Brauch der Antike, zum Vogelfang oft Körbe zu verwenden, in denen bereits gefangene Tiere saßen, um weitere Artgenossen anzulocken (Krauss, S. 128). - Von den Lockvögeln als Lockmittel der Vogelsteller zum Fang weiterer Vögel zeugen folgende Sprichwörter: „Ein Lockvogel bringt einen anderen mit Gesang ins Garn“ und „Lockvögel können alle Weisen“ (Röhrich S. 972). -

Jer 5,27 verwendet das Bild vom Lockvogel als Ausdruck, um vor bösen Menschen zu warnen: „Wie ein Korb mit Vögeln gefüllt ist, so sind ihre Häuser (die Häuser der Frevler) voll Betrug.“

Anwendung: Lutz Röhrich beschreibt mehrere Funktionen des Lockvogels: Er kann jemand durch leere oder falsche Versprechungen in eine Falle, einen Hinterhalt locken; er kann zur Leidenschaft und Begehrlichkeit reizen, um zu unüberlegtem Handeln zu verführen; und schließlich ist ein Lockvogel in der Lage, Käufer für Waren zu werben.

„Ein Lückenbüßer sein"

Bedeutung: An die Stelle eines anderen treten, ihn ersetzen, weil kein besserer gerade vorhanden ist.

Erläuterung: Wenn jemand mangels eines Besseren einen leeren Platz ausfüllt, spricht man vom Lückenbüßer. Der Ausdruck ist entstanden aufgrund der früheren Bedeutung von 'büßen' als „flicken, ausbessern".

Beispiel: Weißt du niemand anderen für diesen Vortragsabend als mich? Ich habe eigentlich keine Lust, den Lückenbüßer zu spielen.

Bibelstelle: Neh 4,1-2: „Als aber Sanballat und Tobija sowie die Araber, die Ammoniter und die Leute von Aschdod hörten, dass der Wiederaufbau der Mauer von Jerusalem voranging - denn *die Breschen schlossen sich* allmählich - , wurden sie wütend, und alle zusammen verschworen sich, gegen Jerusalem in den Krieg zu ziehen und dort Unruhe zu stiften."

Luther übersetzt Neh 4,1: „Da aber Saneballat und Tobia und die Araber und Ammoniter und Asdoditer hörten, dass die Mauern zu Jerusalem zugemacht wurden und dass sie die *Lücken* angefangen hatten zu *verschließen*, wurden sie sehr zornig".

Kommentar: Ursprünglich soll Luther statt Lücken „verschließen" übersetzt haben, dass „sie *die Lücken* angefangen hatten *zu büßen*" (Krauss S. 130).

Jedenfalls sollten die Lücken in einer Mauer geschlossen werden, so wie in der Redensart für jemanden ein Ersatz gesucht wird, der eine Lücke schließt, in dem er den Platz eines anderen einnimmt.

Anwendung: Da das Wort „büßen" meist unangenehme Erinnerungen weckt, kann dies vielleicht auch eine Ursache dafür sein, dass niemand gerne den Lückenbüßer für jemanden spielen möchte, obwohl man oft sehr viel Bereitschaft zeigt, für jemanden einzuspringen, wenn man der Ersatzmann sein soll, z. B. auf der Bühne oder im Sport.

Mammon

„Dem schnöden Mammon dienen / nachjagen"

Bedeutung: Vorrangig aufs Geldverdienen aus sein, gierig hinter dem Geld her sein

Erläuterung: Der schnöde Mammon ist eine verächtliche Bezeichnung für Geld und Gut nach dem aramäischen Wort ‘mammon’ für Besitz, Vermögen. Gleichzeitig war der Mammon ein syrischer Gott des Reichtums.

Beispiel: Du solltest dich viel mehr um deine Familie kümmern als immer nur dem schnöden Mammon nachzujagen.

Bibelstelle: Lk 16,13: „Kein Sklave kann zwei Herren dienen; er wird entweder den einen hassen und den andern lieben, oder er wird zu dem einen halten und den andern verachten. Ihr könnt nicht beiden *dienen*, Gott und *dem Mammon.*" (Vgl. Mt 6,24: „Niemand kann zwei Herren dienen" ...).

Kommentar: In Lk 16,9 ist sogar vom ungerechten Mammon die Rede, mit dessen Hilfe man sich Freunde machen soll. Darin klingt indirekt der Vorwurf an, dass Reichtum oft nicht auf ehrliche Weise erworben wird.

Anwendung: Die große Verbreitung und Beliebtheit der Redewendung ist ein Hinweis darauf, dass die Sucht nach Reichtum und die ausschließliche Bemühung zum Geldverdienen auch heute noch von vielen Menschen als Gefahr für ihr Seelenheil und für das private Familienglück angesehen wird. Die ähnliche Redewendung „Ein Knecht (oder Sklave) des Mammons sein“ hat die gleiche Bedeutung und ist seit dem 17. Jahrhundert aufgekommen, heute jedoch weniger bekannt, bzw. etwas veraltet (Röhrich S. 993).

Mann (Gottes)

„Ein Mann Gottes (sein)“

Bedeutung: Ein geistlicher Mensch oder ein Mann der Kirche sein

Erläuterung: Ein Mann Gottes ist zunächst ein Mensch, der seine Berufung durch Gott lebt und zum Ausdruck bringt. Die Bezeichnung „Mann Gottes“ ist jedoch nicht immer Ausdruck geistlicher Anerkennung, sondern manchmal auch ein Schimpfwort distanzierter und missbilligender Verwunderung über das Verhalten eines Geistlichen.

Beispiel: Etwas mehr Einfühlungsvermögen und Rücksichtname sollte er als Mann Gottes schon haben.

Bibelstelle: Dtn 33,1: „Und das ist der Segen, mit dem Mose, *der Mann Gottes*, die Israeliten segnete, bevor er starb.“

Kommentar: In kirchlichen Kreisen genießt die Bezeichnung „ein Mann Gottes“ oder „ein Mann der Kirche sein“ in der Regel ein hohes Ansehen. Mit zunehmender Verweltlichung und Distanz zur Kirche mischt sich jedoch ein negativer Touch mit einem sarkastischen Unterton ein, der manchmal bewusst doppelzüngig ist. Ein Mann Gottes und ein Mann der Kirche muss es sich heute gefallen lassen, mehr als früher an ethischen Wertmaßstäben gemessen zu werden. Er ist nicht automatisch von Amts wegen heilig, unantastbar und unkritisierbar.

Anwendung: Welche Nuancen der Wert- oder Geringschätzung die Bezeichnung Mann Gottes hat, hängt sehr von der kirchlichen oder christlichen Einstellung des Sprechers ab.

Mann (Welt)

„Ein Mann von Welt sein"

Bedeutung: Ein weltzugewandter Mensch sein

Erläuterung: Der Ausdruck „Ein Mann von Welt" ist nach Lutz Röhrich eine Analogiebildung zu „Kinder dieser Welt". Im Mittelalter galt der 'Weltmann' als einer, dem irdische Güter sehr wichtig waren; im 16. Jahrhundert galt 'ein Mann von Welt' als einer, der Karrierc in einem weltlichen Beruf gemacht hatte, der sich in der höfischen Gesellschaft im Gegensatz zur Geistlichkeit und Kirche hervortat, und heute ist damit ein Mensch gemeint, der sich weltgewandt benimmt, der mit den Umgangsformen der gehobenen Gesellschaft vertraut ist (Röhrich S. 994).

Beispiel: Gestern Abend habe ich mit einem galanten älteren Herrn getanzt. Er bestellte ein Taxi und ließ mich nach Hause fahren. Er war wirklich ein Mann von Welt.

Bibelstelle: Lk 16,8: „Und der Herr lobt die Klugheit des unehrlichen Verwalters und sagte: *Die Kinder dieser Welt* sind im Umgang mit ihresgleichen klüger als die Kinder des Lichtes."

Kommentar: „Ein Mann von Welt" ist wegen seiner guten Umgangsformen besonders in der gehobenen Gesellschaft anerkannt. Bereits Jesus hat die Klugheit der Kinder dieser Welt gelobt, so dass auch die Kirche heute gegen einen Mann von Welt nicht von vorneherein Vorbehalte hat, sofern sich dieser wirklich als echter Menschenfreund und Mann mit Herzensbildung erweist.

Anwendung: Ein Mann von Welt genießt im allgemeinen uneingeschränkte Hochachtung. Er gilt als welterfahren, gewandt, lebensklug und wird wegen seiner guten Umgangsformen geschätzt.

Mann (sei)

„Sei ein Mann!"

Bedeutung: Sei tapfer! Sei mutig wie ein Mann!

Erläuterung: Der Imperativ „Sei ein Mann" mit der Betonung auf **Mann** ist ein moralischer Apell zur Verwirklichung männlicher Ideale wie Tapferkeit, Tüchtigkeit und Mut.

Beispiele: Sei kein Feigling! Lass dich nicht einschüchtern! *Sei ein Mann* und wehr dich!

Bibelstellen: 1 Kg 2,2: „Ich gehe nun den Weg alles Irdischen. Sei also stark und *mannhaft!"* Luther übersetzt: „Ich gehe hin den Weg aller Welt; so sei getrost und *sei ein Mann*!"

Kommentar: Die Mahnung „Sei ein *Mann*!" ist eine Aufforderung Davids an seinen Sohn Salomo, um ihn zur Tapferkeit und Entschlossenheit anzuhalten.

Anwendung: Die Redensarten hat einen fordernden, appellativen Charakter.

Mann (wie)

„Wie ein Mann"

Bedeutung: Einmütig miteinander zusammenhalten

Erläuterung: Die Wendung (mit Betonung auf **ein**) steht im Zusammenhang mit dem Bildfeld eines Kollektivkörpers. Nicht mehr der einzelne als Individuum zählt, sondern die Gesamtheit, die wie eine einzige Person zusammenhält und handelt.

Beispiel: Im Kampf mit dem Feind hielt die Truppe zusammen wie e i n Mann.

Bibelstelle: Ri 20,1: „Alle Israeliten von Dan bis Beerscheba und auch die Bewohner von Gilead kamen herbei, und die Gemeinde versammelte sich *einmütig* beim Herrn in Mizpa." Luther übersetzt: „Da zogen die Kinder Israels aus und versammelten sich zuhauf *wie ein Mann,* von Dan bis gen Beerscheba und vom Lande Gilead zu dem Herrn gen Mizpa."

Kommentar: Nur von einer Menschengruppe, die sich in großer Einigkeit zusammentut und zusammenhält, kann ausgesagt werden, dass sie wie ein einziger Mann handelt. Dieses einmütige Handeln der „Kinder Israels" war damals eine reine Notwendigkeit zum Überleben. Wenn die Stämme Israels wie e i n Mann zusammenstanden, konnten sie die Feinde besiegen. Dies war oft erforderlich (Siehe Ri 20,8.11; Esra 2,64; 3,1). Nach der Einheitsübersetzung versammelte sich das ganze Volk *geschlossen* in Jerusalem; nach Luther kam das Volk zusammen *wie ein Mann* gen Jerusalem. (Vgl. Esra 3,9: Einheitsübersetzung: „sie traten *gemeinsam* an"; Luther: „Jesua stand mit seinen Söhnen ... wie ein Mann"). Entsprechend Esra 6,20; Neh 7,66!

Anwendung: Die Redensart bezieht sich auf die Einmütigkeit einer Gruppe, die eines Sinnes ist. Dies gilt nicht nur für den militärischen Bereich. Der Ausdruck wird bei allen möglichen Menschengruppen im weltlichen und religiösen Bereich angewandt, z.B. wenn ein ganzes Publikum wie ein Mann reagiert oder eine betende Gemeinde in geistlicher Verbundenheit einstimmig, also *wie **ein** Mann* auftritt.

Mantel

„Mit dem Mantel der (christlichen) Nächstenliebe (zudecken)“

Bedeutung: Über einen Fehler oder etwas Negatives schweigen

Erläuterung: Fehler oder Schwächen übergehen, um den Schuldigen nicht in Verlegenheit zu bringen (Krauss, S. 153)

Beispiel: Sie verzieh ihm sein Fehlverhalten und war bereit, den Mantel der Nächstenliebe darüber zu decken.

Bibelstelle: 1 Petr 4,8: „Vor allem haltet fest an der Liebe zueinander; denn *die Liebe deckt viele Sünden zu.*“

Kommentar: Petrus führt im nächsten Vers 9 aus, wie diese Liebe zueinander aussehen soll, die die Schwächen und Sünden der anderen zudeckt: „Seid untereinander gastfreundlich, ohne zu murren. Dient einander als gute Verwalter der vielfältigen Gnade Gottes, jeder mit der Gabe, die er empfangen hat. Wer redet, der rede mit den Worten, die Gott ihm eingibt; wer dient, der diene aus der Kraft, die Gott verleiht. So wird in allem Gott verherrlicht durch Jesus Christus.“

Anwendung: Den Mantel der christlichen Nächstenliebe über etwas decken ist kein Beschwichtigungsversuch, das Böse im Menschen nicht anzuerkennen oder nicht wahr haben zu wollen; die Schwächen und Fehler werden nicht geleugnet oder beschönigt; sie werden vielmehr bei Einsicht und Reue vergeben und dann aus Liebe nicht mehr angeprangert. Der Mantel als Sinnbild des Verhüllens und Schützens ist in der Predigtsprache ein beliebtes Motiv. Dagegen wird das Bild vom Mantel der Nächstenliebe wegen seiner bemäntelnden Funktion in der heutigen Redensart vorwiegend ironisch gebraucht.

„Durch Mark und Bein gehen"

Bedeutung: Durch und durch gehen; etwas als besonders unangenehm empfinden

Erläuterung: Das Mark der Knochen liegt im Innersten der Glieder. Entsprechend ist ein Mensch, dem etwas durch Mark und Bein (oder Knochen) geht, in seinem Innersten berührt. Von daher ist die Reihenfolge der Begriffe in der Übersetzung Martin Luthers sicherlich kein Zufall, denn er nennt im Unterschied zu äußeren Verletzungen, die zuerst den Knochen und dann das Mark treffen, an erster Stelle das Mark und dann das Bein, obwohl es im Griechischen zuerst 'harmon' = „Gelenke" und dann 'muelon' = „Mark" heißt. Vielleicht wollte Luther damit intuitiv die Betroffenheit des Menschen von seinem Innersten her zum Ausdruck bringen.

Beispiel: Der Schrei des kleinen Jungen hinter dem zurücksetzenden Lastwagen ging mir durch Mark und Bein.

Bibelstelle: Hebr 4,12-13: „Denn lebendig ist das Wort Gottes, kraftvoll und schärfer als jedes zweischneidige Schwert; es dringt durch bis zur Scheidung von Seele und Geist, von *Gelenk und Mark;* es richtet über die Regungen und Gedanken des Herzens; vor ihm bleibt kein Geschöpf verborgen; sondern alles liegt nackt und bloß vor den Augen dessen, dem wir Rechenschaft schulden." -

Kommentar: So wie die Gedanken und Regungen des Herzens sich im Inneren des Menschen vollziehen, so drückt auch das Bild vom 'Gelenk und Mark' oder vom 'Mark und Bein' innerste Betroffenheit aus. Christus als Gottes Sohn schaut in dieses Innere des Menschen, aber nicht nur in richterlicher Weise, sondern als ein Hohepriester, der mit den Schwächen der Menschen fühlt und Erbarmen mit ihnen hat (Hebr 4,15-16).

Anwendung: Die moderne Redensart nach Martin Luthers Bibelübersetzung wird auch heute noch treffend zum Ausdruck für eine intensive seelische Anteilnahme gebraucht.

Matthäi

„Bei ihm/jemandem ist's Matthäi am letzten"

Bedeutung: Er hat am Monatsende kein Geld mehr. Jemand ist finanziell-wirtschaftlich oder auch sonst körperlich-seelisch am Ende.

Erläuterung: Die Redensart bezieht sich auf das letzte Kapitel 28 im Matthäus-Evangelium, das nicht nur den Schluss des ganzen Evangeliums bildet, sondern im letzten Vers auch auf das Ende der Welt verweist. Es wird daher verwendet, wenn es mit jemandem „aus" ist, wenn er bankrott ist oder bald sterben wird.

Beispiel: Sparsam wirtschaften und sein Geld, das er verdient, sinnvoll und richtig einzuteilen, ist nicht gerade seine Stärke. Diesen Monat ist bei ihm einmal wieder Matthäi am letzten.

Bibelstelle: Mt 28,18-20: „Da trat Jesus auf sie zu und sagte zu ihnen: Mir ist alle Macht gegeben im Himmel und auf der Erde. Darum geht zu allen Völkern, und macht alle Menschen zu meinen Jüngern; tauft sie auf den Namen des Vaters und des Sohnes und des Heiligen Geistes, und lehrt sie, alles zu befolgen, was ich euch geboten habe. Seid gewiss: Ich bin bei euch alle Tage bis zum Ende der Welt."

Kommentar: Das Matthäus-Evangelium endet mit der Zusicherung Jesu, bis zum Ende der Welt bei seinen Anhängern zu sein. Diese tröstliche Verheißung mag für einen, der auch finanziell am Ende ist, ein Wort der Ermutigung sein.

Anwendung: Diese Redensart ist besonders in Süddeutschland weit verbreitet. Sie entstammt vorwiegend der evangelischen Kirchensprache, die mit dieser Redensart auf den letzten Vers des letzten Kapitels des Matthäus-Evangeliums über das Ende der Welt verweist, um damit an das Ende von allen Dingen durch ein jüngstes Gericht zu erinnern. Aus gläubiger Sicht kann es ein Hinweis darauf sein, dass auch wenn man Ende ist, das Geld einem ausgegangen ist oder alle guten Geister einen anscheinend verlassen haben, Jesus Christus der Auferstandene eben doch bis zum Ende der Welt bei den Seinen bleibt, wie er im letzten Vers des 28. Kapitels des Matthäus-Evangeliums in Mt 28,20b verheißt.

Maul

„Jemandem das Maul stopfen"

Bedeutung: Jemanden zum Schweigen bringen

Erläuterung: Maul ist heute ein derber, vom Tier auf den Menschen übertragener Ausdruck für Mund. Wenn man jemanden den Mund verbietet und ihn zum Schweigen zwingt, ist dies eine grobe Unhöflichkeit.

Beispiel: Wenn er nicht bald mit seinem blöden Geschwätz aufhört, werde ich ihm noch das Maul stopfen.

Bibelstelle: Ps 63,12: „Der König aber freue sich an Gott. Wer bei ihm schwört, darf sich rühmen. Doch allen Lügnern *wird der Mund verschlossen.*" Luther übersetzt hier viel ausdruckskräftiger, bildhafter und derber: „Aber der König freut sich in Gott. Wer bei ihm schwört, wird gerühmt werden; denn *die Lügenmäuler sollen verstopft werden.*"

Kommentar: Der Gerechte darf reden und Gott loben, während der gottlose Frevler schweigen muss. Ps 107,42: „Die Redlichen sehn es und freuen sich, doch *alle bösen Menschen ver-*

stummen.“ Luther übersetzt hier anschaulich: „Solches werden die Frommen sehen und sich freuen; und *aller Bosheit wird das Maul gestopft werden.*“ Ps 40,10 nach der Lutherübersetzung: „Ich will predigen die Gerechtigkeit in der großen Gemeinde; siehe, *ich will mir meinen Mund nicht stopfen lassen*, Herr, das weißt du.“ Lutherübersetzung nach Tit 1,10-11: „Denn es sind viel freche und unnütze Schwätzer und Verführer, sonderlich die aus den Juden, *welchen man muss das Maul stopfen ..."*

Anwendung: Mit missliebigen Personen gingen weder die Psalmisten, noch Paulus oder Luther freundlich und höflich im Sinne der Feindesliebe um. Daran hat sich bis heute, zumindest unter denen, die diese Redensart gbrauchen, wohl nichts geändert. Menetekel

Menetekel

„Ein Menetekel sein“

Bedeutung: Ein böses, warnendes Vorzeichen

Erläuterung: Mene und tekel hießen die zwei ersten der geheimen Schriftzeichen auf der weißgetünchten Wand des königlichen Palastes, die von den Fingern einer von Gott geschickten Hand geschrieben wurden und vor der sich der König Belschazzar fürchtete, da er nur den Rücken der Hand sah und keine Person, die die Hand führte.

Beispiel: Die Auflösung dieser wichtigen Abteilung scheint mir ein Menetekel zu sein. Mit der Firma geht es bergab.

Bibelstelle: Dan 5,25-28: „Das Geschriebene lautet aber: ‘Mene *mene tekel* u-parsin.’ Diese Worte bedeuten:

Mene: Gezählt hat Gott die Tage deiner Herrschaft und macht ihr ein Ende.

Tekel: Gewogen wurdest du auf der Waage und zu leicht befunden.

Peres: Geteilt wird dein Reich und den Medern und Persern gegeben."

Kommentar: Trotz dieser Unheilsprophezeiung belohnt König Belschazzar (andere Schreibweise: Belsazar) den Propheten Daniel für die Traumdeutung der geheimnisvollen Worte. Belschazzar, der König der Chaldäer, wird noch in derselben Nacht nach diesem Gastmahl getötet, bei dem die mysteriösen Schriftzeichen an der Wand erschienen. Daraufhin übernimmt der Meder Darius die Königsherrschaft. Somit hat sich die Auslegung der verhängnisvollen hebräischen Schriftzeichen erfüllt.

Anwendung: Entsprechend der grausigen biblischen Erzählung aus dem Prophetenbuch Daniel sind mit dem Ausdruck 'Menetekel' auch heute noch schlechte, unheilvolle Vorzeichen gemeint, die nahe, unausweichliche Katastrophen ankündigen.

Mensch

„Der Mensch denkt und Gott lenkt"

Bedeutung: Es geschieht nicht alles nach menschl. Plänen.

Erläuterung: Diese Redensart ist unter Umständen Ausdruck eines theistischen Gottesbildes, nach dem der Mensch machen kann, was er will; es gelingt ihm nur dann, wenn Gott es so will. Gott hat alles vorherbestimmt. Denn Gott gilt als Lenker aller Dinge, der alles regiert und alle Zügel in der Hand hält. Eine ähnliche Redensart mit fast der gleichen Bedeutung supranaturalistischen Gottvertrauens ist: „An Gottes Segen ist alles gelegen."

Beispiel: Du kannst es mit diesem Projekt ruhig einmal versuchen. Vielleicht gelingt es Dir ja auch. *Der Mensch denkt und Gott lenkt.*"
Bibelstelle: Spr 16,1: „Der Mensch entwirft die Pläne im Herzen, doch vom Herrn kommt die Antwort auf der Zunge."
Kommentar: Lesen wir den Kontext des Psalm 16 weiter, so wird das Verhältnis Gott – Mensch sehr deutlich beschrieben. „Befiehl dem Herrn dein Tun an, so werden deine Pläne gelingen" (Ps 16,3) Das bedeutet: Wenn der Mensch vorher nach dem Willen Gottes fragt und dann ein Vorhaben durchführt, ist die Aussicht auf Erfolg erheblich größer als ohne vorherige Bitte an Gott. Theologischer Determinismus ist auch im folgenden Vers zu entdecken: „Alles hat der Herr für seinen Zweck erschaffen, so auch den Frevler für den Tag des Unheils" (Ps 16,4). -Christliche Verkündigung heute würde die in Jesus erschienene Liebe Gottes betonen, die keinen Menschen vom Heil ausschließt; denn nach christlichem Verständnis will Gott letztlich nicht das Unheil des Frevlers, sondern das Heil aller Menschen.
Anwendung: Was ein Sprecher dieser Redensart genau sagen will, hängt stark von der gläubigen Einstellung des einzelnen ab. Entweder meint er, dass mit Gottes Hilfe ein Plan gelingen kann. Oder er will auf das wenig erfolgreiche Vorhaben eines Menschen aufmerksam machen, der ohne Gott und sein eingreifendes Lenken nichts Erfolgreiches zustande bringen kann.

„Einen Mohren weiß waschen wollen"

Bedeutung: Etwas Unmögliches versuchen

Erläuterung: Da die Hautfarbe eines schwarzen Menschen nicht durch Waschen weiß werden kann, ist damit ein aussichtsloses Unterfangen gemeint.

Beispiel: Ihn vom Gegenteil überzeugen zu wollen, ist (als) wie der Versuch, einen Mohren weiß zu waschen.

Bibelstelle: Jer 13,23: „*Ändert wohl ein Neger seine Hautfarbe* oder ein Leopard seine Flecken? Dann könntet auch ihr euch noch bessern, die ihr ans Böse gewöhnt seid."

Kommentar: Diese Mahnung an Jerusalem, das nicht umkehren will, verbindet Gott mit furchtbaren Drohungen: „So aber zerstreue ich euch wie Spreu, die verfliegt, wenn der Wüstenwind weht" (Jer 13,24).

Im übernächsten Vers ist die Unheilsandrohung noch dramatischer und wird wie folgt begründet: „Nun hebe auch ich deine Schleppe auf, bis über dein Gesicht, so dass deine Schande offenbar wird, deine Ehebrüche, dein geiles Wiehern, deine schändliche Unzucht. Auf den Hügeln und auf dem Feld habe ich deine Gräuel gesehen. Weh dir, Jerusalem, weil du dich nicht reinigst - wie lange noch?" (Jer 13,26-27).

Die Schwärze eines „Mohren" wird mit der unveränderten Schlechtigkeit der Bewohner Jerusalems verglichen, die wie lasterhafte Huren nicht bereit sind, sich durch Fasten, Sündopfer im Tempel und asketisches sowie ethisch hochstehendes Verhalten zu reinigen und zu bessern.

Anwendung: Im Unterschied zur biblischen Warnung des Propheten Jeremia will die heutige Redensart den unmöglichen

Versuch zum Ausdruck bringen, die Natur eines Menschen, also nicht bloß sein ethisches Verhalten oder seine Moral, zu ändern.

Mund

„*Seinen Mund nicht auftun / aufmachen*“

Bedeutung: Seinen Mund nicht zum Sprechen öffnen; schweigen

Erläuterung: Die Redensart wird besonders dann angewandt, wenn kritisiert wird, dass man eigentlich sprechen könnte oder sollte.

Beispiel: Damals hat keiner den Mund aufgemacht, als der Chef ihn zu Unrecht beschuldigte.

Bibelstelle: Jes 53,7: „Er wurde misshandelt und niedergedrückt, aber *er tat seinen Mund nicht auf.* Wie ein Lamm, das man zum Schlachten führt, und wie ein Schaf angesichts seiner Scherer, *so tat auch er seinen Mund nicht auf.*“

Kommentar: Jesaja beschreibt im 53. Kapitel den Gottesknecht, der nach der christlichen Tradition als Ankündigung des Messias gedeutet wird. Von diesem Menschen wird bei Jesaja angekündigt, dass er schuldlos leiden muss, um so die Menschen von ihrer Schuld zu befreien: „Wir meinten, er sei von Gott geschlagen, von ihm getroffen und gebeugt. Doch er wurde durchbohrt wegen unserer Verbrechen, wegen unserer Sünden zermalmt. Zu unserem Heil lag die Strafe auf ihm, durch seine Wunden sind wir geheilt“ (Jes 53,4b-5).

Da auch Jesus bei den Anschuldigungen seiner Gegner, er habe Gott gelästert, gegen das Gesetz gehandelt und sich als Messias verehren lassen, schwieg, wird Jesus als das unschuldige Lamm bezeichnet, das durch seinen Tod und durch seine Leiden am Kreuz uns von der Schuld Adams befreit und uns durch seine blutenden Wunden als Zeichen seiner Liebe zu uns erlöst hat. (Siehe die Redewendung „Unschuldig wie ein Lamm“!)

Anwendung: Während man bei Jesus sein Schweigen vor Pilatus und Herodes aus religiös-christlicher Sicht wegen der zum Teil falschen oder unberechtigten Anklagen rechtfertigt, gilt das Schweigen in der Redensart als Frechheit oder Unverfrorenheit, die gerügt wird.

Mütchen

„Sein Mütchen an jemanden kühlen“

Bedeutung: Seine Laune, seinen Übermut oder Zorn an jemandem auslassen

Erläuterung: Sich aus niederen Motiven (aus Habgier, Neid, Eifersucht, Triebbefriedigung, Hass etc.) an jemandem vergehen; sich an jemandem rächen, dem Feinde unbarmherzig nachsetzen und Beute machen

Beispiel: Du willst doch nur dein Mütchen an ihm kühlen, wenn du ihn so behandelst; denn vorwerfen kannst du ihm eigentlich gar nichts.

Bibelstelle: Ex 15,9: „Da sagte der Feind: Ich jage nach, hole ein. Ich teile die Beute, *ich stille die Gier*. Ich zücke mein Schwert, meine Hand jagt sie davon.“

Nach der Übersetzung Martin Luthers heißt dieselbe Stelle: „Der Feind gedachte: Ich will nachjagen und erhaschen und den Raub austeilen und *meinen Mut an ihnen kühlen*; ich will mein Schwert ausziehen, und meine Hand soll sie verderben.“

Kommentar: Die Redewendung ist ein Ausdruck von Hass und Gewalt gegen andere, die jedoch durch die Verkleinerungsform von Mut beim Wort 'Mütchen' verharmlost wird. Schließlich war nach altjüdischer Vorstellung der Hass gegen den Frevler geboten und die Aggression gegen den Feind erwünscht.

Anwendung: Die Redensart wird heute mehr zur Bezeichnung willkürlicher Quälereien eines Überlegenen gegenüber einem Schwächeren gebraucht, unabhängig davon, dass in der Bibel die Metapher fast nur in der Auseinandersetzung mit den Feinden Israels verwendet wird.

Mutter

„Wie die Mutter, so die Tochter"

Bedeutung: Wie die Mutter handelt oder ist, so ist auch die Tochter dem Charakter oder ihrem Verhalten nach geprägt.

Erläuterung: Diese alte Volksweisheit ist insofern noch einmal spezifisch biblisch ausgestaltet, als der Prophet Ezechiel das Bild von der Tochter auf eine ganze Stadt bezieht. Die Redewendung lag dem Propheten schon als Sprichwort vor; denn die antike Weisheitsliteratur aus Ägypten, Griechenland, Kleinasien oder Mesopotamien war auch in Palästina verbreitet.

Beispiel: Ich kenne ihre Mutter als sehr gute, ordentliche Hausfrau. Daher denke ich, ihre Tochter als Putzfrau einzustellen, da ich davon ausgehe: „wie die Mutter, so die Tochter".

Bibelstelle: Ez 16,44: „Wer ein Sprichwort auf dich anwenden will, der sagt: *Wie die Mutter, so die Tochter!*"

Kommentar: Der Prophet Ezechiel redet die Stadt Jerusalem als Tochter an (Ez 16,1-3). Dabei wird die Stadt Sodom als Schwester Jerusalems bezeichnet(Ez 16,48b-49). Der Prophet, der Jerusalem wegen ihres Götzendienstes als Dirne bezeichnet, die die falschen Liebhaber hat (Ez 16,35-37), kündigt der Stadt das Todesurteil an, das für Ehebrecherinnen damals üblich war. „Weil du die Tage deiner Jugend vergessen und mich durch dein Treiben gereizt hast, darum lasse ich dein Verhalten auf dich selbst zurückfallen - Spruch Gottes, des Herrn“ (Ez 16,43).

Anwendung: In der Redensart Muss man jedoch nicht nur von den schlechten Eigenschaften der Mutter auf die Tochter schließen, man kann auch umgekehrt von den guten Taten der Mutter Rückschlüsse auf den Lebenswandel der Tochter ziehen.

Namen

„Sich einen (großen) Namen machen“

Bedeutung: Bekannt, berühmt werden

Erläuterung: In früheren Zeiten deutete der Name etwas vom Wesen eines Menschen an. Daher wurden in der Antike oft große Taten und Leistungen mit einem Beinamen gewürdigt. Die Redensart bezieht sich also auf diesen Aspekt der sozialen und politischen Stellung, die sich im Namen widerspiegelt (Wolkenstein S. 161).

Beispiel: Er war ein sehr ehrgeiziger und karrierebewusster Mensch, der alles dransetzte, sich in der Firma einen Namen zu machen.

Bibelstelle: Gen 11,4: „Dann sagten sie: Auf, bauen wir uns eine Stadt und einen Turm mit einer Spitze bis zum Himmel, und *machen wir uns damit einen Namen*, dann werden wir uns nicht über die ganze Erde zerstreuen.“

Kommentar: Früher galt der Name als Kraftträger, der seinen Besitzer mit Namenseigenschaften ausstattete. Im Fall der biblischen Geschichte will man sich durch den Turmbau bis zum Himmel einen Namen machen, berühmt und so mächtig wie Gott werden, was dann von Gott vereitelt wird (Siehe „Babylonisches Sprachengewirr“!). Auch vom berühmtesten und mächtigsten König in der Blütezeit der Geschichte Israels wird gesagt, dass er sich einen Namen machte: „So machte sich David einen Namen. Als er nach dem Sieg über Aram zurückkehrte, schlug er Edom im Salztal, achtzehntausend Mann, und setzte in Edom Vögte ein. So wurde ganz Edom von David unterworfen. Der Herr half David bei allem, was er unternahm“ (2 Sam 8,13). Im letzten Fall stand das Verlangen, sich durch die Tötung der Feinde einen Namen zu machen, offensichtlich nicht gegen den Willen Gottes.

Anwendung: In der heutigen Redensart gilt das Bestreben, sich einen Namen zu machen, eher als eine positive, erstrebenswerte Eigenschaft, wenngleich dies gelegentlich auch mit einer gewissen Distanz und Zurückhaltung vermerkt wird.

Nichts

„Nichts Neues unter der Sonne“

Bedeutung: Es passiert nichts Neues.

Erläuterung: Die Redensart ist eine resignierende Feststellung, dass alles schon einmal da war.

Beispiel: Kriege, Hungersnöte und Revolutionen hat es in der ganzen Menschheitsgeschichte immer wieder gegeben. Es geschieht nichts Neues unter der Sonne.

Bibelstelle: Koh 1,9: „Was geschehen ist, wird wieder geschehen, was man getan hat, wird man wieder tun: *Es gibt nichts Neues unter der Sonne.*“

Kommentar: Das alttestamentliche Buch Kohelet (in der evangelischen Bibel Prediger Salomo) beschreibt die Nichtigkeit des Daseins durch die Wiederkehr des Immer-Gleichen. Dieses Motiv kommt auch in der ägyptischen und mesopotamischen Weisheitsliteratur vor.

Anwendung: Die Redensart „Es gibt nichts Neues unter der Sonne" will ein Hinweis darauf sein, dass immer wieder das Gleiche geschieht. Allerdings ist angesichts der revolutionären Entdeckungen im 20. Jahrhundert auf den Gebieten der Wissenschaft und Technik eine solche Feststellung ziemlich fragwürdig und könnte sich höchstens auf bestimmte menschliche Verhaltensweisen beziehen. Daher wird die Redensart mehr bei Aussagen über das letztlich immer gleiche Wesen der Menschen gebraucht.

Nimmer

„Ein Nimmersatt sein"

Bedeutung: Jemand kann nicht genug bekommen.

Erläuterung: Wenn jemand niemals ‘satt’ ist und immer noch mehr haben möchte, bleibt er immer unzufrieden.

Beispiel: Obwohl du doch jetzt wirklich genug bekommen hast, verlangst du noch mehr. Du bist und bleibst ein Nimmersatt.

Bibelstelle: Koh 1,8: „Alle Dinge sind rastlos tätig, kein Mensch kann alles ausdrücken, *nie wird* ein Auge *satt*, wenn es beobachtet, nie wird ein Ohr vom Hören voll."

Kommentar: Die Redewendung bezieht sich in der Bibel nicht nur auf die Sinne, die wie die Augen vom langen Sehen zwar ermüden können, aber letztlich natürlich nicht voll werden, da sich die Wirklichkeit nur durch die Linse über die Pupille auf der Netzhaut spiegelt. Nicht bloß das Auge, sondern der ganze Mensch wird nie satt, denn er scheint genauso wie alle anderen Dinge dieser Welt „rastlos“ zu sein. Er steht nie völlig still. Ein ähnliches Bild ist das in Koh 1,7: „Alle Flüsse fließen ins Meer, das Meer wird nicht voll.“

Im Buch Kohelet, nach evangelischer Bezeichnung Prediger Salomo, wird ein mythisches Weltbild vertreten, in dem immer wieder das Gleiche geschieht wie ein Rad, das sich dreht: „Zwar gibt es bisweilen ein Ding, von dem es heißt: Sieh dir das an, das ist etwas Neues - aber auch das gab es schon in den Zeiten, die vor uns gewesen sind“ (Koh 1,10). Die Vorstellung vom Kreislauf ewiger Wiederkehr scheint im Verfasser des Buches Kohelet eine Art Resignation und Unzufriedenheit hervorzurufen. Dies geht einher mit distanzierter Gleichgültigkeit und Sinnieren über das Vergängliche. Dazu passen die Bilder vom nimmer satten Auge und nie vollen Ohr.

Anwendung: Die Redensart lässt die pessimistische Lebensphilosophie des Buches Kohelet beiseite und kritisiert den „Nimmersatt“ als einen gierigen, unzufriedenen Menschen.

Nimrod

„Ein Nimrod sein“ / „Ein gewaltiger Jäger vor dem Herrn sein“

Bedeutung: Ein begeisterter und erfolgreicher Jäger sein

Erläuterung: Nimrod war einer der Nachkommen des Noah-Sohnes Ham. Von ihm berichtet die Bibel, dass er ein leidenschaftlicher Jäger war. Die Herrscher galten früher auch als Bezwinger des Chaos, das in den Wildtieren symbolisiert wurde. Dies beweisen die eindrucksvollen Reliefs mit der Darstellung assyrischer Könige bei der Löwenjagd. Auch noch bis in die neuere Zeit hinein war die Ausübung der Jagd den Machthabern, den Königen, Fürsten und Adligen vorbehalten. Der Zusatz „vor dem Herrn“, eigentlich vor Gott, dem Herrn, ist vielleicht auch ein Hinweis auf die von Gottes Gnadentum abgeleiteten Herrschaftsverhältnisse, die der Mensch als Jäger in seiner Überlegenheit über die Tiere zu beweisen und zu legitimieren sucht.

Beispiel: Die Jagd war seine Leidenschaft. Er war ein großer Jäger vor dem Herrn.

Bibelstelle: Gen 10,8-9: „Kusch zeugte Nimrod; dieser wurde der erste Held auf der Erde. Deshalb pflegte man zu sagen: *Ein tüchtiger Jäger vor dem Herrn wie Nimrod.*“

Kommentar: „Ein Nimrod sein“ war bereits ein geflügeltes Wort zu biblischen Zeiten.

Anwendung: Bis heute erinnert die Redensart an ihren biblischen Ursprung. In Anlehnung an die zweite Form der Redensart variiert man die Wendung auch gerne zu: „Er war ein großer Prediger / Beter vor dem Herrn“, wenn man andeuten will, dass jemand ein sehr bedeutender Prediger oder ein besonders eifriger Beter ist.

Ochse

„Du sollst dem Ochsen, der da drischt, nicht das Maul verbinden“

Bedeutung: Wer arbeitet, soll gut behandelt werden.

Erläuterung: Ein beim Dreschen des Korns arbeitender Ochse braucht Nahrung, um kräftig zu bleiben. Wenn er aber das Maul verbunden hat, kann er nichts fressen und ist nicht stark genug für seine Arbeit. Die Redensart ist daher eine Aufforderung, denjenigen nicht hungern zu lassen, der arbeitet. Das gilt für die Tiere, aber im übertragenen Sinne auch für die Menschen.

Beispiel: „Kein Wunder, dass dem Unternehmer die besten Arbeitskräfte davongelaufen sind - bei der schlechten Bezahlung! Du sollst dem Ochsen, der da drischt, nicht das Maul verbinden."

Bibelstelle: Dt 25,4: „*Du sollst dem Ochsen zum Dreschen keinen Maulkorb anlegen.*" Luther übersetzt: „*Du sollst dem Ochsen, der da drischt, nicht das Maul verbinden.*"

Kommentar: In Dt 25,1-3 wird für den Gottlosen vor einem Gericht ein begrenztes Strafmaß von Schlägen je nach der Schwere seines Vergehens gefordert. Wenn der Richter 40 Schläge verhängt hat, soll man dem Übeltäter auch nicht mehr geben. Das Strafmaß soll unbedingt eingehalten werden, um ihn in den Augen seiner Mitmenschen nicht zu entehren. So wie ein Mensch nicht unnötig schlecht behandelt werden darf, so ist es auch nicht recht, ein Tier schlecht zu behandeln, indem man beispielsweise einen Ochsen hungern lässt. Die Anweisung, einem Ochsen keinen Maulkorb anzulegen, ist also nicht wörtlich, sondern nur bildhaft im übertragenen Sinne gemeint, d. h. man soll Mensch und Tier letztlich gut behandeln, vor allen Dingen dann, wenn sie nützliche Arbeiten verrichten können

Anwendung: Die Redensart ist heute eine selten gebrauchte Mahnung zu guter Behandlung von Mensch und Tier, wenn sie für einen arbeiten.

Ohren (gellen)

„In den Ohren gellen"

Bedeutung: Es ist unerträglich laut. Die Ohren schmerzen wegen der Lautstärke.

Erläuterung: Es geht um die Bezeichnung eines schrillen Geräusches, das in den Ohren weh tut.

Beispiel.: Die Musik aus den Lautsprecherboxen gellt mir ins Ohr, dass man meint, es platzt einem das Trommelfell.

Bibelstelle.: Jer 19,3b: „So spricht der Herr der Heere, der Gott Israels: Seht, ich bringe solches Unheil über diesen Ort, dass jedem, der davon hört, *die Ohren gellen.*“

Kommentar: Die Drohung Gottes über Israel soll also jedem Menschen, der davon hört, laut in den Ohren gellen, damit niemand sie überhören kann. Die Klage Gottes über sein untreues Volk klingt wie lautes Wehgeschrei, wenn es dann heißt: „Denn sie haben mich verlassen, mir diesen Ort entfremdet und an ihm anderen Göttern geopfert, die ihnen, ihren...“ (Jer 19,4-5) Der in seiner Eifersucht schwer gekränkte Gott Jahwe stößt nun durch seinen Propheten Jeremia eine schreckliche Verwünschung aus, weil man dem konkurrierenden Gott Baal, einem Fruchtbarkeitsgott gehuldigt hat und dabei auch vor Menschenopfern nicht zurückgeschreckt ist. „Seht, darum werden Tage kommen – Spruch des Herrn - , da wird man diesen Ort nicht mehr Tofet oder Tal Ben-Hinnom nennen, sondern Mordtal. ... (Jer 19,7-8).

Anwendung: Die Redensart hat heute einen moralisierenden Charakter. Man will auf eine unerträgliche Lautstärke aufmerksam machen, die es abzustellen gilt. Es ist eine Unmutsäußerung über ein zu lautes Geräusch.

Ohren (hören)

„Wer Ohren hat zu hören, der höre!“

Bedeutung: Gib acht! Pass auf! Hör zu! Jetzt kommt etwas Wichtiges!

Erläuterung: Man soll genau hinhören, um den bedeutsamen Sinn eines gehörten Wortes recht zu verstehen. Dabei geht es oft auch darum, die Wichtigkeit eines mit Worten zu vermittelnden Ereignisses und seines verborgenen Sinnes zu begreifen.
Beispiel: Das muss doch herauszufinden sein. Wer Ohren hat zu hören, der höre!

Bibelstelle: Mt 11,14-15: „Und wenn ihr es gelten lassen wollt: Ja, er ist Elija, der wiederkommen soll. *Wer Ohren hat, der höre!* Luther übersetzt Mt 11,15: *Wer Ohren hat zu hören, der höre.*"
Kommentar: Hier scheint Jesus die Vorstellung seiner Umwelt zu bestätigen, dass Johannes der Täufer die Wiedergeburt des Propheten Elija sei. Jesus hält Johannes den Täufer für den größten unter allen Menschen (Mt 11,13). Da nun Elia als der bedeutendste Prophet unter allen Propheten galt, lag es nahe, Johannes den Täufer in die Nähe des bei der Endzeit wieder zu erscheinenden Propheten Elia zu rücken.

Anwendung: Die Redensart wird teilweise im Sinne Jesu gebraucht, auf die Bedeutung von Worten genau zu achten. Sie will eine Aufforderung sein, genau hinzuhören.

„Tauben Ohren predigen"

Bedeutung: Menschen etwas mitteilen, die nicht zuhören wollen oder können

Erläuterung: Eine Mahnung oder Warnung findet keine Beachtung.

Beispiel: Man schlug seine Warnungen in den Wind. Es war, als hätte er tauben Ohren gepredigt.

Bibelstelle: Jes 42,20: „Vieles sieht er (Israel als Vertrauter und Knecht des Herrn), aber er beachtet es nicht; *die Ohren hat er offen und hört doch nicht.*"
Kommentar: Der Prophet beklagt die Taubheit des Volkes Gottes, das auf die Weisungen seines Gottes und seiner Propheten nicht hört. Die Verschleppung des Volkes in die babylonische Gefangenschaft sieht er als Strafe Gottes und interpretiert das Missgeschick des verschleppten Volkes als Folge seiner Weigerung, den Weisungen der Tora und damit dem Willen Gottes zu folgen.
Anwendung: Die Redensart meint hier nicht den behinderten Tauben, der nicht hören kann, sondern nur den Menschen, der eine Warnung oder Unheilsbotschaft nicht hören will.

„Öl in die Wunden gießen"

Bedeutung: Eine Kränkung lindern

Erläuterung: Öl galt als Heilmittel zur Behandlung einer verletzten Haut.

Beispiel: Sie redete ihm ein, dass er sich alles nur eingebildet habe. So goss sie Öl in seine Wunden.

Bibelstelle: Lk 10,33-34: „Dann kam ein Mann aus Samarien, der auf der Reise war. Als er ihn sah, hatte er Mitleid, ging zu ihm hin, *goss Öl* und Wein *auf seine Wunden* und verband sie. Dann hob er ihn auf sein Reittier, brachte ihn zu einer Herberge und sorgte für ihn."

Kommentar: Im Gleichnis vom barmherzigen Samariter hält Jesus den Jüngern einen Mann aus Samarien als Vorbild vor Augen, obwohl die Samariter wegen der Kultkonkurrenz in der Hauptstadt Samaria im Norden Israels den Juden aus dem Gebiet Juda mit der Hauptstadt Jerusalem verhasst waren. Dadurch, dass Jesus in seiner Erzählung einen Priester und einen Leviten, der zum Tempeldienst eilt, achtlos an dem Schwerverletzten, der unter die Räuber gefallen ist, vorübergehen lässt, will Jesus vermutlich andeuten, dass die Erfüllung des Gebots der Nächstenliebe vor dem Tempelkult Vorrang hat. In der christlichen Lehre wird aufgrund des Gleichnisses Jesu vom barmherzigen Samariter und seiner Auslegung derjenige als Nächster bezeichnet, der jemandem am nächsten steht und am unmittelbarsten Hilfe braucht, was grundsätzlich jeder Mensch in Not sein kann.

Anwendung: Nach heutigem Sprachgebrauch ist der Nächste nicht der Helfende, sondern der Bedürftige. „Öl in die Wunden gießen" ist ein Ausdruck für christliche Nächstenliebe, d. h. Liebe zum notleidenden Nächsten. Es ist ein Akt der Barmherzigkeit.

Ölgötze

„Wie ein Ölgötze"

Bedeutung: Steif und stumm

Erläuterung: Ursprünglich bezeichnete man einen Menschen, der an einem Gespräch oder einem Geschehen nicht teilnahm, als einen Ölberggötzen zur Anspielung auf die schlafenden Jünger beim Gebet Jesu auf dem Ölberg vor seinem Leiden.

Beispiel: Er saß da teilnahmslos und unbeweglich wie ein Ölgötze.

Bibelstelle: Lk 22,39: „Dann verließ Jesus die Stadt und ging, wie er es gewohnt war, zum *Ölberg*; seine Jünger folgten ihm."

Kommentar: Mit den Ölberggötzen sind die schlafenden Apostel im Garten Getsemani gemeint, die der Aufforderung Jesu, zu beten nicht gefolgt waren, während Jesus wegen seiner bevorstehenden Passion Todesängste durch litt. „Nach dem Gebet stand er auf, ging zu den Jüngern zurück und fand sie schlafend; denn sie waren vor Kummer erschöpft. Da sagte er zu ihnen: Wie könnt ihr schlafen? Steht auf und betet, damit ihr nicht in Versuchung geratet" (Lk 22,45-46). Das Wort Götze ist eine abwertende Bezeichnung für Götter, höhere Wesen oder Heiligenfiguren, die von religiösen Menschen angebetet werden. Aus christlicher Sicht werden auch heidnische Gottheiten als Götzen bezeichnet. Die a-logische Bezeichnung der Apostel als Ölgötze bezieht sich nicht nur auf die Ölbergszene, sondern auch auf die Tatsache, dass sie nicht gebetet haben, da es aus christlicher Sicht schändlich ist, zu einem Götzen zu beten und überhaupt nicht zu beten. Die Schande, einen Götzen anzubeten, wird hier mit der Schande fehlender Solidarität im Gebet mit Jesus zum wahren Gott im Himmel assoziiert.

Anwendung: Wer heute die Redensart gebraucht, denkt meistens gar nicht an die schlafenden Apostel auf dem Ölberg, sondern an heidnische Götterfiguren oder Bilder, die angebetet werden und dabei unbeweglich und stumm bleiben, während man vor ihnen Öllichter entzündet.

Paradies

„Wie im Paradies" / „Im Paradies sein"

Bedeutung: Wie an einem Ort der Seligen nach dem Tod / Überglücklich sein

Erläuterung: Das Wort Paradies entstammt der griechischen Übersetzung des Alten Testaments, der Septuaginta. Der Garten Eden wurde 'paradeisos' genannt, das aus dem Altpersischen kommt und so viel wie „Garten, Park" bedeutet. Unter dem Paradies stellte man sich vor allem in der Kunst des Mittelalters eine herrliche, gartenartige Landschaft vor, in der Adam und Eva in Harmonie mit der Natur lebten. Paradies ist auch ein architektonischer Begriff zur Bezeichnung eines Vorhofes vor frühchristlichen Basiliken oder romanischen Kirchen. In der Umgangssprache taucht auch der Ausdruck 'Paradiesgarten' auf.

Beispiel: Nachdem ihm politisches Asyl gewährt wurde, fühlte er sich in Deutschland wie im Paradies.

Bibelstelle: Lk 23,43: „Jesus antwortete ihm: Amen, ich sage dir: Heute noch wirst du mit mir *im Paradies sein*."

Kommentar: Jesus verbindet die griechische Bezeichnung des Garten Eden aus Gen 2,8 mit der Jenseitserwartung für die Gerechten, die von Gott nach ihrem Tod belohnt an einen Ort der Seligkeit gelangen, für den man heute auch Himmel sagt.

Nach 2 Kor 12,2-5 ist für Paulus das Paradies nicht nur der ideale Urzustand des ersten Menschenpaares oder der Ort der Seligen im Himmel (wie bei Jesus), sondern auch ein Zustand entrückter Glückseligkeit.

Anwendung: In der Redensart hat sich der Begriff Paradies zur Bezeichnung einer besonderen Glückserfahrung ausgeweitet.

Passion

„Eine Passion haben"

Bedeutung: Eine Leidenschaft besitzen; einer Liebhaberei nachgehen

Erläuterung: Das Wort Passion ist von dem kirchenlateinischen Begriff 'passio' als Bezeichnung für das „Leiden Christi" abgeleitet und bedeutete zunächst „Leiden, Erdulden, Krankheit". Erst im 17. Jahrhundert hat es dann unter dem Einfluss des französischen Wortes 'passion' die Bedeutung von Leidenschaft, leidenschaftliche Hingabe, Vorliebe, Liebhaberei erhalten (Duden, Band 7, S. 495).

Beispiel: Da er eine Passion für italienische Kunst besaß, stattete er selbst sein Schlafzimmer mit Werken alter Meister aus.

Bibelstelle: 2 Kor 1,5: „Wie uns nämlich die *Leiden Christi* überreich zuteil geworden sind, so wird uns durch Christus auch überreicher Trost zuteil."

Kommentar: Paulus spielt bei der Erwähnung des Begriffs „Leiden Christi" auf die bei allen vier Evangelisten beschriebenen Passionsgeschichten an (Mt 26-27; Mk 14-15; Lk 22-23 und Joh 18-19). Dabei geht er von der Vorstellung aus, dass wer am Leiden, d. h. am Kreuz Christi und seiner Passion Anteil hat, auch an Seiner Auferstehung und Herrlichkeit teilnehmen wird.

Anwendung: Die positive Wertschätzung der Passio Christi bei Paulus mag neben der Ableitung des Wortes 'Passion' als „Leidenschaft" vielleicht auch eine Rolle gespielt haben, dass die Redensart „eine Passion haben" heute meist mit so angenehmen Dingen verknüpft ist. Ein passionierter Kartenspieler ist ein leidenschaftlicher oder begeisterter Spieler.

Perle

„Eine (kostbare) Perle sein"

Bedeutung: Ein wertvoller Mensch sein

Erläuterung: Eine Perle ist ein rundes Perlmuttergebilde, das sich im Innern einiger Meer- und Süßwassermuscheln als Folge eines epithelialen Tumors bildet. Perlen werden zu den edelsten Juwelen gezählt und werden seit Beginn des 20. Jahrhunderts auch gezüchtet (Zuchtperlen). Aufgrund des großen Wertes einer Perle, vergleicht Jesus das Reich Gottes mit einer Perle, für deren Besitz alles andere verkauft oder hintenangestellt werden soll.

Beispiel: Sie ist wirklich eine Perle und leistet unersetzliche Dienste für ein gutes Betriebsklima in unserer Firma.

Bibelstelle: Mt 13,45-46: „Auch ist es mit dem Himmelreich wie mit einem Kaufmann, der schöne Perlen suchte. Als er eine besonders *wertvolle Perle* fand, verkaufte er alles, was er besaß, und kaufte sie." Luther übersetzt: „Abermals ist gleich das Himmelreich einem Kaufmann, der gute Perlen suchte. Und da er eine *köstliche Perle* fand, ging er hin und verkaufte alles, was er hatte, und kaufte sie."

Kommentar: Das Gleichnis von der Perle, das Jesus erzählt, will die Menschen auffordern, die Suche nach dem Reich Gottes an die erste Stelle ihres Lebens zu setzen.

Anwendung: Wenn heute Menschen, besonders tüchtige Frauen im Haushalt oder schier unersetzlich erscheinende wertvolle Arbeitskräfte als (kostbare) Perlen bezeichnet werden, kann dies ganz ohne bewussten Bezug zur Bibel geschehen. Vielleicht hat aber doch Jesu Gleichnis von der Perle, die mit dem unermesslich kostbaren Reich Gottes verglichen wird, eine Rolle bei der Anwendung und Entstehung der Redensart gespielt. Nach Krauss wird heute auch ein Herzenswunsch als kostbare oder köstliche Perle bezeichnet, für dessen Erfüllung man auf alles andere zu verzichten bereit ist (Krauss S. 155).

Perlen

„Perlen vor die Säue werfen"

Bedeutung: Etwas Wertvolles an Personen geben, die nichts damit anfangen bzw. es nicht würdigen können

Erläuterung: Schweine, die im Schlamm nach Nahrung wühlen, werden kostbare Perlen als nicht essbar missachten. Daher hat es keinen Zweck, den Säuen, also weiblichen Schweinen, vielleicht zur Verschönerung ihres Aussehens, teure Perlen als kostbaren Schmuck anzubieten.

Beispiel: Diesem ungebildeten und unmusischen Menschen ein Gedicht von Schiller vorzutragen oder ihm klassische Musik vorzuspielen, hieße Perlen vor die Säue werfen.

Bibelstelle: Mt 7,6: „Gebt das Heilige nicht den Hunden, und *werft eure Perlen nicht den Schweinen vor,* denn sie könnten sie mit ihren Füßen zertreten und sich umwenden und euch zerreißen."

Kommentar: Mit dieser bildhaften Redewendung will Jesus seine Anhänger auffordern, Heiliges nicht zu entweihen.

Anwendung: In der praktischen Anwendung drückt diese Redewendung mitunter eine gewisse Verachtung gegenüber demjenigen aus, dem man die Perlen nicht vorwerfen soll. Wer diese Redewendung im Alltag gebraucht, kann leicht als arrogant gelten. Die Verwendung dieses Bildwortes kann außer bei bewusster, überbetonter Ironie sehr verletzend sein. Wer will schon gerne mit einer Sau verglichen werden?

Petrus

„Petri Heil“

Bedeutung: Viel Glück beim Fischen oder Angeln!

Erläuterung: „Petri Heil“ ist ein Gruß an den Sportfischer, der vermutlich in Anlehnung an den Jägergruß „Waidmannsheil“ entstanden ist. Er spielt auf den ursprünglichen Beruf des Apostels Petrus als Fischer am See Genezareth an.

Beispiel: Als er mit seiner Angelrute ans Ufer kam, wurde er mit Petri Heil begrüßt.

Bibelstelle: Mt 4,18: „Als Jesus am See von Galiläa entlang ging, sah er zwei Brüder, Simon, genannt *Petrus,* und seinen Bruder Andreas; sie warfen gerade ihr Netz in den See, denn sie waren *Fischer.*“

Kommentar: Jesus fordert Petrus und Andreas auf, ihm zu folgen: „Kommt her, folgt mir nach! Ich werde euch zu Menschenfischern machen“ (Mt 4,19). Auch wenn das Wort Menschenfischer als Bezeichnung für die Missionierung oder Werbung von Menschen für das Reich Gottes heute einen etwas negativen Klang hat, die Berufung der Fischer am See Genezareth zu Aposteln galt als eine höhere Berufung im Dienste des Reiches Gottes, die sich die Jünger damals nicht zweimal sagen ließen;

denn es heißt: „Sofort ließen sie ihre Netze liegen und folgten ihm“ (Mt 4,20).

Anwendung: Mit dem Ruf Jesu in seine Nachfolge hat die Redensart nichts zu tun. Ähnlich wie die Begrüßung „Grüß Gott“ für viele Menschen kein religiöser Segenswunsch mehr ist, so wird mit dem Gruß „Petri Heil“ kaum noch eine Erinnerung an den ursprünglichen Beruf des Apostels Petrus assoziiert. Man wünscht sich damit einfach Glück und Erfolg beim Fischen oder Angeln.

Pfeife

„Nach (s)einer Pfeife / Flöte tanzen“

Bedeutung: Sich nach jemandem richten, eine Regie akzeptieren

Erläuterung: Wer nach jemands Pfeife oder Flöte tanzt, gehorcht einem anderen und folgt ihm aufs Wort, manchmal sogar so hörig und untertänig bis zum Untergang wie die Kinder in dem Märchen vom Rattenfänger zu Hamel.

Beispiel: „Ich habe keine Lust nach **seiner** Pfeife zu tanzen. Ich möchte lieber selber die erste Geige spielen und die Führungsrolle übernehmen.“

Bibelstelle: Mt 11,16-17: „Mit wem soll ich diese Generation vergleichen? Sie gleicht Kindern, die auf dem Marktplatz sitzen und anderen Kindern zurufen: Wir haben für euch auf der Flöte (Hochzeitslieder) gespielt und ihr habt nicht getanzt; wir haben Klagelieder gesungen, und ihr habt euch nicht an die Brust geschlagen.“

Kommentar: Jesus beklagt sich hier über Menschen, die weder ihm, noch dem aus Jesu Sicht größten Propheten aller Zeiten,

Johannes dem Täufer folgen. Die einen lehnten Johannes den Täufer ab, weil er fastete und keinen Alkohol trank. Sie hielten ihn für besessen von einem Dämon. Doch auch Jesus selbst wird von einigen als Fresser und Säufer und Freund von Zöllnern und Sündern abgelehnt. Diese Menschen gleichen unfolgsamen Kindern, die nicht den Klängen einer Flöte zum Tanz folgen wollen und die sich bei Klageliedern nicht an die Brust schlagen.

Bei der Parallelstelle in Lk 7,32b beklagen die Kinder: „wir haben Klagelieder gesungen, und ihr habt nicht geweint."

Anwendung: Auch wenn bei Jesus das Nicht-nach-der-Flötetanzen als mangelnde Nachfolge und Hinhören auf die Propheten beklagt wird, die Redensart greift die Kritik Jesu in umgekehrter Richtung auf und deutet an, dass es nicht immer gut und richtig sein muss, wenn ein Mensch nach der Flöte oder Pfeife eines anderen tanzt. Der Ausdruck enthält unverhohlene Kritik am Drill und hörigen Abhängigkeitsverhältnissen.

Pfunde

„Mit seinen Pfunden wuchern"

Bedeutung: Alle Talente, alle gegebenen Möglichkeiten ausnutzen, gut wirtschaften

Erläuterung: Das altgermanische Hauptwort Wucher (von althochdeutsch wuochar = Frucht, Nachwuchs, Zinsgewinn) bedeutete ursprünglich Vermehrung, Zunahme. Es wurde verwendet, um den Gewinn von ausgeliehenem Geld zu bezeichnen. Erst die Ableitung 'Wucherer' und auch das Verb 'wuchern' für „Gewinn erstreben, Frucht bringen, sich vermehren" bekommt im Mittelhochdeutschen einen stark abwertenden Sinn. Von daher erklärt sich der negative Klang der Redensart, obwohl Jesus im

Gleichnis von den Talenten zur Nutzung seiner Begabungen auffordert.

Beispiel: Sie versteht es, mit ihren Pfunden zu wuchern. Bald wird sie zu den einflussreichsten Frauen des Landes gehören. (Duden, Band 11, S. 548)

Bibelstelle: Lk 19,16: „Der erste kam und sagte: Herr, ich habe mit deiner Mine zehn *Minen erwirtschaftet.*“ Luther übersetzt: „Da trat herzu der erste und sprach: Herr, dein Pfund hat zehn *Pfund erworben.*“

Kommentar: Im Gleichnis von den Minen (oder Talenten, nach Luther Pfunden) erzählt Jesus die Geschichte von einem reichen, aber unbeliebten Mann, der zur Erlangung der Königswürde in ein fernes Land reisen musste und vor seiner Abreise seinen Dienern unterschiedlich viel Geld zur Gewinnvermehrung anvertraute.

Anwendung: Die Redensart „mit seinem Pfunde wuchern“ hat manchmal einen leicht negativen Beigeschmack, weil es an das Wort wuchern = Gewinn machen erinnert und damit auf ein egoistisches Verhalten nur zum eigenen Vorteil anspielt, was Neid erregt.

Pharisäer
„Ein Pharisäer sein“ / „Jemand ist ein Pharisäer“

Bedeutung: Heuchlerisch sein / Jemand ist ein Heuchler.

Erläuterung: Hier ist die Haltung eines Schriftgelehrten angesprochen, der meint, etwas Besseres zu sein, oder der sich im Recht fühlt und den unrecht Handelnden verachtet, obwohl er selbst Schwächen und Fehler hat.

Beispiel: Du bist ein Pharisäer. Mir erzählst du, dass du sie nicht leiden kannst, und ihr gegenüber tust du, als ob sie deine beste Freundin sei.

Bibelstelle: Lk 18,11: *„Der Pharisäer stellte sich hin* und sprach leise dieses Gebet: Gott, ich danke dir, dass ich nicht wie die anderen Menschen bin, die Räuber, Betrüger, Ehebrecher oder auch wie dieser Zöllner dort."

Kommentar: In der Erzählung von dem im Tempel betenden Pharisäer und dem Zöllner kommt der auf seine Taten stolze Pharisäer schlecht weg, während das Gebet des reumütigen Sünders Gnade findet vor Gott. Jesus schließt das Gleichnis mit der Warnung: „Denn wer sich selbst erhöht, wird erniedrigt, wer sich aber selbst erniedrigt, wird erhöht werden" (Lk 18,14b).

Man vergleiche in diesem Zusammenhang die Auffassung Jesu von seiner Mission, dass er gekommen sei, die Sünder zu berufen und mit ihnen Mahlgemeinschaft zu halten, aber nicht die Gerechten, weil die Kranken den Arzt brauchen, nicht die Gesunden (Mt 9,9-13).

Mt 9,13: „Darum lernt, was es heißt: Barmherzigkeit will ich, nicht Opfer. Denn ich bin gekommen, um die Sünder zu rufen, nicht die Gerechten."

Anwendung: In der Redensart hat das Pharisäersein auch unabhängig von seinem ursprünglich biblischen Kontext neben der Bedeutung von Heuchelei auch einen gewissen religiös-fanatischen Touch im Sinne von Besserwisserei, Rechthaberei, Arroganz und Einbildung.

Pontius

„Von Pontius zu Pilatus laufen / geschickt werden“ / „Jemanden von Pontius zu Pilatus schicken“

Bedeutung: Von einer Stelle bei einer Behörde zur anderen laufen / Von einem Amt zum anderen verwiesen werden / Jemanden planlos hin- und herschicken

Erläuterung: Pontius Pilatus schickte Jesus im Verlauf des Gerichtsprozesses zu dem Tetrarchen Herodes Antipas, der auch Vierfürst über das Gebiet Galiläa war, aus dem Jesus stammte. Nachdem Herodes wegen Jesu Weigerung, vor ihm ein Wunder zu wirken, nichts mit ihm anfangen konnte, schickte er ihn wieder zu Pilatus zurück. Die Redensart verkürzt das Hin- und Herschieben der Person Jesu zwischen Pontius Pilatus und Herodes durch ein Wortspiel auf die beiden Namen des Statthalters.

Beispiel.: Er lief von Pontius zu Pilatus, um eine Wohnung zu finden. „Im Finanzamt haben sie ihn von Pontius zu Pilatus geschickt, bis er alle Unterlagen zusammen hatte.“ (Duden, Band 11, S. 554)

Bibelstelle: Lk 23,11: „Herodes und seine Soldaten zeigten ihm offen ihre Verachtung. Er trieb seinen Spott mit Jesus, ließ ihm ein Prunkgewand umhängen und *schickte ihn so zu Pilatus zurück.*“

Kommentar: Die Redewendung bezieht sich auf den Prozess Jesu, in dem Jesus zuerst vom Hohepriester Kaiphas zum römischen Statthalter Pontius Pilatus geschickt wurde, von diesem zu Herodes und dann wieder zu Pilatus zurück; letzterer ließ das Todesurteil vollstrecken. Die Evangelisten wollen mit der Szene der Händewaschung Pilatus entlasten und schieben damit den Juden die Hauptschuld am Tod Jesu zu, was einen antijüdischen

Affekt der ersten Christengemeinden widerspiegelt, weil die Juden Jesus nicht als Messias anerkennen.

Anwendung: Die Redensarten beschreiben viele nutzlose Gänge zu Ämtern oder Personen.

Prediger

„Ein Prediger (Rufer) in der Wüste sein"

Bedeutung: Ein Mensch sein, auf dessen Ermahnung nicht gehört wird.

Erläuterung: Die Redensart spielt auf Johannes den Täufer an, der in der Wüste am Jordan vor dem Toten Meer das Reich Gottes predigte und die Menschen zu Umkehr und Buße aufforderte.

Beispiel: Mit seinem Engagement für mehr Umweltschutz galt er noch vor Jahrzehnten als Prediger in der Wüste. Heute haben sich jedoch schon viele Bürger und Parteien der ökologischen Bewegung angeschlossen.

Bibelstelle: Jes 40,3: „*Eine Stimme ruft:* Bahnt für den Herrn einen Weg *durch die Wüste!* Baut in der Steppe eine ebene Straße für unseren Gott!"

Kommentar: Der Evangelist Johannes sieht die vermeintliche Stimme in der Wüste beim Propheten Jesaja in der Gestalt Johannes des Täufers für gekommen. Johannes bekennt auf Anfrage einiger Juden aus Jerusalem im Auftrag der Priester und Leviten, wer er denn sei: „Ich bin die Stimme, die in der Wüste ruft: Ebnet den Weg für den Herrn!, wie der Prophet Jesaja gesagt hat." Während Jesaja an eine durch die Wüste führende Prozessionsstraße gedacht haben muss, wird die Aussichtslosigkeit auf Erfüllung dieser Vision mit dem vergeblichen Versuch eines Predigers in der Wüste verglichen. Auch wenn Johannes der Täufer zunächst Erfolg mit seiner Predigt hatte und einige Menschen in der sogenannten Täuferbewegung zur Taufe und Umkehr bewegen konnte, schließlich scheiterte seine Mission doch, da er am Ende im Gefängnis auf Befehl des Herodes wegen seiner ehemoralischen Mahnungen gegen Herodia geköpft wurde.

Anwendung: In der Redensart ist ein Rufer in der Wüste ein vergeblicher Mahner, dessen Mission auch bei nicht-religiösen Anliegen zwar wichtig ist, der aber nicht gehört wird oder nicht genügend Beachtung findet.

Prophet
„Der Prophet gilt nichts in seinem Vaterlande / im eigenen Land“

Bedeutung: Ein bedeutender Mann gilt nirgends weniger als im eigenen Land.

Erläuterung: Wenn man jemanden von klein auf kennt, sieht man oft nicht die Seiten eines Menschen, die ihn anderswo berühmt machen. Man verkennt dann leicht die Eigenschaften, die den Betreffenden später zu großer Bedeutung verhelfen. Es kann auch sein, dass man die Vorzüge des vermeintlich Bekannten nicht anerkennen will.

Beispiel: Überall bist du beliebt mit deinen Gedichten, nur in deiner Heimatstadt wirst du so gut wie nicht beachtet. Der Prophet gilt eben nichts in seinem Vaterlande.

Bibelstelle: Mt 13,57: „Und sie nahmen Anstoß an ihm und lehnten ihn ab. Da sagte Jesus zu ihnen: *Nirgends hat ein Prophet so wenig Ansehen wie in seiner Heimat und in seiner Familie.*“

Luther übersetzt Mt 13,57b: „*Ein Prophet gilt nirgend weniger denn in seinem Vaterland und in seinem Hause.*“

Kommentar: Dieser Ausspruch scheint ein Beleg dafür zu sein, dass sich Jesus in seinem Heimatort Nazareth in der Rolle des nicht anerkannten Propheten sieht.

Anwendung: Die Redensart kann aus echtem Mitleid mit einem verkannten Genie oder aus Bedauern darüber gebraucht werden, dass bestimmte Verdienste nicht genügend zuhause gewürdigt werden; sie ist aber oft nur ironisch gemeint.

Prophet (falscher)

„Ein falscher Prophet sein"

Bedeutung: Kein aufrichtiger, echter Anwalt seiner Sache sein

Erläuterung: Ein falscher Prophet ist jemand, der nur vorgibt, im Namen Gottes aufzutreten und zu sprechen, in Wirklichkeit aber vorrangig auf seinen eigenen Ruhm und auf Anerkennung bei den Menschen bedacht ist.

Beispiel: In der heutigen Zeit gibt es viele falsche Propheten, z.B. Wahrsager oder Sektenführer, die die Menschen nur für ihre eigenen Zwecke benutzen und finanziell ausbeuten wollen.

Bibelstelle: Mt 7,15-16: „Hütet euch vor den *falschen Propheten;* sie kommen zu euch wie (harmlose) Schafe, in Wirklichkeit aber sind sie reißende Wölfe. An ihren Früchten werdet ihr sie erkennen."

Kommentar: Auch an anderer Stelle warnt Jesus seine Jünger vor den falschen Propheten in der Endzeit vor seiner Wiederkunft, wenn die großen Drangsale hereinbrechen und kosmische Umwälzungen geschehen, bevor der Menschensohn offenbar werden wird: „Dann werden viele zu Fall kommen und einander hassen und verraten. *Viele falsche Propheten werden auftreten,* und sie werden viele irreführen. Und weil die Missachtung von Gottes Gesetz überhandnimmt, wird die Liebe bei vielen erkalten. Wer jedoch bis zum Ende standhaft bleibt, der wird gerettet. Aber dieses Evangelium vom Reich wird auf der ganzen Welt verkündet werden, damit alle Völker es hören; dann erst kommt das Ende" (Mt 24,10-14).

Anwendung: Die Bezeichnung eines Menschen als falschen Propheten setzt heute viel Kenntnis, kritisches Urteilsvermögen und eigenständige Urteilsfähigkeit aufgrund einer selbstbewussten Haltung und einer eigenen Überzeugung voraus.

Quelle

„Eine Quelle sein"

Bedeutung: Ursprung oder Herkunft für etwas sein

Erläuterung: Das Hervortreten eines Wasserlaufes wird durch die Bibelübersetzung Luthers im übertragenen Sinne gebraucht. Die Quelle ist ein häufiges Sprachbild der Bibel, um z. B. den wahren Gottesdienst im Unterschied zum Götzendienst zu beschreiben.

Beispiel: Aus welcher Quelle hast du das erfahren?

Bibelstelle: Jer 2,13: „Denn mein Volk hat doppeltes Unrecht verübt: Mich hat es verlassen, den *Quell* des lebendigen Wassers, um sich Zisternen zu graben, Zisternen mit Rissen, die das Wasser nicht halten."

Kommentar: Der Prophet Jeremia vergleicht den Gebrauch unnützer Götzen (Jer 2,11) mit dem Bau undichter Zisternen, die dem religiösen Menschen keine Kraft und Orientierung geben können. So klagt der Prophet den Götzendienst der Juden an und bedauert die Beeinflussung des Volkes Israel durch den Glauben der Nachbarvölker: „Was nützt es dir jetzt, nach Ägypten zu laufen, um Nilwasser zu trinken, oder nach Assur zu laufen, um Eufratwasser zu trinken? Dein böses Tun straft dich, deine Abtrünnigkeit klagt dich an. So erkenne doch und sieh ein, wie schlimm und bitter es ist, den Herrn, deinen Gott, zu verlassen und keine Furcht vor mir zu haben. Spruch Gottes, des Herrn der Heere“ (Jer 2,18-19).

Anwendung: In der Redensart wird nicht mehr unbedingt an Gott als die wahre Quelle des Lebens und des Glaubens gedacht, sondern an irgendeine Ursache oder Belegstelle.

Andere Redensarten zum Stichpunkt Quelle sind: „An der Quelle sitzen“ (sich gut mit dem Nötigsten versorgen können); „die lebendige Quelle verlassen und Brunnen graben“ (etwas Überflüssiges oder sogar Schädliches tun und sich das Naturgegebene nicht zunutze machen); „die Quelle ist versiegt/erschöpft“ (es wird nichts mehr hervorgebracht, die Lebenskraft eines Menschen ist geschwunden).

Rache

„Die Rache ist mein“ / „Mein ist die Rache“

Bedeutung: Dafür will ich mich rächen; das will ich bestrafen.

Erläuterung: Die Redensart wird manchmal als wütender Ausruf gebraucht, um anzukündigen, dass man sich rächen will.

Beispiel: Das wirst du noch bereuen. Mein ist die Rache.

Bibelstelle: Röm 12,19: „Rächt euch nicht selber, liebe Brüder, sondern lasst Raum für den Zorn Gottes; denn in der Schrift steht: *Mein ist die Rache*, ich werde vergelten, spricht der Herr.“

Kommentar: Im Vertrauen darauf, dass Gott selber die Bösen bestrafen wird, ermahnt Paulus die Gläubigen, auf Rache zu verzichten. Dabei beruft er sich auf die alttestamentliche Gottesvorstellung, wie sie zum Beispiel im Buch Deuteronomium zum Ausdruck kommt: „Liegt dies nicht bei mir verborgen, in meinen Vorratskammern versiegelt bis zum Tag der Strafe und Vergeltung, bis zu der Zeit, da ihr Fuß wanken wird? Doch der Tag ihres Verderbens ist nah, und ihr Verhängnis kommt schnell“ (Dtn 32,34-35). Damit sind die Feinde Israels gemeint, von denen man hoffte, dass Gott sie vernichten würde.

Die Redensart wird also ganz im alttestamentlichen Sinne eines rächenden Gottes gebraucht und nicht im Sinne des Neuen Testaments, in dem Jesus Vergebung und nicht Rache lehrt (Mt 5,23-24; Mt 6,12). Außerdem widerspricht die persönliche Rache dem Gebot der Feindesliebe: „Liebt eure Feinde und betet für die, die euch verfolgen, damit ihr Söhne eures Vaters im Himmel werdet; denn er lässt seine Sonne aufgehen über Bösen und Guten, und er lässt regnen über Gerechte und Ungerechte“ (Mt 5,44-45).

Anwendung: In der Redensart wird der Glaube daran, dass Gott die Bösen schon bestrafen werde und dass man deshalb im Sinne des Apostels Paulus auf persönliche Rache verzichten könne, völlig außer Acht gelassen. Man sieht sich vielmehr selber in der Rolle des rächenden Gottes. Die Worte Jahwes zur Ankündigung einer Vergeltung für die Feinde Israels werden zur Rechtfertigung der eigenen Rache zitiert.

Rat

„Jemandem mit Rat und Tat zur Seite stehen"

Bedeutung: Jemandem mit Ratschlägen und Hilfeleistungen beistehen; mit allen einem zur Verfügung stehenden Mitteln helfen

Erläuterung: Nicht nur mit Worten, sondern auch mit Taten helfen, z. B. durch konkrete finanzielle oder praktische Unterstützung. Nach Röhrich bedeutet die Zwillingsformel 'Rat und Tat' eigentlich „mit materiellen und immateriellen Gütern zu Hilfe kommen" (Röhrich S. 1227).

Beispiel: Wenn es ganz schlimm kommen sollte, stehe ich dir mit Rat und Tat zur Seite.

Bibelstelle: Spr 8,14: „Bei mir ist *Rat und Hilfe*; ich bin die Einsicht, bei mir ist die Macht."

Kommentar: Hier spricht die personifizierte Weisheit, die seit Anbeginn der Welt existiert. So wie die Weisheit Rat und Hilfe bietet, so braucht der Mensch in Not nicht nur Ratschläge, sondern konkrete Unterstützung, entweder finanzielle oder praktische Hilfe.

Anwendung: Die moderne Redensart deckt sich mit dem biblischen Sinn; nur kann nach heutigem Sprachgebrauch grundsätzlich jeder Mensch zum Helfer und Ratgeber werden.

Rechts

„Nicht mehr wissen, wo rechts und wo links ist"

Bedeutung: Aufgeregt, geistig verwirrt sein

Erläuterung: Die Redewendung ist ein Ausdruck für Orientierungslosigkeit.

Beispiel: In der Fahrprüfung war sie so aufgeregt, dass sie nicht mehr wusste, wo rechts und links war.

Bibelstelle: Jona 4,11: „Mir aber sollte es nicht leid sein um Ninive, die große Stadt, in der mehr als hundertzwanzigstausend Menschen leben, *die nicht einmal rechts und links unterscheiden können* - und außerdem so viel Vieh?"

Kommentar: Diese Worte spricht Gott zu Jona aus Mitleid mit den Bewohnern Ninives, die von Jona durch eine Bußpredigt zum wahren Glauben an Gott geführt werden sollten. Gott „hatte Mitleid mit jenen, die den rechten Weg verloren hatten, die das Maß nicht mehr kannten, die nicht mehr wussten, was rechts und was links ist." (Stellmann S. 67/68) Nach Axel Stellmann ist das Elend, das Gott über die Menschen kommen lässt, immer eine erzieherische Maßnahme. Weil die Menschen orientierungslos sind, brauchen sie Gott und Sein Wort.

Anwendung: Ähnlich zeigt die Redensart viel Mitleid und Verständnis für denjenigen, der nicht rechts und links unterscheiden kann, weil er zum Beispiel zu aufgeregt, geistig ohne Orientierung oder sonst wie verwirrt ist. Da normalerweise bereits ein Kind weiß, wo rechts und links ist, will die Redensart meist kein Hinweis auf Dummheit sein, sondern mehr ein verständnisvoller Aufruf zur Hilfe dem orientierungslos gewordenen Menschen gegenüber. Nur selten wird die Redensart im verächtlichen Sinne gebraucht oder herablassend als Chiffre für unentschuldbare Dummheit, mit der man keine Geduld haben kann.

Die dem Wortlaut nach ähnliche, jedoch inhaltlich verschiedene, nicht-biblische Redensart „weder rechts noch links schauen“ (stur seinen Weg verfolgen) beinhaltet im Gegensatz zur biblischen Redensart Kritik am Menschen mit Scheuklappen.

Reden

„Reden ist Silber, Schweigen ist Gold“

Bedeutung: Es ist gut zu sprechen und seine Meinung zu äußern, noch besser ist es jedoch zu schweigen.

Erläuterung: Nur der erste Teil des Sprichwortes ist biblischer Herkunft. Der zweite Teil ist eine sehr fragwürdige Ergänzung und stammt nicht aus der Bibel. Er dürfte seine Berechtigung nur bei seltenen Gelegenheiten haben, z. B. wenn man eine Beleidigung gegen andere im Schweigen unterdrückt u. ä.

Beispiel: Ich wollte mir erst einmal anhören, was ihr dazu zu sagen habt. Reden ist Silber, Schweigen ist Gold.

Bibelstelle: Ps 12,7: „Die Worte des Herrn sind *lautere Worte, Silber*, geschmolzen im Ofen von Schlacken geschieden, geläutert siebenfach.“ Luther übersetzt: „Die *Rede* des Herrn ist lauter wie *durch läutert Silber* im irdenen Tiegel, bewähret siebenmal.“

Kommentar: Da Silber ein kostbares, edles Metall ist, wird das Wort Gottes mit Silber verglichen, um seine Kostbarkeit und seinen außerordentlichen Wert für die Menschen herauszustellen. Dass Schweigen grundsätzlich wertvoller als Reden sein soll, dürfte eine höchst umstrittene Behauptung sein, die sicherlich nicht für alle Lebenssituationen zutrifft und angewandt werden sollte; denn wenn jemand schweigt, nimmt er entweder seine Interessen oder die Belange anderer Menschen nicht wahr und gerät bei der Durchsetzung bestimmter Anliegen mit Sicherheit ins Hintertreffen. Bereits die römische Spruchweisheit „Wer schweigt, scheint zuzustimmen“ stellt völlig richtig fest, wie nachteilhaft es sein kann, anderen entweder bewusst, aus Feigheit oder aus mangelnder Zivilcourage durch sein Schweigen das Wort zu überlassen, um damit anderen Rednern zu ermöglichen, „das Sagen zu haben“.

Anwendung: Trotz oder vielleicht auch gerade wegen ihres kontroversen Inhalts ist die Redensart weit verbreitet und sehr bekannt. Sie wird oft als scherzhafte Ermahnung zum Schweigen oder als Rechtfertigung für die Zurückhaltung vorschneller Urteile gebraucht.

Rest

„Der Rest ist für die Gottlosen“

Bedeutung: Scherzhafter Kommentar, wenn ein letzter Tropfen oder Happen für den Gast übrigbleibt

Erläuterung: Diese Redewendung ist nur vor dem Hintergrund eines Psalmverses verständlich, nach dem Gott den Gottlosen Wein mit einem Rest Hefe zu trinken gibt.

Beispiel: Gieß allen noch mal ein; der Rest ist für die Gottlosen.

Bibelstelle: Ps 75,9: „Ja, in der Hand des Herrn ist ein Becher, herben gärenden Wein reicht er dar; *ihn müssen alle Frevler der Erde trinken, müssen ihn samt der Hefe schlürfen.*“

Luther übersetzt recht anschaulich in einer etwas derberen Sprache: „Denn der Herr hat einen Becher in der Hand und mit starkem Wein voll eingeschenkt und schenkt aus demselben; *aber die Gottlosen müssen alle trinken und die Hefen aussaufen.*“

Kommentar: Gärender Wein mit Hefe schmeckt nicht. Damit wird deutlich, dass den Frevlern und Gottlosen mit dem *Rest Hefe* im Wein etwas Schlechtes zugeteilt wird.

Anwendung: An dieses Bibelwort knüpft die Redewendung an, indem sie sagen will: Was vom Essen übrig bleibt und den Gästen nicht mehr so gut schmeckt, sei wie der gärende Wein mit dem *Rest Hefe*, den Gott in der Bibel den Frevlern zuweist, für die Gottlosen bestimmt.

Richten

„Richtet nicht!“

Bedeutung: Urteilt nicht voreilig über andere!

Erläuterung: Die Redensart ist eine Warnung vor selbstgefälliger Bewertung anderer.

Beispiel: Auch wenn jeder Mensch mehr oder weniger viele Vorurteile hat, man sollte nicht vorschnell über andere ein Urteil fällen; denn richtet nicht, damit ihr nicht gerichtet werdet!

Bibelstelle: Mt 7,1: „*Richtet nicht, damit ihr nicht gerichtet werdet*! Denn wie ihr richtet, so werdet ihr gerichtet werden, und nach dem Maß, mit dem ihr messt und zuteilt, wird euch zugeteilt werden.“

Kommentar: Diese mahnenden Worte Jesu aus der Bergpredigt werden auch in der Feldrede bei Lukas in einem noch weiterführenden Kontext wiedergegeben:

„Seid barmherzig, wie es auch euer Vater ist! *Richtet nicht, dann werdet auch ihr nicht gerichtet werden.* Verurteilt nicht, dann werdet auch ihr nicht verurteilt werden. Erlasst einander die Schuld, dann wird auch euch die Schuld erlassen werden“ (Lk

6,36-37). Aus dem Geist der Barmherzigkeit werden die Jünger von Jesus zur Feindesliebe, zur Vergebung und zum großherzigen Geben aufgefordert (Lk 6,27-38). Auch im ältesten Evangelium (nach dem Evangelisten Markus) ist der Gedanke der Vergeltung im Reich Gottes als Wort Jesu überliefert: „Nach dem Maß, mit dem ihr messt und zuteilt, wird euch zugeteilt werden, ja, es wird euch noch mehr gegeben“ (Mk 4,24).

Paulus warnt die Gemeinde von Rom vor allem vor selbstgefälligem Richten über andere, wenn der Betreffende selber schuldig ist (Röm 2,1). Außerdem beruft er sich in 1 Kor 4,5 auf das Verbot Jesu zu richten: „Richtet also nicht vor der Zeit; wartet, bis der Herr kommt, der das im Dunkeln Verborgene ans Licht bringen und die Absichten der Herzen aufdecken wird. Dann wird jeder sein Lob von Gott erhalten.“

Anwendung: Die Redensart ist mit der Mahnung, nicht zu richten, vom Geist Jesu geprägt.

Rohr (brechen)

„Das geknickte Rohr nicht brechen, den glimmenden Docht nicht löschen“

Bedeutung: Aufforderung, in der Erziehung, gute, aber noch schwache Ansätze zu fördern; Versagen und Fehlschläge nicht als unkorrigierbar ansehen

Erläuterung: Es ist leicht, ein angeknicktes Rohr zu brechen; ebenso bedarf es keiner großen Anstrengung, den nur noch glimmenden Docht auszublasen. Zu biblischen Zeiten wurde ein Docht in die Schale einer Öllampe gelegt.

Beispiel: Da der Schüler sehr einsichtig war, wollte der Lehrer ihn nicht zu hart kritisieren, um das geknickte Rohr nicht zu brechen (und den glimmenden Docht nicht zu löschen).

Bibelstelle: Mt 12,20: „*Das geknickte Rohr wird er nicht zerbrechen und den glimmenden Docht nicht auslöschen,* bis er dem Recht zum Sieg verholfen hat."

Kommentar: Der Evangelist Matthäus zitiert hier eine Stelle aus dem ersten Lied vom Gottesknecht des Propheten Jesaja, um Jesu Heilung am Sabbat vor den Pharisäern zu rechtfertigen. „*Das geknickte Rohr zerbricht er* (der Knecht Gottes, der Erwählte, an dem Gott Gefallen findet und auf den er seinen Geist gelegt hat) *nicht, und den glimmenden Docht löscht er nicht aus*; ja, er bringt wirklich das Recht" (Jes 42,3).

Anwendung: Die Redensart ist eine Erinnerung an die Güte und Barmherzigkeit Jesu, der die alttestamentliche Verheißung des Jesaja über den Gottesknecht erfüllt, indem er den Menschen hilft und sie auch am Sabbat heilt.

Rohr (schwanken)

„Wie ein schwankendes Rohr sein"

Bedeutung: Wankelmütig, unentschieden, unentschlossen, ungefestigt und haltlos sein

Erläuterung: Wer wie ein schwankendes Rohr sich im Wind hin und her bewegt, lässt sich von jeder Strömung treiben, z.B. von jeder Meinung beeinflussen und ist innerlich mehr oder weniger orientierungslos, ein charakterschwacher Mensch.

Beispiel: Da er sich nicht entscheiden konnte, wand er sich hin und her wie ein schwankendes Rohr.

Bibelstelle: Mt 11,7b: „Was habt ihr denn sehen wollen, als ihr in die Wüste hinausgegangen seid? Ein Schilfrohr, das im Wind schwankt?"

Kommentar: Jesus macht klar, dass Johannes der Täufer das genaue Gegenteil von einem schwankenden Schilfrohr ist, nämlich ein sehr gefestigter, charakterstarker, seinem Glauben an das Reich Gottes treu ergebener Mensch. Das geht auch aus dem folgenden Vers hervor: „Oder was habt ihr sehen wollen, als ihr hinausgegangen seid? Einen Mann in feiner Kleidung? Leute, die fein gekleidet sind, findet man in den Palästen der Könige?“ (Mt 11,8) Johannes der Täufer, der in der Wüste lebte und sich von wildem Honig und Heuschrecken ernährte, wird im gleichen Matthäusevangelium als ein Mann beschrieben, der ein Gewand aus Kamelhaaren und einen ledernen Gürtel um seine Hüften trug (Mt 3,4a). – Die Parallelstelle in Lk 7,24-25 sagt mit ganz geringfügigen für den Sinn unwesentlichen Wortabweichungen inhaltlich das gleiche.

Anwendung: So wie Jesus Johannes den Täufer als nichtschwankendes Rohr lobt, so tadelt die Redensart jeden, der wie ein schwankendes Rohr sich verhält.

Ruhe / finden

„Ruhe finden“

Bedeutung: Still, ruhig werden

Erläuterung: Zu innerer Ausgeglichenheit kommen

Beispiel: Nach dieser Aufregung musst du erst einmal wieder Ruhe finden.

Bibelstelle: Mt 11,29: „Nehmt mein Joch auf euch und lernt von mir; denn ich bin gütig und von Herzen demütig; *so werdet ihr Ruhe finden* für eure Seele. Denn mein Joch drückt nicht, und meine Last ist leicht.“

Luther übersetzt statt ‘gütig’ „sanftmütig“.

Kommentar: Diese großartige Verheißung Jesu ist eine Fortsetzung des ebenso berühmten Jesuswortes, das sogar auf der Freiheitsstatue in New York geschrieben steht. Es soll allen Einreisenden Trost und Hoffnung spenden: „Kommt alle zu mir, die ihr euch plagt und schwere Lasten zu tragen habt. Ich werde euch Ruhe verschaffen“ (Mt 11,28).

Anwendung: Die Redensart will in Anlehnung an die biblischen Worte Jesu, der dem Gläubigen Ruhe verschafft, zur Ruhe finden lassen, indem man sich an Jesus ein Beispiel nimmt, sein Kreuz bejaht, gütig oder sanftmütig und demütig wird.

Eine ähnliche Redewendung ist „Ruhe sanft!“ Sie erscheint als Aufschrift gelegentlich auf Kranzschleifen, Trauerkarten, Grabkreuzen und Grabsteinen und ist als ernsthafter Wunsch gemeint, einem Verstorbenen die ewige Ruhe zu gönnen. Sie wird aber auch manchmal ironisch gebraucht, z. B. wenn ein Lehrer zu einem Schüler, der die Antwort nicht weiß, weil er geschlafen, bzw. die Frage verpasst hat, sagt: Ruhe sanft!

Ruhe / Frieden

„Ruhe in Frieden!“ / „Er/sie ruhe in Frieden.“
„Lass(t) ihn/sie ruhen in Frieden!“

Bedeutung: Wunsch für einen Verstorbenen für eine ungestörte Grabesruhe, bzw. eine Gebetsbitte zur Erlangung der ewigen Ruhe oder des himmlischen Friedens für einen oder mehrere Verstorbene

Erläuterung: Die Redewendungen gehen zurück auf die lateinischen Formeln: Requiescat/Requiescant in pace (Er/sie ruhe in Frieden oder sie mögen ruhen in Frieden, bzw. lass ihn/sie oder lasst sie ruhen in Frieden).

Beispiel: Vorbeter: Herr, gib ihm und allen Verstorbenen die ewige Ruhe! Alle: Und das ewige Licht leuchte ihnen! Vorbeter: *Lass sie ruhen in Frieden.* Alle: Amen.

Bibelstelle: Ps 4,9: „*In Frieden leg ich mich nieder* und schlafe ein; denn du allein, Herr, *lässt mich sorglos ruhen.*"

Kommentar: Die Redensart ist in einer Bibelstelle begründet, die das Gottvertrauen eines Beters und seine Zuversicht auf einen ungestörten Schlaf ohne quälende Sorgen zum Ausdruck bringt.

Anwendung: In der Sprache der Liturgie und in der religiösen Sprache des persönlichen Gebetes wird der Wunsch für einen guten Schlaf auf die ewige Ruhe eines oder mehrerer Verstorbenen übertragen. Die Redensarten kommen häufig bei kirchlichen Beerdigungen, Feuerbestattungen, Totenmessen, Totengedenkfeiern, kirchlichen Gottesdiensten und Gebeten für Verstorbene, aber auch bei weltlichen Ansprachen zum Gedenken an Verstorbene vor. Eine ähnliche Redewendung heißt „die ewige Ruhe finden", was so viel bedeutet wie „gestorben sein". Man vergleiche auch unter dem Stichwort 'Seele' die Redensart: „Nun hat die liebe/arme Seele Ruh."

Sabbat
„Jetzt ist (aber) Sabbat!" / „Ein Sabbatjahr machen" / „Eine Sabbatzeit haben/gewähren"

Bedeutung: Jetzt ist Schluss / Ein Jahr lang seine berufliche Arbeit niederlegen und nicht im Angestelltenverhältnis arbeiten / Ruhe halten

Erläuterung: Der Sabbat ist der 7. Tag der Woche und entspricht unserem Samstag, wobei die Woche nach jüdisch-biblischer Tradition mit dem Sonntag beginnt. Der jüdische Ruhetag wird damit begründet, dass Gott nach der Erschaffung der Welt in sechs Tagen am siebten Tag ruhte (Gen 2,2).

Beispiel: a) Ihr habt lange genug herumgetobt. Jetzt ist aber Sabbat. b) Aufgrund seiner angeschlagenen Gesundheit beantragte er bei seinem Arbeitgeber ein Sabbatjahr. c) Seit 1997 gewährt die Erzdiözese Bamberg überstrapazierten Seelsorgern auf Wunsch eine dreimonatige Sabbatzeit.

Bibelstelle: Gen 2,2-3: „Am siebten Tag vollendete Gott das Werk, das er geschaffen hatte, und er *ruhte am siebten Tag,* nachdem er sein ganzes Werk vollbracht hatte.

Kommentar: Die Einhaltung des Sabbats als Ruhetag wird auch bei der Sammlung der Wachteln und des Manna in der Wüste von Moses verlangt (Gen 16,26)." Das Sabbatgebot ist das dritte der zehn Gebote und wird mit der Ruhe Gottes am siebten Tag begründet (Gen 20,8-11). In Dtn 5,12-15 wird die Sabbatruhe auch für die Sklaven wegen der Befreiung der Israeliten aus der Sklaverei Ägyptens durch Gott gefordert. In Analogie zum Sabbat nach 6 Arbeitstagen ist das Sabbatjahr das siebte Jahr nach einer Reihe von 6 Jahren. In ihm sollten Sklaven freigelassen werden (Ex 21,2) und die Äcker sollten zur Erholung brach liegen und alle Frucht den Armen und Tieren gehören (Ex 23,10-11).

Anwendung: Die erste Redensart als abschätziger Ausdruck zur Beendigung eines wüsten Treibens hängt auch mit dem Hexensabbat zusammen, der Vorstellung von der Zusammenkunft böser Geister und Hexen am Sabbat.

„In Sack und Asche gehen“

Bedeutung: Buße tun; zerknirscht und reumütig sein

Erläuterung: Mit dem Wort Sack (hebräisch saq, griechisch sákkos) wurde ein geringwertiger Stoff aus Ziegen- oder Kamelhaar bezeichnet. Mit der sackhaften Trauerkleidung wollte man öffentlich kundtun, dass man auf dem Weg der Umkehr ist. Im Buß-Ritus bestreute man sich dann mit Asche.

Beispiel: Du musst deswegen nicht gleich in Sack und Asche gehen; auch die anderen sind keine Unschuldslämmer.

Bibelstelle: Est 4,1: „Als Mordechai von allem, was geschehen war, erfuhr, zerriss er seine Kleider, hüllte sich *in Sack und Asche, ging* in die Stadt und erhob ein lautes Klagegeschrei.“

Kommentar: Von diesem weit verbreiteten Trauer- und Buß-Ritus wird in vielen anderen Bibelstellen berichtet, z. B. in 1 Makk 3,47: „Sie fasteten an jenem Tag, zogen Bußkleider an, streuten sich Staub auf das Haupt und zerrissen ihre Gewänder“; oder in 1 Kg 21,27 bei Ahabs Reue; in 2 Kg 6,30 über den König von Israel bei der Belagerung der Stadt Samaria; in Joel 1,8.13, wo vom Anlegen der Trauerkleidung dic Rede ist; Klgl 2,10: „die Ältesten der Tochter Zion, streuen sich Staub aufs Haupt, legen Trauerkleider an“; Jona 3,8: „Sie sollen sich in Bußgewänder hüllen“; Est 4,4: „Viele schliefen in Sack und Asche“; Judith 4,11: „Alle Israeliten in Jerusalem, ihre Frauen und Kinder warfen sich vor dem Tempel nieder, streuten sich vor dem Herrn Asche auf das Haupt und legten Bußgewänder an.“

Diese zur Schau getragene Bußform in der Öffentlichkeit lehnt Jesus in seiner Bergpredigt ab (Mt 6,16-18).

Anwendung: Die heutige Redensart wird kaum noch im biblischen Sinne als Ausdruck der Buße gebraucht, sondern ist eher eine scherzhafte Umschreibung für eine große Zerknirschung.

Salomon

„Ein salomonisches Urteil fällen"

Bedeutung: Sehr weise urteilen

Erläuterung: Unter einem salomonischen Urteil versteht man eine überraschend einfache Schlichtung eines Streites, die durch ihre Klugheit und Menschenkenntnis allgemein befriedigt.

Beispiel: Er erledigte den Streitfall, indem er ein salomonisches Urteil fällte.

Bibelstelle: 1 Kg 3,28: „Ganz Israel hörte von dem *Urteil (des Königs Salomo),* das der König gefällt hatte, und sie schauten mit Ehrfurcht zu ihm auf; denn sie erkannten, dass die Weisheit Gottes in ihm war, wenn er Recht sprach."

Kommentar: In 1 Kg 3,16-28 wird das berühmte salomonische Urteil beim Rechtsstreit zwischen zwei Frauen beschrieben, von denen beide beanspruchten, die Mutter eines neugeborenen Kindes zu sein. Als König Salomo vorschlägt, das Kind mit dem Schwert lebendig durchzuschneiden und zu teilen, bittet die wahre Mutter, das Leben des Kindes zu erhalten, während die falsche Mutter in die Tötung des Kindes einwilligt.

Anwendung: Aufgrund der Weisheit Salomos als Richter und König hat sich auch die sprichwörtliche Redensart „weise wie Salomo" gebildet. Weniger bekannt dürften folgende Redewendungen über die Weisheit Salomos sein: „Er hat Salomos Pantoffeln geerbt" („er ist weise und klug" oder „er dünkt sich weise"); „Frage den Salomo, wenn er's weiß, so nickt er"; „gehe hin zum Salomo, der wird's wohl wissen." (Röhrich S. 1276) Die beiden letzten Redensarten sind eher spöttische Antworten auf allzu aufdringliche Fragesteller, während die Redensart „ein salomonisches Urteil fällen" respektvoll gemeint ist.

Salz

„(Das) Salz der Erde sein"

Bedeutung: Zu denen gehören, die dem sittlichen Verfall auf Erden entgegenwirken.

Erläuterung: Die Redewendung aus der Bergpredigt Jesu greift die konservierende und reinigende Kraft des Salzes auf, um damit die Jünger zu bezeichnen, die sich gegen die Schlechtigkeit der Welt zu wehren haben.

Beispiel: Der Bischof mahnte die neugeweihten Priester, Salz der Erde im Sinne des Auftrags Jesu zu sein.

Bibelstelle: Mt 5,13: „*Ihr seid das Salz der Erde*. Wenn das Salz seinen Geschmack verliert, womit kann man es wieder salzig machen? Es taugt zu nichts mehr; es wird weggeworfen und von den Leuten zertreten."

Kommentar: Aus den nächsten Versen 14-16 des 5. Kapitels bei Matthäus geht hervor, dass die Bildworte „Ihr seid das Salz der Erde" und „Ihr seid das Licht der Welt" auf die Jünger Jesu angewandt werden, denn es heißt: „So soll euer Licht vor den Menschen leuchten, damit sie eure guten Werke sehen und euren Vater im Himmel preisen" (Mt 5,16). Vgl. die Parallelstelle Lk 14,34-35! Im Markusevangelium heißt es noch pointierter: „Habt Salz in euch, und haltet Frieden untereinander!" (Mk 9,50b).

Bereits bei den Griechen war das Salz ein beliebtes Bildwort für eine geistvolle Rede. In diesem Sinne meint auch der Apostel Paulus: „Eure Worte seien immer freundlich, doch mit Salz gewürzt; denn ihr müsst jedem in der rechten Weise antworten können“ (Kol 4,6).

Anwendung: Röhrich bietet noch über ein Dutzend andere Redewendungen mit dem Begriff Salz, das früher neben dem Brot zum Inbegriff der Hausnahrung wurde, z. B. in der Redensart „Damit verdient er nicht das Salz zur Suppe“, d. h. er verdient nur ganz wenig (Röhrich S. 1277). So entstammt die Redensart einer Zeit, in der das Salz als kostbares Gut geschätzt wurde. Wenn jemand daher als Salz bezeichnet wird, soll er in einer wichtigen Funktion gewürdigt und geehrt werden.

Salzsäule

„Zur Salzsäule erstarren“

Bedeutung: Vor Entsetzen wie gelähmt sein / So tun, als wäre man total überrascht

Erläuterung: Die Redensart bezieht sich auf ein biblisches Sagenmotiv, nach dem die Frau des Lot zur Salzsäule erstarrte, als sie sich bei ihrer Flucht aus Sodom noch einmal umwandte. Noch heute wird ein eigenartig geformtes Salzsteingebilde am Toten Meer als Lots Frau bezeichnet.

Beispiel: Als die Frau, die er längst für tot hielt, zur Tür hereintrat, erstarrte er zur Salzsäule. / Als sie ihm zu Ehren das „Happy birthday to you“ anstimmten, tat er so, als wäre er zur Salzsäule erstarrt.

Bibelstelle: Gen 19,26: „Als Lots Frau zurückblickte, *wurde sie zu einer Salzsäule.*“

Kommentar: In der Jersusalemer Bibel steht zu diesem Vers unter dem Stichwort „*Salzsäule*" die Anmerkung: „Ein bizarres Felsgebilde oder ein Steinsalzblock wird mit einem alten Sagenmotiv volkstümlich erklärt" (S. 36). Die Erstarrung zur Salzsäule galt als Strafe dafür, dass sich Lots Frau nicht an die Warnung eines Engels hielt. Dieser hatte nämlich befohlen, sich auf der Flucht aus der Stadt Sodom nicht umzudrehen und keinesfalls stehen zu bleiben. Die Familie Lots sollte sich vielmehr so schnell wie möglich ins Gebirge retten, da Gott die Stadt Sodom mit Feuer und Schwefel vom Himmel vernichtete.

Anwendung: Die für unsere heutigen Vorstellungen kaum nachvollziehbare grausame Strafe Gottes an der Frau Lots, die wegen ihres ungehorsamen nur kurzen Umschauens zur Salzsäule erstarrt und damit stirbt, wird in der Redensart eher parodiert. Nach Lutz Röhrich wird die Redensart nämlich häufig im ironischen Sinne bei Überraschungen gebraucht, die im Grunde genommen gar keine mehr sind (Röhrich S. 1278).

Samariter

„Ein barmherziger Samariter sein"

Bedeutung: Einem hilfsbedürftigen, notleidenden Menschen helfen

Erläuterung: Die Redensart geht auf das Gleichnis vom barmherzigen Samariter zurück, das Jesus erzählt, um zur praktischen Nächstenliebe aufzufordern.

Beispiel: Er nahm sich des Schwerverletzten wie ein barmherziger Samariter an.

Bibelstelle: Lk 10,33-34: „Dann kam ein *Mann aus Samarien*, der auf der Reise war. Als er ihn (den unter die Räuber gefallenen, ausgeplünderten und halbtot Daliegenden) sah, hatte er Mitleid, ging zu ihm hin, goss Öl und Wein auf seine Wunden und verband sie. Dann hob er ihn auf sein Reittier, brachte ihn zu einer Herberge und sorgte für ihn."

Kommentar: Jesus stellt einem Gesetzeslehrer, der fragte, wer sein Nächster sei, ausgerechnet einen Mann aus Samarien, einem Feind der Juden in Juda als Vorbild christlicher Nächstenliebe hin und fordert ihn auf: „Dann geh und handle genauso!" (Lk 10,37b).

Anwendung: Da Luther den Mann aus Samarien „*Samariter*" nennt, hat sich das Wort vom barmherzigen Samariter auch in anderen Redewendungen und Begriffen ins Bewusstsein der Menschen eingeprägt, z. B. im Ausdruck „Samariterdienst" als Bezeichnung für eine freiwillige Hilfsbereitschaft. Entsprechend gibt es Samaritervereine, die ihre Mitglieder in der Ersten Hilfe unterweisen und Kenntnisse in der Krankenpflege vermitteln. Im 19. Jahrhundert wurden Samariterkurse und Samariterschulen gegründet. Die deutschen Samariter wurden 1937 dem Roten Kreuz angegliedert. Nach 1945 hat sich der Arbeitersamariterbund neu organisiert.

Während zur Zeit Jesu das Wort Samariter ein Schimpfwort für die Juden war, ist es heute ein positiver Begriff; denn Samariterdienste genießen höchste Wertschätzung.

Sand

„So zahlreich wie Sand am Meer / Wie Sand am Meer"

Bedeutung: Sehr viel, zahllos, im Überfluss, reichlich

Erläuterung: Dieser redensartliche Vergleich der Vielheit für eine unermessliche Menge beruht auf mehreren Bibelstellen aus dem Alten Testament (Röhrich S. 1279).

Beispiel: Mittelmäßige Laienschauspieler findet man wie Sand am Meer.

Bibelstelle: Gen 22,15-17: „Der Engel des Herrn rief Abraham zum zweiten Mal vom Himmel her zu und sprach: Ich habe bei mir geschworen - Spruch des Herrn: Weil du das getan hast und deinen einzigen Sohn mir nicht vorenthalten hast, will ich dir Segen schenken in Fülle und deine Nachkommen *zahlreich* machen *wie* die Sterne am Himmel und *den Sand am Meeresstrand.* Deine Nachkommen sollen das Tor ihrer Feinde einnehmen."

Luther übersetzt die Wendung 1 Mose 22,17 mit *„wie den Sand am Ufer des Meeres"*.

Kommentar: Eine andere Bibelstelle bringt die Redewendung noch wörtlicher. Als Jakob sich mit seinem Bruder Esau wieder versöhnen will, betet er: „Entreiß mich doch der Hand meines Bruders, der Hand Esaus! Ich fürchte nämlich, er könnte kommen und mich erschlagen, Mutter und Kinder. Du hast doch gesagt: Ich will es dir gut gehen lassen und will deine Nachkommen zahlreich machen *wie den Sand am Meer*, den niemand zählen kann vor Menge." In Gen 41,49 speicherte Josef das „Getreide in sehr großer Menge auf, *wie Sand am Meer*, bis man aufhören musste, es zu messen, weil man es nicht mehr messen konnte." Vgl. auch 1 Sam 13,5: „Die Philister versammelten sich zum Kampf gegen Israel; sie hatten dreitausend Wagen und sechstausend Wagenkämpfer und ein Heer so zahlreich *wie der Sand am Ufer des Meeres.*"

Anwendung: Die Redensart gebraucht das Bildwort zunächst einmal ganz im biblischen Sinne für unzählbare Mengen; andererseits aber auch zur Bezeichnung von etwas, das im Überfluss da ist und nicht mehr gebraucht wird.

Sand / bauen

„Auf (den) Sand bauen" /
„Auf Sand gebaut haben"

Bedeutung: Seine Hoffnung auf einen schlechten, unzuverlässigen Grund setzen; einen Plan auf unsicheren Grundlagen verwirklichen; / sich auf etwas höchst Unsicheres verlassen haben

Erläuterung: Die Redensart bezieht sich auf ein Gleichnis Jesu, in dem ein Mann ein Haus auf Sand statt auf einen Felsen baut, so dass es vom Regen und Wind zerstört wurde.

Beispiel: „Mit den Chemieaktien haben Sie bestimmt nicht auf Sand gebaut." (Duden, Band 11, S. 605)

Bibelstelle: Mt 7,26-27: „Wer aber meine Worte hört und nicht danach handelt, ist wie ein unvernünftiger Mann, der sein Haus *auf Sand baute*. Als nun ein Wolkenbruch kam und die Wassermassen heran fluteten, als die Stürme tobten und an dem Haus rüttelten, da stürzte es ein und wurde völlig zerstört."

Kommentar: Im Gleichnis vom Mann, der auf Sand baut, will Jesus das Vertrauen in Gott stärken, der nach biblischer Tradition Halt gibt und verlässlich wie ein Fels ist.

Anwendung: Die Redensart ist vor allem auch durch das Kirchenlied „Wer nur den lieben Gott lässt walten und hoffet auf ihn allezeit" von Georg Neumark aus dem Jahre 1657 bekannt geworden, der das Jesuswort aus Mt 7,26 in der 1. Strophe als Zeichen des Gottvertrauens verwendet: „Wer Gott dem Allerhöchsten traut, der hat auf keinen Sand gebaut."

Während das Gleichnis Jesu vom Mann, der auf Sand baut, das Vertrauen auf Jesu Worte und auf das Wort Gottes bestärken will, entspricht die Redensart einem eher fragwürdigen Sicherheitsbedürfnis des modernen Menschen (Vgl. Stellmann S. 110-113).

Saulus

„Aus einem Saulus zum Paulus werden"

Bedeutung: Von einem Gegner zu einem Befürworter werden; seine Meinung völlig ändern

Erläuterung: Saulus hat sich vom Christenverfolger zu einem eifrigen christlichen Missionar bekehrt.

Beispiel: Als Student fand er die konservative Partei zum Schreien und war überzeugter Kommunist, und heute ist er sogar Parteimitglied der Konservativen. Er ist doch tatsächlich von einem Saulus zum Paulus geworden.

Bibelstelle: Apg 9,3-4: „Unterwegs aber, als er sich bereits Damaskus näherte, geschah es, dass ihn plötzlich ein Licht vom Himmel umstrahlte. Er stürzte zu Boden und hörte, wie eine Stimme zu ihm sagte: *Saul,* Saul, warum verfolgst du mich?"

Kommentar: Nach seinem Bekehrungserlebnis vor Damaskus lässt sich Saulus taufen. (Apg 9,22). In der Apostelgeschichte wird Saulus ab Kapitel 13, Vers 9 nur noch Paulus genannt. Vor seinem „Damaskus-Erlebnis" (Siehe die Redensart „seinen Tag von Damaskus erleben"!) war Saulus ein heftiger Christenverfolger. Der Name Saulus ist nicht zu verwechseln mit Saul, dem ersten König des Volkes Israel. der nach einem verlorenen Kampf gegen die Philister schwer verwundet Selbstmord beging, indem er sich in sein eigenes Schwert stürzte (1 Sam 31,1-4).

Anwendung: Die Redensart über Saulus kann zwar auch Verwunderung über eine plötzliche Meinungsänderung zum Ausdruck bringen, aber da die neue Meinung aufgrund einer Bekehrung und einer echten Überzeugung erfolgt ist, gebietet diese Achtung und Respekt.

Schaf

„Ein schwarzes Schaf sein" /
„Das schwarze Schaf der Familie sein"

Bedeutung: Eine im Gegensatz zu anderen unvorteilhaft abstehende Person sein / Das Mitglied einer Familie sein, dessen Verhalten als unsittlich oder ungehörig angesehen wird

Erläuterung: Das schwarze Schaf fällt in einer Herde von weißen Schafen besonders auf. Es ist auch weniger erwünscht, wenn man einheitlich weiße Wolle gewinnen will, die sich leichter färben lässt. Die Farbe weiß gilt als Symbol der Reinheit und Unschuld. Schwarz ist eine Anspielung auf die sündhaft schwarze Seele eines Menschen und damit auf das sittenwidrige oder ethisch-minderwertige Verhalten einer Person.

Beispiel: Meine Cousine kam natürlich als einzige nicht zur Geburtstagsfeier unserer Großmutter; sie ist schon immer das schwarze Schaf der Familie gewesen.

Bibelstelle: Gen 30,32: „Ich (Jakob) will heute unter deinem Vieh umhergehen. Und du *sondre dort alle schwarzgesprenkelten oder schwarzscheckigen und alle dunklen Schafe aus,* ebenso die weißscheckigen und weißgesprenkelten Ziegen. Das soll mein Lohn sein."

Kommentar: Jakob verlangte die schwarz gesprenktelten und dunklen Schafe von Laban als Lohn für seine jahrelangen Dienste, weil er sich nach der Geburt seines Sohnes Josef selbständig machen wollte. Trotz der zunächst weniger begehrenswerten oder damals als minderwertiger angesehenen dunklen Schafe wurde Jakob sehr reich. Allerdings war seine Zuchtpraxis durch ein merkwürdiges, magisches Ritual von geschälten Ruten bestimmt, die er den Tieren bei der Begattung vor Augen hielt, wodurch sie angeblich stark und kräftig wurden (Gen 30,35-43).

Anwendung: Im Gegensatz zu Jakob, der die dunklen Tiere unter den weißen Schafen sogar bevorzugte und damit sehr reich wurde, gilt das schwarze Schaf in der Redensart als ein Symbol des Negativen. Wer sich in einer Gruppe nicht einordnet oder unangenehm auffällt, wird als schwarzes Schaf bezeichnet.

Schaf (verloren)

„Ein verlorenes Schaf sein"

Bedeutung: Ein in die Irre gegangener Mensch sein

Erläuterung: In dieser Redensart ist die Aufforderung enthalten, sich um das verlorene Schaf zu kümmern, so wie es Jesus im Gleichnis vom verlorenen, bzw. verirrten Schaf gepredigt hat.

Beispiel: Als engagierter Lehrer wollte er nicht nur die begabten Schüler fördern, sondern er meinte, gerade auch *seinen verlorenen Schafen* nachgehen zu müssen.

Bibelstelle: Mt 18,12-14: „Was meint ihr? Wenn jemand hundert Schafe hat und eines von ihnen sich verirrt, lässt er dann nicht die neunundneunzig auf den Bergen zurück und *sucht das verirrte*? Und wenn er es findet - amen, ich sage euch: er freut sich über dieses eine mehr als über die neunundneunzig, die sich nicht verirrt haben. So will auch euer himmlischer Vater nicht, dass einer von diesen Kleinen verlorengeht.“ Vgl. Lk 15,3-7!

Kommentar: Mit dem Gleichnis vom verirrten Schaf (bei Lukas ist vom verlorenen Schaf die Rede!) will Jesus seine Jünger auffordern, sich gerade der Sünder anzunehmen, die sonst in die Irre gingen und ohne den angebotenen Heilsweg der göttlichen Barmherzigkeit, Verzeihung und Liebe verloren wären. Dem verlorenen Schaf nachzugehen ist ein fürsorgliches Verhalten aus liebender Anteilnahme und gleicht der Sorge des guten Hirten, wie uns Jesus im Johannesevangelium vorgestellt wird (Joh 10,1-21).

Anwendung: Jemanden als verlorenes Schaf zu bezeichnen ist also kein Ausdruck der Verurteilung, sondern ein Akt innerer Zuwendung und fürsorglicher Anteilnahme. Früher wurden Gemeindemitglieder, die nicht mehr zur Kirche gingen, scherzhaft als ‘verlorene Schafe’ bezeichnet.

Schafe

„Die Schafe von den Böcken scheiden/sondern/trennen“

Bedeutung: Das Nützliche vom Unnützen, das Brauchbare vom Unbrauchbaren, das Gute vom Schlechten trennen; die Guten von den Bösen unterscheiden

Erläuterung: Die Fähigkeit, zwischen männlichen und weiblichen Herdentieren zu unterscheiden, wird auf die manchmal nicht leichte Unterscheidung der Geister übertragen, nämlich zu erkennen, welche Menschen gut sind und wer wirklich böse ist.

Beispiel: Wenn aus unserem Verein noch etwas werden soll, müssen wir endlich die Schafe von den Böcken trennen.

Bibelstelle: Mt 25, 32: „Und alle Völker werden von ihm zusammengerufen werden, und er wird sie voneinander scheiden, wie der Hirt *die Schafe von den Böcken scheidet*."

Kommentar: Die Redewendung geht auf die Schafzucht zurück, wo der Hirte zu Zuchtzwecken männliche und weibliche Schafe voneinander trennt, so dass nur der jeweils kräftigste Bock zur Zucht eingesetzt wird. Hier hat Jesus ein Bild des Propheten Ezechiel aufgegriffen, der den aggressiven Böcken (gemeint waren die räuberischen Herrscher und Herren der Oberschicht) vorwirft, sie hätten zum Nachteil der guten Schafe die Weide zertrampelt und die Brunnen verschmutzt (Ez 34,17-19). Gerade weil Jesus jedoch daran glaubte, dass die schlechten Menschen von Gott gerichtet werden, forderte er seine Jünger auf, Böses mit Gutem zu überwinden und nicht zu richten, sondern immer wieder zu verzeihen.

Anwendung: Wegen ihres biblischen Hintergrundes vom jüngsten Gericht entspricht die Redensart daher eigentlich nicht dem Geiste Jesu, wenn sich ein Mensch die Rolle Gottes anmaßt und andere Mitmenschen richtet, indem er sie als Böcke von den weißen, willkommenen Schafen aussondert und sie dann als „Sündenböcke" abstempelt.

Scheitel

„Vom Scheitel bis zur Sohle"

Bedeutung: Von Kopf bis Fuß, der ganze Mensch

Erläuterung: Die Bezeichnung für die Ganzheit eines Menschen wird meist nur im positiven Sinn verwandt, um etwas Gutes über einen Menschen zu sagen, das ihn völlig durchdringt.

Beispiel: Er hat beste Umgangsformen und ist ein Kavalier vom Scheitel bis zur Sohle.

Bibelstelle: Dtn 28,35: „Der Herr schlägt dich mit bösen Geschwüren am Knie und am Schenkel, und keiner kann dich heilen, *von der Sohle bis zum Scheitel* bist du krank.“

Kommentar: Bei Heinrich Krauss wird die Redensart auf 2 Sam 14,25 zurückgeführt: „In ganz Israel gab es keinen schöneren und lobenswerteren Mann als Abschalom. *Vom Scheitel bis zur Sohle* war kein Makel an ihm.“

Nach Axel Stellmann wird diese Redewendung benutzt, wenn man einen Menschen als ganze Person meint, also nicht nur der äußeren Erscheinung eines Menschen Beachtung schenkt, sondern auch seiner inneren Einstellung (Stellmann S. 141). Diese für den heutigen Sprachgebrauch durchaus richtige Interpretation entspricht jedoch nicht dem biblischen Gebrauch, da die Krankheit des Aussatzes oder der Geschwüre auch einen guten Menschen befallen kann. Auch Abschalom war zwar äußerlich hübsch, aber moralisch gesehen ein missratener Sohn. Er zettelte gegen seinen Vater David eine Verschwörung an und führte einen Krieg gegen ihn, in dem er unterlag und getötet wurde (2 Sam 18,1-18).

Anwendung: Während man heute die Redensart kaum gebrauchen wird, um etwas Negatives über einen Menschen zu sagen, z. B. wäre die Formulierung „er ist ein Lügner vom Scheitel bis zur Sohle“ etwas unpassend und ungebräuchlich, so wird in der Bibel die Redewendung auch bei einer Krankheit oder bei Schönheit gebraucht, die nur das Äußere des ganzen Menschen betrifft.

„Sein Scherflein beisteuern"

Bedeutung: Einen kleinen Beitrag leisten, einen geringen Betrag spenden

Erläuterung: Die Redensart bezieht sich auf das Scherflein der Witwe, die zwar nur wenig in den Opferstock tat, aber für ihre Verhältnisse viel gespendet hatte und dafür von Jesus gelobt wurde.

Beispiel: Für die kostspielige Renovierung der Orgel möchte auch ich mein Scherflein beitragen.

Bibelstelle: Mk 12,41-44: „Als Jesus einmal dem Opferkasten gegenübersaß, sah er zu, wie die Leute Geld in den Kasten warfen. Viele Reiche kamen und gaben viel. Da kam auch eine arme Witwe und warf *zwei kleine Münzen* hinein. Er rief seine Jünger zu sich und sagte: Amen, ich sage euch: Diese arme Witwe hat mehr in den Opferkasten hineingeworfen als alle andern. Denn sie alle haben nur etwas von ihrem Überfluss hergegeben; diese Frau aber, die kaum das Nötigste zum Leben hat, sie hat alles gegeben, was sie besaß, ihren ganzen Lebensunterhalt."

Luther übersetzt Vers 42 für zwei kleine Münzen: „*zwei Scherflein*" und erklärt die Menge dieses Beitrags folgendermaßen: „und es kam eine arme Witwe und legte *zwei Scherflein* (in den Gotteskasten = Opferstock) ein; die machen einen Heller."

Kommentar: Da Jesus den Menschen nicht nach äußerem Erfolg und Reichtum bewertet, sondern nach seiner inneren Herzenseinstellung, lobt er die arme Witwe, die praktisch ihr ganzes Geldvermögen in den Opferstock warf.

Anwendung: Wenn heute jemand seine Spende als Scherflein bezeichnet, drückt er unabhängig von der Höhe ernsthaft oder spielerisch seine Bescheidenheit aus. Vielleicht will er auch mit seiner Spende an das Lob Jesu wegen des Scherfleins der armen Witwe erinnern und seinen Beitrag anerkannt sehen.

Schiffbruch

„Schiffbruch erleiden“ / „Mit etwas Schiffbruch leiden“

Bedeutung: Misserfolg haben / Mit etwas scheitern

Erläuterung: Dies ist ein gehobener Ausdruck für das Misslingen eines Planes oder Vorhabens.

Beispiel: Kein Wunder, dass du bei dieser negativen Einstellung zu deinem Beruf Schiffbruch erlitten hast.

Bibelstelle: 1 Tim 1,19: „Diese Ermahnung lege ich dir ans Herz, mein Sohn Timotheus, im Gedanken an die prophetischen Worte, die einst über dich gesprochen wurden; durch diese Worte gestärkt, kämpfe den guten Kampf, gläubig und mit reinem Gewissen. Schon manche haben die Stimme ihres Gewissens missachtet und haben im Glauben *Schiffbruch erlitten*, darunter Hymenäus und Alexander, die ich dem Satan übergeben habe, damit sie durch diese Strafe lernen, Gott nicht mehr zu lästern.“

Kommentar: Das Bild vom Schiffbruch ist vermutlich nicht ausschließlich biblischen Ursprungs, denn in der Seemannssprache dürften solche Ausdrücke sehr geläufig sein. Die biblische Ableitung scheint eher darin begründet, dass Paulus das Wort vom Schiffbruch im übertragenen Sinne gebraucht und damit ein Scheitern im Glauben umschreibt.

Anwendung: Obwohl der Duden im Band 11 drei passende Beispielsätze zur Redewendung liefert, davon zwei im politischen Bereich, gibt er keinen Hinweis auf eine eventuell biblische Herkunft. Ein Zitat von Ruthe benutzt gleich zwei Sprachbilder aus der Seemannssprache, um alltägliche Erwartungen und Gefühle zu beschreiben: „Mit großen Illusionen ... steuern viele Eheaspiranten den 'Hafen der Ehe' an - und *erleiden dann Schiffbruch.*" (Duden, Band 11, S. 619) Die Redensart erfreut sich also auch außerhalb des religiösen Bereichs in der Alltagssprache großer Beliebtheit, um ein Scheitern auszudrücken.

Schlaf

„Den Schlaf des Gerechten schlafen"

Bedeutung: Tief und fest schlafen

Erläuterung: Erholsam und gut schläft, wer eine ganze Nacht ohne Unterbrechung durchschlafen kann. Als sogenannter Gerechter hat man ein gutes Gewissen, das angeblich wie ein sanftes Ruhekissen wirkt. (Vgl. die fast synonyme Redewendung: Ein ruhiges Gewissen ist wie ein sanftes Ruhekissen!) Dahinter steckt die leider oft irrige, nur gelegentlich zutreffende Vorstellung, dass z. B. ein Mörder nicht gut schlafen könne, da ihn sein schlechtes Gewissen quäle.

Beispiel: Er hatte zwanzig Stunden ununterbrochen gearbeitet und schlief nun den Schlaf des Gerechten.

Bibelstelle: Spr 24,15: „Belaure nicht frevlerisch *die Wohnung des Gerechten, zerstöre sein Ruhelager nicht!*"

Kommentar: Schon das alttestamentliche Weisheitsbuch der Bibel scheint sehr genau zu wissen, dass selbst der gerechteste Mensch nicht gut schlafen kann, wenn ihn sein böser Nachbar stört. Da der Gerechte, d. h. für das Alte Testament ein gesetzestreuer Jude, ein guter Mensch ist, soll er auch gut schlafen können. Die Redewendung drückt mehr die Wunschvorstellung als die Realität aus.

Die Redensart kommt in ähnlicher Form auch in zwei Psalmen vor: „Ich lege mich nieder und schlafe ein, ich wache wieder auf, denn der Herr beschützt mich“ (Ps 3,6). „In Frieden leg' ich mich nieder und schlafe ein; denn du allein, Herr, lässt mich sorglos ruhen“ (Ps 4,9). Im 3. Kapitel der Sprichwörter ist vom Weg die Rede, Weisheit zu erlangen. Darin heißt es in Vers 24: „Gehst du zur Ruhe, so schreckt dich nichts auf, legst du dich nieder, erquickt dich dein Schlaf.“

Anwendung: Wenn heute vom 'Schlaf des Gerechten' die Rede ist, braucht dies nicht spöttisch gemeint zu sein, sondern es bezeichnet eher den wohl verdienten Schlaf nach getaner, erledigter Arbeit. Es ist auch eine Anspielung darauf, dass der Gerechte keine Gewissensqualen kennt und deswegen ruhig und fest schlafen kann.

Schlaf / Seinen
„Den Seinen (Den Gerechten) gibt's der Herr im Schlaf“

Bedeutung: Manche haben unverdientes Glück.

Erläuterung: Menschen, die Gott treu und ergeben sind, gelangen nach dem biblischen Glauben oft unverhofft über Nacht zu Glück und Ansehen, ohne dass sie sich dafür abmühen.

Beispiel: Du hast sechs Richtige im Lotto? Den Seinen gibt's der Herr im Schlaf.

Bibelstelle: Ps 127,2: „Es ist umsonst, dass ihr früh aufsteht und euch spät erst niedersetzt, um das Brot der Mühsal zu essen; *denn der Herr gibt es den Seinen im Schlaf.*“

Kommentar: Der Psalm 127 beschreibt unter der Überschrift „Hingabe an die Vorsehung" eigentlich eine etwas fatalistische Einstellung: „Wenn nicht der Herr das Haus baut, müht sich jeder umsonst, der daran baut. Wenn nicht der Herr die Stadt bewacht, wacht der Wächter umsonst" (Ps 127,1).

Anwendung: Gegen dieses passive Nichtstun und Alles-nur-vom-Herrn-Erwarten spöttelt die Redewendung: „Den Seinen gibt's der Herr im Schlaf." Es steckt auch teilweise Neid dahinter, wenn jemand durch Nichtstun zu Geld, Erfolg, Glück, Ansehen und Wohlstand gelangt. Der Glaube, dass man sich ohne Gottes Hilfe vergeblich um etwas bemüht, wird hier letztlich bezweifelt. Denn bei allem Gottvertrauen muss der Mensch auch das Seine dazutun. So ist die Redensart oft ein ironischer Kommentar zu einem unverdienten Glücksfall.

Schlüssel

„Der Schlüssel der Erkenntnis"

Bedeutung: Eine Einsicht, die den Zugang zu anderen Wahrheiten öffnet

Erläuterung: So wie der Schlüssel die Tür öffnet, tun sich durch den Schlüssel der Erkenntnis die Tore der geistigen Welt auf.

Beispiel: „Hilfe zur Selbsthilfe" ist der Schlüssel der Erkenntnis zum Subsidiaritätsprinzip.

Bibelstelle: Lk 11,52: „Weh euch Gesetzeslehrern! Ihr habt *den Schlüssel* (der Tür) *zur Erkenntnis* weggenommen. Ihr selbst seid nicht hineingegangen, und die, die hineingehen wollten, habt ihr daran gehindert."

Kommentar: Jesus klagt hier die Pharisäer und Gesetzeslehrer an, dass sie den Gläubigen mit ihren harten Gesetzesforderungen große Lasten aufbürden und Hindernisse in den Weg legen, sich aber selber oft nicht an die von ihnen geforderten Auslegungen der mosaischen Gebote und Verbote halten, so dass sie unglaubwürdig werden und andere damit auch nicht zum Heil führen (Lk 11,37-54). Als Jesus sich entgegen den Vorschriften des mosaischen Gesetzes nicht vor dem Essen die Hände wusch, rechtfertigte sich Jesus mit der Gegenklage: „O ihr Pharisäer! Ihr haltet zwar Becher und Teller außen sauber, innen aber seid ihr voll Raubgier und Bosheit. Ihr Unverständigen! Hat nicht der, der das Äußere schuf, auch das Innere geschaffen? Gebt lieber, was in den Schüsseln ist, den Armen, dann ist für euch alles rein“ (Lk 11,39-41). Jesus will den Menschen den Schlüssel zur Erkenntnis dessen bringen, was wirklich wichtig ist, nämlich nicht die äußere Gesetzeserfüllung, sondern praktische Nächstenliebe und Barmherzigkeit.

Anwendung: Das geflügelte Wort vom „Schlüssel der Erkenntnis“ aus der Bibel wird heute für alle möglichen Erkenntnisse auf philosophischem, literarischem oder musischem, nicht unbedingt nur auf religiös-theologischem Gebiet gebraucht.

Schrecken

„Lieber ein Ende mit Schrecken als ein Schrecken ohne Ende“

Bedeutung: Etwas Unerfreuliches schnell zu Ende bringen wollen, anstatt das Unangenehme endlos zu verlängern.

Erläuterung: Es ist für die meisten Menschen erstrebenswerter, einer unangenehmen Sache direkt zu begegnen, um sie dadurch zu beenden, als ihr ständig auszuweichen und sich unentwegt, ohne absehbares Ende vor ihr zu fürchten.

Beispielsatz: Was da an Intrigen (Mobbing) in deiner Firma läuft, ist so furchtbar und gemein, dass du besser von dir aus, bzw. in gegenseitigem Einvernehmen und mit einer ordentlichen Forderung nach Abfindung kündigst und die Gefahr einer zunächst schrecklichen Arbeitslosigkeit in Kauf nimmst: Lieber ein Ende mit Schrecken als ein Schrecken ohne Ende.

Bibelstelle: Ps 73,18-19: „Ja du stellst sie (die Frevler und Gottlosen) auf schlüpfrigem Grund, du stürzest sie in Täuschung und Trug. Sie werden plötzlich zunichte, werden dahingerafft und nehmen *ein schreckliches Ende.*“

Kommentar: Luther übersetzt: „Sie gehen unter und nehmen *ein Ende mit Schrecken.*“ Die sprichwörtliche Redensart greift diesen Ausdruck eines schrecklichen Endes oder eines Endes mit Schrecken, das den Sündern droht, auf und bezeichnet damit allgemein jedes Übel, alles Unangenehme, Unerfreuliche, Furchtbare und Schreckliche, das möglichst bald zu Ende gehen soll.

Anwendung: Die Redensart will oft eine Ermunterung oder ein Anstoß sein, eine unerfreuliche Angelegenheit so schnell wie möglich zu Ende zu bringen.

Schulden

„Mehr Schulden als Haare auf dem Kopf haben“

Bedeutung: Hoch verschuldet sein

Erläuterung: Da man die Haare auf dem Kopf in der Regel unmöglich zählen kann, ist auch die Schuldenlast unzählbar groß.

Beispiel: Er wird dir mit Sicherheit niemals das geliehene Geld zurückzahlen; denn er hat jetzt schon mehr Schulden als Haare auf dem Kopf.

Bibelstelle: Ps 40,13: „Denn Leiden ohne Zahl umfangen mich, meine Sünden holen mich ein, ich vermag nicht mehr aufzusehen. *Zahlreicher sind sie als die Haare auf meinem Kopf,* der Mut hat mich ganz verlassen."

Kommentar: Der reumütige Hilferuf zu Gott aus dem Psalm 40 und die Selbstanklage des demütigen Beters über die große Zahl seiner Sünden wird in der Redensart aufgegriffen, um eine große Schuldenlast zu bezeichnen. Stellmann hält diese Uminterpretation für leicht nachvollziehbar, weil der Sünder eben in moralischer, nicht in finanzieller Hinsicht, eine große Schuld auf sich geladen hat (Stellmann, S. 70).

Anwendung: Während der Psalmist sich vor Gott zu seiner Schuld bekennt, scheint der Anwender der Redensart eher dazu zu neigen, die erdrückende Schuldenlast durch den witzigen Vergleich mit den unzählbaren Kopfhaaren auf die leichte Schulter zu nehmen, so dass eine Rückzahlung der Schulden meist aussichtslos erscheint.

Schuppen
„Jemandem fällt es wie Schuppen von den Augen"

Bedeutung: Jemandem wird plötzlich etwas klar; er erkennt den wahren Sachverhalt, den er vorher nicht begreifen konnte.

Erläuterung: Hier geht es um das berühmte „Aha-Erlebnis". Der plötzliche Durchbruch einer Erkenntnis oder eine erhellende Einsicht wird mit dem Vorgang verglichen, mit dem ein Blinder plötzlich wieder sehen kann. Die Schuppen auf den Augen wären dann ähnlich zu beurteilen wie die Linsentrübung des Grauen Stars, die durch eine Operation beseitigt werden kann. Das Wort 'Schuppe' kommt übrigens von 'schaben' und meint im Ursprung dasjenige, was vom Fisch abgeschabt wird, bevor man ihn kocht.

Beispiel: Als er die Sekretärin mit ihrem Chef im Café sah, fiel es ihm wie Schuppen von den Augen.

Bibelstelle: Apg 9,18: „Sofort *fiel es ihm wie Schuppen von seinen Augen*, und er sah wieder; er stand auf und ließ sich taufen.“

Kommentar: Die Erblindung des Paulus nach seinem Damaskus-Erlebnis, in der er die innere Stimme des Gewissens wegen der von ihm getöteten Christen als Anruf Jesu hört: „Saul, Saul, warum verfolgst du mich?“ (Apg 9,4), korrespondiert mit seiner inneren Blindheit für den Wahrheitsanspruch des christlichen Glaubens. Dadurch, dass er diese innere Blindheit und Dunkelheit in seinem Herzen durch die Geisttaufe in der Handauflegung durch den Jünger Hananias verliert, wird er auch äußerlich wieder sehend. Der Taufe und dem Wieder-Sehen-Können geht also ein innerer Bekehrungsvorgang voraus. Die in der Handauflegung gemachte Geisterfahrung ist die Ursache für die innere und äußere Heilung des Saulus, dem es wie Schuppen von den Augen fällt, weil er sich mit der Wahrheit des zu Unrecht leidenden und verfolgten Christus identifiziert.

Anwendung: Die Redensart dient heute einfach der Bezeichnung für eine plötzliche Einsicht.

„Mit etwas schwanger gehen“

Bedeutung: Einen Plan haben; die Verwirklichung eines Werkes oder einer Absicht bedenken; über ein Vorhaben nachdenken

Erläuterung: Die Schwangerschaft als Zeit des Reifens eines Kindes im Mutterschoß wird hier mit der Zeit für das Reifwerden eines Vorhabens verglichen.

Beispiel: Ich gehe schon lange mit dem Gedanken schwanger, nach Australien auszureisen.

Bibelstelle: Ps 7,15: „Er hat Böses im Sinn; *er geht schwanger mit* Unheil, und Tücke gebiert er.“

Kommentar: Bei Ijob werden die Frevler in ähnlicher Weise dargestellt:

„Von Mühsal schwanger, gebären sie nur Unheil; nur Trug ist, was ihr Schoß hervorbringt“ (Ijob 15,35). Auch der Prophet Jesaja klagt über seine Zeitgenossen: „... *man geht schwanger mit* Unheil und bringt Verderben zur Welt“ (Jes 59,4c).

Anwendung: Während in der Bibel das Schwanger gehen meist mit Unheil verbunden ist, wird die Redensart heute unabhängig davon gebraucht, ob der Plan auf etwas Gutes oder Schlechtes zielt.

„Im Schweiße des Angesichtes" /

„Etwas im Schweiße seines Angesichts tun"

Bedeutung: Unter großer Anstrengung, in langer und mühsamer Arbeit / Sich abmühen; eine lange, qualvolle Arbeit verrichten müssen

Erläuterung: Das hier gemeinte Schwitzen, im Gesicht an Schweißtropfen erkennbar, ist meist eine Folge von körperlicher Anstrengung und Mühe.

Beispiel: Er arbeitete im Schweiße seines Angesichtes, um den Fertigungstermin einhalten zu können.

Bibelstelle: Gen 3,19: „*Im Schweiße deines Angesichts sollst du dein Brot essen,* bis du zurückkehrst zum Ackerboden; von ihm bist du ja genommen. Denn Staub bist du, und zum Staub musst du zurück."

Kommentar: Bei Adam bestand die mühevolle, schweißtreibende Arbeit in der Bebauung des Ackerbodens, was als Strafe Gottes gedeutet wird. Im Paradies lebten Adam und Eva unbeschwert und glücklich, da sie nicht mit großer Mühe und Anstrengung arbeiten mussten, um satt zu werden. (Vgl. Gen 2,15). Außerdem lebten sie ewig, d. h. für den Moment des Augenblicks ohne sorgenvolles Planen und Denken an die Zukunft. Der Schweiß, mit dem Gott Adam wegen der Übertretung seines Gebots bestraft, erinnert an die menschliche Sterblichkeit und Vergänglichkeit, da ja Mühe und Anstrengung bereits die Grenzen der Kraft deutlich machen. All dies sind aus theologischer Sicht Folgen der Erbschuld.

Anwendung: Wer im Schweiße seines Angesichts sein Brot isst, muss hart arbeiten, um sein Brot zu essen, d. h. seinen Lebensunterhalt zu verdienen.

Schwerter

„Schwerter zu Pflugscharen schmieden"

Bedeutung: Aus Waffen Nützliches zu friedlichen Zwecken herstellen

Erläuterung: Dieses Leitmotto der Friedensbewegung stützt sich auf die alttestamentlichen Friedensvisionen des Propheten Jesaja.

Beispiel: In der früheren DDR war das Tragen eines Emblems mit der Aufschrift „Schwerter zu Pflugscharen schmieden" verboten.

Bibelstelle: Jes 2,4: „Er (der Herr, der Gott Jakobs) spricht Recht im Streit der Völker, er weist viele Nationen zurecht. *Dann schmieden sie Pflugscharen aus ihren Schwertern* und Winzermesser aus ihren Lanzen. Man zieht nicht mehr das Schwert, Volk gegen Volk, und übt nicht mehr für den Krieg."

Kommentar: Nicht nur Jesaja verheißt mit diesen wunderbaren Bildworten den Völkern eine Zeit des Friedens, auch beim Propheten Micha werden diese Sprachbilder nach dem Vorbild Jesajas wörtlich wiedergegeben (Micha 4,3).

Anwendung: Im Ersten und Zweiten Weltkrieg wurden aus Kirchenglocken Kanonen gegossen. So ist das Friedenswort des Propheten Jesaja bis ins 20. Jahrhundert hinein eine Provokation für die hochgerüsteten Machthaber dieser Welt. Das Bildwort von den zu Pflugscharen umgeschmiedeten Schwertern hat trotz des biblischen Hintergrundes mit den veralteten Geräten aus der Agrarwirtschaft und aus der Kriegsgeschichte vergangener Zeiten nichts von seiner Aktualität und seiner visionären Kraft für eine bessere Welt in Frieden und Gerechtigkeit verloren.

Seele

„Nun (jetzt / dann) hat die (arme) liebe Seele Ruh."

Bedeutung: Jetzt ist er/sie endlich zufrieden; jetzt sollten er/sie zufrieden sein

Erläuterung: Die Redensart will auf scherzhafte Weise zum Ausdruck bringen, dass man Zufriedenheit erwarten kann, wenn Wünsche nach begehrten Dingen schließlich erfüllt werden.

Beispiel: „Die Flasche ist leer, jetzt hat die liebe Seele Ruh." (Duden, Band 11, S. 650)

Bibelstelle: Lk 12,19: „Dann kann ich zu mir selber sagen: Nun hast du einen großen Vorrat, der für viele Jahre reicht. *Ruh dich aus*, iss und trink, und freu dich des Lebens!"

Luther übersetzt: „Und will sagen zu meiner Seele: *Liebe Seele,* du hast einen großen Vorrat auf viele Jahre; *habe nun Ruhe*, iss, trink und habe guten Mut."

Kommentar: Die eigentliche Ironie dieser Redensart wird erst richtig deutlich, wenn man die beiden folgenden Verse der Bibelstelle kennt, die die Hoffnung des reichen Kornbauern auf einen ruhigen, schönen Lebensabend mit einem Schlag zunichtemacht: „Da sprach Gott zu ihm: Du Narr! Noch in dieser Nacht wird man dein Leben von dir zurückfordern. Wem wird dann all das gehören, was du angehäuft hast? So geht es jedem, der nur für sich selbst Schätze sammelt, aber vor Gott nicht reich ist" (Lk 12,20-21). Das Gleichnis Jesu vom reichen Bauern, der nach einer guten Ernte ein bequemes Leben führen will und dann völlig unverhofft und plötzlich stirbt, sollte die Jünger warnen, keine Schätze anzusammeln.

Anwendung: Die Redensart ist zwar in Lk 12, 19 begründet, ändert den Sinn jedoch durch die Hinzufügung des Eigenschaftswortes „arm“ in der Bezeichnung „arme“ oder „liebe Seele“. Nach einer alten religiösen Vorstellung bedürfen die armen Seelen im Fegfeuer des Fürbittgebets der Gläubigen, damit ihre Seelen Ruhe finden. Mit der Variante der Redensart „damit die arme Seele Ruhe hat“ will man dann einer drängenden Bitte nachgeben.

Segen

„Seinen Segen zu etwas geben“ / „Jemandes Segen haben“

Bedeutung: Einer Sache zustimmen / Jemandes Zustimmung haben

Erläuterung: Der Segen oder das Segnen ist eine Handlung oder ein Spruch, womit eine wohltuende Kraft übertragen oder herbeigerufen wird. Das Wort Segen wird im weiteren Sinne auch im Zusammenhang mit ‘Wohlfahrt, Glück und Ertrag’ verwendet. Das deutsche Wort ‘segnen’ ist ein Lehnwort des lateinischen ‘signare’ (mit einem Zeichen/Siegel versehen) von signum (Zeichen, Kennzeichen, Merkmal). In der Bibelübersetzung wird das Wort ‘segnen’ für das lateinische ‘benedicere’ oder das griechische Wort ‘eulogein’ (Gutes sagen) gebraucht.

Beispiel: Von mir aus kannst du sie heiraten. Meinen Segen hast du dazu.

Bibelstelle: Gen 12,1-3: „Der Herr sprach zu Abram: Zieh weg aus deinem Land, von deiner Verwandtschaft und aus deinem Vaterhaus in das Land, das ich dir zeigen werde. Ich werde dich zu einem großen Volk machen, *dich segnen* und deinen Namen groß machen. *Ein Segen sollst du sein*. Ich will segnen, die dich segnen; wer dich verwünscht, den will ich verfluchen. Durch dich sollen alle Geschlechter der Erde *Segen erlangen*."

Kommentar: Im Bericht über die Berufung Abrahams verheißt Gott ihm seinen Segen. (Gen 17,4-5). Vorher hieß er Abram, was nach einer umstrittenen Auslegung mit Abiram gleichbedeutend sein soll und so viel heißt wie „Gott ist erhaben" (Haag, S. 13).

Anwendung: Die häufige Redensart „Dazu hast du meinen Segen!" bedeutet meist, dass man ein Unterfangen gutheißt. Nur selten ist es missbilligend gemeint in dem Sinne: Du kannst es ja mal probieren, aber du wirst schon sehen, was dabei herauskommt! „Meinen Segen hast du dazu nicht" bedeutet, dass man ein Unternehmen oder einen Plan ablehnt. Das Wort Segen und die verschiedenen Redewendungen mit dem Begriff Segen haben jedenfalls auch außerhalb des Gottesdienstes ihre Bedeutung im Alltag und sind auch unabhängig vom Sitz im Leben kirchlich-religiöser Aktivitäten weit verbreitet.

Sintflut

„Ein sintflutartiger Regen" / „Nach mir (uns) die Sintflut!"

Bedeutung: Ein überaus heftiger Regen / Die Folgen für die Zukunft sind mir (uns) gleichgültig.

Erläuterung: Der Begriff Sintflut stammt aus der biblischen Erzählung von der Rettung des Noah in der Arche. Das Wort Sintflut hat nichts mit Sünde zu tun, sondern geht auf die althochdeutsche Wurzel sin (= immer, unendlich, groß) zurück, was mit lateinisch ‘semper’ verwandt ist. Der Satz „Nach uns die Sintflut“ ist eine direkte Übersetzung des Zitats von Jeanne Antoinette Poisson, der Marquise von Pompadour, Mätresse Ludwigs XV, die nach der verlorenen Schlacht bei Roßbach gegen die Armee Friedrich des Großen im Jahre 1757 gesagt haben soll: „Après nous le déluge!“ Wie sie das gemeint hat, bleibt umstritten, wahrscheinlich jedoch nicht frivol, arrogant und kaltschnäuzig wie im heutigen Sprachgebrauch, sondern eher aus Angst oder aus einer bösen Vorahnung heraus.

Beispiel: Angesichts der hohen Staatsverschuldung legen viele Politiker eine Haltung an den Tag, die mit der Einstellung „Nach mir die Sintflut“ zu kennzeichnen ist.

Bibelstelle: Gen 6,17: „Ich will nämlich *die Flut* über die Erde bringen, um alle Wesen aus Fleisch unter dem Himmel, alles, was Lebensgeist in sich hat, zu verderben. Alles auf Erden soll verenden.“ Luther übersetzt: „Denn siehe, ich will *eine Sintflut mit Wasser* kommen lassen auf Erden, zu verderben alles Fleisch, darin ein lebendiger Odem ist, unter dem Himmel.

Kommentar: Nach der Sintflut spricht Gott: „Ich will künftig nicht mehr alles Lebendige vernichten, wie ich es getan habe“ (Gen 8,21b). Von daher hat die Erzählung von der Sintflut durch die Heilszusage an Noah die Bedeutung, dass Gott die Welt retten will.

Anwendung: Wenn jemand heute etwas als völlig veraltet und dem Untergang geweiht ansieht, charakterisiert er es gelegentlich auch als „vorsintflutlich“, d. h. sehr altmodisch.

„Jemanden sitzen lassen“

Bedeutung: Eine Verabredung nicht einhalten; eine Frau verlassen, der man schon Eheversprechungen gemacht hat

Erläuterung: Außer bei H. Krauss wird die übertragene Bedeutung für die Redewendung „jemanden sitzen lassen“, d. h. ihn auf seinem Platz warten lassen, weder im Duden, noch bei Röhrich oder Wolkenstein auf einen alttestamentlichen Weisheitsspruch zurückgeführt, obwohl dies vermutlich der erste literarische Beleg für die zweite Bedeutung dieser Redensart ist, die sich im übertragenen Sinn auf eine heiratswillige junge Frau bezieht.

Beispiel: Schwiegermutter zum zukünftigen Schwiegersohn: Du hast mit meiner Tochter geschlafen und ihr die Ehe versprochen. Jetzt kannst du das Mädchen nicht sitzen lassen!

Bibelstelle: Sir 22,4-5: „Eine kluge Tochter *bringt ihrem Mann Besitz ein*, eine schändliche macht ihrem Vater Kummer; die trotzige bereitet dem Vater und dem Gatten Schande, von beiden wird sie verachtet.“Der Luthertext mit Apokryphen lautet: „Eine vernünftige Tochter kriegt einen Mann, aber eine Tochter, die sich schändlich aufführt, *bleibt sitzen* und sie macht ihrem Vater Kummer.“ (Nach einer von H. Krauss zitierten Lutherübersetzung heißt es: „eine ungeratene Tochter *lässt man sitzen“).*

Kommentar: In der Bibel wird es anscheinend gutgeheißen, wenn eine ungeratene Tochter sitzen gelassen wird. Dies ist wohl als eine Art Strafandrohung gegen ungehorsame Töchter zu verstehen. Die jungen Frauen werden in der Bibel ermahnt, sich zunächst dem Vater und dann dem Ehemann unterzuordnen.

Anwendung: Die Redensart heute hat nicht mehr diesen patriarchalischen Beigeschmack und wird wohl eher als Vorwurf gegen denjenigen verstanden, der jemanden oder ein Mädchen sitzen lässt. Während also die Bibel behauptet, dass es jemandem recht geschieht, wenn er sitzen gelassen wird, klingt in der heutigen Redensart der Vorwurf an, dass es Unrecht ist, jemanden sitzen zu lassen und eine Verabredung nicht einzuhalten.

Sodom

„Sodom und Gomorra“

Bedeutung: Ort, wo Unmoral und Verderbtheit herrschen

Erläuterung: Sodom und Gomorra sind Orte biblischer Urzeit, die durch eine Naturkatastrophe vernichtet wurden. Diese Vernichtung deutet die Bibel als Strafgericht Gottes, weil die Bewohner der Städte schwer gesündigt hatten. Während man heute im allgemeinen unter Sodomie vor allem den geschlechtlichen Verkehr mit Tieren versteht, ist im Alten Testament Sodomie der gleichgeschlechtliche Kontakt unter Männern (= Homosexualität).

Beispiel: Wenn sich jeder Wüstling ungestraft an pubertierende Kinder heranmachen könnte, hätten wir bald Zustände wie in Sodom und Gomorra.

Bibelstelle: Gen 19,23-26: „Als die Sonne über dem Land aufgegangen und Lot in Zoar angekommen war, ließ der Herr auf *Sodom und Gomorra* Schwefel und Feuer regnen, vom Herrn, vom Himmel herab. Er vernichtete von Grund auf jene Städte und die ganze Gegend, auch alle Einwohner der Städte und alles, was auf den Feldern wuchs.“

Kommentar: Im Kommentar der Jerusalemer Bibel steht zu Gen 19,26 zur Erklärung des Wortes Salzsäule: „Ein bizarres Felsgebilde oder ein Steinsalzblock wird mit einem alten Sagenmotiv volkstümlich erklärt." Es handelt sich bei dieser Erzählung um eine sogenannte Ätiologie, die die Gegenwart in Form eines Mythus deutet; denn es gibt bis heute viele bizarre Salzbildungen am Strand des Toten Meeres. Theologisch denkende, gläubige Menschen, die damals vom Gottesbild eines allmächtigen und alles regierenden Schöpfergottes ausgingen, konnten sich eine Naturkatastrophe, die ganze Städte vernichtete, nur als Ergebnis eines Strafgerichts dieses Gottes vorstellen.

Anwendung: „Sodom und Gomorra" ist ein derber, oft auch scherzhafter Ausruf höchster sittlicher Entrüstung.

Splitter

„Den Splitter im fremden Auge, aber den Balken im eigenen Auge nicht sehen"

Bedeutung: Jemand anderen kritisieren, seine eigenen Fehler aber nicht sehen wollen

Erläuterung: Ein Balken im Auge würde total blind machen; der Splitter im Auge beeinträchtigt die Sehkraft unter Umständen nur ein wenig.

Beispiel: Kehr erst einmal vor deiner eigenen Tür, bevor du andere kritisierst! Was siehst du den Splitter im fremden Auge ...?

Bibelstelle: Mt 7,3: *„Warum siehst du den Splitter im Auge deines Bruders, aber den Balken in deinem Auge bemerkst du nicht?"*

Kommentar: Immer wieder gibt Jesus Ermahnungen, dem Bruder zu verzeihen und ihm Barmherzigkeit zu erweisen: „Seid barmherzig, wie es auch euer Vater ist! Richtet nicht, dann werdet auch ihr nicht gerichtet werden. Verurteilt nicht, dann werdet auch ihr nicht verurteilt werden. Erlasst einander die Schuld, dann wird auch euch die Schuld erlassen werden“ (Lk 6,36-37).

Daraus folgt, dass man aus christlicher Sicht die eigenen Schwächen bewusst wahrnehmen, anderen ihre Fehler jedoch nicht nachtragen sollte.

Anwendung: Die Redewendung ist fast ein Synonym zu dem Spruch: „Wer im Glashaus sitzt, soll nicht mit Steinen werfen.“

Spreu

„Die Spreu vom Weizen trennen“

Bedeutung: Das Wertlose, Unbrauchbare vom Wertvollen, Brauchbaren trennen

Erläuterung: Unter Spreu versteht man die entkörnten Ähren. Die Körner werden von den leichten Körnerkapseln (Spelzen) gereinigt. Früher geschah dies durch das sogenannte ‘Worfeln’ mit speziellen Holzschaufeln. Heute wird dies in der Regel durch Gebläse bewirkt.

Beispiel: Bei so vielen Bewerbern ist es nicht einfach, die Spreu vom Weizen zu trennen.

Bibelstelle: Mt 3,12: „Schon hält er die Schaufel in der Hand; er wird *die Spreu vom Weizen trennen* und den Weizen in die Scheune bringen; die Spreu aber wird er in nie erlöschendem Feuer verbrennen.“

Kommentar: Hier geht es um die Unterscheidung der Geister. Es gilt zu erkennen, wer gut im Sinne des Reiches Gottes ist und wer böse ist, d. h. wer lebenszerstörerischen Einfluss ausübt. Der

Grundsatz aller christlicher Ethik lautet: Das Gute tun und das Böse unterlassen!

Anwendung: Die Redensart will zum Ausdruck bringen, dass es für den Menschen notwendig ist, zwischen gut und böse zu unterscheiden.

Stachel

„Wider den Stachel löcken/lecken"

Bedeutung: Aufbegehren; gegenüber einer Autorität aufmüpfig sein; vergeblich Widerstand leisten

Erläuterung: Die Redensart ist im römischen und griechischen Sprachraum weit verbreitet gewesen und heißt dort lateinisch: „contra stimulum calcitrare", griechisch: 'pros kentron laktidsein'. Luther übersetzte dies nach Apg 26,14 mit „wider den Stachel *lecken*" und schrieb als Erklärung an den Rand: „Das ist, springen, *hupffen*" (Röhrich S. 1522). Lecken ist eine Intensivbildung zur mittelhochdeutschen Wurzel 'lih' und heißt „mit den Füßen ausschlagen". Um das Wort vom 'Lecken mit der Zunge' zu unterscheiden, machte man seit dem 17. Jahrhundert daraus '*löcken*'. Das heute völlig veraltete Wort *löcken* ist nur noch in dieser Redensart erhalten geblieben, jedoch verwandt mit frohlocken (vor Freude *hüpfen*, jubeln). Hinter der Redensart steht das Bild von den widerspenstigen Zugtieren, die sich gegen den Stachel, d. h. gegen den spitzen Stock, mit dem man sie vorwärts treibt, wehren und löcken, d. h. mutwillig hüpfen, springen oder ausschlagen.

Beispiel: Nun verhalt dich doch einmal normal! Warum musst du nur immer gegen den Stachel löcken?

Bibelstelle: Apg 26,14: „Wir alle stürzten zu Boden, und ich hörte eine Stimme auf Hebräisch zu mir sagen: Saul, Saul, warum verfolgst du mich? Es wird dir schwerfallen, *gegen den Stachel auszuschlagen.*"

Kommentar: Paulus berichtet vor dem König Agrippa in Cäsarea als gefangener Angeklagter von seinem bereits in Apg 9,5 beschriebenen Bekehrungserlebnis vor Damaskus und erweitert es um diese damals weit verbreitete Redewendung. Heinrich Krauss deutet diesen Zusatz als inneren Widerstand des Paulus gegen seine fanatische Verfolgungswut.

Anwendung: Trotz der veralteten Sprache wird diese gehobene Redensart zur Ermahnung gegen Menschen gebraucht, die gegen Autoritäten aufbegehren. In der Redensart klingt Kritik am Widerstand gegen Erziehungsmaßnahmen an.

Stein

„Der Stein des Anstoßes"

Bedeutung: Die Ursache einer Verärgerung

Erläuterung: Das, was empört, Ärgernis erregt, evtl. das, was innerlich weh tut, wie der Anstoß oder Wurf eines Steines. Man kann sich auch an den scharfen, harten Kanten eines Steines verletzen, wenn man selber daran anstößt.

Beispiel: „Ein vergessener Hochzeitstag kann leicht zum Stein des Anstoßes werden." (Duden, Band 11, S. 687).

Bibelstelle: Jes 8,14: „Er wird das Heiligtum sein für die beiden Reiche Israels: *der Stein, an den man anstößt*, der Felsen, an dem man zu Fall kommt."

Kommentar: Die Macht des Herrn der Heere wird hier mit einem Stein verglichen, an den man anstößt, oder mit einem Felsen, an dem man zu Fall kommt. Ein ähnliches Bild wird im darauf folgenden Vers Jes 8,15 gebraucht: „Eine Schlinge und Falle wird er sein für alle, die in Jerusalem wohnen." Durch den Stein des Anstoßes sollen also letztlich die Bösen zu Fall kommen, indem ihre Boshaftigkeit und Schlechtigkeit, ihre Falschheit und ihr Irrtum auf provozierende Weise dargestellt und aufgedeckt werden. - Auch im ersten Petrusbrief ist in Anlehnung des Spruchs in Jes 8,14 vom Stein des Anstoßes die Rede: „Euch, die ihr glaubt, gilt diese Ehre. Für jene aber, die nicht glauben, ist dieser Stein, den die Bauleute verworfen haben, zum Eckstein geworden, zum *Stein, an den man anstößt*, und zum Felsen, an dem man zu Fall kommt. Sie stoßen sich an ihm, weil sie dem Wort nicht gehorchen; doch dazu sind sie bestimmt" (1 Petr 2,7-8). Vgl. auch Mt 4,6 mit Ps 91,11-12!

Anwendung: Die Fügung „der Stein des Anstoßes" beschreibt parallel zu biblischen Empörungen oder in bewusster Anspielung auf verletzte religiöse Gefühle die Ursache eines Ärgernisses.

Stein (ersten)

„Den ersten Stein auf jemanden werfen"

Bedeutung: Jemanden öffentlich anklagen, ihn verurteilen und bestrafen

Erläuterung: Die Steinigung war im alten Israel eine Art Lynchjustiz.

Beispiel: Zugegeben, er hat schon mal was vom Arbeitsplatz mitgehen lassen. Aber das ist für mich kein Grund, den ersten Stein auf ihn zu werfen.

Bibelstelle: Joh 8,7: „Als sie hartnäckig weiterfragten, richtete er sich auf und sagte zu ihnen: Wer von euch ohne Sünde ist, *werfe als erster einen Stein auf sie*."

Kommentar: Zur Zeit Jesu waren Steinigungen, z. B. bei Ehebrecherinnen und Glaubensgegnern, weit verbreitet. Auch Jesus wollte man einmal wegen eines unverstandenen Ausspruchs, dass er vor Abraham schon existiert habe, steinigen (Joh 8,48-59) oder wegen anderer Glaubenslehren umbringen, z. B. als er darauf verwies, dass das Volk Israel schon immer seine Propheten umgebracht habe und ein Prophet nichts in seiner Heimatstadt gelte (Lk 4,24). Jesus selber wendet sich gegen diese Praxis der Steinigung und schützt unter großem Risiko die Ehebrecherin (Joh 8,1-11).

Anwendung: Wenn jemand den ersten Stein auf einen Menschen wirft und ihn damit verurteilt und bestraft, handelt er unbarmherzig.

Stein / keine

„Keinen Stein auf dem andern lassen"

Bedeutung: Etwas völlig zerstören

Erläuterung: Wenn man früher eine Stadt total zerstören wollte, versuchte man, sie dem Erdboden gleichzumachen. Dabei blieb kein Stein auf dem andern.

Beispiel: In seiner Wut ließ er keinen Stein auf dem anderen und rechnete gnadenlos ab.

Bibelstelle: Mt 24,2: „Er sagte zu ihnen: Seht ihr das alles? Amen, das sage ich euch: *Kein Stein wird hier auf dem andern bleiben*; alles wird niedergerissen werden."

Kommentar: Als die Jünger von den gewaltigen Bauten des Tempels beeindruckt waren, machte Jesus die prophetische Voraussage von der Zerstörung des Tempels, die im Jahre 70 nach Christus dann auch tatsächlich eintrat. Allerdings ging dies nicht in ganz wörtlichem Sinne in Erfüllung, da Titus bekanntlich die Klagemauer als eine Mauer der riesigen Tempel- und Befestigungsanlage stehen ließ, um damit der Nachwelt zu dokumentieren, dass die Römer ein so gewaltiges Bauwerk einnehmen und zerstören konnten.

Anwendung: Man sollte diese Redewendung „Keinen Stein auf dem andern lassen" nicht ganz wörtlich nehmen, sondern ihn als bildhaften Ausdruck für totale Zerstörung verstehen.

Es gibt noch zahlreiche Redewendungen mit dem Stichwort Stein, z. B. jemanden Steine in den Weg legen (jemandem unnötige Schwierigkeiten bereiten); jemandem die Steine aus dem Weg räumen (jemandem helfen); man könnte ebenso gut Steinen predigen (es hat keinen Zweck, auf jemanden einzureden). Letztere Redensart steht im Kontrast zu Lk 19,40, wo Jesus den Pharisäern, die ihn zum Schweigen bringen wollen, antwortet: „Ich sage euch, wenn diese schweigen, so werden die Steine schreien."

Stern

„Seinem Stern folgen"

Bedeutung: Sich von einem inneren Drang leiten lassen.

Erläuterung: Die Redensart ist eine Anspielung auf den Stern, den die drei Weisen oder Magier aus dem Morgenland gesehen haben und der sie nach Bethlehem führte.

Beispiel: Du musst deinem Stern folgen und dir treu bleiben!

Bibelstelle: Mt 2,9-10: „Nach diesen Worten des Königs (Herodes) machten sie (die Sterndeuter) sich auf den Weg. Und *der Stern*, den sie hatten aufgehen sehen, *zog vor ihnen her* bis zu dem Ort, wo das Kind war; dort blieb er stehen. Als sie den Stern sahen, wurden sie von sehr großer Freude erfüllt."

Kommentar: Die Geschichte von den 3 Weisen aus dem Morgenland, die aufgrund einer besonderen Himmels-Beobachtung von einem leuchtenden Stern nach einem neugeborenen König der Juden suchen und ihn im Jesuskind im Stall zu Bethlehem entdecken und verehren, ist eine im Neuen Testament überlieferte Legende. Manche Forscher vermuten darin einen historischen Kern, nämlich die astronomisch bedeutsame Jupiter-Saturn-Planeten-Konstellation zur Zeit der Geburt Jesu.

Anwendung: Zahlreiche andere Redensarten könnten heute auch auf den Stern von Bethlehem bezogen werden. Meist lassen sie sich aber ebenfalls auf astrologische Vorstellungen zurückführen, nach der bestimmte Sterne ein glückliches Geschick bedeuten. So redet man von einem Glücksstern oder nennt einen erfolgreichen Sänger, Schauspieler oder Künstler einen Star (von Englisch star = Stern). 'Ein guter Stern' heißt so viel wie „ein günstiges Geschick". Wenn jemand als 'guter Stern' bezeichnet wird, soll er als Helfer und Beschützer anerkannt werden. 'Jemandes Stern geht auf' oder 'ist im Aufgehen' bedeutet, dass er auf dem Weg ist, bekannt, berühmt oder mächtig zu werden. Unter einem guten / glücklichen / günstigen Stern geboren sein (Glück haben).

„Gegen (wider) den Strom schwimmen"

Bedeutung: Sich einem allgemeinen Trend widersetzen

Erläuterung: Das auch sonst in der Antike vorkommende Bild findet sich in der Weisheitsliteratur des Buches Jesus Sirach.

Beispiel: Du verschwendest unnötige Energie, wenn du immer versuchst, gegen den Strom zu schwimmen.

Bibelstelle: Sir 4,26: „Schäme dich nicht, von der Sünde umzukehren, *leiste nicht trotzig Widerstand!*"

Luther übersetzt diesen Vers unter Sir 4,31: „Schäme dich nicht, zu bekennen, wenn du gesündigt hast, sonst versuchst du vergeblich, *den Lauf eines Stromes zu hemmen.*"

Kommentar: Für Lutz Röhrig ist die Redensart *„wider den Strom schwimmen"* (sich einer Entwicklung entgegenstellen) biblischer Herkunft nach der Lutherübersetzung von Sir 4,31, die er nach einer älteren revidierten Lutherübersetzung mit *„Strebe nicht wider den Strom*" wiedergibt. Gleichzeitig belegt er die Wendung bei Juvenal (4,89) auf Latein: „Nunquam direxit brachia contra torrentum" (Röhrich S. 1450), was so viel heißt wie: „Er hat niemals die (seine) Arme gegen den Strom gelenkt."

Anwendung: Wenn heute jemand gegen den Strom schwimmt, verdient er einerseits Bewunderung, andererseits ist er zu bedauern, weil er sich an ein schier aussichtsloses Unterfangen wagt.

„Wer suchet, der findet“

Bedeutung: Wer sich intensiv um etwas bemüht, wird Erfolg haben.

Erläuterung: Die Redensart wird als saloppe Aufforderung zum Suchen gebraucht, wenn etwas verlorengegangen ist; es kann auch ein Selbstlob sein, wenn man etwas gefunden hat, was andere vergeblich suchten.

Beispiel: Du solltest die Hoffnung nicht so schnell aufgeben, den verlorenen Schlüssel wiederzufinden; denn wer suchet, der findet.

Bibelstelle: Mt 7,7-8: „Bittet, dann wird euch gegeben; *sucht, dann werdet ihr finden;* klopft an, dann wird euch geöffnet. Denn wer bittet, der empfängt; wer sucht, der findet; und wer anklopft, dem wird geöffnet.“

Kommentar: Mit diesen Worten will Jesus seine Jünger zum Beten ermutigen. Wenn schon Menschen ihren Kindern auf deren Bitten nach Brot keinen Stein reichen, um wie viel mehr wird Gott als der himmlische Vater denen Gutes geben, die ihn darum bitten (Mt 7,9-11).

Anwendung: Die Aufforderung Jesu, an die Kraft des Betens zu glauben, wird hier in der Redensart auf die Bemühung angewandt, etwas zu suchen und an den Erfolg der Suche zu glauben. Daher dient die Redensart auch als Ermahnung, in der Suche nach etwas nicht so leicht aufzugeben.

Sünde

„Eine Sünde wider den Heiligen Geist begehen"

Bedeutung: Unverzeihlich gegen Logik und gesunden Menschenverstand verstoßen

Erläuterung: Während Jesus unter der Sünde gegen den Heiligen Geist etwas ganz anderes verstand, dient die Wendung „wider den Heiligen Geist" nur dazu, auf einen so schweren Verstoß hinzuweisen, dass er eigentlich nicht mehr zu verzeihen ist; denn Jesus hat die Sünde wider den Heiligen Geist als eine Sünde bezeichnet, die niemals vergeben werden kann. Wenn sich die Redensart auf einen versehentlichen Verstoß gegen die Logik und den gesunden Menschenverstand bezieht, also nicht wirklich gegen den Heiligen Geist oder gegen die Liebe Gottes gerichtet ist, wird sie auch meist nur scherzhaft gebraucht.

Beispiel: In der Mathematik, das Additionszeichen mit dem Subtraktionszeichen zu verwechseln, ist schon fast eine Sünde wider den Heiligen Geist.

Bibelstelle: Mt 12,31-32: „Darum sage ich euch: Jede Sünde und Lästerung wird den Menschen vergeben werden, aber *die Lästerung gegen den Geist* wird nicht vergeben. Auch dem, der etwas gegen den Menschensohn sagt, wird vergeben werden; *wer aber etwas gegen den Heiligen Geist sagt*, dem wird nicht vergeben, weder in dieser noch in der zukünftigen Welt."

Kommentar: Jesus spricht diese radikale Drohung im Zusammenhang der Anschuldigung gegen ihn aus, er treibe die Dämonen durch Beelzebul (nach Luther: Beelzebub), den obersten der Dämonen aus. Demgegenüber betont Jesus, er treibe die Dämonen durch den Geist Gottes aus. Die schwerste, unverzeihliche Kapitalsünde wäre demnach der Zweifel an der göttlichen Sendung Jesu.

Anwendung: Der Redensart geht es nicht um Verletzung von Glaubenstabus, sondern nur um die Darstellung eines eigentlich nicht zu verzeihenden Verstoßes, um den 'Sünder' entweder scherzhaft oder besonders hart auf einen Kapitalfehler aufmerksam zu machen.

Sündenbock

„Einen Sündenbock brauchen/finden/suchen“ / „Jemanden zum Sündenbock machen“

Bedeutung: Einen Schuldigen benennen müssen / Jemanden finden oder suchen, der die Schuld auf sich nimmt / Jemandem die Schuld zuschieben

Erläuterung: Die sogenannte Sündenbocktheorie ist in vielen Kulturen und Religionen nachweisbar. Danach wird jemand stellvertretend bestraft oder ein Tier wird als Sühneopfer für irgendwelche Verbrechen entweder geschlachtet oder wie im Fall der Bibel nach Lev 16 in die Wüste gejagt.

Beispiel: Das könnte euch so passen, wieder die Schuld auf mich zu schieben. Aber dieses Mal werde ich nicht mehr für euch den Sündenbock spielen.

Bibelstelle: Lev 16,20-22: „Hat er so die Entsühnung des Heiligtums, des Offenbarungszeltes und des Altares beendet, soll er den lebenden Bock herbringen lassen. Aaron soll seine beiden Hände auf den Kopf des lebenden Bockes legen und über ihm alle *Sünden* der Israeliten, alle ihre Frevel und alle ihre Fehler bekennen. Nachdem er sie so *auf den Kopf des Bockes geladen* hat, soll er ihn durch einen bereitstehenden Mann in die Wüste treiben lassen, und der Bock soll alle ihre Sünden mit sich in die Einöde tragen.“

Kommentar: Der Bock, auf den in einem magischen Kultritual die Sünden eines ganzen Volkes geladen wurden, nennt man Sündenbock. Das unschuldige Tier wurde dann dem Hungertod in der Wüste überlassen. Vgl. auch Lev 16,27-30!

Anwendung: Als Sündenbock bezeichnet man heute einen Menschen, der entweder freiwillig die Schuld auf sich nimmt oder auf den sie abgeschoben wird.

Täubchen

„Mein Täubchen"

Bedeutung: Meine allerbeste, meine Geliebte, mein Schatz, meine Süße

Erläuterung: Kosewort für die Geliebte oder für ein geliebtes Kind.

Beispiel: „Ich bin tief gerührt, dass Du das für mich getan hast. Du bist einfach wunderbar, mein Täubchen."

Bibelstelle: Hld 6,9: „Doch einzig ist meine Taube, die Makellose, die einzige ihrer Mutter, die Erwählte ihrer Gebärerin. Erblicken sie die Mädchen, sie preisen sie; Königinnen und Nebenfrauen rühmen sie."

Kommentar: Das Hohelied ist ein Hochgesang auf die Liebe zwischen Mann und Frau, was sich auch auf die Liebe Gottes zu seinem Volk übertragen lässt. Im Vers 9 besingt der Mann seine Geliebte in zahlreichen Bildern, die sich gegenseitig übertreffen, wie man am folgenden Vers sieht: „Wer ist, die da erscheint wie das Morgenrot, wie der Mons so schön, strahlend rein wie die Sonne, prächtig wie Himmelsbilder?" (Hld 6,10) Solche Vergleiche ist man eher gewohnt bei der Verehrung Marias die als Stella maris = Stern des Meeres verehrt wird oder bei Jesus Christus, der als Sonne der Gerechtigkeit bei evangelischen wie katholischen Christen gleichermaßen in einem bekannten Kirchenlied besungen und verehrt wird. Die Sprache der Liebe, egal ob zwischen Mann und Frau oder zwischen dem Menschen und Gott oder zwischen den Menschen und Maria als Mutter Gottes ist einfach unerschöpflich.

Anwendung: Die Verkleinerungsform „chen" ist eine Verniedlichungsform. Der Schwabe oder Süddeutsche würde hier eher „le", also „mein Täuble" sagen. Die Geliebte mit einem Vogel zu vergleichen, der fliegen kann und dazu anmutig und weiß wie die Unschuld ist, liegt der phantasiereichen Sprache der Liebenden nahe. Verliebte sind sehr erfinderisch in Kosenamen, angefangen von Schätzchen, Herzele, Vögelchen, Röschen, Bienchen usw. Dass bereits die Bibel die Geliebte mit einer Taube vergleicht, ist da nicht verwunderlich.

Talent

„Talent haben/besitzen/zeigen/beweisen"

Bedeutung: Begabt sein; eine besondere Begabung, Fähigkeit oder Anlage haben"

Erläuterung: Das griechisch-römische Talent (von griechisch talanton = Waagschale) war ein Gewichtsmaß (ca. 41 kg) und dann in der Bibel eine Geldeinheit von sehr hohem Wert (60 Minen oder 6000 Drachmen).

Beispiel: Die junge Organistin hatte ein enormes Improvisationstalent.

Bibelstelle: Mt 25,15: „Dem einen gab er fünf *Talente* Silbergeld, einem anderen zwei, wieder einem anderen eines, jedem nach seinen Fähigkeiten."

Kommentar: Jesus erzählt im Gleichnis von den Talenten (Mt 25,14-30), wie ein reicher Mann vor seiner Abreise seinen Dienern unterschiedlich viel Geld je nach deren Verwaltungsfähigkeiten anvertraut. Das Wort Talent hat in Anlehnung an die Tatsache, dass den Dienern nach ihren Fähigkeiten Geldwerte, Talente gegeben wurden, die Bedeutung von Fähigkeit und Begabung. Das Gleichnis Jesu ist eine Mahnung, alle seine Begabungen auch zum Einsatz für das Reich Gottes zu nutzen und eine Warnung, es nicht zu vergraben oder brach liegen zu lassen.

Anwendung: So verfolgt man auch in der modernen Pädagogik das Ziel, unterschiedliche Arten von Begabungen, z. B. auf musischem, künstlerischem, sprachlichem, mathematischem oder technischem Gebiet zu fördern und die vorhandenen Talente optimal zu nutzen. Wem Talente anerkannt werden, an den stellt man entsprechend große Erwartungen und Anforderungen.

Tempel

„Zum Tempel hinausfliegen / hinauswerfen"

Bedeutung: Aus dem Haus hinausgeworfen werden / Jemanden aus dem Raum schaffen; jemanden aus seiner Nähe entfernen

Erläuterung: Jemanden aus dem Haus entfernen, ihm den Zutritt verweigern, ihn durch Drohung, Gesten, Gewaltanwendung, z. B. durch einen Fußtritt, hinausbefördern oder hinausweisen

Beispiel: Sein Benehmen war so unmöglich, dass sie ihn zum Tempel hinauswarf.

Bibelstelle: Joh 2,15: „Er machte eine Geißel aus Stricken *und trieb sie alle aus dem Tempel hinaus*, dazu die Schafe und Rinder; das Geld der Wechsler schüttete er aus, und ihre Tische stieß er um."

Kommentar: Die Tempelreinigung, die in Joh 2,13-22 (ebenso Mt 21,12-13, Mk 11,11-17, Lk 19,45-46) recht dramatisch und anschaulich beschrieben wird, kann wegen der römischen Soldaten, die damals den Tempel bewachten, historisch gar nicht so passiert sein, da Jesus sonst sofort gefangen genommen und wegen Unruhestiftung verurteilt worden wäre. Daher halten viele Exegeten die Schilderung der Szene für eine Proklamation der Herrschaft Jesu als Messias. Mit der Tempelaustreibung setzt Jesus ein Zeichen seiner messianischen Herrschaft. Er schafft endlich Ordnung im Haus seines himmlischen Vaters.

Anwendung: Von Tempelreinigung spricht man auch im übertragenen Sinne, wenn z.B. jemand gegen die Korrumpierung einer idealistischen Unternehmung kämpft. Zum Tempel hinausfliegen heißt heute in Anlehnung an die Vertreibung der Händler aus dem Tempel durch Jesus: jemanden aus dem Haus werfen, ihm Hausverbot erteilen, ihm den Laufpass geben, mit ihm nichts mehr zu tun haben wollen.

Teufel (Beelzebub)

„Den Teufel durch Beelzebub austreiben"

Bedeutung: Ein Übel durch ein größeres ersetzen

Erläuterung: Beelzebub (in der Einheitsübersetzung Beelzebul genannt) galt als der oberste Teufel, eine Art Anführer unter den Dämonen.

Beispiel: Wer versucht, mehr Arbeitsplätze durch die Fabrikation von Waffen zu schaffen, treibt den Teufel mit Beelzebub aus.

Bibelstelle: Mt 12,24: „Als die Pharisäer das hörten, sagten sie: Nur *mit Hilfe von Beelzebul,* dem Anführer der Dämonen, kann er *die Dämonen austreiben.*“

Kommentar: Jesus begegnet dieser Anschuldigung mit dem Hinweis darauf, dass ein Reich zerfällt, das in sich selbst uneinig ist. Wenn er also durch Beelzebul Dämonen austreiben würde, bekämpfte Beelzebul seine eigenen Unter-Dämonen. Jesus setzt mit der Vertreibung der Dämonen ein Zeichen für die beginnende Gottesherrschaft: „Wenn ich aber die Dämonen durch den Geist Gottes austreibe, dann ist das Reich Gottes schon zu euch gekommen“ (Mt 12,28).

Anwendung: Weitere Redensarten zum Thema Teufel: Dahinter sein wie der Teufel nach einer armen Seele (auf etwas gierig sein, sehr geldgierig sein); den Teufel im Leibe haben (vom Teufel besessen sein); ihn plagt (reitet) der Teufel (er ist mutwillig, bösartig, unbeherrscht); des Teufels sein (unbeherrscht, ausgelassen sein); das weiß der Teufel (das weiß ich nicht); in Teufels Namen (eine Parallelbildung zu ‘in Gottes Namen’); ein armer, dummer Teufel sein (ein bemitleidenswerter Mensch sein); er ist ein Teufelskerl (er ist bewundernswert); der Teufel steckt im Detail (bei den Einzelheiten wird es schwierig); in der Not frisst der Teufel Fliegen (wenn es denn gar nicht anders geht) und viele andere mehr. Beelzebub, der Name des obersten Teufels bedeutet „Herr der Fliegen“. Er ist also in der letzen Redensart ein Dämon, der sich an den kleineren Teufeln, den Fliegen, schadlos hält.

„In Teufels Küche kommen"

Bedeutung: In arge Bedrängnis geraten. Synonym für „in die Bredouille kommen". - Nicht mehr aus noch ein wissen. In große Schwierigkeiten kommen. Immensen Ärger kriegen.

Erläuterung: Die Redensart „In Teufels-Küche kommen" knüpft sicherlich auch an die Hexenküche an, wo nach abergläubischen Vorstellungen Gift und andere Übel vorbereitet, zusammen-gemischt oder gebraut werden wie ein giftiges Getränk. Auf jeden Fall widerfährt einem nichts Gutes, wenn man in Teufels Küche kommt.

Beispiel: **„**Wenn du das, was ich Dir unter dem Siegel der Verschwiegenheit anvertraut habe, weitersagst, komme ich in Teufels Küche."

Bibelstelle: Offb 20,1-2: „Dann sah ich einen Engel vom Himmel herabsteigen; auf seiner Hand trug er den Schlüssel zum Abgrund und eine schwere Kette. Er überwältigte den Drachen, die alte Schlange - das ist der *Teufel* oder der Satan -, und er fesselte ihn für tausend Jahre."

Kommentar: Wer in Teufels Küche kommt, gerät unter den Herrschaftsbereich Satans, dessen Macht zwar in der Vision des Verfassers der geheimen Offenbarung von einem Engel für tausend Jahre gebrochen ist, der aber danach wieder freigelassen werden muss, damit sich die Menschen in der Endzeit für das Reich Gottes, für die Herrschaft Gottes als einem Reich der Liebe, der Gerechtigkeit und des Friedens entscheiden können.

Anwendung: Auch wenn in der Bibel nicht ausdrücklich von einer Küche die Rede ist, sondern nur von einem Gefängnis, in dem Satan vorübergehend eingesperrt ist, die Vorstellung von der Macht Satans ist in der Bibel verankert und die letzte Ursache für diese Redensart. Dabei hofft der Sprecher dieser Redewendung, dass die Schwierigkeiten nicht unüberwindlich sind und dass es ihm schon gelingen kann, sich dem Einflussbereich des Teufels zu entziehen.

Teufel (los)

„Der Teufel ist los"

Bedeutung: Es herrscht Streit, Chaos und ein wirres Durcheinander.

Erläuterung: Der Teufel gilt in der Bibel als Vater der Lüge und Urheber von Streit, Hass, Missgunst, Neid und allen anderen Übeln.

Beispiel: Wenn man ihn mal kritisiert, ist gleich der Teufel los.

Bibelstelle: Offb 20,7: „Wenn die tausend Jahre vollendet sind, wird der Satan aus seinem Gefängnis freigelassen werden."

Kommentar: Es gibt drei biblische Namen für den Teufel:

a) Aus dem Hebräischen: von satan = Widerstand leisten. Satan leistet der Gottesherrschaft Widerstand.

b) Aus dem Griechischen: von diaballein = hindurch oder durcheinander werfen, verleumden, auseinanderbringen, entzweien, täuschen, betrügen, verwerfen. Diabolos heißt verleumderisch. Der Diabolos ist der Verleumder. Er stiftet Zerwürfnis und Streit. Er zerstört und bringt alles durcheinander.

c) Aus dem Lateinischen: von lux ferre = Licht tragen. Lucifer ist der Lichtträger, der die Menschen mit falscher Pracht blendet und zur Prahlerei, Angeberei und Macht verführt.

Anwendung: Mit der Redewendung, dass der Teufel los sei, ist sicherlich das Diabolische, das Unfrieden-Säen, Streit-Stiften, das Auseinander- und Durcheinanderbringen gemeint.

Zum Stichwort Teufel gibt es viele weitere Redensarten, z.B. „da ist der Teufel los“ (es herrscht Zank, Unfriede, Ausgelassenheit); sich den Teufel um etwas kümmern (nichts tun); es hält ihn kein Teufel (es hält ihn nichts); etwas fürchten wie der Teufel das Weihwasser (sich sehr fürchten)

Thomas

„Ein ungläubiger Thomas“

Bedeutung: Jemand, der schwer zu überzeugen ist

Erläuterung: Der Apostel Thomas glaubte nicht an die Erscheinung des Auferstandenen, bis er selber die Finger in die Wunden des gekreuzigten Jesus legen durfte.

Beispiel: Mein Großvater ist ein ungläubiger Thomas, was moderne Technik angeht.

Bibelstelle: Joh 20, 27: „Dann sagte er zu *Thomas:* Streck deinen Finger aus - hier sind meine Hände! Streck deine Hand aus und leg sie in meine Seite, und *sei nicht ungläubig*, sondern gläubig!“

Kommentar: Die Erzählung vom zunächst ungläubigen, dann aber sich zu Jesus dem Auferstandenen bekennenden, gläubigen Thomas (Joh 20,19-29) soll den Skeptikern eine Lehre erteilen. Der Christ soll glauben, auch wenn er den Auferstandenen nicht unmittelbar vor sich sieht. Jesus spricht: „Weil du mich gesehen hast, glaubst du. Selig sind, die nicht sehen und doch glauben“ (Joh 20,29).

Anwendung: Die Redensart wird oft so gebraucht, als handle es sich beim sogenannten 'ungläubigen Thomas' um den Prototyp des Ungläubigen und Zweiflers. Dabei war der Apostel Thomas in Wirklichkeit ein sehr großer Glaubenszeuge und ein eifriger Missionar, der Gründer der sogenannten Thomas-Christen. Er war vielleicht auch in Indien missionarisch tätig. Auf jeden Fall hat er seinen Glauben in dem wunderbaren Ausruf für Jesus bekannt: „Mein Herr und mein Gott!" (Joh 20,28) Thomas hat also nur wegen seiner Abwesenheit bei der Erscheinung des Auferstandenen vorübergehend an der Echtheit der Auferstehung Jesu gezweifelt, sonst war er ein hingebungsvoll gläubiger Mensch. Die Redensart nimmt die vorübergehenden Zweifel im Glauben an den auferstandenen Herrn Jesus Christus durch den Apostel Thomas als ein Beispiel für Unglauben und Zweifel schlechthin.

Tod

„Getreu bis in den Tod"

Bedeutung: Unumstößlich treu

Erläuterung: Die Redewendung umschrieb ursprünglich nur die Glaubenstreue und mahnte, bis zum Martyrium dem Glauben treu zu bleiben. Heute zielt die Redewendung auf jede Art von Treue ab.

Beispiel: Er liebt dich aus ganzem Herzen und ist getreu bis in den Tod. Darum brauchst du keine Angst zu haben, dass er dich je verlassen wird.

Bibelstelle: Offb 2,10: „Fürchte dich nicht vor dem, was du noch erleiden musst. Der Teufel wird einige von euch ins Gefängnis werfen, um euch auf die Probe zu stellen, und ihr werdet in Bedrängnis sein, zehn Tage lang. *Sei treu bis in den Tod;* dann werde ich dir den Kranz des Lebens geben."

Kommentar: Es handelt sich bei dieser Ermahnung aus dem Buch der geheimen Offenbarung um ein Zitat aus dem zweiten Sendschreiben an den Engel der Gemeinde von Smyrna. Es geht um eine Art Durchhalteparole, bei Anfechtungen im Glauben konsequent bis zum Tod treu zu bleiben, auch angesichts von Nachteilen, Strafe oder Verfolgung. Zur Bestärkung im Glauben und zur Weckung der Bereitschaft zum Martyrium wird die Verheißung gegeben: „Wer Ohren hat, der höre, was der Geist den Gemeinden sagt: Wer siegt, dem kann der zweite Tod nichts anhaben." Unter dem zweiten Tod haben die ersten Christen die Verdammung zur Hölle beim jüngsten Gericht verstanden.

Anwendung: Offb 2,10c wird auch gerne bei Beerdigungsansprachen zitiert, um die Treue eines Menschen im Glauben, im Beruf oder in der ehelichen Liebe zum Ausdruck zu bringen.

Tohuwabohu

„Ein Tohuwabohu sein" /
„Es herrscht ein Tohuwabohu."

Bedeutung: Ein chaotisches Wirrwarr / Ein großes Durcheinander

Erläuterung: Der Ausdruck geht auf den hebräischen Text tohu (wüst) wa (und) bohu (leer, wirr) in der Schöpfungsgeschichte aus dem Buch Genesis (1. Mose) zurück.

Beispiel: Sie konnte ihren Schlüssel nicht finden, weil in ihrem Zimmer ein totales Tohuwabohu herrschte.

Bibelstelle: Gen 1,1-2: „Im Anfang schuf Gott Himmel und Erde; die Erde aber *war wüst und wirr*, Finsternis lag über der Urflut, und Gottes Geist schwebte über dem Wasser."

Luther übersetzt 1 Mose 1,2: „Und die Erde war *wüst und leer*, und es war finster auf der Tiefe, und der Geist Gottes schwebte auf dem Wasser."

Kommentar: Die Schöpfungsgeschichte ist eigentlich ein Hymnus mit Kehrvers „Und es wurde Abend und es wurde Morgen ..." und Strophenform (den 6 Tagen entsprechend). Das Loblied preist Gott, weil er Ordnung in das Chaos gebracht hat. Gott schuf über dem Abgrund oder der Urflut, den Tiefen des Wassers, den Lichtraum (1. Tag), den Raum zwischen Himmel oben und Wasser unten (2. Tag) und schließlich das Trockene, die Erde mit ihren Pflanzen (3. Tag). Diese drei Lebensräume bevölkerte Gott dann mit Sonne, Mond und Sterne (4. Tag), Vögel für den Himmelsraum, Fische für den Meeresraum (5. Tag) und schließlich mit den Landtieren und dem Menschen für die Erde (6. Tag). Auf diese Weise brachte der Geist Gottes Ordnung in das Chaos der Welt.

Anwendung: Wer sich chaotisch verhält und wüste, leere oder wirre Zustände wie am Anfang der Welterschaffung walten lässt, lebt im „Tohuwabohu", im totalen Durcheinander.

Treu

„Auf (nach) Treu und Glauben"

Bedeutung: Ohne formale juristische Absicherung vertrauend; in gutem Glauben; ohne nachzuprüfen

Erläuterung: Die Redewendung ist ein alter Rechtsgrundsatz, der ein redliches und anständiges Verhalten bei Verträgen fordert. Er geht auf eine Klage des Propheten Jesaja über die Schlechtigkeit seiner Mitmenschen zurück.

Beispiel: „Er hat dir das Darlehen auf Treu und Glauben gewährt, du darfst ihn nicht enttäuschen." (Duden, Band 11, S. 735)

Bibelstelle: Jes 33,8: „Die Wege sind verödet, die Straßen sind leer. *Den Vertrag hat man gebrochen*, man verachtet die Zeugen (des Bundes) und schätzt die Menschen gering."

Luther übersetzt: „Die Steige sind wüst; es geht niemand mehr auf der Straße. Er *hält weder Treue noch Glauben*; er verwirft die Städte und achtet der Leute nicht."

Kommentar: Die Klage des Jesaja über die vertragsbrüchigen Zeitgenossen dürfte verständlich sein, da die Vertragsmoral meist nur da groß ist, wo sie auch rechtlich eingeklagt werden kann. Die Formel „den Vertrag nicht brechen" oder „Treue und Glauben halten" stammt aus der Rechtssprache und meint, dass man den guten Sitten entsprechend handeln soll, auch wenn etwas nicht im formalen Recht verankert ist.

Anwendung: Wer auf Treu und Glauben heute Geld verleiht oder nicht-schriftliche Verträge abschließt, handelt unter Umständen sehr fahrlässig, naiv und lebensunklug. Auch wenn die Werte Glauben und Treue im religiösen Bereich anerkannt werden, die meisten Menschen werden im geschäftlichen Leben ein Handeln auf Treu und Glauben als sträflichen Leichtsinn einschätzen, es sei denn, man kann sich auf seine Geschäftsfreunde wirklich verlassen.

Tun

„Das eine tun und das andere nicht lassen"

Bedeutung: Von zwei konkurrierenden Dingen beides berücksichtigen und keines völlig vernachlässigen

Erläuterung: Die Redensart ist eine Aufforderung, zwei Pflichten nicht gegeneinander auszuspielen.

Beispiel: Wenn du beruflich Erfolg haben willst, musst du nicht gleich deine Familie vernachlässigen. Man soll das eine tun, aber das andere nicht lassen.

Bibelstelle: Mt 23,23: „Weh euch, ihr Schriftgelehrten und Pharisäer, ihr Heuchler! Ihr gebt den Zehnten von Minze, Dill und Kümmel und lasst das Wichtigste im Gesetze außer Acht: Gerechtigkeit, Barmherzigkeit und Treue. *Man muss das eine tun, ohne das andere zu lassen.*" (Vgl. Parallelstelle Lk 11,42: „Doch weh euch Pharisäern! Ihr gebt den Zehnten von Minze, Gewürzkraut und allem Gemüse, die Gerechtigkeit aber und die Liebe zu Gott vergesst ihr. *Man muss das eine tun, ohne das andere zu unterlassen.")*

Kommentar: Jesus klagt die heuchlerischen Pharisäer an, die der Verpflichtung zur Abgabe des Zehnten der Feldfrüchte an den Tempel zur Zeit Jesu so radikal nachgehen, dass sie sogar die kleineren Gartengewächse unter die Abgabe des Zehnten rechneten und sich deswegen für besonders fromm und gesetzestreu hielten. Für Jesus aber war die Barmherzigkeit wichtiger als die formale Einhaltung der Gesetze. Daher fordert er die Menschen auf, bei der Beachtung der Gebote das eigentliche Ziel und den Sinn dieser Forderung, nämlich die Barmherzigkeit und die Liebe zum Nächsten nicht zu vergessen. Jesus lehrt also auch nicht die Missachtung der Gesetze. Er will vielmehr beides: Erfüllung des Gesetzes *und* Liebe zu Gott und dem Nächsten.

Anwendung: Die Redensart „Das Eine tun und das andere nicht lassen" lässt sich auf beliebig viele Bereiche des Lebens übertragen, so dass die Wendung nur die Struktur des 'sowohl als auch' und nicht deren religiös-ethischen Inhalt aus dem biblischen Kontext übernimmt.

„Was du tun willst, das tue bald"

Bedeutung: Zögere nicht! Verschwende keine Zeit!

Erläuterung: Die Redensart ist eine aufmunternde Aufforderung, etwas schnell zu erledigen.

Beispiel: Jetzt solltest du mit dem Aktienkauf nicht mehr lange warten. Was du tun willst, das tue bald!

Bibelstelle: Joh 13,27: „Als Judas den Bissen Brot genommen hatte, fuhr der Satan in ihn. Jesus sagte zu ihm: *Was du tun willst, das tu bald!*"

Kommentar: Diese Aufforderung wurde von keinem der anwesenden Jünger verstanden, weil sie noch nicht wussten, dass Judas Jesus verraten und an die Hohepriester ausliefern würde. Einige glaubten sogar irrigerweise, es handle sich um eine Ermahnung, möglichst bald noch einige Dinge zu kaufen, die zum bevorstehenden Passahfest gebraucht wurden.

Anwendung: Entsprechend wird die Redensart auch gern zitiert, wenn der Inhalt eines Vorhabens noch unklar oder nicht genau bekannt ist. Allerdings will die meist nur sehr indirekte oder oft auch gar nicht mehr bekannte Anspielung auf die Bibelstelle nicht unmittelbar an den Verrat des Judas erinnern oder den Plan als schlecht oder verwerflich charakterisieren. Auch hier wird weder an den Inhalt der Aufforderung gedacht, noch soll angedeutet werden, dass es sich um einen schlechten Plan handeln könnte. Die Aufforderung Jesu wird einfach aus ihrem Kontext herausgenommen und dann ganz neutral und wertfrei auf irgendwelche Unternehmungen übertragen, von denen es anscheinend gut ist, sie bald zu erledigen.

„Jemandes Typ sein“ / „Nicht jemandes Typ sein“

Bedeutung: Jemand gefällt; er ist nach dem Geschmack eines anderen / Jemand gefällt nicht; er ist nicht nach dem Geschmack eines anderen

Erläuterung: Das vom lateinischen ‘typus’ (Prägung, Form, Muster) abgeleitete Wort Typ erscheint erst seit dem 18. Jahrhundert, zunächst als Fachterminus in der sich entwickelnden Naturwissenschaft, später dann auch in den Geisteswissenschaften zur Bezeichnung von Grundmustern, Urbildern oder beispielhaften Verkörperungen von Eigenschaften und dann in der Umgangssprache zur Bezeichnung von Personen, Charakteren und Persönlichkeitsmerkmalen.

Beispiel: Komm mal schnell her! Dein Typ wird verlangt. / Leider kommt diese Dame für mich nicht als Partnerin in Frage. Sie ist einfach nicht mein Typ.

Bibelstelle: Röm 5, 14 nach Luthers Übersetzung: „Doch herrschte der Tod von Adam an bis auf Mose auch über die, die nicht gesündigt haben mit gleicher Übertretung wie Adam, welcher ist ein *Bild* des, der zukünftig war.“

Kommentar: Das griechische Wort typos, oft im Plural typoi, spielt in den Paulusbriefen eine große Rolle, um damit bestimmte Geschehnisse im Alten Testament als Vorbilder oder Beispiele auf Jesus Christus hin zu bezeichnen, der als zweiter Adam und damit als vorbildhafter, exemplarisch neuer Mensch, als Überwinder des Bösen angesehen wird.

Anwendung: Das ursprünglich theologische Fachwort ‘typus’ (Beispiel, Vorbild, Bild, Gestalt) erhält in der umgangssprachlichen Redewendung eine andere Bedeutung, in dem es nicht auf das Vorbildhafte abzielt, sondern nur exemplarische Charaktermerkmale in einer Person bezeichnet, die einem sympathisch oder unsympathisch sind.

Unterlassung

„Eine Unterlassungssünde begehen"

Bedeutung: Sündigen, indem man etwas Gutes nicht tut

Erläuterung: Unter einer Unterlassungssünde versteht man ein Verhalten, bei dem etwas nicht getan wird, wozu man moralisch verpflichtet wäre.

Beispiel: So wie die unterlassene Hilfeleistung im Straßenverkehr bei Unfallopfern strafbar ist, müssten die Unterlassungssünden im Bereich des Umweltschutzes heutzutage viel mehr geahndet werden.

Bibelstelle: Jak 4,17: „*Wer also das Gute tun kann und es nicht tut, der sündigt.*"

Kommentar: In der katholischen Kirche hat die Lehre von den sogenannten Unterlassungssünden, die an die Auffassung des Jakobusbriefes anknüpft, eine viel größere Tradition als bei den evangelischen Christen. Bei der Suche Martin Luthers nach einem gnädigen Gott galt ihm der Jakobusbrief, der die Taten aus dem Glauben betont, als ein 'strohern Epistel'. Luther hat deswegen vom Jakobusbrief nicht viel gehalten. Denn es ging ihm vor allem um die Gnade der Erlösung von den Sünden.

Anwendung: Wenn heute von einer Unterlassungssünde die Rede ist, wird dies meist ähnlich wie bei den sogenannten Jugendsünden verharmlost und nicht als wirkliche Sünde oder als schwer schuldhafte Verfehlung betrachtet.

„Ein salomonisches Urteil fällen"

Bedeutung: Eine Sache weise und gerecht entscheiden.

Erläuterung: Einen schwierige Entscheidung so weise fällen wie das Urteil des Königs und Richters Salomo im Rechtsstreit zwischen zwei Frauen.

Beispiel: Angesichts der Komplexität des Falles fühle ich mich nicht in der Lage, ein salomonisches Urteil zu fällen.

Bibelstelle: Die ausführliche Schilderung des salomonischen Urteils in 1 Kg 3,16-28 endet in dem Vers: „Ganz Israel hörte von dem Urteil, das der König (Salomo) gefällt hatte, und sie schauten mit Ehrfurcht zu ihm auf; denn sie erkannten, dass die Weisheit Gottes in ihm war, wenn er Recht sprach."

Kommentar: Im Streit zweier Frauen um das Besitzrecht eines neugeborenen Babys fällte König Salomo als gerechter Richter das weise Urteil, dass derjenigen Frau das Baby gehören sollte, die das Baby so liebte, dass sie lieber der anderen das Baby gönnte als dass das Kind durch Teilung sterben würde. Mit dieser Mutterliebe stellte sie sich als die für alle wahre Mutter heraus.

Anwendung: Mit dem Hinweis auf den Namen Salomos, des weisen und gerechten Richters im Alten Testament, wird ein hoher Maßstab gesetzt. Salomon gilt als Idealgestalt richterlicher Weisheit und Urteilskraft. Ein salomonisches Urteil nötigt hohen Respekt ab.

„Vergeben und Vergessen“ /
„Etwas ist vergeben und vergessen“

Bedeutung: Jemandem voll und ganz verzeihen / Eine Missetat wird verziehen; man tut so, als sei sie nicht geschehen.

Erläuterung: Die Redewendung ist ein synonymes Wortpaar für aufrichtiges Verzeihen von Grund auf, aus ganzem Herzen.

Beispiel: Ich bin kein nachtragender Mensch. Nachdem du dich entschuldigt hast, ist die Sache vergeben und vergessen.

Bibelstelle: Jer 31,34: „Keiner wird mehr den andern belehren, man wird nicht zueinander sagen: Erkennt den Herrn!, sondern sie alle, klein und groß, werden mich erkennen - Spruch des Herrn. *Denn ich verzeihe ihnen die Schuld, an ihre Sünde denke ich nicht mehr.*“

Luther übersetzt Jer 31,34b: „*Denn ich will ihnen ihre Missetat vergeben und ihrer Sünde nimmermehr gedenken.*“

Kommentar: In Anlehnung an diese Bibelstelle hat Luther in einem Briefwechsel (Jenaer Ausgabe 7,33a) diese Redensart geprägt. Das Wort ‘vergessen’ hat hier jedoch nichts mit Vergesslichkeit oder einem schlechten Gedächtnis zu tun, sondern es drückt aus, dass man nicht mehr daran denken will, so wie auch der verzeihende Gott der Sünden der Menschen nicht mehr gedenkt, d. h. sie ihnen vorhält.

Anwendung: Im Unterschied zum Sinn dieser Redensart, kann man im Alltag oft Menschen sagen hören: „Das kann ich dir zwar verzeihen; aber vergessen kann ich das nie.“ Würde man statt ‘vergessen’ sagen: „Dessen will ich nicht mehr gedenken“, oder: „Daran will ich mich nicht immer wieder neu erinnern“, dann würde eine aufrichtige Vergebung auch mit dieser Redensart den Menschen leichter fallen.

„Böses mit Bösem vergelten“

Bedeutung: Schlechtes mit Schlechtem beantworten

Erläuterung: Die Vergeltung des Bösen ist das Prinzip der Rache, das einerseits eine gewisse abschreckende Wirkung hat. Das Heimzahlen des Bösen kann aber andererseits auch zur Eskalation von Gewalt und zu einer schier endlosen Kette von weiteren Rache- und Vergeltungsaktionen führen, so dass nie Frieden oder Versöhnung eintritt.

Bibelstelle: Mt 5,38: „Ihr habt gehört, dass gesagt worden ist: Auge für Auge und Zahn für Zahn.“ oder: „Vergeltet niemand Böses mit Bösem!“ (Röm 12,17)

Kommentar: Jesus widerspricht dem Vergeltungsprinzip mit aller Deutlichkeit, indem er fortfährt: „Ich aber sage euch: Leistet dem, der euch etwas Böses antut, keinen Widerstand, sondern wenn dich einer auf die rechte Wange schlägt, dann halt ihm auch die andere hin.“ (Mt 5,39) So utopisch die Durchbrechung des Vergeltungsdenkens auch klingen mag, die neue Ethik der jesuanische Bergpredigt bleibt eine ungeheure Herausforderung auch für unsere Zeit und ein hohes Ideal zur Bekämpfung und Abschaffung des Bösen.

Anwendung: Es gibt Menschen, die sich auf diese Redensart berufen und sogar meinen, das Racheprinzip sei im AT verankert. Aber gerade im AT finden sich viele Einschränkungen des Racheprinzips, durch das Vergeltungsprinzip im Richterspruch oder durch die Tatsache, dass eben Gott die bösen Taten vergelten wird, so dass der Mensch auf Rache verzichten kann.

„*Böses mit Gutem vergelten*"

Bedeutung: Schlechtes mit Positivem beantworten

Erläuterung: „Das Prinzip „Böses mit Gutem zu vergelten" ist eigentlich eine ungeheure Provokation in der Ethik Jesu, die durch radikale Feindesliebe sogar das Böse im Menschen zunächst annehmen und dann in positive Energie umwandeln und weglieben will, so dass das Böse durch Gutes überwunden wird. Bei einer christlichen Erziehung und einer sehr behutsam angewandten und gut durchdachten Pädagogik kann dies hin und wieder auch gelingen, doch würde es den Rahmen dieses Buches sprengen, wenn einzelne Methoden dazu erklärt werden sollen.

Beispiel: Ist das der Dank dafür, dass ich versucht habe, Böses mit Gutem zu vergelten?

Bibelstelle: Lk 6,27: „Euch, die ihr mir zuhört, sage ich: Liebt eure Feinde; tut denen Gutes, die euch hassen.

Kommentar: Selbst im AT ist oft davon die Rede, dass nach entsprechender Prüfung jemand Böses mit Gutem vergilt, z.B. in der Josefsgeschichte in Gen 37,1 – 50,26). Auch David tut seinem König Saul nichts Böses an, obwohl Saul umgekehrt David nach dem Leben trachtete. Siehe 1 Sam 24! Auch die Weisheitssprüche mahnen diese Haltung an, z.B. in Spr 20,22: „Sag nicht: Ich will das Böse vergelten. Vertrau auf den Herrn, er wird dir helfen."Von daher ist die Forderung nach der Feindesliebe durch Jesus zwar revolutionär, aber doch in Ansätzen auch schon im AT vorhanden.

Anwendung: Ein Sprecher dieser Redensart muss schon im christlichen Glauben sehr gefestigt sein, wenn er nicht Zweifel an der Richtigkeit dieses Prinzips äußert.

Vergelten (Gutes)

„Eine Wohltat vergelten / Gutes vergelten"

Bedeutung: Sich dankbar zeigen. Auf etwas Gutes mit Gutem antworten. - Jemandem ebenfalls eine Wohltat erweisen. Sich erkenntlich zeigen. Ein gutes Werk mit einem Zeichen des Dankes und der Anerkennung beantworten.

Erläuterung: Gutes mit Gutem zu vergelten, sich zu revanchieren ist eigentlich nichts Besonderes, sondern eine Selbstverständlichkeit nach dem Motto „Wie du mir, so ich dir!" Dies gebietet der Anstand. Bei Freunden muss Gutes nicht auf gleicher Ebene und unmittelbar vergolten werden, aber man wird sich schon irgendwie einmal dafür bedanken, erkenntlich zeigen oder das Gute beantworten.

Beispiel: Wie kann ich ihm nur das Gute vergelten, das er mir zuteilwerden ließ? Ich werde mir schon etwas einfallen lassen, was ihm Freude macht.

Bibelstelle: Mt 5,46-47: „Wenn ihr nämlich nur die liebt, die euch lieben, welchen Lohn könnt ihr dafür erwarten? Tun das nicht auch die Zöllner? Und wenn ihr nur eure Brüder grüßt, was tut ihr damit Besonderes? Tun das nicht auch die Heiden?

Kommentar: Jesus sieht in der Vergeltung von Gutem und Wohltaten nichts Besonderes oder Spezifisches für seine Jünger und die neue Ethik seiner Bergpredigt. Das tun auch die Zöllner und Heiden, wenn sie sich gegenseitig Gutes gönnen und vergelten. Jesus fordert die Menschen sogar zu Feindesliebe auf und will, dass man Böses mit Gutem vergilt, weil der Jünger Jesu letztlich so vollkommen sein soll wie die Barmherzigkeit des himmlischen Vaters.

Anwendung: Das Prinzip der Vergeltung für Gutes wird in der Bibel als Selbstverständlichkeit unter Heiden erwähnt, aber dies ist so weit verbreitet, dass es dazu keiner eigenen göttlichen Offenbarung oder Aufforderung durch Jesus bedarf. Gutes vergelten ist eine Selbstverständlichkeit und so üblich, dass man sich nicht eigens dafür auf eine biblische Moral berufen muss, obwohl Gutes vergelten durchaus auch eine Form der praktizierten Nächstenliebe ist.

Vergelten (Gott)

„Vergelt's Gott!"

Bedeutung: Danke!. Dankeschön. Vielen Dank. Tausend Dank. Herzlichen Dank.

Erläuterung: Wenn jemand einem etwas Gutes getan hat, ist es oft nicht möglich, ihm gleichermaßen wieder Gutes zukommen zu lassen. In diesem Fall soll Gott, die letzte Realität für den gläubigen Menschen, dem guten Menschen das vergelten, was der Mitmensch ihm nicht vergelten, d.h. zurückgeben kann.

Beispiel: Bei einer Kollekte sagt ein Mesner für jede Münze oder jeden Geldschein der ins Körbchen gelegt wird oder in den sogenannten Klingelbeutel fällt: „Vergelt's Gott!"

Bibelstelle: Mt 6,4: Dein Almosen soll verborgen bleiben, und dein Vater, der auch das Verborgene sieht, wird es dir vergelten."

Kommentar: In der Bibel wird Gott oft als gerechter Richter beschrieben, der die Guten belohnt und die Bösen bestraft. Im Gleichnis vom Weltgericht kommt der Menschensohn als königlicher Weltenrichter, der sich mit allen Notleidenden identifiziert und antwortet den Nicht-Hilfsbereiten: „Amen, ich sage euch: Was ihr für einen dieser Geringsten nicht getan habt, das habt ihr auch mir nicht getan. Und sie werden weggehen und die ewige Strafe erhalten, die Gerechten aber das ewige Leben." (Mt 25,45b-46)

Anwendung: Die Redensart ist eine im Alltag sehr häufige Dankesformel unter gläubigen Menschen. Gerade wenn jemand Geld als Spende gibt, wird das „Vergelt's Gott!" gerne und oft gebraucht. Es hat aber auch seinen Platz in einer Dankes- oder Lobrede, z.B. für ein verdientes, engagiertes Gemeindemitglied. Für einen wirklich gläubigen Menschen ist das „Vergelt's Gott" ein besonders inniger Dank. Es kann aber auch sein, dass jemand nach einem Vergelt's Gott etwas beleidigt reagiert, z.B. „Für ein bloßes Vergelt's Gott, tu ich das zukünftig nicht mehr."

Vergelten (etwas)

„Etwas vergelten"

Bedeutung: Eine Gefälligkeit oder Hilfeleistung erwidern, auf Taten unterschiedlich reagieren

Erläuterung: Das Stichwort Vergelten beschreibt ein ständiges Dilemma menschlichen Verhaltens in seinen unterschiedlichen Reaktionen auf gute oder böse Taten.

Beispiele: Du warst mir eine große Hilfe. Vergelt's Gott! - Ich bin leider finanziell nicht in der Lage, dir jede Wohltat zu vergelten. / Es ist nicht fair, Gutes mit Bösem zu vergelten.

Bibelstellen: Gen 50,15: „Als Josefs Brüder sahen, dass ihr Vater (Jakob) tot war, sagten sie: Wenn sich Josef nur nicht feindselig gegen uns stellt und uns alles Böse *vergilt*, das wir ihm getan haben."

Kommentar: Das Vergeltungsprinzip ist überall auf der Welt und daher selbstverständlich auch in der Bibel sehr verbreitet. Selbst wenn jemand aufgefordert wird auf Vergeltung zu verzichten, wird ihm zugesichert, dass wenigstens Gott ihm seine guten Taten schon vergelten wird: Spr 24,29: „Sag nicht: Wie er mir getan hat, so will ich auch ihm tun, einem jedem will ich *vergelten*, wie es seine Taten verdienen." Oder: Röm 12,17: „*Vergeltet* niemand Böses mit Bösem!" 1 Thess 5,15: „Seht zu, dass keiner dem andern Böses mit Bösem *vergilt*, sondern bemüht euch immer, einander und allen Gutes zu tun." 1 Petr 3,9: „*Vergeltet nicht Böses mit Bösem* noch Kränkung mit Kränkung! Statt dessen segnet; denn ihr seid dazu berufen, Segen zu erlangen." Auch wenn Böses mit Gutem vergolten werden soll, immer ist von Vergeltung, also Reaktion auf Gutes oder Böses die Rede.

Anwendung: Die Aufforderung zur Vergeltung hat eine breite biblische Tradition, die sich in der obigen und in ähnlichen Redensarten niederschlägt.

Verklärt

„Mit verklärtem Blick"

Bedeutung: Mit einem verinnerlichten, glücklichen Gesichtsausdruck

Erläuterung: Wenn eine Situation oder Person 'verklärt' wird, sieht man sie in seiner Erinnerung weit schöner als dies der Wirklichkeit entspricht.

Beispiel: Als er sich noch einmal verliebt umschaute und ihr zuwinkte, schaute sie ihm mit verklärtem Blick nach.

Bibelstelle: Mt 17,2: „Und er wurde vor ihren Augen *verwandelt;* sein Gesicht leuchtete wie die Sonne, und seine Kleider wurden blendend weiß wie das Licht." Luther übersetzte: „Und er war *verklärt* vor ihnen".

Kommentar: Der Ausdruck 'verklärt' ist eine Wortschöpfung Luthers. Die Erzählung von der Verklärung Jesu berichtet von einer Umwandlung Jesu durch seine Nähe zur göttlichen Herrlichkeit auf dem Berge Tabor. Es scheint eine Art Vorwegnahme der Auferstehung zu sein; eine Vorausahnung der künftigen Herrlichkeit Christi aus der Sicht der österlichen Erfahrung. - Paulus spricht über das Verwandeltwerden der Christen durch den Geist Jesu: „Wir alle spiegeln mit enthülltem Angesicht die Herrlichkeit des Herrn wider und werden so in sein eigenes Bild verwandelt, von Herrlichkeit zu Herrlichkeit, durch den Geist des Herrn" (2 Kor 3,18). Ähnlich auch im Philipperbrief: „Unsere Heimat aber ist im Himmel. Von dorther erwarten wir auch Jesus Christus, den Herrn, als Retter, der unseren armseligen Leib verwandeln wird in die Gestalt seines verherrlichten Leibes, in der Kraft, mit der er sich alles unterwerfen kann" (Phil 3,20-21).

Anwendung: Die Redensart vom verklärten Blick interpretiert die Umwandlung des Menschen, z. B. durch Verliebtheit oder echte Liebe, im Lichte einer himmlischen Verklärung. Wunderbare irdische Erfahrungen werden so zum Vorgeschmack des Himmels.

Verleugnen

„Jemanden verleugnen" / „Sich verleugnen lassen"

Bedeutung: Abstreiten, eine Person zu kennen / Wahrheitswidrig mitteilen lassen, dass man nicht anwesend ist

Erläuterung: Die Redensart erinnert an die Verleugnung Jesu durch Petrus, der nach der Festnahme Jesu Angst hatte, jetzt werde er auch verfolgt und angeklagt.

Beispiel: Nachdem die Firma in Konkurs gegangen war, verleugnete er jeden Kontakt mit dem Geschäftsführer. / „Seit Tagen versuchte der Anwalt seinen Mandanten anzurufen, aber dieser ließ sich stets verleugnen." (Duden, Band 11, S. 760)

Bibelstelle: Mt 26,33-35: „Petrus erwiderte ihm: Und wenn alle an dir Anstoß nehmen - ich niemals! Jesus entgegnete ihm: Amen, ich sage dir: In dieser Nacht, noch ehe der Hahn kräht, wirst du mich dreimal *verleugnen*. Da sagte Petrus zu ihm: und wenn ich mit dir sterben müsste - ich werde dich nie *verleugnen*. Vgl. auch Mk 14,66-72 und Lk 22,54-62!

Kommentar: Bei Matthäus leugnet Petrus vor zwei verschiedenen Mägden und einer Gruppe von Leuten die Bekanntschaft mit Jesus. Beim Evangelisten Markus geschieht die dreimalige Verleugnung Jesu durch Petrus zuerst vor einer Magd, die ihn dann vor anderen als einen Anhänger Jesu bezeichnet, und schließlich vor einer ganzen Gruppe von Menschen. Bei Lukas verleugnet Petrus Jesus vor drei unterschiedlichen Personen. Bei allen drei Evangelisten tut die Verleugnung seines Herrn Petrus leid, als der Hahn krähte.

Anwendung: In der relativ wenig gebräuchlichen ersten Variante der Redensart wird eine Person oder die Bekanntschaft mit jemand verleugnet, was unmittelbar an die dreimalige Verleugnung Jesu durch Petrus erinnert.

Bei der Redensart „sich verleugnen lassen", die recht häufig verwendet wird, steht man nicht zu sich selbst, meist aus Feigheit oder um Unannehmlichkeiten auszuweichen. In dieser Form der Redensart tritt der biblische Sinn weit in den Hintergrund zurück, so dass den meisten Anwendern der biblische Kontext kaum noch bewusst sein dürfte.

Verlassen

„Da verließen sie ihn"

Bedeutung: Da wusste er nicht mehr weiter.

Erläuterung: Die Redensart ist eine scherzhafte Anspielung auf das Verhalten der Jünger bei der Gefangennahme Jesu, wenn einer ins Stottern gerät oder wenn er etwas nicht mehr weiß. „Da verließen sie ihn" sagt man nach Röhrich nicht nur, wenn ein Gedanke plötzlich abbricht, sondern seit 1900 auch bei einem Spieler, der sich mit seinen guten Karten verausgabt hat und damit rechnen muss, keinen weiteren Stich mehr zu erhalten (Röhrich S. 1673).

Beispiel: Beim Reizen im Skatspielen: 18? - Ja! 21? Weiter! 23? O.K. 24? Da verließen sie ihn! (Variante für: Nein, weg, Schluss, Ende, aus, Stopp).

Bibelstelle: Mt 26,56b: „*Da verließen ihn alle* Jünger und flohen."

Wortwörtlich ebenso bei Mk 14,50.

Kommentar: Beim Evangelisten Lukas fehlt dieser Satz. Dort heißt es, dass Petrus von weitem folgte, als man Jesus festnahm, abführte und in das Haus des Hohepriesters brachte. Als Petrus dann Jesus verleugnete, konnte sich Jesus noch umwenden und ihn anschauen (Lk 22,54-62).

Anwendung: In der Redensart „Da verließen sie ihn" wird nur die sprachlich-grammatikalisch gleiche formale Struktur des Verbs in der dritten Person Plural mit dem Akkusativobjekt in der dritten Person Singular als wörtliches Zitat der Bibel übernommen, aber in Wirklichkeit wird oft ein ganz anderen Sachverhalt damit charakterisiert, nämlich dass jemand von der Kraft seines Gedächtnisses, seines Erinnerungsvermögens, seines Wissens oder schließlich von seinen guten Karten (z. B. zum Reizen oder auch später beim Ausspielen zum Stechen) beim Kartenspielen verlassen wird.

Verloren

„Verloren sein" /
„Wie der verlorene Sohn sein" /
„Sich als verlorener Sohn fühlen"

Bedeutung: Sich auf dem falschen Weg befinden / Moralisch auf Abwegen sein, dann aber davon Abstand nehmen wollen / Nicht mehr aus noch ein wissen und sich zur Umkehr durchringen

Erläuterung: Die Redensarten, die auf das Gleichnis vom ‘verlorenen Sohn’ anspielen, bezeichnen oft scherzhaft ein auf Abwege geratenes Mitglied der Familie oder einer Gemeinschaft, „meist im Hinblick auf eine mögliche oder tatsächliche Wiedereingliederung" (Krauss S. 218).

Beispiele: Wenn wir hier weitergehen, sind wir verloren. / Wie der verlorene Sohn kam er reumütig nach Hause zurück und nahm seine Arbeit wieder auf. / Er wollte sich nicht wie der verlorene Sohn fühlen und lehnte die Inanspruchnahme der von seinen Eltern angebotenen Hilfe ab.

Bibelstelle: Lk 15, 23-24: „Bringt das Mastkalb her, und schlachtet es; wir wollen essen und fröhlich sein. Denn mein Sohn war tot und lebt wieder; er war *verloren* und ist wiedergefunden worden. Und sie begannen, ein fröhliches Fest zu feiern."

Kommentar: Jesus erzählt das Gleichnis vom 'verlorenen Sohn', das heute meist 'Gleichnis vom barherzigen Vater' genannt wird, um zu zeigen, dass Gottes Güte alle menschlichen Maßstäbe übersteigt.

Anwendung: Die Redensarten greifen nur den Teilaspekt des Verlorenseins aus dem biblischen Gleichnis auf. „Sich als verlorener Sohn fühlen" bedeutet für Röhrich daher im Gegensatz zum Sinn des Gleichnisses „ohne Hoffnung auf Verzeihung" sein (Röhrich, S. 1673). Es gibt übrigens weitere Redensarten, die das Verlorensein thematisieren: sich verloren geben (verzweifeln, seinen Untergang vor Augen haben); eine Sache verloren geben (sich nicht mehr weiter um etwas bemühen); sich verloren fühlen (sich in einer neuen Umgebung ohne Bekannte oder Freunde alleingelassen fühlen).

Verraten

„Verraten und verkauft sein"

Bedeutung: Völlig preisgegeben; im Stich gelassen

Erläuterung: Die Redensart wird gebraucht, wenn sich jemand hintergangen fühlt.

Beispiel: Du hast nur zu deinem eigenen Vorteil gehandelt und mich und meine Interessen verraten und verkauft.

Bibelstelle: Lk 22, 47-48: „Während er noch redete, kam eine Schar Männer, Judas, einer der Zwölf, ging ihnen voran. Er näherte sich Jesus, um ihn zu küssen. Jesus aber sagte zu ihm: Judas, mit einem Kuss *verrätst* du den Menschensohn?"

Kommentar: Bei Lukas ist die Heimlichkeit des Verrats des Judas besonders drastisch geschildert, indem der Plan der Auslieferung Jesu an die Hohepriester gegen Geld als das Werk Satans hingestellt wird: (Lk 22,3-6). Die anderen Evangelisten schildern den Verrat des Judas etwas knapper: Siehe Mt 26,14-16 und Mk 14,10-11! Mt 26,49 nennt Judas einen Verräter, der mit den bewaffneten Männern ein Zeichen verabredet und gesagt hatte: „Der, den ich küssen werde, der ist es; nehmt ihn fest“ (Mt 26,48); denn der Kuss war im Kreis des Meisters eine übliche Begrüßungsformel nach Abwesenheit eines Jüngers. Die Erwiderung Jesu „Freund, dazu bist du gekommen?“ macht den Verrat des Judas zu einem noch schäbigeren und hinterlistigeren Vorgang.

Anwendung: Die Redensart erinnert an dieses menschlich zweifelsohne gemeine und enttäuschende Verhalten des Apostels Judas, indem es neben das Stichwort ‘verraten’ das Wort ‘verkauft’ hinzufügt, um auf die angebliche Geldgier des Judas anzuspielen, die diesen jedoch nach Mt 27,3-10 bis zur Verzweiflungstat des Selbstmordes gereut haben soll.

Verschluckt

„Wie vom Erdboden verschluckt“

Bedeutung: Plötzlich verschwunden

Erläuterung: Die Redensart erinnert an die Rotte Korach, die vom Erdboden verschluckt wurde, da die Erde ihren Mund auftat und sie verschlang.

Beispiel: Als die verfolgenden Detektive den Dieb durch das Menschengewühl des großen Warenkaufhauses nach draußen auf die Straße verfolgten und der Mann mit seiner Beute plötzlich um die Ecke bog, verloren sie ihn aus den Augen; er schien wie vom Erdboden verschluckt.

Bibelstelle: Num 16,30-33: „Wenn aber der Herr etwas ganz Ungewöhnliches tut, wenn die Erde ihren Rachen aufreißt und sie verschlingt zusammen mit allem, was ihnen gehört, wenn sie also lebend in die Unterwelt hinabstürzen, dann werdet ihr erkennen, dass diese Leute den Herrn beleidigt haben. Kaum hatte er (Moses) das gesagt, da spaltete sich der Boden unter ihnen, *die Erde öffnete ihren Rachen und verschlang sie* samt ihrem Haus, mit allen Menschen, die zu Korach gehörten, und mit ihrem ganzen Besitz: Sie und alles, was ihnen gehörte, stürzten lebend in die Unterwelt. Die Erde deckte sie zu, und sie waren aus der Gemeinde verschwunden."

Kommentar: Korach, Datan und Abiram hatten sich zusammen mit 250 führenden Männern aus der Gemeinde gegen Moses und Aaron zusammengerottet (Num 16,3-11), In der Bibel bleibt das 'Gottesurteil' nicht ohne Wirkung auf die Gemeinde (Siehe Num 16,34-35!). Die ganze Erzählung von der Vernichtung der Rotte Korach diente der Legitimierung der Herrschaft des Priesterstammes, was eindeutig aus Num 17,4-5 hervorgeht.

Anwendung: Die Redensart wird oft ganz unabhängig vom biblischen Kontext für ein unerklärliches Verschwinden ohne Spuren gebraucht.

Warm

„Weder warm noch kalt sein"

Bedeutung: Lau, unentschieden, auch gleichgültig oder doppelzüngig sein

Erläuterung: Die Redensart trifft zur Bezeichnung von Menschen zu, die nicht entschieden sind, entweder, weil sie sich nicht für eine Sache erwärmen oder weil sie sich nicht kalt und abweisend gegen eine Sache entscheiden können. Sie neigen z.B. lieber zum Opportunismus, zu dem was opportun, günstig ist.

Beispiel: Ich mag seine indifferente Haltung nicht: Er ist weder warm noch kalt, weder Fisch noch Fleisch.

Bibelstelle: Offb 3,15-16: „Ich (Er, der Amen heißt, der treue und zuverlässige Zeuge, der Anfang der Schöpfung Gottes) kenne deine Werke (das Wirken des Engels der Gemeinde in Laodizea). *Du bist weder kalt noch heiß.* Wärest du doch kalt oder heiß! Weil du aber lau bist, weder heiß noch kalt, will ich dich aus meinem Mund ausspeien."

Kommentar: Diese harte Kritik an den im Glauben noch Unentschiedenen wird in dem siebten Sendschreiben an die Engel an den Bewohnern der Gemeinde von Laodizea geübt. Tröstlich dagegen ist die Aussage „Wen ich liebe, den weise ich zurecht und nehme ihn in Zucht. Mach also Ernst, und kehr um!" (Offb 3,19). Im Kontext der Heilsaussagen nach Offb 3,20-21 erscheint die Verurteilung des Lauen nicht mehr ganz so gravierend zu sein. Sie ist wohl mehr als liebevolle, doch ernst gemeinte Warnung zu verstehen.

Anwendung: Die Redensart greift dagegen mehr die Kritik als den Warnruf zur Umkehr und Entscheidung auf und verurteilt den Lauen wegen seiner Gleichgültigkeit oder unparteiischen Zurückhaltung.

Was

„Was ist das für so viele?"

Bedeutung: Das ist zu wenig! Das reicht nicht.

Erläuterung: Die Redensart wird mit einem schelmischen Unterton gebraucht, wenn vorhandene Vorräte an Speisen oder Getränken als zu gering erscheinen.

Beispiel: Nur ein Kasten Bier? Was ist das für so viele?

Bibelstelle: Joh 6,9: „Hier ist ein kleiner Junge, der hat fünf Gerstenbrote und zwei Fische; *doch was ist das für so viele!*"

Kommentar: In der Erzählung von der wunderbaren Brotvermehrung sättigt Jesus fünftausend Männer, indem er die fünf Brote und zwei Fische nach einem Dankgebet austeilen lässt.. Ein Schlüssel zum Verständnis dieser Bibelstelle liegt auch in dem Hinweis, dass geistige Güter sich vermehren, wenn man davon nimmt, während materielle Güter abnehmen, wenn man sie teilt. In der Ausgangssituation vor der wunderbaren Brotvermehrung fragt Jesus zum Schein seine Jünger: „Wo sollen wir Brot kaufen, damit diese Leute zu essen haben?" Die Antwort des Philippus ist nüchtern und sachlich: „Brot für zweihundert Denare reicht nicht aus, wenn jeder von ihnen auch nur ein kleines Stück bekommen soll." Die Erwähnung von fünf Gerstenbroten und zwei Fischen durch Andreas, den Bruder des Simon, endet in der resignierenden Feststellung: „Doch was ist das für so viele!"

Anwendung: Die Redensart greift nur die realistische Aussage des Apostels Andreas auf, ohne an das Wunder der Brotvermehrung anzuknüpfen, nach der die vorhandenen fünf Brote und zwei Fische für fünftausend Männer gereicht haben sollen. Damit drückt die Redewendung eine nüchterne Einschätzung einer zu geringen Nahrungsmenge für eine bestimmte Anzahl von Menschen aus, ohne sich der Illusion hinzugeben, dass die vorhandene Nahrung durch ein Wunder vermehrt werden könnte.

„Jemandem steht das Wasser bis zum Halse“

Bedeutung: Jemand ist in großer Not; jemand ist hoffnungslos verschuldet.

Erläuterung: Die Redensart wird als Bild für höchste Bedrängnis gebraucht.

Beispiel: Da ihm wegen seiner hohen Verschuldung das Wasser bereits bis zum Halse stand, sah er keine Möglichkeit mehr, über Kreditaufnahme auf dieses Geschäft einzugehen.

Bibelstelle: Ps 69,2: „Hilf mir, o Gott! *Schon reicht mir das Wasser bis an die Kehle.*“

Luther übersetzt tiefsinniger: „Gott, hilf mir; *denn das Wasser geht mir bis an die Seele.*“

Kommentar: Aufgrund des unterschiedlichen Wortlauts von Kehle für Hals ist die Redensart vermutlich nicht direkt biblischen Ursprungs, auch wenn die Bibel das Bild des Ertrinkenden als Ausdruck für eine große Not des Beters vortrefflich wiedergibt: „Ich bin in tiefem Schlamm versunken und habe keinen Halt mehr; ich geriet in tiefes Wasser, die Strömung reißt mich fort. Ich bin müde vom Rufen, meine Kehle ist heiser, mir versagen die Augen, während ich warte auf meinen Gott“ (Ps 69,3-4). Obwohl im selben Psalm die Not des Beters auch als Schmach und Schande beim Fasten gegenüber seinen Feinden charakterisiert wird, ist das Bild des Ertrinkenden in diesem Klagelied noch einmal anders umschrieben: „Entreiße mich dem Sumpf, damit ich nicht versinke. Zieh mich heraus aus dem Verderben, aus dem tiefen Wasser! Lass nicht zu, dass die Flut mich überschwemmt, die Tiefe mich verschlingt, der Brunnenschacht über mir seinen Rachen schließt“ (Ps 69,15-16).

Anwendung: Obwohl das Klagelied des Psalmes 69 von Vers 30 bis 39 großes Vertrauen in Gottes Hilfe bezeugt, kennt die Redensart mit dem Bild des Ertrinkenden kaum noch einen Hoffnungsschimmer. Dabei gäbe es theoretisch in der Situation des Menschen, dem das Wasser nur bis zum Halse oder bis zur Kehle, aber noch nicht bis über den Mund reicht, noch Rettung im letzten Moment.

Wein (Herz)

„Der Wein erfreut des Menschen Herz."

Bedeutung: Weingenuss hebt die Stimmung. Weinkonsum macht froh und heiter.

Weintrinken ist gut für das menschliche Herz.

Erläuterung: Aufgrund des Alkoholgehaltes hat Wein eine belebende, stimmungsaufheiternde Wirkung, wenn er in Maßen getrunken wird. Er fördert nicht nur die Verdauung, sondern das allgemeine Wohlbefinden des Menschen. Mäßiger Weinkonsum beugt tatsächlich koronaren Herzerkrankungen vor. Gläubige sehen im Wein eine gute Gabe Gottes.

Beispiel: „Möchtet Ihr zum Abendessen nicht einen Schluck Wein trinken? Der Wein erfreut des Menschen Herz."

Bibelstelle: Ps 104,14-15: „Du lässt Gras wachsen für das Vieh, auch Pflanzen für den Menschen, die er anbaut, damit der Brot gewinnt von der Erde und *Wein, der das Herz des Menschen erfreut*, damit sein Gesicht von Öl erglänzt und Brot das Menschenherz stärkt."

Kommentar: Die beiden zitierten Bibelverse sagen bereits aus, dass nicht nur Wein das Herz des Menschen erfreut, sondern viele andere Dinge auch, wie das Einölen des Gesichts mit Öl oder die Stärkung des Menschenherzens durch Brot. Durch die Verwandlung von Wasser in Wein bei der Hochzeit zu Kana setzte Jesus ein wichtiges Zeichen, dass er die Freuden dieser Welt bejahte und kein Anti-Alkoholiker war. In der jüdischen Polemik wird Jesus sogar Fresser und Säufer genannt, weil er sich von der strengen Askese der Täuferbewegung um Johannes den Täufer abhob. Indem Jesus Wein als Getränk beim letzten Abendmahl mit seinen Jüngern wählte, hat er dieses Getränk in besonderer Weise angenommen und zum Zeichen Seines Neuen Bundes mit den Menschen gemacht. (Vgl. die Wandlungsworte bei der heiligen Messe: „Dies ist der Kelch des neuen und ewigen Bundes, mein Blut, das für Euch und für alle vergossen wird. Tut dies zu meinem Gedächtnis!“)

Anwendung: Die Redensart wird besonders von Weinliebhabern als Begründung für den Weingenuss zitiert.

Wein (Schläuche)

„(Jungen) Wein in alte Schläuche füllen“ / „Neuen Wein in alten Schläuchen“

Bedeutung: Etwas nur halbherzig ändern / Etwas Neues in alter Form

Erläuterung: Wenn der Wein zur Zeit Jesu frisch hergestellt wurde, musste er in neue Schläuche gefüllt werden, damit er sich lange gut hielt. Für den noch gärenden Wein (Most) waren Schläuche aus zusammengenähten Ziegenfellen nur dann brauchbar, wenn die Felle neu, anpassungsfähig und geschmeidig waren. Mit dem Vergleich der Abfüllung von Wein in alte, bzw. neue Schläuche soll darauf hingewiesen werden, dass man z. B. für moderne Institutionen auch moderne, adäquate Mittel braucht.

Beispiel: Was bringt uns die großartig angekündigte Hochschulreform? Nur neuen Wein in alten Schläuchen!

Bibelstelle: Mt 9,17: „Auch füllt man nicht *neuen Wein in alte Schläuche*. Sonst reißen die Schläuche, der Wein läuft aus, und die Schläuche sind unbrauchbar. Neuen Wein füllt man in neue Schläuche, dann bleibt beides erhalten."

Kommentar: Diese Ausführungen macht Jesus im Zusammenhang mit der Fastenfrage, da die Jünger des asketischen Johannes des Täufers Jesus den Vorwurf machen, dass er und seine Jünger nicht fasten würden. Jesus antwortet darauf, dass erst wenn der Bräutigam fort sei, die Jünger fasten würden. Solange Jesus also unter seinen Jüngern weilt, will er das Reich Gottes verkünden und es nicht mit alten Praktiken des Fastens begründen. Die alten Schläuche werden mit den vergänglichen Heilsordnungen des Judentums verglichen, die dem neuen Reich Gottes weichen müssen, das Jesus verkündet.

Anwendung: „Jungen Wein in alte Schläuche füllen" meint heute eine neue Sache, die aber in einer alten Verpackung steckt (Wolkenstein, S. 273). Die Redensart beschreibt etwas, das nicht grundlegend erneuert und nur halbherzig umgestaltet wurde (Duden, Band 11, S. 792).

Wein (voll)

„Voll des süßen Weines sein"

Bedeutung: Mit Wein betrunken sein

Erläuterung: Die Redensart ist eine scherzhafte Bezeichnung für betrunkene oder leicht beschwipste Menschen. Sie erinnert an den Vorwurf, der den Aposteln an Pfingsten gemacht wurde, als sie vom Heiligen Geist erfüllt in fremden Sprachen zu reden anfingen.

Beispiel: Bei eurer guten Laune seid ihr wohl voll des süßen Weines?

Bibelstelle: Apg 2,12-13: „Alle gerieten außer sich und waren ratlos. Die einen sagten zueinander: Was hat das zu bedeuten? Andere aber spotteten: Sie sind *vom süßen Wein betrunken.*“

Luther übersetzt Apg 2,13: „Die andern aber hatten's ihren Spott und sprachen: *Sie sind voll süßen Weins.*“

Kommentar: Die ekstatische Begeisterung der Apostel nach dem Kommen des Heiligen Geistes am ersten Pfingsttag rief die Phänomene der Zungenrede oder Glossolalie hervor, das entweder ein Äußern von eigenwilligen Lauten zur Ehre Gottes ist oder das Reden in einer fremden, nicht eigens erlernten Sprache. Dabei kann es sich um ein Gebet, eine Weissagung, um einen Schrifttext oder sonst irgendeine Aussage handeln, die in einer charismatischen Gebetsversammlung der Auslegung durch einen vom Geist erfüllten Beter bedarf. Das Unverständnis für diese fremdartigen Phänomene der Glossolalie führte zur Verspottung durch einige Rationalisten. Diesem rationalistischen Erklärungsversuch und dem Vorwurf, nur betrunken zu sein, begegnet Petrus mit dem Hinweis, dass die Apostel nicht betrunken seien, sondern dass der Heilige Geist nach prophetischer Verheißung über sie ausgegossen worden wäre (Apg 2,33).

Anwendung: Die Redensart stützt sich unter Missachtung der Deutung der Folgen prophetischer Begeisterung durch den Apostel Petrus einzig allein auf den zweifelnden Spott der Rationalisten gegen die begeisterten Beter und übernimmt die Formulierung aus der Bibel zur Bezeichnung von durch Wein Angeheiterte oder Betrunkene.

„Nicht von dieser Welt sein“

Bedeutung: Versponnen, völlig weltfremd sein

Erläuterung: Nicht als Kinder dieser Welt nach den Gesetzen weltlicher Macht und Durchsetzungskraft leben, sondern als Kinder des Lichts, die Zeugnis geben von einer übernatürlichen Ordnung des Reiches Gottes.

Beispiel: Unsere neue Lehrerin scheint nicht von dieser Welt zu sein. Sie merkt gar nicht, wenn wir bei der Schulaufgabe voneinander abschreiben.

Bibelstelle: Joh 8,23: „Jesus sagte zu ihnen: Ihr stammt von unten, ich stamme von oben; ihr seid aus dieser Welt, *ich bin nicht aus dieser Welt.*“

Kommentar: Jesus sagt im Gleichnis vom ungetreuen Verwalter: „Die Kinder dieser Welt sind im Umgang mit Ihresgleichen klüger als die Kinder des Lichts“ (Lk 16,8). Dieses Lob bezieht sich nur auf die Art ihrer Klugheit, sich auch in ausweglosen Situationen Vorteile zu verschaffen, nicht auf ihre Betrügereien, ihre Unehrlichkeit oder ihren unmoralischen Lebenswandel.

Beim Evangelisten Johannes ist die Welt in der Regel die von Gott noch abgewandte Seite des Lebens, geprägt von Menschen, die dem Willen des Fleisches unterworfen sind. Im Gegensatz dazu stehen die Gläubigen, die Kinder Gottes, die aus Gott geboren sind und die daher letztlich nicht von dieser Welt stammen. Übrigens bekennt Jesus auch vor Pilatus, dass sein Reich nicht von dieser Welt sei (Joh 18,36).

Anwendung: Wer zu idealistisch lebt, wird in der Alltagssprache auch „als zu gut für diese Welt“ bezeichnet, was der Redensart „nicht von dieser Welt sein“ sehr nahe kommt. Wer also zu sehr aus der übernatürlichen Ordnung der Liebe Gottes heraus leben will, kann leicht unrealistisch und weltfremd sein oder zumindest so angesehen werden.

Wenig

„Wenig, aber von Herzen“

Bedeutung: Nicht viel, aber aus aufrichtiger Gesinnung

Erläuterung: Was vom Herzen kommt, geschieht aus einer ehrlichen, inneren Einstellung, die von Menschenfreundlichkeit und Herzlichkeit geprägt ist.

Beispiel: Zum Geburtstag habe ich dir nur ein kleines Päckchen mitgebracht. Es ist wenig, aber es kommt von Herzen.

Bibelstelle: Tob 4,8: „Hast du viel, so gib reichlich von dem, was du besitzt; hast du wenig, *dann zögere nicht, auch mit dem Wenigen Gutes zu tun.*“- Luther übersetzt nach einer revidierten Ausgabe mit Apokryphen: „Hast du viel, so gib reichlich; hast du wenig, so *gib doch das Wenige von Herzen.*“

Kommentar: Das Zitat stammt aus dem Buch Tobit, das für die Protestanten zu den Apokryphen gehört und für die Katholiken lediglich deuterokanonisch ist, also nicht ursprünglich auf Hebräisch, sondern nur auf Griechisch überliefert vorliegt. Der weise, erblindete Tobit gibt seinem Sohn Tobias diese Mahnung vor Antritt einer längeren Reise auf den Weg mit. Tobias sollte nämlich fort, um zehn Talente Silber abzuholen, die sein Vater Tobit vor langer Zeit bei Gabael in der Stadt Rages in Medien hinterlegt hatte. Ganz im Sinne gutgemeinter Ratschläge, und frommer Ermahnungen fährt Tobit mit der Belehrung über damals gängige Lebensweisheiten fort: „Auf diese Weise wirst du dir einen kostbaren Schatz für die Zeit der Not ansammeln. Denn Gutes zu tun rettet vor dem Tod und bewahrt vor dem Weg in die Finsternis. Wer aus Barmherzigkeit hilft, der bringt dem Höchsten eine Gabe dar, die ihm gefällt" (Tob 4, 9-11). Ebenso ein paar Zeilen weiter: „Gib dem Hungrigen von deinem Brot und dem Nackten von deinen Kleidern! Wenn du Überfluss hast, dann tu damit Gutes und sei nicht kleinlich, wenn du Gutes tust" (Tob 4,16).

Anwendung: Die Redensart bedient sich eines alttestamentlichen Weisheitsspruches, um auch eine kleine Gabe als Ausdruck herzlicher Zuwendung zu bekunden. Sie wird gern beim Überreichen eines kleinen Geschenkes gebraucht.

Wer

„Wer sich selbst erhöht,
wird erniedrigt werden -
wer sich selbst erniedrigt,
wird erhöht werden."

Bedeutung: Der Prahler wird gedemütigt und der Bescheidene wird gelobt.

Erläuterung: Die Redensart will vor Stolz und Hochmut warnen. Sie ist eine Aufforderung zur Demut und Bescheidenheit.

Beispiel: Glaubst du wirklich, dass du mit deiner Tiefstapelei Erfolg hast nach dem biblischen Motto: Wer sich selbst erhöht, wird erniedrigt werden und wer sich selbst erniedrig, wird erhöht werden?

Bibelstelle: Lk 14,10-11: „Wenn du also eingeladen bist, setz dich lieber, wenn du hinkommst, auf den untersten Platz; dann wird der Gastgeber zu dir kommen und sagen: mein Freund, rück weiter hinauf! Das wird für dich eine Ehre sein vor allen anderen

Gästen. *Denn wer sich selbst erhöht, wird erniedrigt, und wer sich selbst erniedrigt, wird erhöht werden.*“

Kommentar: Dasselbe Wort von der Erhöhung der Erniedrigten wird von Jesus noch einmal im Zusammenhang mit dem Gleichnis vom Gebet des Pharisäers und des Zöllners in Lk 18,14 gebracht, um anzudeuten, dass der Demütige bei Gott Gnade und Erhörung findet.

Anwendung: In der heutigen ‘Ellenbogengesellschaft’ dürfte ein solches Bibelwort kaum in nicht-christlichen Kreisen zitiert werden. Die Redensart kann daher einerseits die biblische Moral in Frage stellen, andererseits kann sie durchaus ein ernstgemeinter Appell für mehr Bescheidenheit und Zurückhaltung sein.

Werk

„Ein gutes Werk tun“

Bedeutung: Barmherzig handeln; ein Werk der Barmherzigkeit leisten; etwas Gutes tun; jemandem gerne, liebevoll helfen

Erläuterung: Die Redensart kommt wörtlich in der Bibel bei der Salbung Jesu durch eine Frau in Betanien vor. Sie hat sich als Ausdruck für Taten der Nächstenliebe, für die sieben Werke der Barmherzigkeit (nach Mt 25,31-46) und andere Samariterdienste eingebürgert.

Beispiel: Wenn du die Sammlung unterstützt, hast du gewiss ein gutes Werk getan.

Bibelstelle: Mt 26,10: „Jesus bemerkte ihren Unwillen und sagte zu ihnen: Warum lasst ihr die Frau nicht in Ruhe? *Sie hat ein gutes Werk an mir getan.*“

Kommentar: Jesus begründet sein Lob für die Frau, die in völlig verschwenderischer Weise ein teures Alabastergefäß mit kostbarem, wohlriechendem Öl über sein Haar goss, mit den Worten: „Denn die Armen habt ihr immer bei euch, mich aber habt ihr nicht immer. Als sie das Öl über mich goss, hat sie meinen Leib für das Begräbnis gesalbt. (Mt 26,11-13). Nach Joh 12, 3 hat eine Frau namens Maria Jesu Füße mit Nardenöl gesalbt. Als Judas diese Verschwendung mit den Worten anprangert, dass man ein Pfund Nardenöl für dreihundert Denare (ein Denar war der übliche Arbeitslohn für einen ganzen Tag Arbeit!) hätte verkaufen können, um den Erlös davon den Armen zu geben, rechtfertigt Jesus ihr Tun mit dem Hinweis auf seine Salbung zum bevorstehenden Begräbnis, denn er ahnte sein baldiges Leiden und Sterben voraus.

Anwendung: Die Redensart bezieht sich trotz der wörtlichen Übernahme der Wendung „ein gutes Werk tun“ eher auf die allgemein anerkannten und von der Bibel immer wieder geforderten Werke der Barmherzigkeit als auf dieses doch recht umstrittene Beispiel einer verschwenderischen Tat, die aus Liebe zu Jesus von einer Frau im Haus Simons des Aussätzigen in einer reinen Männergesellschaft auf recht provozierende Weise begangen wurde.

Wind (reden)

„In den Wind reden“

Bedeutung: Jemandes Worte bleiben unbeachtet, jemandes Wort findet kein Gehör.

Erläuterung: Wenn man gegen den Wind redet, trägt der Wind die Worte gewissermaßen fort und man wird nicht gehört oder verstanden.

Beispiel: Meine Frau will von einer Scheidung nichts wissen; da redest du nur in den Wind.

Bibelstelle: 1 Kor 14,9: „So ist es auch mit euch, wenn ihr in Zungen redet, aber kein verständliches Wort hervorbringt. Wer soll dann das Gesprochene verstehen? *Ihr redet nur in den Wind.*“

Kommentar: Zur Erbauung der Gemeinde wird die Funktion der Zungenrede von Paulus eingeschränkt, da er andere Gaben im Gemeindegottesdienst mehr schätzt: „Was nützt es euch, Brüder, wenn ich komme und in Zungen vor euch rede, euch aber keine Offenbarung, keine Erkenntnis, keine Weissagung, keine Lehre bringe?“ (1 Kor 14,6).

Für Paulus ist die unverständliche Rede in fremden Zungen ohne Auslegung nutzlos, also in den Wind gesprochen, weil niemand sie versteht.

Anwendung: Wer heute in den Wind spricht, vergeudet genauso nutzlos seine Zeit, weil seine Rede entweder von keinem verstanden oder seine Botschaft von keinem gehört und beachtet werden will.

Wind (säen)

„Wer Wind sät, wird Sturm ernten.“

Bedeutung: Die Folgen einer negativen Handlung stark und überdeutlich zu spüren bekommen

Erläuterung: Das Schlechte, das man tut, wird auf einen zurückfallen.

Beispiel: „Wunderst Du Dich darüber, dass es so weit gekommen ist? *Wer Wind sät, wird Sturm ernten.* Jetzt musst Du selber sehen, wie Du damit fertig wirst."

Bibelstelle: Hos 8,7: „Denn sie säen Wind, und sie ernten Sturm."

Kommentar: Der Prophet Hosea stößt im 8. Kapitel unter der Überschrift „Die Tage der Abrechnung" eine Unheilsdrohung gegen das Volk Israel nach der anderen aus. Hos 8,1: Stoß ins Horn! Denn wie ein Geier kommt das Unheil über das Haus des Herrn, weil sie meinen Bund nicht halten und mein Gesetz missachten." ... „Israel hat das Gute verworfen. Darum soll der Feind es verfolgen."

(Hos 8,3)

Anwendung: Wer diese Redensart braucht, will – ähnlich wie der Prophet Hosea - auch vor den Konsequenzen negativen Handelns warnen.

Wind (vier)

„In alle vier Winde"

Bedeutung: In alle vier Himmelsrichtungen verteilt werden

Erläuterung: Die Zahl 4 weist auf die vier Himmelsrichtungen Westen, Norden, Osten und Süden hin. Wer oder was in alle vier Himmelsrichtungen zerstreut wird, der oder das existiert praktisch nicht mehr.

Beispiel: Nach dem Tod der Eltern waren die Geschwister in alle vier Winde auseinandergegangen, so dass das Zentrum der Großfamilie verlorenging.

Bibelstelle: Sach 4,10: „Denn *wie die vier Winde* des Himmels habe ich euch zerstreut – Spruch des Herrn.

Kommentar: Der Prophet Sacharja schaut in einer Vision einen Engel des Herrn, der wie eine Mauer von Feuer um die Stadt Jerusalem sein will, um sie mit allen Menschen und Tieren zu beschützen. Dabei vernimmt er einen zweifachen Aufruf an die Verbannten in Babel, die von Gott wegen des erlittenen Unrechts und ihrer Verschleppung in die Verbannung gerächt werden sollen: „Auf, Zion, die du in Babel wohnst, rette dich! Denn so spricht der Herr der Heere - er hat mich mit Herrlichkeit zu den Völkern gesandt, die euch ausgeplündert haben -: Wer euch antastet, tastet meinen Augapfel an. Ja, jetzt hole ich mit meiner Hand zum Schlag gegen sie aus, so dass sie eine Beute ihrer eigenen Knechte werden. Und ihr werdet erkennen, dass der Herr der Heere mich gesandt hat“ (Sach 2,11-14).

Anwendung: Die Redensart „in alle vier Winde“ zerstreut und auseinandergegangen drückt das Ende eines Zusammenseins mit wenig Hoffnung auf ein Wiedersehen aus.

Wind (zerstreut)

„In alle Winde zerstreut“

Bedeutung: Völlig aufgelöst sein

Erläuterung: An alle möglichen Orte auseinandergehen oder vertrieben werden.

Beispiel: Das Internat wurde aufgelöst und die Schüler in alle Winde zerstreut.

Bibelstelle: Ez 17,21: „Die tapfersten Krieger in all seinen Truppen fallen unter dem Schwert. Die Übriggebliebenen aber werden *in alle Winde zerstreut.*“

Kommentar: Die Wendung geht auf eine Metapher in Ez 17,21 zurück, nach der die übrig gebliebenen Krieger in alle Winde zerstreut, das heißt verjagt, vertrieben wurden. Dies ist eine Unheilsprophezeiung im Namen Gottes über die Streitmacht des Pharao. –

Anwendung: Die Redensart „in alle Winde zerstreut" drückt die Auflösung einer Personengruppe oder einer Institution aus.

Wolf

„Ein Wolf im Schafspelz"

Bedeutung: Ein Scheinheiliger; jemand, der sich harmlos gibt, aber sehr gefährlich sein kann

Erläuterung: Ein Wolf im Schafspelz ist ein Mensch, der sich so verstellt, dass er auf den ersten Blick ein unschuldiges Lamm zu sein scheint, in Wirklichkeit aber wie ein gefräßiger Wolf handelt. Die Verkleidung eines Wolfes im Schafspelz ist also eine gefährliche Täuschung.

Beispiel: „Ihr neuer Chef scheint ein Wolf im Schafspelz zu sein", meinte ein Kollege zum anderen. „Er gibt sich dieser Mitarbeiterin gegenüber kollegial, aber vor mir macht er sie schlecht."

Bibelstelle: Mt 7,15: „Hütet euch vor den falschen Propheten; sie kommen zu euch *wie (harmlose) Schafe, in Wirklichkeit aber sind sie reißende Wölfe.*"

Kommentar: Jesus warnt mit diesem Bildwort vor den falschen Propheten, die man nur an ihren Früchten, also an den Ergebnissen ihrer Taten und nicht bloß an ihrem äußeren Auftreten und ihren schönen Worten erkennt.

Anwendung: Das Bild vom Wolf im Schafspelz (auch in Schafskleidern) ist schon früh in Deutschland bekannt geworden und literarisch seit dem 9. Jahrhundert belegt. Bei Lessing heißt es (im 'Nathan' 4, 4, 402) etwas abgewandelt: „Ich werde hinter diesen jüdischen Wolf im philosophischen Schafpelz Hunde schon zu bringen wissen, die ihn zausen." (Röhrich, S. 1741) Von der Redensart abgeleitet gibt es auch ein Sprichwort im Volksmund: „Der Wolf ändert das Haar, sonst bleibt er als er war." Entsprechend dem biblischen Hintergrund des Bildes findet sich die Redensart auch in anderen Sprachen, Englisch: „a wolf in sheep's clothing" oder Niederländisch: „een wolf in schaapskleren" u.a.

Wolken

„Aus allen Wolken fallen"

Bedeutung: Völlig überrascht sein

Erläuterung: Wer aus allen Wolken fällt, wird aus einem alten Zustand herausgerissen und fühlt sich überrumpelt und oft der neuen Situation nicht gleich gewachsen. Es bedarf einer längeren Zeit, um sich an das Neue zu gewöhnen und damit zurecht zu kommen.

Beispiel: Als sie diese Nachricht erfuhr, *fiel sie aus allen Wolken.* Das hatte sie sich ganz anders vorgestellt.

Bibelstelle: Lk 10,18: „Ich sah Satan wie einen Blitz vom Himmel fallen."

Kommentar: Diese Vision Jesu knüpft an die Danielapokalypse an, nach der Luzifer vom Engel Michael in die Hölle gestürzt und aus dem Himmelreich verbannt wird. Es ist übertragen auf die Redensart ein Herausfallen aus dem Paradies des bisher Vertrauten. Wer aus allen Wolken fällt, gleicht dem Sturz Satans, der aus dem Himmel der Gottanschauung verdrängt wird.

Anwendung: Die Redensart will andeuten, dass ein Mensch durch eine Nachricht oder neue Situation in einer ihm völlig neuen oder fremden Umwelt sich nicht gleich zurechtfindet und dem Neuen nicht sofort gewachsen ist. Er fühlt sich wie aus dem Paradies vertrieben und seiner alten vertrauten Umgebung oder Situation beraubt.

Wollen

„Was du nicht willst, das man dir tu(t), das füg auch keinem andern zu!“

Bedeutung: Vermeide es, anderen etwas anzutun, was dir selbst nicht recht wäre.

Erläuterung: Es handelt sich hier zunächst um ein im Deutschen weit verbreitetes Sprichwort, das auch in einer etwas veralteten Reimform und anderen Varianten vorliegt, z. B. „Was du nicht willst, dass dir geschieht, das tu auch keinem andern nicht.“ Der alte Vater Tobit gibt seinem Sohn Tobias den gleichen Spruch als Lebensregel mit auf den Weg (Tob 4,15). Dieser ist sogar nach der revidierten Lutherausgabe von 1985 mit der ersten Fassung der hier wiedergegebenen Redensart völlig identisch. Doch es ist ebenso möglich, dass dieser Spruch in Anlehnung an die von Jesus verkündete Goldene Regel (Mt 7,12) gebildet wurde.

Beispiel: Warum hast du ihn zuerst geschlagen? Was du nicht willst, das man dir tu, das füg auch keinem andern zu!

Bibelstelle: Mt 7,12: „*Alles, was ihr also von anderen erwartet, das tut auch ihnen!* Darin besteht das Gesetz und die Propheten."

Kommentar: Die deutsche Spruchweisheit gibt die Lebensregel in einer verneinenden Formulierung (Das tu nicht!) wieder, während die Goldene Regel in einer bejahenden Aussage positiv formuliert ist (Das tut!). In der Parallelstelle bei Lukas wird es so übersetzt: „*Was ihr von anderen erwartet, das tut ebenso auch ihnen*" (Lk 6,31). Die Lebensregel im Buch Tobit liefert die Einheitsübersetzung in folgender Fassung: „*Was dir selbst verhasst ist, das mute auch einem anderen nicht zu!*" (Tob 4,15).

Anwendung: Die Redensarten geben trotz unterschiedlich überlieferter Formulierungen inhaltlich genau den Sinn der Bibelzitate wieder, da es sich um selbstverständliche, doch äußerst wichtige Grundregeln für ein erfolgreiches und harmonisches menschliches Zusammenleben handelt. Nicht umsonst wurde die sogenannte Goldene Regel von Jesus sogar als die Quintessenz aller Gesetzesvorschriften und Anweisungen durch die Propheten angesehen.

„Viele Worte machen“ /
„Nicht viele Worte machen“

Bedeutung: Geschwätzig sein / Wortkarg sein; nicht viel reden, sondern rasch handeln

Erläuterung: Die Redensart, die sich gleich auf mehrere Bibelstellen zurückführen lässt, übt Kritik an Leuten, die zu wenig oder zu viel reden.

Beispiel: Wenn mir einer dumm kommt, hat es keinen Zweck, viele Worte zu machen. Ich schmeiße ihn einfach raus. / Der Notarzt machte nicht viele Worte, sondern wies sie gleich ins Krankenhaus ein. (Duden, Band 11, S. 817)

Bibelstellen: Sir 7,14: „Rede nicht heimlich in der Versammlung der Fürsten, und *wiederhol nicht die Worte* beim Gebet!“ Dieser Vers erscheint als Sir 7,15 in der Luther-Bibel des Luthertextes mit Apokryphen: „Sei nicht schwatzhaft im Kreis der Alten, und wenn du betest, so *mache nicht viele Worte.*“

Vgl. auch Koh 5,1! oder: Mt 6,7-8: „Wenn ihr betet, sollt ihr nicht plappern wie die Heiden, die meinen, sie werden nur erhört, wenn sie *viele Worte machen.* Macht es nicht wie sie; denn euer Vater weiß, was ihr braucht, noch ehe ihr ihn bittet.“

Kommentar: Die Lebensweisheiten der oben zitierten Bibelstellen ließen sich noch um weitere Mahnungen aus der Weisheitsliteratur der Bibel erweitern, z. B. aus dem Buch der Sprüche: „Bei vielem Reden bleibt die Sünde nicht aus, wer seine Lippen zügelt, ist klug“ (Spr 10,19).

Anwendung: Die Redensarten mahnen zum rechten Maß der Worte. Sie wollen nicht, dass jemand wortkarg und verschlossen ist; aber man soll auch nicht von einem Extrem ins andere fallen und ‘reden wie ein Wasserfall’. So heißt es etwa in Goethes

Faust: aus dem Vorspiel auf dem Theater „Der Worte sind genug gewechselt“, was in der heutigen Redensart so viel heißt wie: Jetzt haben wir genug geredet; nun wollen wir etwas tun.

Wüste

„Jemanden in die Wüste schicken

Bedeutung: Jemanden mittellos fortschicken oder hilflos allein lassen.

Erläuterung: Das jemanden in die Wüste Schicken geschieht absichtlich, weil man jemanden nicht mag oder ihn loswerden möchte.

Beispiel: Der neue Mitarbeiter machte auf seine Kollegen einen denkbar ungeschickten und unangenehmen Eindruck und wurde daher gleich in die Wüste geschickt.

Bibelstelle: Lev 16,21: „Aaron soll seine beiden Hände auf den Kopf des lebenden Bockes legen und über ihm alle Sünden der Israeliten, alle ihre Frevel und alle ihre Fehler bekennen. Nachdem er sie so auf den Kopf des Bockes geladen hat, soll er ihn durch einen bereitstehenden Mann *in die Wüste treiben* lassen.

Kommentar: Das Buch Levitikus (3 Mose) beschreibt im 16. Kapitel das Ritual für den Versöhnungstag. Der Priester Aaron ruft alle Sünden seines Volkes auf einen lebenden Bock herab, indem er ihm beide Hände auf den Kopf legt und dabei alle Sünden, Frevel und Fehler der Israeliten bekennt. Nachdem er so die Schuld des Volks auf den Bock geladen hat, soll dieser in die Wüste getrieben werden und alle Sünden des Volkes in die Einöde tragen, wo er mit Sicherheit sterben wird.

Anwendung: Die Redensart will ausdrücken, dass ein Mensch, der in die Wüste geschickt wird, normalerweise – wie der Bock in der Einöde - mit der Zeit zugrunde gehen wird.

Zeit / Alles

„Alles zu seiner Zeit"

Bedeutung: Jetzt nicht; es sollte alles zum richtigen Zeitpunkt getan werden.

Erläuterung: Die Redensart kann ein ausweichender Bescheid sein, wenn der Redende zum Handeln gedrängt wird oder auch eine Aufforderung, etwas jetzt nicht mehr zu tun.

Beispiel: Es ist schon viel zu spät am Abend, um noch laute Musik zu machen. Alles zu seiner Zeit.

Bibelstelle: Koh 3,1-2.11: „Alles hat seine Stunde. Für jedes Geschehen unter dem Himmel gibt es eine bestimmte Zeit."

Kommentar: Die Gedanken aus dem Buch Kohelet sind auf der einen Seite tröstlich, da hier die Gewissheit vermittelt wird, alles ist von Gott geschaffen worden und alles, was geschieht, wird von ihm zu einer bestimmten Zeit festgelegt, so dass sich der Mensch in den großen Strom des Lebens eingebettet fühlen kann; andererseits ist die Philosophie des Prediger Salomos von einer großen Melancholie und Resignation geprägt, so als wenn man nichts machen und seinem Geschick nie entkommen könnte. Der Verfasser stellt den Menschen in seinem Geschick zu sterben mit den Tieren auf eine Stufe: „Denn jeder Mensch unterliegt dem Geschick, und auch die Tiere unterliegen dem Geschick. Sie haben ein und dasselbe Geschick. Wie diese sterben, so sterben jene. Beide haben ein und denselben Atem. Einen Vorteil des Menschen gegenüber dem Tier gibt es da nicht. Beide sind

Windhauch“ (Koh 3,19). Angesichts seiner Vergänglichkeit kann der Mensch nur Freude und Glück im gegenwärtigen Tun finden (Koh 3,22).

Anwendung: Die Redensart greift die Formulierung der Bibel auf und beruft sich auf eine von Gott vorgegebene Zeitordnung, ohne dabei unbedingt den fatalistischen Sinngehalt und den depressiv klingenden Kontext des Buches Kohelet zu übernehmen. Die Redewendung dient dann meist dazu, etwas mit dem Hinweis auf die nicht passende Zeit abzulehnen.

Zeichen / Wunder

„Es geschehen noch Zeichen und Wunder.“

Bedeutung: Etwas ganz Unerwartetes ist geschehen; es passieren noch erstaunliche Dinge.

Erläuterung: Die Redensart ist ein Ausruf des Erstaunens beim Eintreffen eines Ereignisses, mit dem man nicht mehr gerechnet hat.

Beispiel: Die Belegschaft hat tatsächlich schon ihren Streik beendet? Es geschehen noch Zeichen und Wunder.

Bibelstelle: Ex 7,3: „Ich (Gott, der Herr) aber will das Herz des Pharao verhärten, und dann werde ich meine *Zeichen und Wunder* in Ägypten häufen.“

Kommentar: Gott versucht die Freilassung der israelitischen Sklaven aus Ägypten durch Zeichen und Wunder, nämlich durch die 10 ägyptischen Plagen zu erzwingen. Diese sind die Verwandlung von Wasser in Blut, Froschplage, Stechmückenplage,

Ungezieferplage, Viehseuche, Geschwüre, Hagel, Heuschreckenplage, Finsternis und Tötung der Erstgeburt in Ägypten.

Auch im Neuen Testament kommt der Ausdruck Zeichen und Wunder vor: „Wenn dann jemand zu euch sagt: Seht, hier ist der Messias!, oder: Seht, dort ist er!, so glaubt es nicht. Denn es wird manchen falschen Messias und mancher falsche Prophet auftreten, und sie werden *Zeichen und Wunder* tun, um, wenn möglich, die Auserwählten irrezuführen. Ihr aber, seht euch vor! Ich habe euch alles vorausgesagt" (Mk 13,21-23). In Joh 4,48 kritisiert Jesus die Wundersucht seiner Zeit mit den Worten: „Wenn ihr nicht *Zeichen und Wunder* seht, glaubt ihr nicht."

Anwendung: Während Jesus seine Jünger vor den Zeichen und Wundern der falschen Propheten warnt, weil der Wunderglaube im Volk damals weit verbreitet war, ist man heute Wundern gegenüber normalerweise sehr kritisch eingestellt. Daher wird die Redensart häufig als Ausdruck der Überraschung oder Ironie gebraucht.

Zeichen / Zeit
„Die Zeichen der Zeit" /
„Die Zeichen der Zeit nicht deuten können"

Bedeutung: Die augenblickliche, bestimmte zukünftige Entwicklungen betreffende Lage / Eine aktuelle Entwicklung nicht bemerken und daher auch nicht darauf reagieren

Erläuterung: Unter den Zeichen der Zeit versteht man die Dinge oder Ereignisse, die die Gegenwart oder eine bestimmte Epoche am deutlichsten charakterisieren und bezüglich wichtiger Veränderungen kennzeichnen.

Beispiel: Es ist ein Zeichen der Zeit, dass die Jugendlichen von heute viel früher das Elternhaus verlassen.

Bibelstelle: Mt 16,3: „Diese böse und treulose Generation fordert ein Zeichen, aber es wird ihr kein anderes gegeben werden als *das Zeichen des Jona.*"

Kommentar: Bei der Forderung der Pharisäer und Sadduzäer, die Jesus auf die Probe stellen wollen, geht es nicht um die Zeichen der Zeit, sondern um ein Zeichen vom Himmel, wodurch die göttliche Sendung Jesu allen sichtbar und offenbar würde. Wenn Jesus sich auf das Zeichen des Jona beruft, will er sagen, dass die Predigt des Jona zur Umkehr und Buße ausreichen muss, um Menschen zu Gott zu bekehren und die Herrschaft Gottes eintreten zu lassen. Jesus verlangt Vertrauen und große Glaubensbereitschaft. Wundersucht und Wunderzeichen als Beweismittel für seine göttliche Abstammung lehnt er strikt ab. Daher heißt es auch in Mt 16,4, als die Pharisäer und Sadduzäer Jesus um ein Zeichen vom Himmel baten, um ihn auf die Probe zu stellen: „Und er ließ sie stehen und ging weg".

Anwendung: Während also in Mt 16,3 mit den Zeichen der Zeit die Wundertaten Jesu als Merkmale einer kommenden Heilszeit gemeint sind, fordert die Redewendung im heutigen Sprachgebrauch dazu auf, die gegenwärtigen politischen und sozialen Verhältnisse zu erkennen und sich darauf einzustellen.

„In den letzten Zügen liegen“

Bedeutung: Bald sterben; mit dem Tod ringen / Langsam zu Ende gehen

Erläuterung: Die Redewendung wird von Luther bei der Beschreibung der todkranken Tochter des Jairus gebraucht. Heute kann sie auch auf Dinge übertragen werden, wenn diese mühselig zu Ende gehen, z. B. ein Unternehmen.

Beispiele: a) Der alte Mann lag schon in den letzten Zügen, als sein Sohn endlich im Krankenhaus eintraf.

b) Nachdem die meisten Betriebe schließen mussten, lag die einheimische Stahlindustrie in den letzten Zügen.

Bibelstelle: Lk 8,42: „Denn sein einziges Kind, ein Mädchen von etwa zwölf Jahren, *lag im Sterben.*“

Luther übersetzt: „Denn er hatte eine einzige Tochter bei zwölf Jahren, *die lag in den letzten Zügen.*“

Kommentar: Die Redewendung für „im Sterben liegen“ kommt bereits im Alten Testament vor, als Heliodor, der Kanzler des Königs Seleukus IV Philopator (187-175 vor Christus) nach seinem Versuch, sich des Tempelschatzes zu bemächtigen, dem Tod nahe war. „Sehr bald kamen ein paar Vertraute Heliodors zu Onias (dem Hohepriester von Jerusalem) und baten ihn, er möge doch den Höchsten anrufen und so dem das Leben schenken, *der in den letzten Zügen lag*“ (2 Makk 3,31). Onias erfüllt diese Bitte aus Angst vor dem Gerücht, der Kanzler des Königs sei durch einen hinterhältigen Anschlag der Juden getötet worden. Daher bringt er das Versöhnungsopfer zur Gesundung des Mannes Heliodor dar, der daraufhin auch tatsächlich wieder gesund wird.

Anwendung: Während man die Redensart sowohl im Alten als auch im Neuen Testament so brauchte, dass der Sterbende, der in den letzten Zügen lag, noch gerettet werden konnte, verwendet man die Redensart heute, um die letzte unausweichliche Phase des Sterbens eines Menschen oder das langsam aber sicher Zu-Ende-Gehen einer Sache zu bezeichnen.

Zunge

„Seine Zunge im Zaum halten"

Bedeutung: Vorsichtig mit dem sein, was man redet; schweigen; nichts Unbedachtes sagen

Erläuterung: Die Redensart mahnt zur Zurückhaltung, um sich vor eigenen Zornausbrüchen und Beleidigungen gegen andere zu hüten.

Beispiel: Er hätte wenigstens bei der Hochzeit seines Bruders einmal seine Zunge im Zaum halten und sein Getratsche über andere Leute unterlassen können.

Bibelstelle: Jak 1,26: „Wer meint, er diene Gott, aber *seine Zunge nicht im Zaum hält,* der betrügt sich selbst, und sein Gottesdienst ist wertlos."

Kommentar: Jakobus mahnt seine Gläubigen immer wieder dazu, nicht nur Hörer des Wortes Gottes zu sein, sondern auch dementsprechend zu handeln: „Hört das Wort nicht nur an, sondern handelt danach; sonst betrügt ihr euch selbst" (Jak 1,22). Daher ist der wahre Gottesdienst ein reiner und makelloser Dienst vor Gott, dem Vater. Er besteht in den Werken der Barmherzigkeit, z. B. in der Sorge für Waisen und Witwen (Jak 1,27). Für Jakobus ist die unbezähmbare Zunge ein ruheloses Übel, voll tödlichem Gift (Jak 3,8). Mit Hilfe der Zunge kann man Gott preisen oder Menschen verfluchen. Weil aus einem Mund Segen und Fluch zugleich kommen kann, muss die Zunge entsprechend von einem guten Geist beherrscht werden, damit sie zur Quelle des Heils wird.

Anwendung: Auch die heutige Redensart scheint von der großen Bedeutung der Worte und seiner Wirkung auf Menschen auszugehen. Man bedient sich der Redewendung aber mehr, um Unheil zu vermeiden, bzw. um darauf aufmerksam zu machen, dass man Übel durch das Im-Zaum-Halten der Zunge verhindern kann. Es geht ihr nicht darum, segensreiche Worte zum Heil durch die Beherrschung der Zunge zu finden.

Zweig

„Auf einen/keinen grünen Zweig kommen"

Bedeutung: Erfolg, bzw. keinen Erfolg haben

Erläuterung: Etwas zustande bringen. / Es zu nichts bringen oder nichts erreichen. Der grüne Zweig ist hier ein Symbol des Wachstums und Gedeihens.

Beispiel: Du musst dich wirklich darum bemühen, wieder auf einen grünen Zweig zu kommen. / Ohne ein besseres Management wird die Firma auf keinen grünen Zweig kommen.

Bibelstelle: Ijob 15,32: „Bevor sein Tag kommt, welkt er (der Frevler) hin, und *sein Palmzweig grünt nicht mehr.*"

Luther übersetzt: „Er wird ein Ende nehmen vor der Zeit, und *sein Zweig wird nicht grünen.*"

Kommentar: Das Bild der Bibel über das Welken des Frevlers wird in den folgenden Versen mit weiteren Beispielen aus der Pflanzenwelt noch sehr anschaulich ausgemalt: „Er stößt ihn ab wie der Weinstock saure Trauben, wie der Ölbaum wirft er seine Blüten fort. Unfruchtbar ist der Ruchlosen Rotte, und Feuer verzehrt die Zelte der Bestechung. Von Mühsal schwanger, gebären sie nur Unheil; nur Trug ist, was ihr Schoß hervorbringt" (Ijob 15,33-35). Zusammenfassend für all das vergebliche Bemühen der Gottlosen könnte man heute im Sinne der Redensart sagen: „Sie können auf keinen grünen Zweig kommen."

Die Redensart wird neben dieser biblischen Herkunft oder auch oft unabhängig von dieser aus einem alten Rechtsbrauch abgeleitet, wonach der Käufer eines Grundstücks vom Vorbesitzer einen grünen Zweig entweder überreicht bekommt oder diesen als Markierungszeichen auf dem übereigneten Grundstück, z. B. auf einer Wiese, vorfindet.

Anwendung: Die Redensart ist heute fast überall ohne Kenntnis dieses vom 15. bis 17. Jahrhundert belegbaren Rechtsbrauches verbreitet. Oft wird die Redewendung auch im Sinne der Bibel gebraucht, ohne dass einem die biblische Herkunft mit dem nicht mehr grünen Palmzweig des Frevlers bewusst ist.

Zweischneidig

„Ein zweischneidiges Schwert sein"

Bedeutung: Neben Vorteilen auch Nachteile haben

Erläuterung: Die Redewendung bezeichnet eine Sache oder eine Angelegenheit, die ihr Für und Wider hat.

Beispiel: So ein Arbeitsvertrag ist ein zweischneidiges Schwert. Er bindet den Unternehmer, aber auch dich. Ich würde mir das noch einmal gründlich überlegen.

Bibelstelle: Spr 5,4: „Doch zuletzt ist sie (die fremde Frau) bitter wie Wermut, scharf *wie ein zweischneidiges Schwert.*"

Kommentar: Mit diesen Worten aus dem Buch der Sprichwörter wird vor dem Ehebruch und dem Sich-Einlassen mit einer fremden Frau gewarnt, die zwar am Anfang verführerisch und hübsch erscheint, doch dann entpuppen sich ihre großen Nachteile, da sie die krummen Wege zur Totenwelt hinab schreitet (Spr 5,5-6). - Im Hebräerbrief wird das zweischneidige Schwert mit dem Wort Gottes verglichen und damit in einem ganz eigenen, zur Redensart völlig unterschiedlichen Sinn gebraucht: „Denn lebendig ist das Wort Gottes, kraftvoll und *schärfer als jedes zweischneidige Schwert*; es dringt durch bis zur Scheidung von Seele und Geist, von Gelenk und Mark; es richtet über die Regungen und Gedanken des Herzens“ (Hebr 4,12-13). Hier werden mit dem Bild vom zweischneidigen Schwert nicht die Nachteile des Wortes Gottes, sondern nur seine alles durchdringende Kraft veranschaulicht.

Anwendung: Aufgrund der großen Bedeutungsverschiebung wird das Wort vom zweischneidigen Schwert meist völlig ohne Anspielung auf biblische Aussagen angewandt. Es geht nur um die Übertragung des Bildes von einem Schwert, das zwei scharfe Seiten hat und damit nach oben und unten schneiden oder verletzen kann. Da man mit einem zweischneidigen Schwert behutsam umgehen muss, gebietet die Redensart vom zweischneidigen Schwert auch Achtung und Vorsicht sowie gründliches Nachdenken bei der Betrachtung einer Sache, die zwei Seiten, d. h. gute und schlechte, Vor- und Nachteile hat.

- **333 biblische Redensarten,** Pattloch Verlag, Augsburg 1998, Siehe auch unter Steger, Heribert!

- **5005 Redensarten und Sprichwörter,** Das treffende Wort für alle Lebenslagen, Gondrom Verlag, Bindlach 1996

- Neue Jerusalemer **Bibel, Einheitsübersetzung** mit dem Kommentar der Jerusalemer Bibel, neu bearbeitete und erweiterte Ausgabe Deutsch, herausgegeben von Alfons Deissler und Anton Vögtle, in Verbindung mit Johannes M. Nützel, Herder Verlag, Freiburg, Basel, Wien 1985

Aus dieser Bibelausgabe sind alle Bibelstellen zitiert, ausgenommen die von Martin Luther übersetzten Bibelzitate.

- **Bibel-Lexikon**, herausgegeben von Prof. Dr. Herbert Haag, Professor für alttestamentliche Exegese in Tübingen, in Verbindung mit zahlreichen Fachgelehrten, Benziger Verlag, Einsiedeln, Zürich, Köln 1968.

- Die **Bibel, Luthertext mit Apokryphen,** Deutsche Bibelgesellschaft, Stuttgart 1985.

- **Bibel von A bis Z**, Wortkonkordanz zum revidierten Luthertext, Stuttgarter Nachschlagewerk zur Bibel, Stuttgart 1969 (Taschenbuch-Ausgabe).

- Die **biblischen Sprichwörter** der deutschen Sprache, herausgegeben und eingeleitet von Wolfgang Mieder, Sprichwörterforschung Band 8, Peter Lang Verlag AG, Bern, (Frankfurt am Main, New York, Paris) 1987.

Das Original dieses Nachdrucks stammt von **Carl Schulze**, Vandenhoeck und Ruprecht, Göttingen 1860. Es enthält 296 Bibelzitate auf Latein und in der Lutherübersetzung, die damals als sprichwörtlich galten und belegt deren Vorkommen in der Literatur vom Mittelalter bis zur Neuzeit. Die behandelten biblischen Sprichwörter sind heute aber zum großen Teil entweder völlig veraltet oder unbekannt.

- **Biblische Redensarten und Sprichwörter,** 3000 Fundstellen aus der Lutherbibel, gesammelt und erläutert von Heinz Schäfer, Deutsche Bibelgesellschaft, Stuttgart 1998

- **Biblischer Zitatenschatz,** Über 2000 Sprüche aus der Bibel nach Themen geordnet, zusammengestellt von Heinz Schäfer, Deutsche Bibelgesellschaft, Stuttgart 1994.

- **Brüllmann, Richard:** Treffende Bibelzitate zu aktuellen Themen – von A-Z, Die Bibel zu Fragen des Menschen von heute, Ott Verlag, Thun 1981

- **Büchmann: Geflügelte Worte**, neu bearbeitet und herausgegeben von Hanns Martin Elster, 2. Auflage, Philipp Reclam Jun., Universal-Bibliothek Nr. 8020, Stuttgart 1956

- **Büchmann, Georg: Geflügelte Worte.** Der Zitatenschatz des deutschen Volkes, gesammelt und erläutert von Georg Büchmann, fortgesetzt von Walter Robert-Tornow, Konrad Weidling, Eduard Ippel, Bogdan Krieger, Gunther Haupt und Werner Rust, durchgesehen von Alfred Grunow, Band I, Deutscher Taschenbuch Verlag, Nördlingen 1967, S. 12 - 106, Haude & Spenersche Verlagsbuchhandlung GmbH, Berlin, 1964.

Dieses Standardwerk bringt die geflügelten Worte der Bibel in der Lutherübersetzung in der Reihe ihres Vorkommens vom 1. Buch Mose bis zur „Offenbarung des Johannes“ (Apokalypse) mit meist sehr kurzen Bibelzitaten und Anmerkungen, aber gelegentlich sehr ausführlichen Verweisen auf die Rezeption eines geflügelten Wortes in der Literatur.

- **Büchmann, Georg: Geflügelte Worte**, Droemersche Verlagsanstalt Th. Knaur Nachf., München 1977. (S. 9-46)

- **Der neue Büchmann, Geflügelte Worte,** bearbeitet und weitergeführt von Eberhard Urban, Bassermann'sche Verlagsbuchhandlung, Niedern-hausen im Taunus 1994

- **Duden,** Band 7, Herkunftswörterbuch, Etymologie. Das Buch enthält die Geschichte der deutschen Wörter und der Fremdwörter von ihrem Ursprung bis zur Gegenwart, Bibliographisches Institut, Dudenverlag, Mannheim 1963.

- **Duden**, Band 11, Redewendungen und sprichwörtliche Redensarten, Idiomatisches Wörterbuch der deutschen Sprache. Mehr als 10.000 feste Wendungen, Redensarten und Sprichwörter mit Bedeutungserklärungen, Anwendungsbeispielen, Quellenbelegen und Erläuterung der Herkunft. Bearbeitet von Günther Drosdowski und Werner Scholze-Stubenrecht, Dudenverlag, Mannheim, Leipzig, Wien, Zürich 1992.

- **Eppert, Franz: Sprichwörter und Zitate,** Klett Edition Deutsch GmbH, München 1990. (80 Seiten mit ausführlichem Literaturverzeichnis)

- **Großes Wörterbuch - Deutsch, Redewendungen und sprichwörtliche Redensarten,** Redaktion: Christa Marsen, Dr. Hermann Ehmann, Buch und Zeit Verlagsgesellschaft mbH, Köln 1995.

Dieses Werk enthält ca. 5.000 Redewendungen, davon 101 biblischen Ursprungs.

- **Die Heilige Schrift** nach der deutschen Übersetzung D. Martin Luthers, neu durchgesehen (1914) nach dem vom Deutschen Evangelischen Kirchenausschuss genehmigten Text, Britische und Ausländische Bibelgesellschaft, Wien 1963.

Aus dieser Bibelausgabe sind die Bibelzitate in der Lutherübersetzung entnommen, die die deutsche Sprache so nachhaltig beeinflusst hat. Einige Redewendungen sind in der Einheitsübersetzung überhaupt nicht mehr erkennbar und lassen sich nur nach der Lutherübersetzung verständlich machen.

- **Hessky, Regina / Ettinger, Stefan: Deutsche Redewendungen,** Ein Wörter- und Übungsbuch für Fortgeschrittene, Narr Studienbücher, Gunter Narr Verlag, Tübingen 1997

- **John, Johannes: Reclams Zitaten-Lexikon**, Durchgesehene und erweiterte Ausgabe, Stuttgart 1993. - Dieses Zitatenlexikon enthält auf 581 Seiten ca. 620 Bibelzitate, von denen viele sprichwörtliche Redewendungen abgeleitet sind.

- **Krauss, Heinrich: Geflügelte Bibelworte, Das Lexikon biblischer Redensarten**, C. H. Beck'sche Verlagsbuchhandlung, München 1993.
Dieses Werk enthält über 1000 biblische Ausdrücke, Redensarten, Stichwörter und wichtige Fachbegriffe der Bibel von A bis Z auf 233 Seiten.

- **Krauss, Heinrich: Kleines Lexikon der Bibelworte**, Nikol Verlag, 3. durchgesehene Auflage, Hamburg 2007

- **Krüger-Lorenzen, Kurt: Deutsche Redensarten und was dahintersteckt**, Das geht auf keine Kuhhaut S. 6-305, aus der Pistole geschossen S. 306-540, Der lachende Dritte S. 541-785, Schrifttum S. 786-788, Wortweiser S. 789-860. Mit Zeichnungen von Franziska Bilek, Wilhelm Heyne Verlag, München 1996.

- **Mackensen,** Lutz, 10.000 Zitate, Redensarten, Sprichwörter, nach Anfängen und Stichworten alphabetisch geordnet, Verlag Werner Dausien, Hanau, 2. verbesserte Auflage, Stuttgart 1981/1985

- **Marbach, G.O., Sprichwörter und Spruchreden der Deutschen, Teil I und II,** Verlag Ralph Suchier, Wiesbaden 1980, VMA-Verlag, Wiesbaden 1997

- **Quiz-Spiel Bibelsprüche,** 100 Fragen & Antworten, 7 Schwierigkeitsstufen, erarbeitet und herausgegeben von Uta und Dieter Bernecker, Benno-Verlag GmbH, Leipzig ohne Jahresangabe

- **Röhrich, Lutz: Lexikon der sprichwörtlichen Redensarten**, 5 Bände, Herder, Freiburg, Basel, Wien, Originalausgabe 1991, Taschenbuchausgabe 1994.

Der „Röhrich“ ist eine lehrreiche und amüsante Enzyklopädie des Sprachwitzes, das leicht verständlich und wissenschaftlich exakt über Bedeutung, Herkunft und Anwendung von rund 15.000 Redensarten informiert.

- **rororo Zitatenschatz der Weltliteratur**, begründet von Richard Zoozmann, überarbeitet von Dr. Otto A. Kielmeyer, Rowohlt Taschenbuch Verlag GmbH, Reinbek bei Hamburg, März 1984, Juli 1994.

- **Sellner, Alfred: Fremdsprachliche Redewendungen im Alltag,** Sprichwörter – Floskeln – Phrasen – Formeln – Zitate – Sentenzen – in Latein, Englisch, Französisch, Italienisch, Spanisch, Amerikanisch, Altgriechisch

- **Steger, Heribert: 333 biblische Redensarten,** Pattloch-Verlag, Weltbild Verlag GmbH, Augsburg 1998, 1. Auflage von 9.500 Exemplaren seit 2001 vergriffen, nur noch antiquarisch und im Internet erhältlich, ISBN 3-629-00828-3

- **Steger, Heribert: Nicht von gestern sein**, 99 biblische Redewendungen im Alltag, 204 Seiten, 25 Schwarz-weiß-

Zeichnungen, Nürnberg 1997, ebenfalls vergriffen, ISBN 3-00-001769-9.

- **Stellmann, Axel**: **Vom Scheitel bis zur Sohle**, Sprichwörter und Redensarten, Agentur des Rauhen Hauses, Hamburg 1997. - Das Buch kommentiert 38 biblische Redensarten auf den Seiten 13-141.

- **Wahrig, Gerhard: Deutsches Wörterbuch,** Sonderausgabe - ungekürzt - Bertelsmann-Lexikon-Verlag, Gütersloh 1970

- **Wiznitzer, Manuel: Bildliche Redensarten,** Deutsch - Englisch - Französisch, Ernst Klett Verlag, Stuttgart 1975.

- **Wolkenstein, Daniel**: **Das Neue Buch der Redewendungen** - Ein fundiertes Nachschlagewerk für jedermann. Zusammengestellt und herausgegeben von Daniel Wolkenstein. Mit über 3000 Beispielen. Tosa Verlag, Wien 1997

- **Zitate und Sprichwörter, Edition XXL GmbH,** Text von Dr. Peter Albrecht, Fränkisch-Crumbach 2006

Bitte um Feedback

Wer evtl. Fehler oder sonstige Schwächen findet, möge sich bitte per E-Mail an folgende Adresse wenden:

heribert.steger@arcor.de

Für ein positives Feedback wäre der Autor auch dankbar.